Параллельные вселенные Давида Шраера-Петрова

Сборник статей и материалов к 85-летию писателя

Редакторы-составители:
Роман Кацман, Клавдия Смола,
Максим Д. Шраер

Academic Studies Press

Библиороссика

Бостон / Санкт-Петербург

2021

УДК 82.02
ББК 83.3
　　П18

Серийное оформление и оформление обложки Ивана Граве

На обложке: Давид Шраер-Петров. Масада, Израиль, 2012.
Фото: Максим Д. Шраер

П18　Параллельные вселенные Давида Шраера-Петрова: сборник статей и материалов к 85-летию писателя / Редакторы-составители: Роман Кацман, Клавдия Смола, Максим Д. Шраер. — Санкт-Петербург : Academic Studies Press / Библиороссика, 2021. — 480 с. — (Серия «Современная западная русистика» = «Contemporary Western Rusistika»).

ISBN 978-1-6446965-9-0 (Academic Studies Press)
ISBN 978-5-6046148-1-5 (Библиороссика)

Издание выходит при поддержке Бостонского Колледжа (США).

В редактировании текста и подготовке рукописи к печати участвовала магистрант Бостонского Колледжа Дарья Садовниченко.

Статьи и материалы, вошедшие в этот сборник, были опубликованы на английском языке в сборнике The Parallel Universes of David Shrayer-Petrov: A Collection Published on the Occasion of the Writer's 85th Birthday / Ed. by Roman Katsman, Maxim D. Shrayer, Klavdia Smola. Boston: Academic Studies Press, 2021. Публикуется в авторской орфографии.

УДК 82.02
ББК 83.3

© Roman Katsman, Maxim D. Shrayer, Klavdia Smola
Individual contents copyright © by 2021 by the contributors
Works by David Shrayer-Petrov © copyright 1956–2021 by David Shrayer-Petrov
© Academic Studies Press, 2021
© Оформление и макет
ООО «Библиороссика», 2021

ISBN 978-1-6446965-9-0
ISBN 978-5-6046148-1-5

Предисловие*

Роман Кацман, Клавдия Смола, Максим Д. Шраер

Этот сборник посвящен литературному творчеству Давида Шраера-Петрова — поэта, прозаика, мемуариста, драматурга, эссеиста и переводчика (а также врача и исследователя-экспериментатора). Давид Шраер-Петров — один из наиболее значительных представителей того поколения еврейско-русской литературы, которое начало свой путь в постсталинские годы, развиваясь как в официальных, так и в андеграундных условиях, затем перекочевало в эмиграцию, а теперь уже разбросано по разным странам и материкам. Еврейско-русская культура, соединяющая две исторические эпохи и два измерения — советское и эмигрантское, — уходит в прошлое. Именно поэтому задача документации и изучения обширного наследия еврейско-русской культуры приобретает особую важность в наши дни.

В год 85-летия Давида Шраера-Петрова, по прошествии 35 лет со времени эмиграции писателя из СССР, под одной обложкой впервые собраны материалы и исследования, с разных историко-литературных и теоретических позиций освещающие его творчество. Фокусируя внимание на многогранном и событийно насыщенном литературном пути Давида Шраера-Петрова, эта книга объединяет ведущих американских, европейских, израильских и российских исследователей еврейской поэтики, литературы эмиграции, русской и советской культуры и истории.

---

* Copyright © 2021 by Roman Katsman, Klavdia Smola, Maxim D. Shrayer.

* * *

Давид Шраер-Петров родился в Ленинграде (Санкт-Петербурге) 28 января 1936 года и вступил на советскую литературную сцену в конце 1950-х годов как поэт и переводчик. Хотя в СССР Шраеру-Петрову и удалось опубликовать книгу стихов (в 1967 году), две небольшие книги эссе (в 1970-е годы) и литературные переводы, большая часть его собственных стихов и прозы не были допущены к публикации. Причиной тому было не только еврейское происхождение писателя, но и открытое обращение Шраера-Петрова к табуированным в советское время темам. К середине 1970-х годов писателя все больше и больше занимает природа взаимоотношений русских и евреев. «Постичь различие между русскими и евреями. А эти два народа мне ближе других — плотью (генами) и духом (языком)», — писал Шраер-Петров позднее, в начале 1986 года, более чем за год до эмиграции. Литературное и публичное выражение еврейского самосознания приводит к конфликту с советской системой и правлением Союза писателей СССР, из которого Шраер-Петров был исключен за решение эмигрировать. Более восьми лет Шраер-Петров провел в отказе. Невзирая на официальный остракизм и преследования органами госбезопасности, Шраер-Петров много и плодотворно писал. В годы отказа им были созданы три романа, несколько пьес, первый том литературных воспоминаний (позднее вошедший в книгу «Водка с пирожными»), множество рассказов и стихов (среди них книга «Невские стихи»).

Летом 1987 года писатель эмигрировал из СССР и поселился в США. За годы жизни в Америке Шраер-Петров опубликовал двенадцать книг стихов, десять романов, шесть сборников рассказов, четыре мемуарные книги и две пьесы. Из всех его произведений наибольшую известность получила трилогия романов об исходе евреев из СССР. Английский перевод первой части трилогии, *Doctor Levitin*, был опубликован в 2018 году. В 2014 году в интервью об опыте еврейско-русского писателя в иммиграции Шраер-Петров подвел итог переменам, произошедшим в его жизни и самоощущении:

> Во-первых, изменились ближняя среда и дальняя среда. Хотя я написал довольно много рассказов на еврейские темы или с участием евреев, происходят они уже в Америке... в этом смысле я уже американский писатель... мне кажется, что я сроднился с Новой Англией... она стала страной моей жизни[1].

* * *

Материалы в сборнике объединены в четыре части. В первую часть, «Давид Шраер-Петров: Жизнь, творчество, идеи», вошли статьи, предлагающие общий взгляд на жизнь и творчество писателя. Клавдия Смола рассматривает вопрос о его месте в еврейско-русской литературе, Роман Кацман анализирует особенности его поэтики в контексте позднесоветского художественного нонконформизма, а Максим Д. Шраер предлагает панорамный обзор литературной биографии писателя в диалоге с еврейской, русской и американской литературой.

Во второй части, «Поэзия», собраны работы, посвященные стихотворениям и поэмам, а также поэтическому кругу Давида Шраера-Петрова. Ян Пробштейн разбирает многие из его поэтических сборников и циклов, сопоставляя стихотворения, написанные в России и в Америке, выявляя лейтмотивы и просодические тенденции. Олег Смола в своих «заметках на полях» обсуждает такие ключевые для Шраера-Петрова темы, как судьба, еврейство и восприятие России, а также его (нео-)футуристическую поэтику и любовную лирику. Работа Стефано Гардзонио посвящена итальянским темам и мотивам в поэзии Шраера-Петрова. Андрей Ранчин предлагает опыт прочтения

---

[1] Шраер-Петров Д., Шраер М. Д. Еврейский секрет. Давид Шраер-Петров о драгоценном камне рассказа, вибрации чувства и упорной любви к родине // Независимая газета: Ex Libris. 2014. 11 авг.

одного из стихотворений поэта, приоткрывая тем самым тайны его поэтической мастерской, а Евгений Ермолин подробно разбирает одну из главных литературно-биографических коллизий в творчестве Шраера-Петрова — его личную и писательскую дружбу с «классиком авангарда» Генрихом Сапгиром.

Третья часть сборника, «Романы об отказниках», посвящена трилогии об отказниках, которая принесла Шраеру-Петрову наибольшую известность. Клавдия Смола рассматривает творчество Шраера-Петрова в контексте еврейского ренессанса и «литературы *алии*» позднесоветского периода. Джошуа Рубинштейн выделяет в качестве основополагающего психокультурного комплекса в прозе Шраера-Петрова об отказниках тему еврейской мести. Статья Брайена Горовица посвящена отношениям автора и героя в романе «Доктор Левитин» — первой части трилогии. Моника Осборн анализирует в своей статье изменения в еврейской идентичности и во взаимоотношениях между еврейским сообществом и властью — как сорок лет назад в бывшем СССР, так и в наши дни в еврейской диаспоре.

Изучению художественной прозы Шраера-Петрова посвящены статьи, собранные в четвертой части сборника, «Подходы к прозе». Марат Гринберг, отталкиваясь от образа писателя Грифанова в трилогии об отказниках, проводит параллели между творчеством Давида Шраера-Петрова и Юрия Трифонова. Леонид Кацис разбирает текстуальные и культурные источники романа Шраера-Петрова «Искупление Юдина», обнаруживая в романе духовные искания, характерные для советской еврейской интеллигенции. Борис Ланин подробно анализирует новеллу «Обед с вождем» — один из самых известных текстов Шраера-Петрова — в контексте русскоязычной прозы о мифе Сталина.

Четыре части настоящего сборника отражают наиболее значительные, хотя далеко не все магистральные линии в творчестве Давида Шраера-Петрова, изучение которого, как мы надеемся, только начинается. В раздел «Постскриптум» вошли материалы, могущие послужить подспорьем для дальнейших исследований. Это обширное интервью, данное писателем Максиму Д. Шраеру, где поднимается немало новых вопросов и проблем, связанных прежде всего с «еврейским секретом» писателя, а также визуальная биография, пунктирно отмечающая пути исторического и литературного становления и пересечения параллельных вселенных Давида Шраера-Петрова. Завершает сборник подробная библиография работ писателя, опубликованных к моменту написания этих строк.

Декабрь 2020 года

*Гиват-Шмуэль (Израиль) —
Дрезден (Германия) —
Честнат Хилл — Саут Чэттем (штат Массачусетс, США)*

Часть первая

ДАВИД ШРАЕР-ПЕТРОВ: ЖИЗНЬ, ТВОРЧЕСТВО, ИДЕИ

Давид Шраер-Петров: русско-еврейский писатель*

Клавдия Смола

В 2021 году поэту и писателю, ученому-биологу, медику и бывшему отказнику Давиду Шраеру-Петрову исполняется 85 лет. В кругах русско-еврейской интеллигенции Шраер-Петров уже стал легендой: человеком, который пережил и описал историю еврейского диссидентства в Советском Союзе и стал одним из наиболее ярких мемуаристов позднесоветского периода. Шраер-Петров работал ученым-медиком на протяжении большей части своей профессиональной карьеры как в России, так и в Америке; ему принадлежат научные открытия в области микробиологии и иммунологии рака[1]. Как и один из его любимых писателей А. П. Чехов, творческий диалог с которым он ведет во многих своих текстах (см. эссе Максима Д. Шраера в данном сборнике), Шраер-Петров в течение долгих лет был практикующим врачом[2]. Для славистов и исследователей еврейской истории и культуры Шраер-Петров — классик литературы позднесоветского эксодуса и крупная фигура в литературе третьей волны русской эмиграции. До недавнего времени его творческая и научная биография, многочисленные тексты и роль в интеллектуальной истории русского еврейства и русской культуры не получали должного

---

* Copyright © 2021 by Klavdia Smola. Ранний вариант данной статьи был опубликован под названием «О прозе русско-еврейского писателя Давида Шраера-Петрова» в [Зальцберг 2017: 135–150].

[1] О медицинской и научной карьере Шраера-Петрова см. [Шраер-Петров 2010].

[2] О параллелях в литературной и медицинской биографиях Чехова и Шраера-Петрова см. [Shrayer 2006: 224–225].

внимания. Цель этого эссе и настоящего сборника — отчасти закрыть этот пробел, намечая направления для дальнейших исследований.

«Я ощущаю себя американцем, русским писателем и евреем, то есть во мне теперь уже сочетаются три ипостаси: Америка, еврейство мое и, конечно, Россия, потому что язык — это единственное орудие, с которым писатель имеет дело», — сказал Шраер-Петров санкт-петербургскому поэту Татьяне Вольтской в январе 2016 года в интервью для радиостанции «Радио Свобода» [Шраер-Петров, Вольтская 2016]. Вопрос идентичности писателя, о котором заставляет задуматься эта автохарактеристика, так же сложен и одновременно прост, как и для многих авторов транснациональной еврейской диаспоры, начиная с периода Гаскалы (еврейского просвещения) в Европе и ассимиляции. Во многих случаях продуктивного развития творческой личности эта идентичность проявляется именно в художественных текстах — через синкретизм разных культурных традиций на уровне образов, стиля, тем и перспективы. Ко второй половине XX века — времени отрочества и юности Шраера-Петрова — процесс русификации и советизации евреев был практически завершен[3]. В то же время возродившееся в кругах советских евреев в 1960–70-е годы ощущение своей национальности и обретение заново часто уже полностью отсутствующих этнических знаний было симптомом не столько культурного климата, сколько политического. Как и многие его сверстники, писатель испытал на себе государственный и бытовой антисемитизм сталинской и постсталинской эпохи. Шраер-Петров не раз изображает в своей автобиографической прозе, в частности в романе «Странный Даня Раев» [Шраер-Петров 2004б], как главным героям агрессивно и грубо напоминают об их происхождении. В середине романа из уст Додонова, бывшего фронтовика, а ныне милиционера в уральской деревне, куда эвакуировали Даню с матерью из блокадного Ленинграда, семилетний еврейский мальчик слышит типичный набор оскорблений и инсинуаций

---

[3] См. [Gitelman 1988; Tsigel'man 1991; Krupnik 1995; Friedgut 2003].

в адрес пожилого эвакуированного (на самом деле караима, которого Додонов по фенотипическим признакам принял за еврея): «Понаехали сюда горбоносые да картавые и свои порядки устанавливают. Я кровь рабоче-крестьянскую проливал, а вы, гады ползучие, по тылам отсиживаетесь. <...> Видишь, Владимировна, за какую мразь мы с немцем воюем» [Шраер-Петров 2004б: 55].

Как подтверждают многочисленные художественные и документальные свидетельства в текстах Шраера-Петрова, его еврейство формировалось именно на фоне советского антисемитизма. Это связывает его с целым рядом русско-еврейских писателей, родившихся в 1930–40-е годы, и с их рассказами о еврейском детстве в Советском Союзе — с Александром Мелиховым, Марком Зайчиком, Давидом Маркишем, Израилем Меттером, Юлией Шмуклер, Людмилой Улицкой, Юрием Карабчиевским, Борисом Хазановым (псевдоним Геннадия Файбусовича) и многими другими. Еврейское национальное возрождение и борьба за репатриацию в Израиль (*алию*), начавшиеся во второй половине 1960-х годов, восходят к этим фактам и впечатлениям: негативно воспринимаемая еврейская идентичность, вскормленная юдофобией, преображается в одно из самых мощных освободительных, антиассимиляторных движений этнических меньшинств в российской и советской истории — и в одно из интереснейших явлений европейского андерграунда. Подобно Эли Люксембургу, Ефрему Бауху или Феликсу Канделю, Шраер-Петров становится писателем эксодуса, не раз сознательно отсылая к библейскому прототексту. Так, первая часть трилогии об отказниках, роман «Доктор Левитин» (1979–1980), черпает свою образность (хотя и точечно) из многовековой культуры иудаизма и приобщается в то же время к традициям мировой литературы сионизма.

Биография Шраера-Петрова объясняет некоторые черты его поэтики и круг интересов, воплощенных в его литературных воспоминаниях о Ленинграде и Москве [Шраер-Петров 1989][4] и в научных мемуарах «Охота на рыжего дьявола» [Шраер-Петров

---

[4] См. также [Шраер-Петров 1994; Шраер-Петров 2007; Шраер-Петров 2010].

2010]. Некоторые сведения о биографии и творчестве Шраера-Петрова можно почерпнуть также из его очерков, разбросанных по сборникам его произведений и антологиям, некоторые из которых до сих пор не собраны в книги. К тому же, поскольку жизнь писателя может быть прочитана через призму его поэзии, некоторые из лирических стихотворений Шраера-Петрова на еврейские и иудаистские темы, такие как «Моя славянская душа» (1975) и «Вилла Боргезе» (1987–1990), или же поэмы, такие как «Летающие тарелки» (1981) и «Бегун» (1987), дают ключ к изучению его художественной биографии.

Литературный дебют Шраера-Петрова был связан с учебой в медицинском институте:

> Я встретился в этом институте с будущим замечательным кинорежиссером Ильей Александровичем Авербахом. И вместе с ним и Васей Аксеновым мы организовали литературное объединение. Потом оно стало «промкой» — литературным объединением при Дворце Культуры Промкооперации, куда вошли такие крупные будущие писатели, как Рейн, Вольф, Бобышев, Найман, Кушнер, Еремин, Соснора [Шраер-Петров 2011].

Писатель органично вошел в когорту молодых ленинградских поэтов конца 1950-х — начала 1960-х годов, стремившихся возродить петербургскую школу Серебряного века. Как и многие поэты послевоенного советского периода, нередко еврейского происхождения, существовавшие полностью или частично в пространстве несанкционированной культуры, в 1960–70-е годы Шраер-Петров в основном публиковал поэтические переводы[5]. Его собственные стихи впервые появились в центральной печати в 1959 году в ежемесячном журнале «Пионер», незадолго до его отъезда в Белоруссию на службу армейским врачом (о поэтическом дебюте Шраера-Петрова см. статью Стефано Гардзонио

---

[5] О феномене евреев-переводчиков в советский период см. романы «Остановите самолет — я слезу!» Эфраима Севелы (1975), «Некто Финкельмайер» Феликса Розинера (1975) и «Декада» Семена Липкина (1980).

в данном сборнике). В 1967 году некоторые из его ранних стихотворений были собраны в «Холстах» — единственном сборнике стихов, который поэт издаст в Советском Союзе [Шраер-Петров 1967]. В своих литературных публикациях 1950–70-х годов писатель использовал русифицированный псевдоним Давид Петров, который цензура часто заставляла сокращать до «Д. Петров», чтобы стереть очевидно еврейское имя.

Перед тем как в 1987 году эмигрировать с семьей — женой Эмилией и сыном Максимом — в Соединенные Штаты, писатель более восьми лет «просидел» в отказе. Открытый конфликт с режимом начался с того, что Шраер-Петров решился публично прочитать свои стихи на еврейскую тему: «Вдруг я понял, что, конечно, я обязан писать о евреях. Это главная линия в моей жизни. Кто как не я?» — заметил он в интервью 2011 года [Шраер-Петров 2011]. Живое свидетельство Шраера-Петрова о масштабах еврейского движения и карательных мер со стороны власти противоречит распространенному мнению (в том числе и западных историков) о незначительности отказнического общества и об элитарности интересов участников советского эксодуса:

> …это был малый геноцид, который Советская власть делала. Потому что в одной Москве сидело в отказе около 50 тысяч евреев, причем, самое главное, они большей частью выпускали людей простых профессий и отфильтровывали и держали в отказе, в основном, интеллигенцию. Причем интеллигенция деклассировалась. Например, я знаю, что один заслуженный артист республики, скрипач, вылетела из головы уже фамилия его, он работал уборщиком в переходе на Смоленской площади.
>
> Таких примеров была масса, все наши друзья, практически, работали рабочими, электромонтерами, бойлерщиками, а это были врачи, инженеры и т. д. Но врачам было немного легче, поскольку я спустился из старших научных сотрудников до положения простого врача, но я все-таки работал, это была моя профессия. А очень многие страдали. В отказе вся наша семья стала очень активно сотрудничать с активистами, такими как Слепак, Бегун и т. д. Меня много раз предупреждали, несколько раз хватали, вели в милицию,

допросы устрашающие устраивали, ну и т. д., и т. п. Кончилось практически судебным процессом, который подготовила газета «Аргументы и факты», они написали там огромную статью <...>.

Мне посылали повестки в прокуратуру. Я решил — не пойду. Кончилось это дело тем, что я оказался в больнице, свалился с тяжелым сердечным приступом, и после этого вдруг отлегло. Они от меня отстали [Шраер-Петров 2011].

Несмотря на мучительный опыт отказа, изгнание из Союза писателей и преследования со стороны властей стали сильнейшим творческим импульсом для Шраера-Петрова, именно они сформировали его идентификацию как писателя-отказника.

Надо отметить, что стиль, художественная фактура и интеллектуальная основа прозы Шраера-Петрова сложились в доэмиграционный период, а в США обогатились прежде всего темой бытия русских евреев за границей, в основном в Америке. В этом смысле Шраер-Петров именно писатель иммиграции и изгнанничества, а не представитель более новой русско-еврейской литературы, транснациональной по духу, проблематике и географии, свидетельствующей об открытой и многовекторной идентичности молодых авторов русско-еврейского (или советско-еврейского) происхождения, пишущих нередко на двух языках. Это неудивительно, если учесть, что Шраер-Петров родился в 1936 году и уехал на Запад в 1987 году в возрасте пятидесяти одного года. К тому моменту он уже создал большой корпус поэзии, основные романы (первые две части трилогии об отказниках [Шраер-Петров 2014], которые я рассматриваю в отдельном эссе в данном сборнике, и «Искупление Юдина»), а также мемуары, сборник рассказов, публицистики и литературной критики. Более того, он уже впитал уникальные пласты еврейской культуры в позднесоветской России, с ее особой гибридностью — (анти)советско-еврейским самосознанием, памятью о замалчиваемом властью Холокосте и о разных исторических этапах советского антисемитизма. До эмиграции же сложилась рефлексия Шраера-Петрова на тему культурного и политического сионизма *алии*, к которому у него, думается, отношение неоднозначное (хотя бы по факту выезда в Соединенные Штаты). И наконец, в России определилась поэтика его текстов с их стилистической и интертекстуальной ориентацией на русскую и западноевропейскую литературу и со скорее интеллектуальным, познавательным восприятием еврейской литературной традиции. Впрочем, вопрос о возможном развитии поэтики писателя в сравнении с другими еврейскими авторами того же поколения, жившими или живущими в США, Канаде, Германии и других странах за пределами России (такими как Эфраим Севела, Григорий Свирский или Фридрих Горенштейн), должен стать предметом отдельного исследования.

В американские годы Шраер-Петров опубликовал более двадцати книг: стихи, рассказы и повести, романы, литературные воспоминания, а также пьесы, эссе и критические статьи (см. библиографию Д. Шраера-Петрова в этом сборнике). На сегодняшний день вышло четыре его книги на английском языке, под редакцией его сына и сопереводчика Максима Д. Шраера, литературоведа и писателя; среди переводчиков Шраера-Петрова особого упоминания заслуживает его жена Эмилия Шраер, брак писателя с которой длится более 55 лет. Совместно с сыном была написана первая монография о ведущем поэте послевоенного авангарда Генрихе Сапгире, с которым он дружил многие годы [Шраер, Шраер-Петров 2004][6].

Из художественных произведений, написанных Шраером-Петровым в США, наиболее значительными мне представляются два романа: «Странный Даня Раев» (2001) и «Савелий Ронкин» (2004), опубликованные под одной обложкой в томе «Эти странные русские евреи» (2004), а также некоторые рассказы и повести, вошедшие в сборники «Карп для фаршированной рыбы» (2005) и «Кругосветное счастье» (2016). Избранные произведения Шраера-Петрова были впоследствии переизданы в сборнике «Кругосветное счастье», вышедшем в Москве в 2016 году.

---

[6] С тех пор вышло еще два издания книги. Под редакцией Шраера-Петрова и Шраера также опубликовано первое академическое издание поэзии Генриха Сапгира, вышедшее в 2004 году в серии «Новая библиотека поэта». См. [Сапгир 2004].

«Странный Даня Раев» автобиографичен и охватывает довоенные детские годы заглавного героя в Ленинграде, а также три года, проведенные в эвакуации в деревне на Северном Урале. Кульминацией романа становится возвращение героя в Ленинград в 1944 году. Роман завершается летом 1945 года. По естественности языка, выбору впечатлений и переживаний и в то же время юмору и занимательности, свойственным этому «инфантильному» повествованию, повесть напоминает произведения о детях С. Т. Аксакова («Детство», 1852) и Чехова (рассказ «Гриша», 1886), а позже, например, Анатолия Приставкина («Ночевала тучка золотая», 1987) или Александра Чудакова (роман «Ложится мгла на старые ступени», 2012). Как и в лучших образцах литературы о детстве, ограниченность и «остраненность» восприятия ребенка парадоксальным образом сообщает самый точный образ исторической эпохи. Возникает живая картина довоенной жизни в Ленинграде, а потом в уральском селе во время войны. Рассказчик Шраера-Петрова претворяет воспоминания в художественный нарратив: более позднее осмысление, «взрослое» соотношение фактов вплетаются в поэтику детской перспективы — короткие предложения, настоящее время (время кругозора героя), конкретность оптики, постепенно расширяющееся пространство восприятия:

> Помню деда Вульфа. Он старый. У него белая борода. Он почему-то в полушубке. Значит была зима? Да, зима. Он сидит у окна кухни. За окном улица. Сугробы. Крыши деревянных домов покрыты снегом. Дым идёт из бурых кирпичных труб. Я сижу на коленях у деда Вульфа. Он кормит меня сладкой булкой и дает запивать молоком из кружки. «Это Полоцк, сынок, — говорит дед Вульф. — А когда-то мы жили в золотой Литве, в Шауляе». Из маминых рассказов я знаю, что дедушка Вульф, бабушка Ева, мамины сестры Ривочка и Маня, брат Митя и моя мама бежали из Литвы от белополяков. Поляки убили Ривочку. Бабушка Ева умерла от горя и от тифа. Дедушка с остальными детьми поселился в Полоцке. Он стал учителем еврейского языка. Тогда в Белоруссии ещё были еврейские школы [Шраер-Петров 2004б: 17].

Реакция городского ребенка на простонародный язык уральской деревни воспроизводит своего рода конфликт культур:

— Меня зовут Пашка, — говорит мне подросток. — А тебя?
— А меня Даник, — отвечаю я. — А это моя мама, Стэлла Владимировна.
— Мудрёно! — изумляется Пашка. — Вы кто будете?
— Ленинградцы! — с гордостью и даже с хвастовством говорю я.
— А люди бают «выковыренные»!
Не вдруг осознаю, что баять значит «говорить». А «выковыренные» — искажённое слово эвакуированные.
Пашка станет моим старшим товарищем и учителем деревенской жизни.
Мама между тем начинает переносить вещи в избу. Ей помогает пожилая тётенька, Елена Матвеевна. Мне Елена Матвеевна велит называть её: баба Лена. Она — хозяйка избы. Андрей Михеевич, которого я буду называть дед Андрей, её муж. Пашка их сын. Через некоторое время хозяева начинают называть маму: Владимировна, а она их: Матвеевна и Михеич [Шраер-Петров 2004б: 24].

Здесь встречаются русская крестьянская и русско-еврейская городская, а в социальном плане народная и интеллигентская культуры (похожая ситуация изображена в раннем автобиографическом романе Давида Маркиша «Присказка», 1971). В отличие от соседей по дому в Ленинграде, где Даня живет со своими родителями до начала войны, в приютившей их семье Терехиных нет ни тени юдофобства. Вместо этого эвакуированные евреи встречают какое-то человеческое всеприятие. Не случайно в эти военные годы, проведенные в эвакуации, Даня забывает о своем еврействе и становится частью русской христианской, а больше народной русской среды. Он празднует Масленицу, Пасху, Троицкое воскресенье, день Николая Чудотворца и Рождество. Правда, как отмечает рассказчик, Терехины имеют лишь смутное представление о том, что их постояльцы — евреи, и простодушно предлагают Дане и его матери завести свинью — что те и делают, чтобы не умереть с голоду:

> И вот наш собственный поросёнок Нюф хрюкает в сарайчике и, чавкая, нетерпеливо лопает вареную и толчёную с крапивой и лебедой картошку. А там и два гуся, переваливаясь, шагают под моей неусыпной заботой на луг к речке и обратно. У нас с мамой большое хозяйство: огород, поросёнок, гуси. Мы совсем деревенские [Шраер-Петров 2004б: 36–37].

Даня читает русские народные сказки, а позже повести Пушкина, Гоголя и Куприна, а позже «Кондуит и Швамбранию» Льва Кассиля (1931) и «Кюхлю» Юрия Тынянова (1925). И ему стыдно за то, что идиш, о котором рассказывает ему двоюродная бабушка, тетя Эня, похож на язык врагов — немцев.

Искусно, ненарочито показывает Шраер-Петров сочетание разных оттенков, формирующих особую, неоднородную среду для «приезжего» еврейства в русской провинции 1940-х годов: народный космополитизм деда Андрея и бабы Лены; ассимиляцию ребенка из еврейской семьи с уже вполне «тонкой» [Krutikov 2002: 5] этнической принадлежностью. При этом изображается живое общение Дани с членами своей «мешпухи» и бытовой антисемитизм местных сельских властей (см. выше о милиционере Додонове). И вместе с тем Шраер-Петров показывает синкретизм самой русской народной культуры: мужчины воюют на фронте, а их семьи, празднуя победу под Сталинградом, молятся и крестятся на икону Николы Угодника, кто по вере, а кто по привычке [Шраер-Петров 2004б: 62]. В Ленинграде умирающий дедушка дает Дане Ханука-гельт, а в другом эпизоде Данина семья празднует Шабат и хоронит родных по еврейскому обычаю. Этот синкретизм, разнородность традиций на фоне коммунистических (полу)запретов и то, как впитывает мальчик эту, по сути, противоречивую реальность, — свидетельство редкого искусства литературно-фактографического повествования Шраера-Петрова.

«Странный Даня Раев» — пример художественно-документального письма, свойственного большинству текстов Шраера-Петрова. В его прозе запечатлен момент рождения образа еврея позднесоветского типа, выросшего с фрагментарной памятью и знанием еврейских обычаев и идиша, с еще сохраняющими традицию дедушкой или бабушкой и с мощным опытом антисемитизма (так обстоит дело и с персонажами Юрия Карабчиевского или Александра Мелихова). Шраер-Петров признавался, что в 1970-е годы захотел писать «о тех евреях, которые сейчас есть, не шолом-алейхемских, таких шлимазловских, а о настоящей еврейской интеллигенции» [Шраер-Петров 2011]. Противопоставление «фольклорных» евреев Шолом-Алейхема «настоящим» советским знаменательно как маркер одновременных самоидентификации и самодистанцирования писателя. Во-первых, по некоторой стереотипности портрета «классического» литературного еврея можно судить об ограниченности еврейского литературного образования в позднесоветское время, в том числе и читателя, на которого ориентируется Шраер-Петров. Что важнее, у него намечено различие между евреем имперского русского прошлого (в сущности, большинству малознакомым) и евреем настоящего — русским (советским) интеллигентом с самосознанием совсем не Тевье-молочника, а, например, Льва Одоевцева, героя романа «Пушкинский Дом» (1978) Андрея Битова, близкого современника и коллеги Шраера-Петрова. Кроме того, писатель эксодуса, стремясь избежать распространенных советских стереотипов еврея, восходящих именно к ряду знаменитых шлимазлов и шлемилей, черпает вдохновение совсем из других источников. И если еврейских, а не русских, то не комических, а героических и трагических, библейских. (Здесь исключение составляет Эфраим Севела, который — по образцу Лазика из «Бурной жизни Лазика Ройтшванеца» Ильи Эренбурга — перенес образ шлимазла в советское настоящее.)

Фигуру советского еврея-интеллигента с чертами шлимазла Шраер-Петров создал, уже став эмигрантом и американцем, в романе «Савелий Ронкин» (2004), который попал в число претендентов на «Русского Букера» в 2004 году. В жанровом отношении «Савелий Ронкин» — соединение прозы об эмигрантах, бульварно-эротического романа и литературных мемуаров. Это роман-гибрид, одновременно занимательное — нередко даже пикантное — и требующее интеллектуального включения чтение, хроника повседневной жизни молодой русской богемы в Америке, сочетающая в себе черты психологического, исповедального повествования и литературно-филологической рефлексии. Как нигде здесь сказываются упомянутый выше синкретизм стиля Шраера-Петрова, не боящегося малосовместимых литературных линий, и, пожалуй, разноликость художественного уровня повествования. Роман, который прочитывается на одном дыхании, не в последнюю очередь черпает свою пикантность и остросюжетность в искусном чередовании декораций: позднесоветская литературная богема в ресторане Центрального дома литераторов (ЦДЛ) сменяется роскошной обстановкой загородного особняка Пола и Сабины Ротман на Кейп-Коде, а подмосковная дача Генриха Сапгира — апартаментами в Бостоне; московские улицы соседствуют с американскими пляжами.

Поэт Савелий Ронкин эмигрирует в Соединенные Штаты вместе с женой Вандой и ее близкой подругой (и кузиной) Сабиной, которая получает визу, так как выходит замуж за миллионера-финансиста Пола Ротмана, страстного почитателя русской литературы и щедрого мецената русских неподцензурных поэтов. Любовные отношения персонажей сложны, поскольку обеих героинь связывают эротические отношения, а Савелий не только вынужден мириться с этим, но и сам вовлечен в сферу сексуального притяжения двух женщин. Талантливая русско-американская переводчица Грета Димер переводит стихи Савелия на английский. Одновременно она, по всей видимости, возлюбленная Пола Ротмана. По ходу сюжета она становится временной женой экспата, поэта Гороховского, которого тоже переводит и боготворит. К своему другу — гению Гороховскому, постепенно становящемуся знаменитостью в эмиграции и в России и получающему премию Пулитцера, Савелий испытывает и симпатию, и зависть. До сих пор известный в литературных кругах «только» как поэт-переводчик, Ронкин страдает от собственного неуспеха и вынашивает заветную мысль об издании книги стихов, которая и выходит в конце романа под заглавием «Волны». К доброжелательному, практичному и в то же время несколько прекраснодушному и ограниченному Полу Ротману он начинает все больше ощущать ненависть: прежде всего он ненавидит свою материальную зависимость и творческую неполноценность. Сказывается и какая-то изначальная чужесть между измученным, неуверенным в себе, зависимым поэтом и преуспевающим образованным банкиром, не знающим нужды.

Примечательна характеристика Пола — стереотипный портрет американца, заслуживающий почетного места в галерее национальных образов у русских писателей (глупый немец у Чехова, легкомысленный француз у Толстого, ограниченный поляк у Достоевского и т. д.):

> Немного об улыбке Пола Ротмана. Он был хорошо воспитан. Его убедили с малолетства, что добрые события естественно встречать улыбкой. События же и слова сомнительные или даже негативные куда правильнее принимать тоже с улыбкой (осторожной, несмешливой, печальной, укоризненной, даже саркастической), нежели со злым или сокрушенным выражением лица [Шраер-Петров 2004а: 119].

Временами Ронкин зарабатывает мойкой машин, один раз ему удается, благодаря ходатайству Пола и отзыву Гороховского, получить место научного сотрудника на кафедре лингвистики Бостонского Колледжа. Но и научная карьера быстро заканчивается, потому что он уходит в глубокий запой и перестает интересоваться не только работой, но и внешним миром вообще. Этот очередной запой Савелия вызван скандальным провалом книги его мемуаров «Воспоминания литературной лошадки», вышедшей в русском эмигрантском издательстве. С горьким сарказмом и ма́стерской литературной полемичностью изображает Шраер-Петров предвзятую реакцию критиков и «образованных» читателей-эмигрантов на порой нелестные, а по сути объективные или хотя бы парадоксальные мнения и факты, обнародованные Ронкиным в мемуарах. «Партийность» и агрессивный непрофессионализм публики, кажущиеся в романе элементом автобиографических переживаний автора, с особенной иронией переданы в диалогах Савелия с гостями-иммигрантами на вечеринке. Медики Марк и Нина Шустер шокированы близким знакомством Ронкина с писателем-сталинистом Константином Симоновым, математик Юлий Окунь оскорблен фактом «ошельмования» «ортодоксального еврея-отказника Цукермана»[7], бывший отказник-диссидент Володя Гопак возмущается по поводу мнимой симпатии Ронкина к мусульманам, которых Гопак считает врагами еврейского народа, а хозяин дома Гена Гофман недоумевает, почему Ронкин не считает поэта-песенника Булата Окуджаву «великим» поэтом [Шраер-Петров 2004а: 292–295]. Почти плакативно, как Гончаров в начале «Обломова» (1859), Шраер-Петров изображает череду соседей-помещиков, проводит перед читателем вереницу представителей эмигрантской читающей публики.

Культурная значимость и историческая достоверность образа непризнанного, мучающегося безработицей еврейского поэта-переводчика подтверждается серьезной литературной генеалогией, в которую входят «Некто Финкельмайер» (1975) Феликса Розинера, «Декада» (1980) Семена Липкина и «Пес» (1984) Давида Маркиша. Только в последнем из названных текстов речь идет о культурном пространстве эмиграции (Израиле) и узости его издательско-читательской политики. Вместе с Розинером и Липкиным Шраер-Петров исследует проблематику авторской неудачливости и творческой половинчатости переводческой работы, перенося ее в постсоветский период. Как и Маркиш, он нелестным образом связывает литературные линии России и Запада. Впрочем, выход книги стихов Ронкина в финале и его возвращение в Россию сулят новое начало.

Отдельные фрагменты романа «Савелий Ронкин» в измененном виде взяты Шраером-Петровым из написанных им ранее текстов. Например, эпизод с караимами в Тракае отсылает к «Доктору Левитину». Вариант рассказа «Старый писатель Форман» (1995) появляется в «Савелии Ронкине» в качестве вставного текста.

---

[7] Гротескный образ религиозного отказника Цукермана нарисован в рассказе «Цукерман и его дети» [Шраер-Петров 2005: 65–73].

Давида Шраера-Петрова можно по праву назвать мастером рассказа. Его новеллам свойственны бытовой реализм письма, сочетающийся с элементами мистики и сюрреализма; поэтическая многозначность и семантика подтекста; гротеск и одновременно точность, незавуалированность деталей; техника ведения сюжета к неожиданным и контрастным финалам. Притом что рассказы Шраера-Петрова затрагивают самые сложные и трагические темы — Холокост, эмиграцию евреев, еврейскую идентичность на протяжении веков диаспоры, иудаизм как мировоззрение — они полностью лишены догматизма или попытки вести читателя за руку. Догматизм взглядов сам становится в ряде случаев темой. В искусстве художественной непредвзятости и вместе с тем трезвости и иронии портретов героев-недотеп Шраер-Петров — прямой наследник Чехова (Максим Д. Шраер впервые обнаружил это в рассказе Шраера-Петрова «Осень в Ялте» (1992) и исследовал впоследствии в статье, вошедшей в этот сборник [Shrayer 2006: 205–234]). Именно в рассказах документализм более всего претворяется в художественную ткань прозы с ее сложной оценкой исторических фактов.

Общечеловеческое, примиряющее начало и трагизм существования, смывающие в чеховской «Скрипке Ротшильда» (1894) разницу между евреем и неевреем, находят воплощение в русско-еврейской прозе Шраера-Петрова. Меняются «этническая» точка зрения и исторические декорации, но остается философия. Поэтика сведения этнического или культурного конфликта к глубинным основам бытия переносится в настоящее.

Так происходит в «Мимикрии» (1996) [Шраер-Петров 2005: 147–150], где анализируется одна из центральных для писателя тем — тема приспособления, самосокрытия и гиперассимиляции еврейства в диаспоре. Мимикрия — понятие, многозначность которого естественник Шраер-Петров проверяет на человеческой породе, а писатель-философ трансформирует и превращает в символ человеческой жизни. По сюжету мимикрию хамелеонов и бабочек исследует американский ученый польского происхождения Каминский вместе с коллегой — эмигрантом, профессором биологии Виктором Туркиным, в чьем доме в Новой Англии собираются герои. «Мимикрией» же назван театр марионеток, созданный женой профессора Ритой, куклы которой — архетипическое отражение национальных типов действующих лиц. Первоначально непринужденная беседа гостей о рассеянии и культурном влиянии евреев в Европе переходит в спор и в конце концов выливается в ссору. Каминский утверждает, что роль евреев в истории прогресса сильно преувеличивается, а сами евреи, особенно в России, стали чем-то вроде моды («юдомания»). Рассказчик, сам русский еврей, тоже принимает участие в дискуссии. Он начинает все сильнее раздражаться, видя в рассуждениях Каминского желание откреститься от собственного несомненного еврейства. Речь заходит о предметах, непростых для присутствующих: геноциде армян в Турции (в числе гостей армянка Астрид — приглашенный историк местного университета, а также турецкий нейрохирург, доктор Стивен Ахмет) и участии населения Восточной Европы в Холокосте. Конфликт между рассказчиком и «хамелеонологом» Каминским, обостренный любовным соперничеством (оба ухаживают за прекрасной армянкой), превращается в финале в поединок. Вся группа идет на скалистый пляж и, несмотря на надвигающуюся непогоду, рассказчик и Каминский, соревнуясь друг с другом, пускаются в заплыв. Когда Каминский ударяется головой о каменный риф, рассказчик вдруг забывает обо всем: «Я начисто забыл про Астрид, про соревнование, про наши споры за ланчем. Все стерлось этими сумасшедшими волнами, которые могли убить человека» [Шраер-Петров 2005: 147]. На берегу, до которого им с трудом удается доплыть, Каминский признается, что был одним из тех детей, которых немцы «не успели» сжечь в газовых камерах: «И простите меня за мой цинизм. Это, наверно, тоже попытка носить маску. Чужую маску» [Шраер-Петров 2005: 147]. Рассказчик пытается разобраться в себе, найти корень своей внезапной ненависти, как и всего своего писательского бунтарства — «ощерившихся строчек моих правдоискательских писаний» [Шраер-Петров 2005: 149; Shrayer-Petrov 2003: 78]. Возникающий в его сознании эпизод из собственного русско-советского детства дает мотив и разгадку: он оставляет воспоминание о неготовности евреев поддержать друг друга в мире юдофобии.

Как и Чехов во многих своих прозаических шедеврах — наиболее явным образом в рассказе «Враги» (1887) и повести «Дуэль» (1891) — Шраер-Петров исследует вражду идей как симптом подспудных психологических процессов. У позднего Чехова (и, можно добавить, в некоторых рассказах Набокова) идейный конфликт часто оборачивается не прозрением героя, а лишь его отходом от прежде непоколебимых убеждений. Субъективная картина мира меняется и усложняется, но процесс познания остается незавершенным. «Никто не знает настоящей правды», — говорит Лаевский фон Корену в финале «Дуэли». Конфликт в «Мимикрии» подобен чеховскому, но все же несколько отличается: столкновение становится своего рода терапией и приводит к катарсису, внутреннему освобождению.

В рассказе «Цукерман и его дети» (1989), вызвавшем полемику в русско-еврейских общинах США и Израиля [Кацин 1997], писатель переносит типичного чеховского героя в позднесоветское время: в среду отказников. Борец за *алию* Цукерман — зануда и резонер, недотепство которого обнаруживается на уровне человеческих и семейных отношений. «Он — фанатически приверженный букве иудаизма. Я — фантастически беспомощный в тягучих разговорах» [Шраер-Петров 2005: 65], — поясняет автобиографический рассказчик. Шраер-Петров изображает современного еврейского чеховского «печенега» из отказнической среды (ср. «Печенег», 1897), современного доктора Львова (из пьесы Чехова «Иванов», 1887), современного Беликова («Человек в футляре», 1898) — разные ипостаси внутренне скукоженного, ограниченного в своих убеждениях и одновременно в чем-то жалкого, неустроенного носителя идеи. Цукерман осуждает рассказчика за то, что тот писатель; ведь литература лишь отвлекает от единственного достойного источника — Библии. На фоне такого морального ригоризма странным кажется то, что, уезжая с семьей в Израиль, он оставляет в Москве малолетнюю дочь жены от первого брака (отец девочки, нееврей, которого Цукерман считает «варваром», не дает ей разрешения на выезд).

Шраер-Петров мастерски использует систему портретных отражений (кривых, гротескных) — будь то пьяница-хам или другой «ударенный» еврей Моня Калман — для многомерной характеристики человеческого типа. Но самое точное зеркало Цукермана — это его бедная, бессловесная семья. Вот последняя сцена в аэропорту: «По ту сторону турникета стояла женщина — жена Цукермана, хотя трудно было узнать ее в черном глухом платке. На руках у жены Цукермана спал Самуил. В одной руке ее была складная сумка-коляска, а на другой повис Боринька-паровозик» [Шраер-Петров 2005: 73].

В этом кратком очерке невозможно отдать должное всему творчеству Давида Шраера-Петрова, писателя, который привлекает все большее внимание исследователей в России, США, Европе и Израиле[8]. Тексты Шраера-Петрова можно назвать памятником русскому еврейству переходного, а в более широком смысле синкретического культурного типа — советского и эмигрантского, далекого от практик иудаизма и все же отражающего историю его бытования после коммунизма; памятник еврейству памяти и самоанализа. Из трех названных им собственных ипостасей — американской, еврейской и русской — последние две, несомненно, определяют его творчество и сегодня, после трех с половиной десятилетий за пределами России.

Источники

Сапгир 2004 — Сапгир Г. Стихотворения и поэмы / Вступ., ред. и комментарии М. Д. Шраер, Д. Шраер-Петров. Новая библиотека поэта. Малая серия. СПб.: Академический проект, 2004.

Шраер-Петров 1967 — [Шраер-]Петров Д. Холсты // Перекличка. Стихи. М.: Молодая гвардия, 1967. С. 116–160.

Шраер-Петров 1989 — Шраер-Петров Д. Друзья и тени. Роман с участием автора. Нью-Йорк: Либерти, 1989.

Шраер-Петров 1994 — Шраер-Петров Д. Москва златоглавая. Литературные воспоминания. Балтимор: Вестник, 1994.

---

[8] См., например, [Kyrchanoff 2019].

Шраер-Петров 2004а — Шраер-Петров Д. Савелий Ронкин // Эти странные русские евреи. М.: Радуга, 2004. С. 93–317.

Шраер-Петров 2004б — Шраер-Петров Д. Странный Даня Раев // Эти странные русские евреи. М.: Радуга, 2004. С. 1–92.

Шраер-Петров 2005 — Шраер-Петров Д. Карп для фаршированной рыбы. М.: Радуга, 2005.

Шраер-Петров 2007 — Шраер-Петров Д. Водка с пирожными. Роман с писателями. СПб.: Академический проект, 2007.

Шраер-Петров 2010 — Шраер-Петров Д. Охота на рыжего дьявола. Роман с микробиологами. М.: Аграф, 2010.

Шраер-Петров 2011 — Шраер-Петров Д. «Я думаю, что мы все друг друга чему-то научили...» Интервью Г. Кацову. RUNYweb.com. 2011. 17 мая. URL: http://www.runyweb.com/articles/culture/literature/david-shayer-petrov-interview.html (дата обращения: 03.07.2020).

Шраер-Петров 2014 — Шраер-Петров Д. Герберт и Нэлли. М.: Книжники, 2014.

Шраер-Петров 2016 — Шраер-Петров Д. Кругосветное счастье: Избранные рассказы / Ред. Д. Шраер-Петров, М. Шраер. М.: Книжники, 2016.

Шраер-Петров, Вольтская 2016 — Шраер-Петров Д., Вольтская Т. Мерцание желтой звезды // Радио Свобода. 2016. 28 янв. URL: http://www.bigbook.ru/articles/detail.php?ID=25001 (дата обращения: 03.07.2020).

Shrayer-Petrov 2003 — Shrayer-Petrov D. Jonah and Sarah: Jewish Stories of Russia and America / ed. by M. D. Shrayer. Library of Modern Jewish Literature. Syracuse: Syracuse University Press, 2003.

Shrayer-Petrov 2006 — Shrayer-Petrov D. Autumn in Yalta: A Novel and Three Stories / ed., co-transl., and with an afterword by M. D. Shrayer. Library of Modern Jewish Literature. Syracuse: Syracuse University Press, 2006.

Shrayer-Petrov 2014 — Shrayer-Petrov D. Dinner with Stalin and Other Stories / ed., with notes, and commentary by M. D. Shrayer. Library of Modern Jewish Literature. Syracuse: Syracuse University Press, 2014.

Shrayer-Petrov 2018 — Shrayer-Petrov D. Doctor Levitin / ed. and with notes by M. D. Shrayer, transl. by A. B. Bronstein, A. I. Fleszar, M. D. Shrayer. Detroit: Wayne State University Press, 2018.

Библиография

Зальцберг 2017 — Русские евреи в Америке / под ред. Э. Зальцберга. Т. 15. СПб.: Гиперион, 2017.

Кацин 1997 — Кацин Л. Кого раздражает борода Цукермана и почему...? // Еврейский мир. 1997. 31 янв.

Шраер, Шраер-Петров 2004 — Шраер М. Д., Шраер-Петров Д. Генрих Сапгир: Классик авангарда. СПб.: Дмитрий Буланин, 2004.

Friedgut 2003 — Friedgut T. H. Nationalities Policy, the Soviet Regime, the Jews, and Emigration // Jewish Life after the USSR / ed. by Z. Gitelman, M. Glants, M. I. Goldman. Bloomington: Indiana University Press, 2003. P. 27–45.

Gitelman 1988 — Gitelman Z. A Century of Ambivalence. The Jews of Russia and the Soviet Union, 1881 to the Present. New York: Schocken, 1988.

Katsman et al. 2021 — The Parallel Universes of David Shrayer-Petrov. A Collection Published on the Occasion of the Writer's 85th Birthday / ed. by R. Katsman, M. D. Shrayer, K. Smola. Boston: Academic Studies Press, 2021.

Krupnik 1995 — Krupnik I. Soviet Cultural and Ethnic Policies toward Jews: A Legacy Reassessed // Jews and Jewish Life in Russia and The Soviet Union / ed. by Y. Ro'i. Ilford: Routledge, 1995. P. 67–86.

Krutikov 2002 — Krutikov M. The Jewish Future in Russia: Trends and Opportunities // East European Jewish Affairs. 2002. Vol. 1. P. 1–16.

Kyrchanoff 2019 — Kyrchanoff M. «Dark Shadows of the Past Will Forever Remain with Us», or Fathers and Sons: Boundaries and Frontiers, Walls and Bridges in Soviet and Post Soviet Literature // Журнал фронтирных исследований. 2019. Т. 2. С. 11–33.

Shrayer 2006 — Shrayer M. D. Afterword: Voices of My Father's Exile // Shrayer-Petrov D. Autumn in Yalta: A Novel and Three Stories / ed., co-transl., and with an afterword by M. D. Shrayer. Library of Modern Jewish Literature. Syracuse: Syracuse University Press, 2006. P. 205–234.

Shrayer 2007 — An Anthology of Jewish-Russian Literature: Two Centuries of Dual Identity in Prose and Poetry, 1801–2001. 2 vols. / ed. by M. D. Shrayer. Armonk, NY: M. E. Sharpe, 2007.

Shrayer 2018 — Voices of Jewish-Russian Literature: An Anthology / ed. by M. D. Shrayer. Boston: Academic Studies Press, 2018.

Tsigel'man 1991 — Tsigel'man L. The Impact of Ideological Changes in the USSR on Different Generations of the Soviet Jewish Intelligentsia // Jewish Culture and Identity in the Soviet Union / ed. by Y. Ro'i, A. Beker. New York and London: New York University Press, 1991. P. 42–72.

Нонконформистская поэтика Давида Шраера-Петрова*

Роман Кацман

Некоторые критики отмечают, что на карте позднесоветской неофициальной или нонконформистской литературы не осталось «темных мест» [Ельшевская 2009]. Однако в этой обширной области исследований творчеству ленинградского и московского, а с 1987 года — американского поэта, прозаика и переводчика Давида Шраера-Петрова было уделено слишком мало внимания. Отчасти это связано с тем, что в нонконформистской литературе уже давно сложился свой неофициальный, но вполне гегемонный канон. С другой стороны, это связано с вопросом о том, как национальную, в частности еврейскую составляющую следует соотносить с дискурсом советского нонконформизма. Теоретическое осмысление последнего отнюдь не завершено, как и осмысление культурно-антропологических мотивов, лежащих в основании нонконформистской литературы.

В этой статье речь пойдет о текстах Давида Шраера-Петрова, большая часть которых была написана в период отказа. Я попытаюсь показать, что лежащую в основе нонконформистского воображения сцену конфликта, представленную символически и направленную на мобилизацию еврейской идентичности, можно описать в терминологии генеративной антропологии Эрика Ганса как сцену блокировки насильственного жеста, на-

---

* Copyright © 2021 by Roman Katsman. Автор благодарит Давида Шраера-Петрова и Максима Д. Шраера за предоставленные материалы и за помощь в работе над статьей. Впервые эта статья была опубликована на русском языке как [Кацман 2017].

правленного на жертву [Gans 2011]. Еврейский нонконформизм тем самым осваивает и преодолевает виктимное сознание, характерное для эпохи после Холокоста. Начнем с рассмотрения понятия нонконформизма.

Нонконформизм — в каком-то смысле омоним, имеющий различные, хотя и близкие значения в художественной, социальной и культурно-психологической плоскостях. В социологии и риторике нонконформизм редуцируется к протесту и несогласию, а также иногда включается в манифесты анархизма, однако очевидно, что эти понятия не исчерпываются друг другом. В наиболее общем смысле нонконформизм понимается как сопротивление формам мышления, письма, поведения, навязанным властями, гегемонией или правительством, а также общепринятым мнениям, стереотипам и предубеждениям. Нонконформизм охватывает, по выражению Лидии Гинзбург, все «то, что непохожее» [Иванов 2000б: 21].

Применительно к советской литературе нонконформизм становится еще более расплывчатым понятием, так как советская власть как никакая другая придавала огромное значение присвоению любых форм, как в эстетической, так и в социокультурной сферах, не оставляя пространства за пределами своей сцены присвоения. Проанализированная Алексеем Юрчаком как одна из социокультурных возможностей «позднего социализма» [Yurchak 2006: 126–157], наивная фантазия о существовании «вне» этой сцены, культивируемая в некоторых кругах, от стиляг до русского рока, не могла быть реализована. Даже те, кто «просто» были «творческими людьми, не вписывавшимися в систему», кто «не были активными борцами, просто хотели, чтобы их оставили в покое и не мешали самовыражению» [Никольская 2000: 93], неизбежно оказывались в конфликте с системой[1].

В силу этого советский нонконформизм мог существовать только в пространствах конфликтуализации и в борьбе за обладание самими этими пространствами. В этой борьбе создавалась

---

[1] Для дальнейшего изучения данной темы см. статьи, недавно собранные Клавдией Смолой в тематическом номере журнала НЛО [Смола 2019].

воображаемая, гипотетическая, но в то же время ощутимая сцена конфликта, в которой жертва системы (политической или эстетической) переставала быть жертвой и становилась активной силой, то есть в которой историческое сознание выходило за пределы виктимной парадигмы. Основное усилие нахождения «вне» было приложено к взаимной символической перекодировке политического, религиозного, социального, метафизического, фольклорного, национального и других «форм». Этот метод был направлен на блокирование жестов присвоения и на откладывание насилия, из чего рождались новые знаки и новая, нонконформистская культура. Главным риторическим инструментом метода была «смелая речь» [Foucault 2001], состоящая из отдельных, иногда минималистских и разрозненных, высказываний. Такие высказывания воплощали суть нонконформизма: превращение беспомощности и слабости в силу (эстетическую, культурную и политическую) и формирование новой идентичности за пределами виктимной парадигмы.

В тех случаях, когда порождаемые этими высказываниями знаки носят еврейский характер, имеет смысл говорить об особой еврейской составляющей нонконформизма. Алек Рапопорт писал: «Быть художником-нонконформистом — уже остро. Быть при этом еще и "еврейским художником" — просто скандальная для СССР ситуация» [Рапопорт 2003: 28–29]. Это можно проиллюстрировать на примере хорошо известного стихотворения Иосифа Бродского «Еврейское кладбище около Ленинграда», где автор разворачивает пространство конфликтуализации в стенах еврейского кладбища, мобилизуя читателей самиздатского «Синтаксиса» 1960 года на восприятие «юристов, торговцев, музыкантов и революционеров» как идеалистов и толкователей Талмуда, а их жертвенности — как упорства легшего в землю зерна [Бродский 1960].

Наталья Иванова писала о нарушении тройного табу советской литературы в творчестве некоторых еврейских писателей: они писали о евреях; они были евреями, пишущими о России; они писали о православии (и еще шире — о христианстве), будучи евреями [Иванова 2001]. Относится ли это ко всем евреям-нонконформистам? Диагноз Ивановой нельзя не признать слишком эссенциалистским и несколько неточным. «Еврейским», в художественном смысле, был не столько автор, литература или письмо, сколько высказывание. Давид Шраер-Петров писал о литературной ситуации второй половины 50-х: «Мы не делились на евреев-неевреев» [Шраер-Петров 1989: 112][2], и в еврейских дружбах и беседах чаще всего не было места для «еврейских проблем» [Шраер-Петров 1989: 167]. Позднее эта ситуация несколько изменилась, размышления о «евреях-писателях, чурающихся самой тяжелой для нас темы: ассимиляции в России или выезда в Израиль», приобрели существенное значение [Шраер-Петров 1989: 203]. Но такие изменения мало повлияли на поэтические вкусы и привычки тех, чье творчество сформировалось в те годы. Поэтому еврейскую составляющую нонконформизма следует искать не столько в социальной и политической плоскостях, сколько в плоскости символической, несмотря на то, что социальное играет огромную роль во всем, что касается взаимоотношений между официальной сферой и неофициальной литературой, формирующейся и определяемой через отношение к первой.

Независимо от того, как решается сложный вопрос о взаимоотношении между официозом и неофициальной литературой, последняя, по справедливому замечанию Станислава Савицкого, не может быть сведена к социальному, «даже в случае, когда оно понимается в контексте философии действия» [Савицкий 2002: 89]. Евреи-нонконформисты не объединялись в поэтические сообщества как евреи, и потому ключом к пониманию их работы должна быть не столько социология сообществ писателей, сколько герменевтика воображаемых и символических «сообществ высказываний». Такой подход не противоречит представлению о «едином неконформистском культурном движении», о «неофициальной культуре как целостном явлении» [Долинин 2000: 13–14], и кажется в данном случае более продуктивным.

Далее я попытаюсь сформулировать те теоретические положения, на которых можно построить анализ нонконформистского

---

[2] См. также [Шраер-Петров 2007: 65].

высказывания. Как дискурсивная формация нонконформизм (как социально-политический, так и поэтический) представляет собой искреннее, справедливое и адекватное [Habermas 1984: 275] высказывание перед лицом опасности (для успеха, карьеры, славы, благополучия), то есть «смелую речь» [Foucault 2001], рискованный проект с конфликтной предпосылкой, причем риск состоит не только во взаимодействии с государственными институциями, но и в поиске новых форм, истин и самоидентификаций. Недостаточно не быть конформистом, чтобы быть нонконформистом; для литературы недостаточно быть неофициальной, неподцензурной, «второй литературой» [Иванов, Рогинский 2000], чтобы быть нонконформистской. Нонконформизм следует понимать не как негативную теоретическую характеристику, а как позитивное, активное действие, происходящее не в контексте изолированной субкультуры, а в ответ на вызовы гегемонной культуры и ради решения духовных, культурных проблем, этой культурой порождаемых.

Можно выделить следующие культурно-прагматические составляющие нонконформизма: 1) воображение конфликта как данного; 2) символическое конструирование проекта как чего-то возможного и нового; 3) экономия риска как того единственного, что реально, подлинно, истинно[3]. В этой трехсоставной конфигурации легко угадывается структура мифа: 1) вскрытие или создание конфликта; 2) снятие конфликта при помощи рискованного или трансгрессивного проекта (война, путешествие, метаморфоза, преступление, жертвоприношение); 3) реализация личности как трансцендентального, нуминозного[4]. Итак, письмо нонконформизма гомологично мифотворчеству (мифопоэзису). В нонконформизме, как и в мифе, возможное и невозможное сливаются, с тем чтобы позволить субъекту трансцендировать из конфликта в реальное (например, в осоз-

---

[3] Структура конфликта как проблематизация отношения «я — другой» воспроизводит психоаналитическую структуру Жака Лакана [Lacan 2002].

[4] Я опираюсь на предложенное А. Ф. Лосевым определение мифа как «в словах данной чудесной личностной истории» [Лосев 1991: 169].

нание собственной аутентичной идентичности). Благодаря изначальному конфликту это письмо становится, по определению Эрика Ганса, генеративной сценой знако- и культуропорождения [Gans 2011]. В этом свете проявляется и суть самого конфликта как следствия треугольника миметического желания обладания символами [Girard 1979], в то время как благодаря риску, связанному с этим конфликтом, нонконформистское высказывание приобретает перформативный характер, превращается в своего рода культовую, ритуальную, магическую формулу, необратимо меняющую культурный и, иногда, социальный статус автора[5], и как следствие — состояние культурной, интеллектуальной, социальной и, возможно, политической действительности. Это превращение имеет мифическую, даже эпико-героическую природу: автор символически становится культурным героем, зачастую — мучеником культуры, вне зависимости от его личных мотивов и отношений с официальными институтами.

Поэтому нонконформисты зачастую «проживали сказанное», «строили свою жизнь по слову» в особом «социально-космическом протесте», а «любое жизненное обстоятельство <...> воспринималось символически» [Кривулин 2000: 103–104]. И наконец, в силу задействованных коммуникативных механизмов (например, неформальные или подпольные мероприятия), то же перформативное изменение статуса распространяется и на публику. Нонконформистская литература всегда мифопоэтична, концептуальна и перформативна по сути, вне зависимости от конкретного стиля и жанра того или иного произведения, даже вне зависимости от намерений автора. Другими словами, Бродскому совсем не обязательно было читать Поля Тиллиха, чтобы видеть в поэзии проявление «мужества быть» [Гордин 2010: 85–101]. Нонконформизм — это поступок, который делает личность автора «публичным знаком» [Иванов 2000а: 49]. Более того, даже выпадая из пространства политической конфликтуализации (как в случае эмиграции), подлинный нонконформизм

---

[5] См. [Мосс 2000; Austin 1975].

«остается», по выражению Алека Рапопорта; и нонконформистская литература часто остается, как, например, в случае Ильи Бокштейна, «образом жизни» [Вайман 2010].

Теперь можно указать на то, что формирует специфически еврейское высказывание в рамках нонконформистского дискурса, в соответствии с выделенными здесь тремя его прагматическими компонентами или измерениями. В еврейском нонконформистском высказывании 1) воображение конфликта имеет еврейский характер (вовлеченность евреев в конфликт — условие необходимое, но не достаточное); 2) проект возможного или нового конструируется при помощи еврейских сюжетов, образов и символов; 3) обнаруженное и воплощенное «реальное» касается еврейской идентичности. Другими словами, «еврейское» в этом дискурсе представляет собой специфически еврейскую (культурно, национально или религиозно обусловленную) перекодировку экономии риска «смелого» знакопорождения в описанном выше мифопоэзисе. Такая формально-прагматическая конфигурация неизбежно оказывает влияние и на идейное содержание высказывания. Благодаря переходу от конфликтной сцены смыслопорождения, где «священным» объектом насилия, то есть жертвой, является еврей, к реальной сцене самоосознания, где еврей становится равноправным участником борьбы за присвоение реального «священного», рождается новая, невиктимная или, в терминологии Ганса, первоначальная («originary») парадигма еврейского существования.

Вектор преодоления виктимности появляется в советской литературе в конце 1960-х и в начале 1970-х, во многом в связи с израильскими войнами и в то же время почти одновременно с усилением проявлений самой парадигмы советско-еврейской виктимности (вне контекста Холокоста, осознанного и освоенного еще в сороковых-пятидесятых [Shrayer 2013]). То есть евреи всё больше пишут о себе как о жертвах системы, но также и осознают себя способными не быть жертвой. В дальнейшем эта динамика усиливается, вплоть до отказнической литературы 1970–80-х, о чем и свидетельствуют произведения Шраера-Петрова, которые я рассмотрю ниже.

* * *

Давид Шраер-Петров (Давид Пейсахович [Петрович] Шраер) родился в 1936 году в Ленинграде. В своих мемуарах он пишет о том круге, в котором складывался его литературный путь. Он познакомился с будущим режиссером Ильей Авербахом в 1955–1956 годах и вступил в литобъединение (ЛИТО) 1-го Ленинградского мединститута, в котором участвовал также Василий Аксенов. В 1959 году Давид Дар через Льва Озерова показал его стихи и стихи Александра Кушнера Борису Пастернаку, и тот, по словам Шраера-Петрова, лестно о них отозвался, «высказал дельные советы» и пожелал сам познакомиться с молодыми поэтами [Шраер-Петров 1989: 252]. В литературном объединении при Дворце культуры Промкооперации (позднее переименован в Дворец культуры Ленсовета) он близко сошелся с Дмитрием Бобышевым, Анатолием Найманом, Михаилом Ереминым, Евгением Рейном и другими [Шраер-Петров 1989: 103][6]. Несколькими годами позже Шраер-Петров познакомился и подружился с писателем и китаеведом Борисом Вахтиным (пасынком Дара и сыном Веры Пановой) и участвовал в его литературных «четвергах» [Шраер-Петров 1989: 249]. Он не раз попадал в поле притяжения Анны Ахматовой, ее близких и знакомых, при этом сохраняя свой особый путь. Шраер-Петров занимался переводами под покровительством Ефима Эткинда и участвовал в его устных альманахах, а также в семинаре переводчиков Татьяны Гнедич [Шраер-Петров 1989: 259–268]. Он восхищался стихами Иосифа Бродского; дружба и встречи и с ним в Ленинграде 1960-х годов оставили неизгладимый след в его душе [Шраер-Петров 1989: 273–283], сравнимый только, пожалуй, с его литературной дружбой с Генрихом Сапгиром, впоследствии увенчавшейся его (совместно с Максимом Д. Шраером) книгой о Сапгире [Шраер, Шраер-Петров 2004][7]. В 1964 году Шраер-Петров переехал в Москву.

---

[6] См. также [Шраер-Петров 2007: 64–81, 90–99, 167–176].

[7] См. также главу, посвященную Сапгиру, «Тигр снегов», в [Шраер-Петров 2007: 177–217].

Писатель вспоминает, что зимой 1977/78 года Аксенов предлагал ему принять участие в неофициальном «грандиозном альманахе», но он отказался: всего за год до этого, в 1976-м, он «с кровью» был принят в Союз писателей, и ему «не хотелось рисковать» [Шраер-Петров 1989: 143] в 1979 году; однако в том же году, после того как он и его семья подали заявление на выезд в Израиль, он поддержал позицию участников «Метрополя». Он был исключен из Союза писателей в 1980-м. Находясь в отказе до поздней весны 1987 года, Шраер-Петров много писал и вел литературный семинар-салон для отказников. В годы существования семинара-салона неподцензурные авторы, среди которых были Генрих Сапгир и Юрий Карабчиевский, выступали с чтениями [Шраер-Петров 2007: 212–213][8]. Шраер-Петров также общался с иностранными дипломатами, участвовал в просмотрах фильмов в посольстве Великобритании [Шраер-Петров 2010: 216], протестовал против призыва в армию своего студента — евангельского христианина-баптиста, который отказался брать в руки оружие [Шраер-Петров 2010: 228], участвовал в протестных демонстрациях отказников, давал интервью каналам ABC и CBS, передавал письма протеста через иностранных журналистов [Шраер-Петров 2010: 253], писал и подписывал открытые протестные обращения (в частности, к съезду Союза писателей в 1986 году) [Шраер-Петров 1989: 208] — словом, соединял в себе черты сиониста-отказника и диссидента. Писатель подвергался преследованиям, превентивным арестам и остракизму в советской печати. Его сочинения появлялись в еврейском самиздате. В 1985 году микрофильм с первой частью его романа об отказниках был нелегально вывезен из СССР в Израиль и стал центральной частью сборника об отказниках издательства «Библиотека-Алия» в 1986 году [Шраер-Петров 1986]. Первые две части трилогии об отказниках были впервые напечатаны в Москве в 1992 году под названием «Герберт и Нэлли» и впоследствии дважды переиздавались в России. Этот роман о жизни в отказе, и в частности его первая публикация в Израиле, дал мощный

---

[8] См. также [Shrayer 2007: 1056–1057].

толчок развитию в творчестве Шраера-Петрова еврейской темы — развитию, начавшемуся значительно раньше.

Сын писателя, литературовед, прозаик и поэт Максим Д. Шраер, пишет: «Начиная с самых ранних стихов, ставших известными в самиздате с 1950–1960-х годов, Шраер-Петров исследовал природу еврейского самосознания, антисемитизма и отношений между евреями и русскими в условиях советского тоталитарного режима» [Шраер 2010: 384]. Еврейская идентичность Шраера-Петрова складывалась под влиянием семьи. «Еврейские гены», по его словам, всю жизнь мешали ему жить «нормально» [Шраер-Петров 1989: 11]. В доме бабушки он зачитывался «еврейской Библией с параллельным русским переводом» [Шраер-Петров 2010: 12][9], а образ дяди Моисея (Моше Шарира), покинувшего дом в 1924 году ради Земли Израиля и строительства еврейского государства [Шраер-Петров 2010: 66, 200], привнес в эту идентичность теплую привязанность к Израилю и связанную с ней тоску по правдолюбию, справедливости и свободе[10]. Его отец «мечтал когда-нибудь сойти с трапа самолета, приземлившегося на земле Израиля» [Шраер-Петров 2010: 123]. Рассказывая о «счастливых» 60-х, Шраер-Петров пишет:

> Жизнь казалась вполне интересной и многообещающей. Если бы не вечные терзания, свойственные молодым интеллигентам моего поколения! Они, пожалуй, были связаны с мыслями о возможной эмиграции. Как бы я ни внушал себе, что все идет хорошо для моей «маленькой, но семьи», никуда и никогда не могли исчезнуть из памяти литературные события прошедшего десятилетия: разгром романа Владимира Дудинцева «Не хлебом единым» (1956), гражданская казнь Бориса Пастернака за издание за границей романа «Доктор Живаго» (1958), суд и ссылка Иосифа Бродского (1964) и многое другое. Катализатором тайных

---

[9] См. также [Шраер-Петров 1999: 173].

[10] См. также версию этой истории в рассказе «Мимозы на могилу бабушки» [Шраер-Петров 2016: 183] и в романе «Французский коттедж» [Шраер-Петров 1999: 166].

крамольных мыслей была встреча с теткой моей жены Милы — Цилей Поляк, приехавшей в Москву из Израиля навестить родню [Шраер-Петров 2010: 82–83].

Так наконец в 1979 году семья Шраеров начала жить жизнью отказников-активистов:

> Мы постоянно встречались с другими отказниками и диссидентами (Владимир Слепак, Иосиф Бегун, Юрий Медведков, Александр Лернер и др.), открывали двери нашего дома представителям еврейских организаций США, Канады, Англии, Франции, которые активно боролись за наше освобождение из этого «новоегипетского плена» [Шраер-Петров 2010: 242].

Поэтому неудивительно, что большая часть прозы и поэзии Шраера-Петрова не была издана в Советском Союзе. В своих воспоминаниях он пишет, что набор его первой книги стихов был снят с публикации в Ленинграде «за дружбу с Иосифом Бродским»; в 1979–1980 годах за попытку эмигрировать был изъят из типографии и уничтожен сборник стихотворений «Зимний корабль», книга переводов с литовского и книга прозы «Охота на рыжего дьявола» были рассыпаны, причем уже на последних этапах перед публикацией [Шраер-Петров 1989]. (См. также статьи Максима Д. Шраера и Яна Пробштейна в данном сборнике.) К концу 1970-х его «конфликт с официальной советской культурой» [Шраер-Петров 2010: 175] усилился. Как уже было сказано, с 1979 года, когда было подано заявление на выезд и получен отказ, и до эмиграции в 1987-м он много пишет, и часть его прозаических работ этого периода являются яркими образцами отказнической литературы. К этому периоду относится, прежде всего, трилогия об отказниках, первая часть которой была написана в 1979–1980 годах [Шраер-Петров 1986: 242], а вторая — в 1982–1984-м [Шраер-Петров 1992: 588]; к этому периоду относится и «роман-фантелла» «Искупление Юдина», начатый в отказе (1981–1982) и впоследствии дописанный для первоначальной публикации в Соединенных Штатах (1992–1993) [Шраер-Петров

2005]. (См. статью Леонида Кациса об «Искуплении Юдина» в данном сборнике.) В эти годы написаны также цикл «Невские стихи», поэмы на еврейские темы, рассказы, трагикомедия в стихах «Вакцина. Эд Теннер» [Шраер-Петров 2021], а также «Друзья и тени» — книга воспоминаний о Ленинграде и ленинградских писателях 1950-х и ранних 1960-х годов. Я подробней остановлюсь здесь в основном на отказнических текстах в надежде, что творчество Шраера-Петрова будет рассмотрено во всей его полноте в дальнейших исследованиях.

Отказническая литература перекодирует конфликт с властью из политической сферы в культурную и духовную. Подача заявления в ОВИР на выезд в Израиль уже сама по себе была актом-высказыванием «смелой речи», необратимо меняющим социальный статус соискателя, инициирующим его новую идентичность, трансцендирующим его за пределы советской действительности и действительности вообще — на ту изначальную сцену генеративного конфликта, где рождается означивание и идет борьба за смысл. Не столько желание уехать, сопровождаемое отказом власти в разрешении, в свободе, сколько отказ личности смириться с отказом, протест является нонконформистским элементом в этом акте-высказывании [Шраер-Петров 1992: 154]. Это был протест против еврейской покорности и беспомощности, зависимости и вторичности, символическое воплощение которых герои трилогии об отказниках находят в восточноевропейских травах, «тянущихся под косу крестьянина», или в древесных грибах «на русском стволе», который «нас вспоил и позволил развиться» [Шраер-Петров 1992: 381–382]. Более того, основа нонконформизма здесь — не только протест против решения властей, но и протест против правил игры, «законов жанра», по которым разыгрывалась эта драма. В коротком романе Шраера-Петрова «Странный Даня Раев», события которого разворачиваются в эвакуации на Урале во время Второй мировой войны, еврейская женщина смело дает отпор антисемиту на глазах у всех, посреди базара. Ее молодой сын выкрикивает «слова справедливости, преданности и протеста» в лицо другому обидчику, по случайности еврею, пытающемуся занять место его отца-фронтовика и унизить его и его мать, называя присланную отцом с фронта для сына военную форму «маскарадом» [Шраер-Петров 2004].

И однако не протестующие подданные, а именно советская власть разыгрывала зловещий карнавал. Отказники переворачивали советский карнавал с головы на ноги, распрямляли искривленное и ставили подлинную драму. Карнавал лишал смысла все индивидуальное, присваивал себе и опустошал момент настоящего, заполняя его фантомами и кошмарами, нивелировал все культурно значимое, уникальное и целесообразное. Деятельность отказников была направлена в диаметрально противоположную сторону — на восстановление механизмов культуротворчества и становление подлинного бытия личности в «сейчас» истории, с его, в терминологии Бахтина, «заданностью» и ответственностью письма-поступка [Бахтин 2003]. В этой связи показательна особая приверженность отказников празднованию Пурима и пуримшпилю. Несмотря на внешнюю, поздно приобретенную маскарадность, этот традиционно-субверсивный праздник победы над тиранией не карнавален по сути: его содержание не имеет отношения к бахтинской «народной культуре смеха», и в его основе лежит не забвение себя, а, напротив, воспоминание народа о собственных корнях.

Отказнические тексты Давида Шраера-Петрова убедительно демонстрируют эту общую направленность. Его сценарий пуримшпиля [Шраер-Петров 2007: 208][11] и руководство (вместе с его женой Эмилией Шраер) литературным семинаром-салоном сами по себе были актами «смелой речи» для него и его семьи, как и для многих других отказников. Позднее, уже живя в США и осмысляя прошлое, писатель указал на то, что можно считать смыслопорождающим событием, основным мифом его жизни — образ-событие смерти Сталина, «когда, как в сказке, умирает Злой Колдун и побеждает Справедливость» [Шраер-Петров 2010: 8]. Сталин умер в Пурим, не успев осуществить свои худшие замыслы в от-

---

[11] См. также: Шраер-Петров Д. Пуримшпиль (сценарий). Видеозапись. Режиссер постановки Роман Спектор. Москва, 1987. URL: https://www.youtube.com/watch?v=CxW_RNscgTQ (дата обращения: 08.04.2021).

ношении евреев («дело врачей» и массовые депортации), поэтому победа Справедливости приобрела личное, национальное и мифологическое значение[12]. И потому пуримшпиль для Шраера-Петрова — это праздник инициации и реализации личности в истории. Смерть Сталина стала символом разрешения конфликта, откладывания насилия, пусть и временного, и рождения новой жизни и нового типа сознания. Для Шраера-Петрова, как и для многих его современников, ресталинизация[13], воскрешение Сталина представляется худшим из кошмаров, символом насилия, утраты своей индивидуальности и человечности[14].

Символ как осознание себя через другого является центральным компонентом структуры нонконформизма, соединяющим два других: воображение конфликта и «реальное» подлинной идентичности. Как свидетельствуют произведения Шраера-Петрова, данный компонент может быть и минималистским. Эта черта проявляется уже в стихотворениях конца 1950-х и 1960-х годов, о которых Лев Озеров написал: «Он [Шраер-Петров] живет в поисках точности» [Озеров 1967: 116]. Тем более это верно относительно стихов 1970-х, касающихся в той или иной степени еврейской тематики и поисков автором своей идентичности, и уже в одном этом — нонконформистских. Шраер-Петров пишет:

> На празднике «Весна Поэзии» в 1978 году в Вильнюсе, куда я взял с собой Максима, я прочитал стихотворение «Моя славянская душа в еврейской упаковке». Передача шла

---

[12] См. [Shrayer 2016].

[13] Страх перед ресталинизацией был одним из основных топосов прежде всего диссидентского движения. См., например, «От издателей» в «Белой книге» Гинзбурга [Гинзбург 1967]; письмо Якира, Кима и Ильи Габая «К деятелям науки, культуры и искусства» (январь 1968 года); «Последнее слово Ильи Габая на процессе 19–20 января 1970 года в Ташкентском городском суде» [Габай 2015: 8]. См. также многочисленные материалы на эту тему в «Хронике текущих событий», самиздатовском информационном бюллетене, выходившем в 1968–1983 годах. URL: http://hts.memo.ru (дата обращения: 08.04.2021).

[14] См. поздний рассказ Шраера-Петрова «Обед с вождем» в [Шраер-Петров 2016: 196–215].

прямой трансляцией в эфир. В Москве меня вызвали на секретариат Союза Писателей, и я впервые получил проработку за публичное чтение стихов с «сионистским душком» [Шраер-Петров 2010: 160].

Упоминаемое поэтом стихотворение, написанное в 1975 году, — это фантазия, сюрреалистическая и гротескная, о потере героем его (славянской) души. Эта потеря лишь отчасти и неявно мотивирована сионизмом[15], и даже еврейство остается в нем не более чем пустой и бесполезной формой: «Что делать мне среди березок / С моей еврейскою пустой, такой типичной упаковкой?» [Шраер-Петров 1990: 40–41][16]. И все же нельзя не отметить, что аппаратчики Союза писателей «прорабатывали» поэта за еще не реализованный, воображаемый конфликт, лишь символически намеченный как бегство славянской души из еврейского тела («мне не дана славянских ликов широта») и как возможная реализация этого тела как реального, того, что заменит славянские «березки», «рытвины и канавы», «чердаки» и «сеновалы» [Шраер-Петров 1990: 40–41].

Воображение конфликта, генеративной сцены насилия очень выразительно проявляется в стихотворении 1976 года «Раннее утро зимой», которое неожиданно взрывается темой антисемитизма и Холокоста, когда «деревянному мертвеющему звуку» дятла вторит бормотание дворника:

> Это дворник лопатой шуршит,
> Повторяя, как будто во сне:
> Жид-жид-жид,
> Жид-жид-жид,
> Жид-жид-жид,
> Ты попался бы в лагере мне
> [Шраер-Петров 1990: 41–42].

---

[15] «Сионизмом» в те годы в советском официальном дискурсе называли все то самосознательно-еврейское, что не вписывалось в советскую идеологию.

[16] «Моя славянская душа».

Девятикратно повторенное слово «жид» делает идентификацию несомненной, травматической и потенциально опасной: слова дворника звучат то ли жалобой на упущенную возможность в прошлом, то ли обещанием ее реализации в будущем.

Стихи, написанные в годы отказа, наделены теми же качествами. В «Невских стихах» не много артикулированных, собственно еврейских мотивов. (Подробный анализ одного текста из «Невских стихов» читайте в статье Андрея Ранчина, опубликованной в этом сборнике.) Однако в советско-еврейском символическом мире достаточно было одного еврейского слова или даже самого слова «еврей», «еврейский», чтобы вызвать всплеск эмоций, связанных с национальной памятью и самоидентификацией [Shrayer 2013]. Герой трилогии об отказниках Шраера-Петрова объясняет это комплексом неполноценности малых народов, вынужденных жить под властью «великой нации» [Шраер-Петров 1992: 274]. Так, в стихотворении «Могила мамы» [Шраер-Петров 2011: 33] упоминается кадиш. В стихотворении «Цыганский табор в Озерках» упоминается «жиденок» и звучит парафраз цветаевской максимы: «все мы вечные жиды» [Шраер-Петров 2011: 39]. По принципу минимального основания еврейской филологии [Katsman 2014] или по мысли Мандельштама о всезаполняющем аромате мельчайшей капли «мускуса иудейства»[17], этого вполне достаточно для чутких и жадных глаз и ушей советских евреев. На протяжении большей части советских лет, в частности в трудные предперестроечные 1980-е, подобные упоминания служили латентной формой нонконформистского еврейского высказывания, поскольку были знаками табуированного еврейского присутствия, обреченного властью на невидимость.

Нонконформистский характер стихотворений этого цикла выражен в полной мере не столько в их тематике, сколько в форме, ближе всего стоящей к поэзии Генриха Сапгира и вообще к первому и второму русскому авангарду. Предельно эллипти-

---

[17] См. подробную разработку этого принципа в [Кацис 2002].

ческая и в то же время импрессионистская, построенная на конкретном и телесном и в то же время метафизическая, полная народно-сказовых традиций и в то же время возвышенно-элитарная — эта поэзия бежит не только любых закрытых форм, но и любой связной герменевтики. Именно в форме воплощены и конфликт с гегемонией формы, и его преодоление (если не разрешение) в проекте предельно свободного, бессвязного поэтического дискурса на грани немоты. В равной степени здесь воплощен и рискованный выход к реальному — к архетипической идентификации, диалектически объединяющей изначальное (originary, в терминологии Ганса) насилие и его трансцендирование:

        цыганёнок ли
        жидёнок ли
        перевив
        сосновых корневищ
        кнутовище
        удавить поджечь утопить разлить
        кровь
        по песку
        желчь
        вскипает
        желваками щёк
        кнутовища щёлк
        кровь
        на песке
        роспись
        все мы
        вечные
        жиды
    [Шраер-Петров 2011: 38–39].

Эта роспись кровью на песке, конечно, не просто орнамент, а личная подпись поэта, который готовится к роли номада, изгнанника, бродяги — парадигматического нонконформиста. Последнее стихотворение в цикле «Петровский дуб» пропитано предчувствием дороги:

обронен я
недоброй волей
на
стынь дорог
но
я
зачем
тянусь
из стыни
дальних
к заброшенному пепелищу
погоди
роняй листы
летите
облака и тучи
с силуэтами листов
я возвращаюсь
[Шраер-Петров 2011: 56–57].

Итак, листья дуба превращаются в листы поэзии, впитавшиеся «в извивы / дорог / моих утрат и обольщений». Поэт заново врастает, как желудь, как дуб, в родные-новые землю и небо, и конфликт изгнанничества априорно трансцендируется самой поэзией, еще не реализовавшись в действительности. Эта неразрешимая, логически не вполне точная двойственность родного-нового также приводит в движение механизмы перекодировки и в произведениях, рассмотренных ниже, прежде всего в первых двух частях трилогии об отказниках, знакомых русскоязычному читателю под названием «Герберт и Нэлли».

Тематически роман «Герберт и Нэлли» близок к объемному корпусу еврейской литературы об испанских евреях, марранах или их потомках, сохраняющих или заново обретающих национальное самосознание[18]. Клавдия Смола отмечает, что роман

---

[18] См. также, например, более поздний рассказ «Белые овцы на зеленом склоне горы» [Шраер-Петров 2016: 5–21], в котором рассказывается о мусульманской семье в Азербайджане, происходящей из горских евреев, которых «насильственно омусульманили», но они «все равно остались евреями». В центре рассказа — минималистский символ, упоминание которого зани-

«черпает свою образность (хотя и точечно) из многовековой культуры иудаизма и приобщается в то же время к традициям мировой литературы сионизма» [Смола 2017]. Перемены, происходящие с героями, обретают бо́льшую значимость, так как автор использует собственно еврейские культурные коды, интертекст и стилистику весьма экономно. Переход от воображения конфликта к рискованному становлению самим собой как единственной реальности происходит, в терминологии Лакана, при посредстве тонкого слоя символического порядка [Lacan 2002]. И именно поэтому введение не многих, но ключевых символов, как, например, образ старухи-совы, кошмарной персонификации советской власти, являющейся в видениях Герберта Левитина, столь значимо. Кроме того, в роман включена, по словам автора, «мозаика из <его> собственной жизни», так что «получился роман-автобиография внутри сюжетного романа» [Шраер-Петров 2007: 412]. Таким образом, роман и его главные герои как бы тянутся к еврейству, но не сливаются с ним, наподобие Генриха Сапгира как он представлен в воспоминаниях Шраера-Петрова [Шраер-Петров 2007: 211], то есть они сохраняют нонконформистское отношение как к русско-интеллигентскому, так и к еврейско-национальному полюсам[19].

Трилогия посвящена еврейской теме отказничества, однако в ней сохраняется тот характерный символический минимализм, который делает переход от конфликта к реализации новой идентичности весьма хрупким. Здесь не слишком часто встречаются еврейские слова и диглоссия, как, например, в «традиционном

мает всего несколько строк: это запертая за семью засовами семейная молельня с Танахом и семисвечником, расположенная в подвале дома глубоко под землей. См. также статью Клавдии Смолы «Романы Давида Шраера-Петрова об исходе и эпистемология еврейского культурного возрождения в СССР» в этом сборнике.

[19] В романе «Французский коттедж» один из героев проповедует о существовании российских евреев как «особого племени», своего рода «закваски», без которой может начаться загнивание «большой нации» [Шраер-Петров 1999: 84]. Другой персонаж размышляет даже о «еврейских славянах» [Шраер-Петров 1999: 235].

пасхальном тосте», который произносит доктор Левитин: «Лышон-або-б-Йерушалаим!» — слова, которые здесь не переводятся и означают «В следующем году в Иерусалиме!». В отличие от своей поэзии, автор избегает в романе развернутых или неожиданных образов-концептов; его символика точечна и конвенциональна, как, например, картина московских улиц, усыпанных «магендовидами кленовых листьев»[20], или сравнение разрыва евреев с Россией с отделением плаценты [Шраер-Петров 1992: 69]. Повествователь придает символам огромное значение, но, как кажется, понимает их как набор конвенций: «Мы живем в мире символов. В мире китайского театра. В мире условностей и жестов» [Шраер-Петров 1992: 245].

Роман строится на одном гиперсимволе, на одном основном жесте-мифе — на том, что Брехт называл *Gestus* [Doherty 2000]: на акте протеста как самопожертвования. Громко протестующие отказники превращаются в игроков в некоей игре, которая из политической перекодируется в этическую и метафизическую и в которой они априорно уже выиграли: «...ты благополучен и жертвуешь этим — что противопоставить такой жертве?» [Шраер-Петров 1992: 247]. Пусть даже доктор Левитин не соглашается с этими словами шахматиста Балаяна и не желает участвовать в самоубийственном протесте, который уже погубил все самое дорогое, что у него было, но выраженная в них концепция лежит в основе как отказничества, так и нонконформизма вообще. И хотя доктор Левитин оправдывал свой отказ помогать Балаяну в его голодовке «духом иудаизма», «его душа, размытая русской противоречивостью, не давала покоя и отдыха» [Шраер-Петров 1992: 253]. Однако противоречие здесь только внешнее, ибо даже упомянутые выше еврейские слова «Лышон-або-б-Йерушалаим!» являются финальной фразой двух важнейших ритуалов, в центре которых находится жертва: пасхального

---

[20] См. также поэму «Желтая звезда», построенную на метафорическом сравнении Бродского с сорвавшимся с дерева красно-желтым кленовым листом посреди снежной зимней ночи [Шраер-Петров 1997: 87–95]. Уже в ранней книге «Холсты» рыжий цвет волос ассоциирован со светом, солнцем, весной и любовью («Зимние стихи о рыжем лыжнике» [Шраер-Петров 1967: 151–152]).

ритуала (сэдэра) и молитвы «Неила», завершающей Йом Кипур (Судный день).

Другими такими словами-кодами являются «алия», «Эрец Исраэль», «шалом», «бекицер», названия еврейских праздников [Шраер-Петров 1992: 277]. Они помечают координаты «параллельной вселенной», «Вселенной родного народа», «Вселенной евреев», тоска по которой доставляет столько страданий. Но переживания и тоска упоминаются в контексте других страданий — тоски дяди Моисея, живущего в Израиле, по России, по другой «Вселенной души — миру родного языка» [Шраер-Петров 1992: 277–278]. Отказники, гэбэшники, евреи, русские, израильтяне, эмигранты, «официальные евреи», антисемиты, верующие, сионисты, инакомыслящие, диссиденты — всё это не социальные группы, как полагает другой собеседник доктора Левитина, отказник Миша Габерман, а параллельные вселенные, разные измерения, хотя со временем в среде отказников и возникает «атмосфера семьи, братства, единства» [Шраер-Петров 1992: 289]. В этой множественности миров и историй состоит полифонизм романа, проявляющийся не только в нарративных голосах, но и в композиции, заведомо «изломанной»[21] и многосоставной. И хотя среди участников диалога внутри этой множественности есть и евреи, и русские, она имеет ярко выраженный характер «если не скандала», то русской интеллигентской многоголосицы [Шраер-Петров 1992: 288]. Все эти вселенные существуют в одних и тех же пространствах и личностях, притягиваются и отталкиваются, но не соединяются. Так, например, главная героиня второй части трилогии об отказниках, Нэлли Шамова, чувствует себя «русской девушкой» и в то же время ощущает «внутреннюю тягу к еврейскому, семитскому, ориентальному» [Шраер-Петров 1992: 311–312]. Со временем она обучается «жить как евреи», вкладывая в это один главный смысл — стремление в Израиль.

---

[21] Шраер-Петров перефразирует «искусство как прием» Шкловского в «искусство как излом», имея в виду распад цельности приема и стоящего за ним сознания, эстетического и социального [Шраер-Петров 1995].

Обучение и сопровождающее его дискутирование фундаментальных проблем составляют важную часть любого протестного движения как средства формирования идентичности и социализации. В романе Шраера-Петрова, описывающем такое движение, эти элементы выполняют несколько функций. Процесс обучения служит конструированию нарративного времени и придает сюжету оттенок *бильдунгсромана*. В особенности это характерно для образа Нэлли. Сцены дискуссий и споров повышают градус драматизма, и они в одинаковой степени характерны как для истории Нэлли, так и для истории Герберта, хотя последний гораздо менее склонен к азарту полемики. И наконец, полемические, дидактические, ритуальные и перформативные функции присущи таким действиям, которые можно назвать «симулякрами протеста»: будучи традиционными мероприятиями общественной жизни, они служат также целям протестного движения «на уровне символа посредством кодирования и введения в действие протестной ораторской и организационной атрибутики» [Lahusen 1996: 366].

Примером таких мероприятий в романе служит совпавшая с праздником Симхат Тора свадьба Миры и Наума. На свадьбе гости танцуют еврейские танцы и поют еврейские песни, а Нэлли произносит речь, символически объединяющую все это в перформанс того, что значит «жить как евреи», и поднимающую рутину до уровня бесстрашного нонконформистского религиозно-политического высказывания:

> Пусть радость самого радостного и веселого еврейского праздника Симхат Тора осветит их жизнь и приведет к воротам разрушенного Храма. И если каждый из нас придет к этим вратам с радостью в душе и решимостью в руках, Храм будет восстановлен. Наступит Светлое Царство Третьего Храма, когда все живое будет петь, веселиться и прославлять радость жизни [Шраер-Петров 1992: 410–441].

Здесь культурное и духовное переводится в политическое[22]. Однако общей для них является символическая перекодировка.

---

[22] В роман «Французский коттедж» включен философско-поэтический этюд о храмах, которые «хранят двуединство красоты и общинности» и в которых хранится память о дословном единстве «политики и молитвы»; повество-

Именно перекодировка сама по себе, а не ее направление, существенна для подлинно рискованного раскрытия порядка реального, свойственного нонконформизму. В этом ключе я рассмотрю ниже роман-фантеллу «Искупление Юдина». Черновой вариант романа был написан, пока автор еще находился в отказе, а отредактирован и издан он был уже в американские годы[23]. Для этого романа, как и для нонконформизма вообще, характерна перекодировка сложная и многоходовая, позволяющая действовать против гегемонии одновременно на нескольких генеративных сценах присвоения смыслов и форм.

Изобретенный Шраером-Петровым жанр фантеллы позволяет автору фантазировать на ту или иную тему, не ограничивая себя рамками условностей существующих жанров, дискурсов и поэтик, в результате чего новая фантазия становится гиперусловной. В ней актуальное означаемое не прячется за декорациями исторической аллегории, а нарочито сливается с ними, заполняет условность реальным (прием, напоминающий театральную философию Юрия Любимова в московском Театре на Таганке в 1970-е годы). Эта своего рода литературная и интеллектуальная брехтовская фантасмагория служит двойником социального протеста, но лишена серьезности последнего. Роман «Искупление Юдина» нарочито насыщен мотивами и приемами, максимально удаленными от советской литературы, такими как христианство, исторический сионизм, телесная чувственность и откровенный эротизм. Обращение к эротике Шраера-Петрова мотивировано

ватель мечтает о «возвратном времени единого храма первичных глоссоэмоций, породивших единые чувства и единые слова» [Шраер-Петров 1999: 101]. Эта философская притча о полуразрушенном храме как о Вавилонской башне оправдывает, от противного и как будто за пределами политического контекста, необходимость взаимного перевода политического и духовного. На деле же такой перевод означает, в терминологии Жака Деррида в его рассуждении о сути перевода, «выход во-в-не смысла» [Деррида 2002: 76], то есть, в нашей терминологии, предельный нонконформизм.

[23] См. также статью Л. Кациса в этом сборнике. В Москве готовится к изданию окончательный вариант романа «Искупление Юдина» с новым авторским послесловием. См.: Шраер-Петров Д. Искупление Юдина: Роман-фантелла / ред. М. Д. Шраер. М., 2021 (готовится к печати). — *Примеч. ред.*

тем, что в романе «История моей возлюбленной, или Винтовая лестница» (2013) названо «высшей соединенностью наслаждения и духовности» и «постижением момента истины», а также «сексуальным диссидентством» [Шраер-Петров 2013: 72–73]. Писатель создает андеграундную историко-философскую притчу, заведомо не предназначенную для публикации в Советском Союзе.

Ядром сюжета «Искупления Юдина» является своего рода новое евангелие: история жизни, смерти и воскресения Евсея, лекаря и чудотворца, его предательства учеником Юдиным, их любви друг к другу и к женщине, а также история взаимоотношений их обоих с другими учениками, с различными общинами и с центральной властью. Евангельские события перенесены из Иудеи в диаспору, на берег Черного моря; отсюда теолого-историческая трансформация: еврейское рассеяние представлено не как следствие евангельских событий, а как их причина, то есть Евсей возникает как сионистский — духовный и политический — лидер, ведущий свой народ назад к Храму, в Израиль, и в то же время в царство небесное. Впрочем, он осужден и распят не столько за организацию духовно-политического исхода, сколько за протест против всевластия Империи — Римской как аллегории советской. Таким образом, борьба за исход не заслоняет диссидентства, политический и религиозный (или, шире, духовный) конфликты взаимно перекодируются, не снимая один другого.

Псевдоисторическая фантазия Шраера-Петрова соединяет такое невероятное количество несоединимых культурных элементов, что на поверхность выходит главная культурологическая идея романа: конфликт, в центре которого оказываются евреи, никогда не бывает только культурным или социально-политическим, а всегда был и остается метафизическим. Центральным сакральным объектом романа служит не сам Евсей, а мирра — чудодейственное воскрешающее масло, тайна которого тщательно охраняется Империей. Именно мирра воскрешает Евсея, умершего на кресте, и она же служит символом мессианства, восстановления Храма и Царства. Мирра, будучи основным символом романа, воплощает борьбу за обладание ключом к царству истины и к царству земному. Однако этот символ переводит воображение конфликта в порядок реального, когда в конце романа пути расходятся: воскресший Евсей остается на берегу Черного моря, а евреи возвращаются в Израиль без мирры и без Евсея и Юдина, оставляя позади историю их любви и предательства.

Работа символизма мирры как механизма обнаружения реального проявляется в том, что образ Евсея выводится за пределы виктимной парадигмы, то есть концепции о жертве как центре культуры. Евсей не априорно определенная жертва, а скорее один из участников сцены конфликта, в которой роли не распределены заранее и где все персонажи предстают перед взглядом читателя как чистые возможности, сингулярности, всё еще погруженные в хаос непредсказуемости и случайности. Возможно, в этой ревизии еврейской виктимности и состоит главное нонконформистское еврейское высказывание романа-фантеллы Шраера-Петрова. Его протест направлен не столько против власти, идеологии или психокультурных комплексов в отношениях между ними и индивидуумом, сколько против той мыслительной парадигмы, в которой эти комплексы рождаются. Взгляд писателя охватывает, как и у других нонконформистов, христианство и иудаизм в едином духовном поиске. Однако он идет глубже и обращается на генеративную сцену культуры, предшествующую жертвоприношению. Еврей на этой сцене предстает как равноправный участник борьбы, лишенный черт беспомощности. Преодоление еврейского «конформистского» комплекса виктимности, но без дискредитации идеи духовного самопожертвования представляется сверхзадачей «Искупления Юдина» и, возможно, еврейского «смелого высказывания» как такового. Одной из главных характеристик этого высказывания, вернее личности, способной на такое высказывание, у Шраера-Петрова служит профессия доктора. Медицинская тема становится центральной в трагикомедии «Вакцина. Эд Теннер». Остановимся на ней подробнее.

Прототипом главного героя трагикомедии «Вакцина. Эд Теннер» служит «Эдвард Дженнер — великий английский врач и оспопрививатель (1749–1823)» [Шраер-Петров 2009][24]. В центре сюжета — «эксперимент», доказывающий эффективность вакцины, во время которого едва не погибает подопытный, который оказывается сыном Теннера. Согласно авторской датировке, пьеса создавалась в 1974–1984–1998–2009 годах, то есть изначально задумана и вчерне написана еще в СССР[25]. И хотя она была опубликована в журнале только в 2009 году, а отдельной книгой в 2021 году, первые три даты указывают на то, что по крайней мере ее замысел появился еще до отказа, в относительно спокойные годы, был развит в годы отказа и дополнен уже в эмиграции. Такая датировка ставит под сомнение возможность контекстуализировать этот текст и тем самым не дает читать его как простую идеологическую аллегорию. С другой стороны, она позволяет увидеть в пьесе своего рода сквозную линию, соединяющую почти все этапы творчества писателя, включая как его романы и рассказы, так и мемуаристику.

Трагикомедию «Вакцина. Эд Теннер», трилогию об отказниках и роман «Искупление Юдина» объединяет общая тема — медицинская наука и биология — весьма распространенная в советской литературе в 1950–80-е годы, например в романах Василия Аксенова и Владимира Дудинцева, высоко ценимых Шраером-Петровым и неоднократно упоминаемых им в своих художественных и мемуарных текстах. В различных вариациях медицинская тема присутствует и в более поздних его произведениях, вплоть до романа «История моей возлюбленной, или Винтовая лестница» (2013). К этой теме относится и роман «Французский

---

[24] Окончательный вариант 2020 года: [Шраер-Петров 2021].

[25] В романе «История моей возлюбленной, или Винтовая лестница» рассказчик вспоминает о своей «неудаче с инсценировкой биографического романа, где главным героем был изобретатель вакцины против оспы английский врач начала девятнадцатого века Эдвард Дженнер. Пьеса была написана для театра при Доме медработников, которым в то время руководил Марк Розовский. Написана, но не принята» [Шраер-Петров 2013: 120–121]. В том же романе Дженнер упоминается вновь, когда рассказчик встречает своего друга детства, занятого «охотой» на бактерию листериоза у животных и изобретением вакцины [Шраер-Петров 2013: 226].

коттедж»; он был задуман, по словам автора, еще в 1977 году как «история жизни в Грузии великого микробиолога Феликса д'Эрелля и гибели профессора Георгия Элиавы» [Шраер-Петров 1999: 349]. Это книги о врачах, и не только в поверхностном смысле профессии их протагонистов, но и в более глубоком, метафизическом смысле[26]. Теннер, Герберт и Евсей — не просто целители, они искатели истины, жертвующие собой ради великой цели. Они вольные или, как в случае доктора Левитина, невольные просветители. Медицина предстает, как и в мемуарном романе «Охота на рыжего дьявола», как путь духовного спасения, освобождения и самореализации, а в ее научном аспекте — и как мифический квест, героико-эпическое путешествие с боями, победами и поражениями в войне между жизнью и смертью[27].

В 2009 году Шраер-Петров читал в Бостонском колледже курс на тему «Медицина и литература». Три упомянутых произведения в большей или меньшей степени указывают на то, что в плане этого курса названо «глубокими связями между художественным творчеством и самыми острыми вопросами медицины и целительства» [Shrayer-Petrov 2009]. А в 1974 году (первая из датировок пьесы «Вакцина. Эд Теннер») в московском издательстве «Знание» вышла небольшая работа Шраера-Петрова «Поэзия и наука (заметки и размышления)». В этой книге указанная в заглавии тема рассматривается с разных точек зрения: общность и различие научного и художественного вдохновения и интуиции, отражение научных знаний в поэзии, научный характер самого поэтического мышления[28]. Однако важнее всего, с моей точки зрения, то, что стоит за всем этим и что можно сформули-

---

[26] См. также [Shrayer-Petrov 2006].

[27] См. [Шраер-Петров 1999: 127]. В романе «Французский коттедж» один из героев рассуждает, имея в виду как микробиологию, так и культуру, что, «если существует вектор сил, направленных против человеческой цивилизации, должен быть и защитный антивектор» [Шраер-Петров 1999: 287].

[28] См. также сравнение поэта с биологом: «Хлебников работал над словом, как цитолог, манипулируя с клеткой-буквой (звуком) и создавая невиданные химеры слов (органов), образующих стихи (организмы)» [Шраер-Петров 2007: 59].

ровать в терминологии Бруно Латура: представление о том, что научное творчество нового времени направлено на создание «гибридов» человеческих и нечеловеческих существ, как, например, в микробиологии, и в то же время на сокрытие данной гибридизации и на «очищение» природного и социального в глазах всех, кто находится за пределами научного сообщества [Латур 2006: 94–98]. Из размышлений Шраера-Петрова следует, что не только антропология, как у Латура, но и литература может быть эффективным методом обнаружения и описания этого двойственного процесса. Понять суть этих гибридов необходимо, ибо в них кроется ключ к спасению жизни. Такой, в духе кибернетических идей 1960-х годов, предстает взору автора ЭВМ: «Мысль выплескивается колонками цифр и орнаментами уравнений. Минута — и сотни животных избавлены от бессмысленной гибели. Машина, протяни руку! Возьми бьющееся в страхе и тоске животное. Лечи, лечи, излечивай наших меньших братьев, чтобы потом излечить Человека» [Шраер-Петров 1974: 54]. Не вызывает сомнения, что эти слова, как и вся эта работа Шраера-Петрова, относятся не только к физическому, но и к социальному и духовному исцелению человека и общества.

Трагикомедия обнажает те три координаты, в которых развертывается медицинская тема: победа над смертью, борьба с властью (или гегемонией, мракобесием, доксой), преодоление виктимности. Подобно герою трилогии об отказниках доктору Герберту Левитину, Эд Теннер теряет жену и сына, но, словно Иов, обретает новую семью. И наконец, в пьесу встроена архетипическая сцена репрезентативного жертвоприношения Авраамом Исаака. Герой науки Теннер, как и герой веры Авраам, бесстрашно осуществляет свое кредо. В современном научном опыте, как и в древнем испытании веры, раскрывается истина, гарантируемая чистотой сердца ее свидетеля и чистотой эксперимента. Сцена эксперимента, будучи, в терминологии Ганса, сценой блокированного жеста насилия (опыта-пытки), замены жертвы и превращения жеста в репрезентацию, становится сценой культуропорождения. В основе обоих нарративов лежит глубокая убежденность, что та же сила, которая требует проведения испытания-опыта, приведет экспериментатора к моральному и культурному возвышению, прогрессу, тем более что концептуально эксперимент почти сливается с лечением, а лечение — со спасением и подвигом[29], "лечение" Мирового океана» — с «восстановлением утраченных звеньев цивилизации» [Шраер-Петров 1999: 253]. В одном случае эта сила — Бог, в другом — природа, но в обоих случаях ей приписывается разумность, данная в откровении или умопостигаемая. Этим преодолевается неразумность обыденного человеческого сознания — будь то идолопоклонство, окружающее Авраама, мужицкая темнота английских фермеров и недоверие официальной науки, окружающие Теннера, или властность Империи и ее идеологий, окружающая доктора Левитина и Евсея.

Такое преодоление или преобразование данного (то есть конфликта как данного) в возможное (познание реального) может быть интерпретировано, как уже было сказано, через определения генеративной антропологии: оно происходит при помощи блокирования жеста насилия-присвоения и превращения репрезентации самого образа этого нереализованного жеста в знак зарождения нового языка (новой культуры, религии, науки). Так новый язык науки рождается в сцене нереализованного жеста насилия, в котором испытание-пытка объекта перекодируется в репрезентацию знания о факте действительности[30]. Именно перекодировка жертвы реальности в ее знак, пользующийся статусом неопровержимой достоверности и убедительности, и воплощает тот глубокий нонконформизм, который выводит философскую антропологию произведения за пределы виктимной парадигмы. Понимание этой динамики особенно существенно для первых двух частей трилогии об отказниках, где на первый взгляд насилие остается неблокированным и его жертвами становятся все близкие доктору Левитину люди. «Вакцина. Эд Теннер» может служить призмой, сквозь которую и этот роман, а точнее, представленное в нем отказничество, видится как

---

[29] См. [Шраер-Петров 1999: 239–240].
[30] О концепте «процесс-пытка объекта» см. [Латур 2006: 77–85].

грандиозный научный или, как в «Искуплении Юдина» и в связывании Исаака, духовный эксперимент. Доктор Левитин, во всей своей смелой беззащитности, становится символом протеста против косности данного как проклятия изгнания и таким образом превращается из жертвы в героя исхода и возвращения к родине как к истине, подобно тому как эксперимент Теннера ведет его к истине, словно к родине.

Подводя итог анализа некоторых нонконформистских и отказнических текстов Давида Шраера-Петрова, необходимо отметить прежде всего разнообразие их жанров и стилей. Автор свободно пересекает любые канонические границы, словно стремясь исчерпать все возможные языки для формирования своего еврейского «смелого высказывания», сохраняя за собой право на максимально доступную в данных обстоятельствах свободу. Говоря же о содержании этого «смелого высказывания», можно выделить две конкурирующие и взаимосвязанные линии: осознание еврейской жертвенности и преодоление еврейской виктимности. Обе цели достигаются при помощи углубленного экспериментирования на сцене конфликта, как в лаборатории, где наблюдатель становится свидетелем *aletheia* — несокрытости еврейского как реального. В этой лаборатории символическое играет роль экспериментального оборудования, и потому имеет минималистский характер. Видя себя и своих героев как испытуемых или даже пытаемых, автор обретает уверенность в том, что за видимой бессмысленностью происходящего все же скрывается некая целесообразность. Эта целесообразность состоит, как и в науке, в интеллигибельном, человеческом освидетельствовании и записывании следов, оставляемых нечеловеческими силами. Можно предположить, что такая философия литературы Шраера-Петрова сформировалась под влиянием его научного мышления и что оба эти аспекта — параллельные реальности — одной личности должны быть неразрывно связаны. Этот вопрос выходит, однако, за пределы данной статьи и будет рассмотрен, надо надеяться, в других работах[31].

---

[31] См. статью Леонида Кациса о романе «Искупление Юдина» в этом сборнике.

Источники

Шраер-Петров 1967 — [Шраер-]Петров Д. Холсты // Перекличка. Стихи. М.: Молодая гвардия, 1967. С. 116–160.

Шраер-Петров 1974 — [Шраер-]Петров Д. Поэзия и наука (заметки и размышления). М.: Знание, 1974.

Шраер-Петров 1986 — Шраер-Петров Д. В отказе // В отказе. Иерусалим: Библиотека-Алия, 1986. С. 147–242.

Шраер-Петров 1989 — Шраер-Петров Д. Друзья и тени. Роман с участием автора. Нью-Йорк: Либерти, 1989.

Шраер-Петров 1990 — Шраер-Петров Д. Песня о голубом слоне. Холиок: Нью-Ингленд Паблишинг, 1990.

Шраер-Петров 1992 — Шраер-Петров Д. Герберт и Нэлли. М.: Полиформ, 1992.

Шраер-Петров 1995 — Шраер-Петров Д. Искусство как излом // Новый журнал / The New Review. 1995. № 196. С. 245–256.

Шраер-Петров 1997 — Шраер-Петров Д. Пропащая душа. Провиденс: APKA Publishers, 1997.

Шраер-Петров 1999 — Шраер-Петров Д. Французский коттедж. Провиденс: APKA Publishers, 1999.

Шраер-Петров 2004 — Шраер-Петров Д. Эти странные русские евреи. Романы <Савелий Ронкин. Странный Даня Раев>. М.: Радуга, 2004.

Шраер-Петров 2005 — Шраер-Петров Д. Искупление Юдина // Мосты. 2005. № 5. С. 5–61; № 6. С. 21–116; № 7. С. 11–88.

Шраер-Петров 2007 — Шраер-Петров Д. Водка с пирожными. Роман с писателями / под ред. М. Д. Шраера. СПб.: Академический проект, 2007.

Шраер-Петров 2009 — Шраер-Петров Д. Эд Теннер. Трагикомедия в двух действиях и шести картинах. 2009. URL: http://www.mromm.com/p/ShrayerDavid-03.htm (дата обращения: 08.04.2021).

Шраер-Петров 2010 — Шраер-Петров Д. Охота на рыжего дьявола: Роман с микробиологами. М.: Аграф, 2010.

Шраер-Петров 2011 — Шраер-Петров Д. Невские стихи / под ред. М. Д. Шраера. СПб.: Островитянин, 2011.

Шраер-Петров 2013 — Шраер-Петров Д. История моей возлюбленной, или Винтовая лестница. М.: Вест-Консалтинг, 2013.

Шраер-Петров 2016 — Шраер-Петров Д. Кругосветное счастье. М.: Книжники, 2016.

Шраер-Петров 2021 — Шраер-Петров Д. Вакцина. Эд Теннер / под ред. М. Д. Шраера. М.: Три квадрата, 2021.

Shrayer-Petrov 2006 — Shrayer-Petrov D. Autumn in Yalta // Autumn in Yalta. A Novel and Three Stories / ed., co-transl., and with an afterword by M. D. Shrayer. Syracuse: Syracuse University Press, 2006. P. 102–136.

Shrayer-Petrov 2009 — Shrayer-Petrov D. «Syllabus». BI 226/SL 290: Medicine and Literature. Boston College, Spring Semester 2009.

Библиография

Бахтин 2003 — Бахтин М. М. К философии поступка // Собр. соч.: в 7 т. Т. 1. С. 7–68.

Бродский 1960 — Бродский И. Еврейское кладбище около Ленинграда // Синтаксис. 1960. № 3. URL: http://rvb.ru/np/publication/05supp/syntaxis/3/brodsky.htm (дата обращения: 07.04.2021).

Вайман 2010 — Вайман Н. И. Поэзия как образ жизни: Илья Бокштейн // Open Space. 12 октября 2010. URL: http://os.colta.ru/literature/events/details/18665/ (дата обращения: 07.04.2021).

Габай 2015 — Габай И. Я. Письма из заключения (1970–1972). М.: Новое литературное обозрение, 2015.

Гинзбург 1967 — Гинзбург А. И. Белая книга по делу А. Синявского и Ю. Даниэля. Франкфурт-на-Майне: Посев, 1967.

Гордин 2010 — Гордин Я. А. Рыцарь и смерть, или Жизнь как замысел: О судьбе Иосифа Бродского. М.: Время, 2010.

Деррида 2002 — Деррида Ж. Вокруг вавилонских башен / пер. В. Лапицкого. СПб.: Академический проект, 2002.

Долинин 2000 — Долинин В. Э. Неподцензурная литература и неподцензурная печать (Ленинград 1950–1980 годов) // История ленинградской неподцензурной литературы. 1950–1980 годы / под ред. Б. И. Иванова и Б. А. Рогинского, СПб.: DEAN, 2000. С. 10–16.

Ельшевская 2009 — Ельшевская Г. В. Несколько гениев в ограниченном пространстве: к истории одного самоощущения // НЛО. 2009. № 100. URL: http:// magazines.russ.ru/nlo/2009/100/el32.html (дата обращения: 06.04.2021).

Иванов 2000а — Иванов Б. И. Рид Грачев // История ленинградской неподцензурной литературы. 1950–1980 годы / под ред. Б. И. Иванова и Б. А. Рогинского. СПб.: DEAN, 2000. С. 49–59.

Иванов 2000б — Иванов Б. И. Эволюция литературных движений в пятидесятые-восьмидесятые годы // История ленинградской неподцензурной литературы. 1950–1980 годы / под ред. Б. И. Иванова и Б. А. Рогинского. СПб.: DEAN, 2000. С. 17–28.

Иванов, Рогинский 2000 — Иванов Б. И., Рогинский Б. А. От составителей // История ленинградской неподцензурной литературы. 1950–1980 годы / под ред. Б. И. Иванова и Б. А. Рогинского. СПб.: DEAN, 2000. С. 4–5.

Иванова 2001 — Иванова Н. Сквозь ненависть — к любви, сквозь любовь — к пониманию // Ф. Горенштейн. Псалом. М.: Эксмо, 2001. С. 5–10.

Кацис 2002 — Кацис Л. А. Осип Мандельштам: Мускус иудейства. М.: Гешарим — Мосты культуры, 2002.

Кацман 2017 — Кацман Р. Параллельные вселенные Давида Шраера-Петрова // Wiener Slawistischer Almanac. 2017. Bd. 79. S. 255–279.

Кривулин 2000 — Кривулин В. Б. Петербургская спиритуальная лирика вчера и сегодня (к истории неофициальной поэзии Ленинграда 60–80-х годов // История ленинградской неподцензурной литературы. 1950–1980 годы / под ред. Б. И. Иванова и Б. А. Рогинского. СПб.: DEAN, 2000. С. 99–109.

Латур 2006 — Латур Б. Нового времени не было. Эссе по симметричной антропологии / пер. с фр. Д. Я. Калугина. СПб.: Изд-во Европейского университета в Санкт-Петербурге, 2006.

Лосев 1991 — Лосев А. Ф. Диалектика мифа // Философия. Мифология. Культура. М.: Изд-во политической литературы, 1991.

Мосс 2000 — Мосс М. Социальные функции священного / пер. И. Утехина. СПб.: Евразия, 2000.

Никольская 2000 — Никольская Т. Л. Круг Алексея Хвостенко // История ленинградской неподцензурной литературы. 1950–1980 годы / под ред. Б. И. Иванова и Б. А. Рогинского. СПб.: DEAN, 2000. С. 92–98.

Озеров 1967 — Озеров Л. А. Об авторе // [Шраер]-Петров Д. Холсты // Перекличка. Стихи. М.: Молодая гвардия, 1967. С. 116–117.

Рапопорт 2003 — Рапопорт А. Нонконформизм остается. СПб.: DEAN, 2003.

Савицкий 2002 — Савицкий С. А. Андеграунд: история и мифы ленинградской неофициальной литературы. М.: Новое литературное обозрение, 2002.

Смола 2017 — Смола К. О. О прозе русско-еврейского писателя Давида Шраера-Петрова // Русские евреи в Америке. Кн. 15. СПб.: Гиперион, 2017. С. 135–150.

Смола 2019 — Смола К. О. Нонконформизм как перформативное зеркало режима. М.: Новое литературное обозрение. 2019. № 155. URL: https://www.nlobooks.ru/magazines/novoe_literaturnoe_obozrenie/155_nlo_1_2019/ (дата обращения: 15.08.2020).

Шраер 2010 — Шраер М. Д. Послесловие // Д. Шраер-Петров. Охота на рыжего дьявола. М.: Аграф, 2010. С. 383–388.

Шраер, Шраер-Петров 2004 — Шраер М. Д., Шраер-Петров Д. Генрих Сапгир. Классик авангарда. СПб.: Дмитрий Буланин, 2004.

Austin 1975 — Austin J. L. How to Do Things with Words. Cambridge, MA: Harvard University Press, 1975.

Doherty 2000 — Doherty B. Text and Gestus in Brecht and Benjamin // MLN. 2000. Vol. 115, № 3. P. 442–481.

Foucault 2001 — Foucault M. Fearless Speech. Los Angeles: Semiotext(e), 2001.

Gans 2011 — Gans E. A New Way of Thinking: Generative Anthropology in Religion, Philosophy, Art, Aurora: The Davies Group, 2011.

Girard 1979 — Girard R. Violence and the Sacred / transl. by P. Gregory. Baltimore: Johns Hopkins University Press, 1979.

Habermas 1984 — Habermas J. The Theory of Communicative Action. Vol. I: Reason and the Rationalization of Society / transl. by T. McCarthy. Boston: Beacon, 1984.

Katsman 2014 — Katsman R. Boris Pasternak's Doctor Zhivago in the Eyes of the Israeli Writers and Intellectuals (A Minimal Foundation of Multilingual Jewish Philology) // Around the Point: Studies in Jewish Multilingual Literature / ed. by H. Weiss, R. Katsman, B. Kotlerman. New Castle: Cambridge Scholars Publishing, 2014. P. 643–686.

Lacan 2002 — Lacan J. R. S. I. Séminaire 1974–1975 / transl. by C. Gallagher. Paris: A. L. I., 2002.

Lahusen 1996 — Lahusen C. The Rhetoric of Moral Protest. Berlin; New York: Walter de Gruyter, 1996.

Shrayer 2007 — An Anthology of Jewish-Russian Literature / ed. by M. D. Shrayer. Vol. 2. Armonk, London: M. E. Sharpe, 2007.

Shrayer 2013 — Shrayer M. D. I Saw It: Ilya Selvinsky and the Legacy of Bearing Witness to the Shoah. Boston: Academic Studies Press, 2013.

Shrayer 2016 — Shrayer M. D. A Purim «Shpil» in Soviet Moscow // Mosaic. 2016. February 29. URL: http://mosaicmagazine.com/observation/2016/02/a-purim-shpil-in-soviet-moscow (дата обращения: 08.04.2021).

Shrayer 2018 — Voices of Jewish Russian Literature: An Anthology / ed. by M. D. Shrayer. Boston: Academic Studies Press, 2018.

Yurchak 2006 — Yurchak A. Everything Was Forever, Until Was No More: The Last Soviet Generation. Princeton and Oxford: Princeton University Press, 2006.

Экзилические голоса Давида Шраера-Петрова*

Максим Д. Шраер

> Ночные голоса,
> В них дерево и скука.
> Круженье колеса,
> Крушение искусства[1].
> *Давид Шраер-Петров*

Для многих англо-американских читателей слово «Ялта» в заглавии одного из самых известных рассказов Давида Шраера-Петрова, «Осень в Ялте» (1992), давшего название англоязычному сборнику писателя, — прежде всего отсылает к Ялтинской (Крымской) конференции. В феврале 1945 года, в преддверии победы над нацистской Германией, лидеры «большой тройки» Черчилль, Рузвельт и Сталин встретились в Крыму, чтобы перекроить карту послевоенной Европы. Для читателей, воспитанных в лоне русской культуры, Ялта — это прежде всего чеховский город. 14 июля 1888 года в письме сестре М. П. Чеховой А. П. Чехов описал свои первые впечатления от крымского курорта, от которых он не оправился до конца своих дней:

> Глядя на берег с парохода, я понял, почему это он еще не вдохновил ни одного поэта и не дал сюжета ни одному порядочному художнику-беллетристу. Он рекламирован докторами и барынями — в этом вся его сила. Ялта — это

---

* Copyright © 2021 by Maxim D. Shrayer. Ранний вариант этого эссе был опубликован в 2006 году: [Shrayer 2006]. Если источник перевода на русский не указан, это мой дословный перевод. — *М. Д. Ш.*

[1] Шраер-Петров Д. Ночные голоса [Шраер-Петров 1990: 9].

помесь чего-то европейского, напоминающего виды Ниццы, с чем-то мещански-ярмарочным [Чехов 1974–1985, Письма 2: 295–296].

Чехов уезжал из Ялты и возвращался в Ялту и ее окрестности. В письмо Алексею Плещееву от 3 августа 1889 года он включил такие афористические заметки: «В Ялте много барышень и ни одной хорошенькой. Много пишущих, но ни одного талантливого человека. Много вина, но ни одной капли порядочного. Хороши здесь только море да лошади-иноходцы» [Чехов 1974–1985, Письма 3: 233–234].

Знаменитые на всю Россию своим устойчивым сухим климатом, подобным средиземноморскому, Ялта и ее окрестности (Симеиз, Алупка, Гурзуф) были традиционным местом паломничества больных респираторными и легочными заболеваниями. Последнее обстоятельство нашло отражение в ряде рассказов, новелл и романов Давида Шраера-Петрова. Вспомним, к примеру, роман «Французский коттедж» (1999), начатый до эмиграции и завершенный и опубликованный уже в США. Эта смесь западного и восточного (которая характерна и для атмосферы многих средиземноморских курортов) вдохновляла и продолжает вдохновлять мастеров русского рассказа.

«Я пишу этот рассказ всю жизнь», — заявляет автобиографический рассказчик Шраера-Петрова в первом предложении новеллы «Велогонки», созданной в ноябре 2004 года в городе Провиденс, столице миниатюрного штата Род-Айленд. Эту новеллу, действие которой происходит в послевоенном Ленинграде, можно назвать спутником, вращающимся на одной из орбит короткого автобиографического романа «Странный Даня Раев» (2001). (К нему мы обратимся позднее; см. также эссе Клавдии Смолы в первом разделе этого сборника.) А пока отметим ялтинский топос в концовке «Велогонок»; здесь чеховские мотивы переплетаются с мотивами жизни и творчества Шраера-Петрова:

> Я женился и переехал в Москву. Однажды мы с Милой отдыхали в Крыму. Мы остановились в Ялте. Сняли какую-то хибару, бросили чемоданы и отправились подышать вечер-

ним морским воздухом на ялтинскую набережную, где когда-то прогуливалась чеховская молодая дама с белым шпицем. Та самая Анна Сергеевна, в которую влюбился Гуров. Словом, однажды, лет пятьдесят-семьдесят спустя, то есть в наше уже время, и, вполне возможно, именно в тот вечер, когда мы с Милой пошли прошвырнуться по ялтинской набережной, за одним из столиков кафе сидели Шварц и Наташа. Они пили вино и целовались [Шраер-Петров 2016: 367].

* * *

Чехов в Фиуме и Генуе, Бунин в Грассе и Жуан-ле-Пине, Набоков в Каннах и Ментоне... Когда я оказываюсь на Ривьере, в памяти начинают звучать голоса русских писателей, принося с собой вереницы биографических и литературных ассоциаций. Болезнь и любовь, война и эмиграция гнали русских писателей и их вымышленных альтер эго к средиземноморским и крымским берегам[2]. В Ялте, Аббации (Опатии), Оспедалетти, Ницце и других ривьероподобных курортах сам воздух магически наполнен неуловимым предчувствием той близости и узнаваемости, которая бередит литературное воображение...

В октябре-ноябре 2004 года мне страшно повезло — я провел пять недель в колонии художников, гуманитариев и литераторов в Больяско, лигурийской рыбацкой деревне к востоку от Генуи. Это был совершенно другой мир: задолго до Трампа, Ковида-19, волны протеста против расизма и вакханалии обезглавливания памятников — волны, превратившей в пылающий остров страну, которую мы с родителями сделали своим новым домом после эмиграции в 1987 году. Хотя ретроспективный анализ исправляет то, что в свое время не осознавалось или не признавалось, в 2004 году швы нашего иммигрантского житья казались упрятанными гораздо глубже в материю американской жизни, чем

---

[2] Здесь возникает невольная аллюзия ко второй строфе баллады Роберта Льюиса Стивенсона «Вересковый мед» в переводе Самуила Маршака.

теперь, осенью 2020 года, когда я печатаю эти строки... Несмотря на отвлекающие от экрана компьютера щедроты итальянского городка и на вид Гольфо Парадизо из окна моего кабинета, я все же смог хорошо поработать во время пребывания в Больяско. Поджимали сроки, я заканчивал многолетний проект: двухтомную антологию еврейско-русской литературы с 1800-х по 1990-е годы.

Первые десять дней в Больяско я жил ожиданием приезда моей жены из Бостона. Кэрен прилетела в Италию в конце октября и только на две недели: практикующие врачи-терапевты не могут надолго оставлять своих пациентов. На следующий день после ее приезда мы дошли пешком до карманной железнодорожной станции Больяско. Туманным поздним утром электричка — граффити, женщины-рома с детьми и итальянские школьники-прогульщики — несла нас с женой по густонаселенным пригородам Генуи. С платформ виднелись магазинчики готового платья, джелатерии и табачные киоски. Справа от железнодорожных путей высились горы; из середины оливково-зеленых склонов клубился дым, а к голым вершинам тут и там поднимались пирамидальные тополя. Слева, когда нас не проглатывали тоннели, глазам открывалось море, бежево-коралловые виллы, зубастые скалы, зонтичные пинии. Я почему-то вспомнил себя подростком-отказником, читающим о таких местах, о которых советским людям оставалось только мечтать, — Итальянская Ривьера, Венеция, Капри. А когда сквозь пыльные окна электрички, подъезжающей к Стационе Бриньоле, я увидел холмистый горизонт Генуи, усеянный куполами и палаццо и уставленный башенками, словно золоченая шахматная доска иной жизни, я сказал своей жене — родившейся в Америке дочери еврейских иммигрантов, — что счастливы те, кому открываются очертания судьбы.

Мысли о писательской судьбе не оставляли меня и на следующий день, когда мы с Кэрен дошли пешком из нашего незатейливого Больяско до его вальяжного соседа, Нерви, самого последнего пригорода Генуи к востоку от городской черты. Мы спустились по Виа Аурелия до пустого Пит-Бара. Позади осталась обветшалая вилла, утонувшая в тенистом парке. Свернув налево в сторону моря, мы обошли стороной бывшее здание железнодорожного вокзала, теперь превращенное в частную резиденцию, с одичалым садом, где с ветвей свисали перезрелые, пылающие плоды хурмы и выпотрошенные, забытые баклажаны. Мы прошли мимо небольшой бухты с галечным пляжем, антикварными шлюпками и заколоченным досками кафе. Два смуглых смотрителя мелкой флотилии, устроившиеся на ближайшей скамейке в глубокомысленных позах, были настолько поглощены решением вопросов мира и войны, что едва ответили на наши осторожные приветствия. Мы поднялись по ступенькам, и тут нашим глазам открылась знаменитая в Генуе и ее окрестностях набережная — приморский парадиз местных фланеров, *passagiata al mare*.

Пассаджата тянется вдоль моря на протяжении полутора километров, упираясь в старый порт Нерви. Когда мы в первый раз гуляли там, солнце уже садилось над морем. Изящно одетые итальянцы, многие из которых выгуливали собак и собачек разных пород, размеров и мастей, фланировали или толпились вокруг скамеек, обращенных к морю. Мимо нас проносились поезда — ртутные градусники международных экспрессов и резиновые грелки электричек. *Пассаджата* построена на отрогах скал и руинах средневековых крепостей и стен. Узкие ступени с веревочными перилами спускаются к бухточкам с изумрудной водой, цвет которой, как принято теперь говорить на Ривьере, обязан своей насыщенной голубизной уровню загрязненности Средиземного моря. Насадив катышки хлеба на крючок, рыболовы забрасывали длинные удочки в море. Разносчики-берберы с изможденными лицами предлагали прогуливающимся дамам и господам свои обычные товары — кожаные сумки и ремни, компакт-диски. Древние пинии нависали над водой, скалами и виллами. Ресторанчики с розовыми скатертями были похожи скорее на венские кафе (только без «режущих душу скрипок», как у Бунина в «Генрихе»), чем на генуэзские траттории. По правую руку от нас остался подземный переход к новому вокзалу, а по левую — *Hotel Ristorante Marinella*, куда любовники убегали с набережной. Было жарко, несмотря на пополуденный час в октябре. Укрытая от ветров, прорезанная между солнцем и стеной скал, *пассаджата* была подобна приморскому парнику, горячечной мечте северянина.

Мы подошли к месту, где дорога резко поворачивает, а потом спускается в порт. «Look, Sholem Aleichem», — громко сказала Кэрен. И указала на табличку, вмурованную в выпуклую скалистую стену. Прямо над стеной возвышался живописный особняк, выкрашенный в персиково-палевые тона. Я вытащил из кармана блокнотик и переписал текст с памятной доски: «A ricordo dei lunghi anni di soggiorno a Nervi del brillante scrittore in lingua Yiddish Shalom Rabinovitz in arte "Sholem Alejchem" (1859–1916)». Табличку повесили только в 2003 году! Между тем вокруг меня собралась кучка зевак: две растрепанные итальянки с ревущими в колясках детьми, группа сильно намакияженных старух в меховых манто и два поджарых старика в пиджаках дорогого пошива и шейных платках, а также молодая женщина с нервным шпицем на длинном поводке. Любопытствующие явно были в равной степени озадачены иностранцем, который прилежно переписывал слова, высеченные на памятной доске, и самой доской, которую они, кажется, не замечали до этого. В «память о долгих годах», которые «замечательный идишский писатель» провел... в Нерви?

Выяснилось, что городок Нерви был важной координатой в жизни Шолом-Алейхема. Осенью 1908 года, после того как Шолом-Алейхему поставили диагноз туберкулез легких, он переехал в Италию вместе с женой Ольгой и дочерьми. В то время Нерви считался идеальным местом для легочных больных. В период с 1908 по 1913 год писатель проводил холодные месяцы в Нерви, а остальную часть года — в «волшебных» горах Швейцарии и на курортах Шварцвальда в Германии.

Еврейская община в Генуе была небольшой и состояла почти целиком из сефардских евреев. В зимние месяцы Шолом-Алейхем жил в полной изоляции от идишской среды. Итальянцы же воспринимали писателя и его семью как «русских». Еврею в России и русскому за границей, вдалеке от дома, Шолом-Алейхему удавалось здесь плодотворно работать. Эти европейские годы были временем растущей славы, особенно среди русскоязычных писателей и читателей. «Хорошие» годы были прерваны началом Первой мировой войны; Шолом-Алейхем уехал в Соединенные Штаты, где умер в 1916 году.

Хотя Шолом-Алейхему была по душе атмосфера городка Нерви и лигурийские морские пейзажи, он довольно плохо переносил контраст между теплыми, солнечными днями и холодными ветреными ночами. В книге «Мой отец, Шолом-Алейхем» (1968) Мария Вайфе-Гольдберг вспоминала первую зиму в Нерви:

> Ночи в Нерви были агонией, по причине того, что кашель не позволял ему спать. <...> На столике у постели лежала книга, которую клали туда каждый вечер, а рядом стоял стул для того, кто сидел с ним и читал, пока он не засыпал. Обычно это был сборник рассказов его любимого писателя Чехова в русском оригинале [Waife-Goldberg 1968: 247].

«Идишский Чехов»... Так Шолом-Алейхема называли в России, и он не мог не знать об этом сравнении. Шолом-Алейхем писал на чистейшем литературном русском языке и, так же как его младшие современники Давид Айзман (1869–1922) или Семен Юшкевич (1868–1927), мог бы стать видным еврейско-русским писателем, если бы ему не было суждено стать великим идишским. Он впитал многое из русской литературы, особенно Гоголя и Чехова. К тому времени, как Шолом-Алейхем обрел широкую читательскую аудиторию в России, Чехов, почти его одногодок, уже ушел из жизни. Он умер на немецком курорте в Шварцвальде, от того же легочного заболевания, которое позднее привело Шолом-Алейхема в Германию и Италию.

Живя в такой близости от места, где Шолом-Алейхем провел в общей сложности несколько лет, я невольно задумывался о судьбе писателей, покинувших Россию. Моя жена улетела обратно в Бостон, а я остался еще на две недели в Больяско. Мне предстояло отчасти перевести, а отчасти отредактировать «Autumn in Yalta: A Novel and Three Stories», второй сборник прозы Шраера-Петрова, изданный в США [Shrayer-Petrov 2006]. Дитя эмиграции и трансъязычия, я невольно пришел к выводу, что памятная доска, которую моя жена увидела во время прогулки по *пассаджате* в Нерви, была неким знаком судьбы, ключом к экзилическому пазлу. «Прозревший» ключ не «ломал», но открывал «замки» моей жизни — жизни сына, редактора и переводчика Давида Шраера-Петрова[3]. Этот ключ отпирал двери диалога еврейско-русских писателей с Чеховым, раскрывал тайны тех рассказов об изгнании, которые обретали свои окончательные англоязычные очертания под кончиками моих ударяющих по клавиатуре пальцев.

***

Двойное имя поэта, прозаика, драматурга, переводчика — и одновременно врача и ученого-медика — Давида Шраера-Петрова отражает существо его жизни в литературе. Шраер-Петров родился 28 января 1936 года в Ленинграде (Санкт-Петербурге) в еврейской семье. В середине 1920-х годов родители Шраера-Петрова (отец — инженер-автомеханик, мать — химик) переселились из бывшей черты оседлости в Ленинград. Происходя от литовских раввинов (по матери) и мельников Подолии (по отцу), в детстве и отрочестве он в доме бабки и деда со стороны отца слышал живую идишскую речь. После эвакуации в 1941 году из Ленинграда вместе с матерью будущий писатель провел три года в селе Сива в Пермской — тогда Молотовской — области на Урале. (Этим опытом пронизан написанный в Америке роман «Странный Даня Раев».) В 1944 году, после снятия блокады, он вернулся в родной город. Еще в послевоенные годы он обращается к вопросам, которые определят потом его судьбу: принадлежат ли евреи России? Неотвратима ли полная ассимиляция?

Поступив в медицинский институт в 1953 году, уже после того, как параноидально антисемитская механика «дела врачей» была остановлена смертью Сталина, Шраер-Петров к середине 1950-х

---

[3] Аллюзия к стихотворению Д. Шраера-Петрова «Парк вековой шумел, да иволги кричали…»: «Ломать замки ослепшими ключами / И снова приниматься за труды». См. [Шраер-Петров 1967: 135].

годов заявил о себе как поэт и переводчик на ленинградской литературной сцене. Он был одним из основателей «промки» — теперь уже легендарного литературного объединения при Дворце культуры Промкооперации. В конце 1950-х — начале 1960-х годов Шраер-Петров участвовал в переводческих семинарах Татьяны Гнедич и Ефима Эткинда. По совету влиятельного Бориса Слуцкого молодой поэт взял псевдоним Давид Петров, образованный от имени своего отца (Пейсах — Петр)[4]. Этот традиционный ассимиляторский жест не облегчил судьбу стихов Давида Шраера-Петрова в СССР; публикация его первого поэтического сборника была остановлена в 1964 году в Ленинграде после процесса Иосифа Бродского, с которым Шраер-Петров был дружен в те годы. В советские годы он приобрел известность главным образом как переводчик, особенно литовских и югославских поэтов.

После окончания в 1959 году Первого медицинского института им. Павлова Шраер-Петров прослужил два года военным врачом в танковых войсках в Белоруссии. В 1964 году, через два года после женитьбы на москвичке — филологе и переводчице Эмилии Поляк (р. 1940), он окончил аспирантуру в ленинградском Институте туберкулеза и защитил кандидатскую диссертацию в 1966 году. Его кандидатская диссертация была посвящена влиянию стафилококковых инфекций на течение туберкулеза у белых мышей. (В 1960-е годы Василий Аксенов, с которым Шраер-Петров учился в мединституте, намекнул на него в образе Бориса, аспиранта в Институте туберкулеза, в рассказе «С утра до темноты».) Отголоски ранних научных исследований Шраера-Петрова прозвучат не только в рассказе «Осень в Ялте» (в медицинских экспериментах Самойловича), но и в более раннем рассказе «Мимозы на могилу бабушки» (1984), первый вариант которого был написан еще в России.

В 1964 году Шраер-Петров с женой переехали в Москву, где в 1967 году у них родился сын. С 1967 по 1978 год Шраер-Петров

---

[4] Об этом см. [Шраер-Петров 2007: 232].

проработал научным сотрудником в московском Институте эпидемиологии и микробиологии им. Н. Ф. Гамалеи. Осенью 1970 года, во время вспышки холеры Эль-Тор, Шраер-Петров в составе группы микробиологов и эпидемиологов был командирован в Ялту, где работал над предотвращением эпидемии. В 1975-м он защитил докторскую диссертацию в области микробиологии. В общей сложности Шраер-Петров опубликовал более ста статей по микробиологии, иммунологии и онкологии в советских, американских и западноевропейских научных изданиях. В 1989 году в США вышла в свет его монография «Стафилококковые заболевания в Советском Союзе». После эмиграции он двадцать лет проработал научным сотрудником в Брауновском университете, где занимался исследованиями в области иммунологии рака. Многолетний опыт работы в науке и медицине подробно описан в мемуарной книге писателя «Охота на рыжего дьявола. Роман с микробиологами» [Шраер-Петров 2010].

Начиная с самых ранних стихов (и, в какой-то мере, с первых прозаических опытов[5]) Шраер-Петров исследовал двойственную природу еврейской диаспорной идентичности. В СССР большая часть его стихов и прозы не была допущена к публикации. Своими редкими обращениями к официально предписываемым темам (освоение космоса; строительство БАМа) в стихах и текстах популярных песен Шраер-Петров не заслужил доверия режима.

Несмотря на рекомендации выдающихся писателей, среди которых были Виктор Шкловский и Андрей Вознесенский, Шраера-Петрова приняли в Союз писателей лишь в 1976 году — с задержкой на пять лет и вопреки сопротивлению ретроградов, сидевших в приемной комиссии[6]. К середине 1970-х годов писателя все больше и больше занимает природа взаимоотношений

---

[5] В архиве писателя сохранился черновик неопубликованного рассказа «Солнце упало в шахту» (1960-е годы) о шоке от испытанного молодым героем антисемитизма.

[6] См. досье Давида Шраера-Петрова в Союзе писателей СССР: РГАЛИ. Ф. 631. Оп. 41. Д. 404.

русских и евреев, тогда как нонконформизм становится определяющим фактором его творчества. (Об этом см. работу Романа Кацмана в этом сборнике.) Это постепенно привело к конфликту с советской системой и правлением Союза писателей СССР. Рукопись большой книги стихов «Зимний корабль»[7] с трудом продвигалась по замерзшим каналам издательства «Советский писатель» и наконец была включена в план издания на 1979–1980 годы. Ей не было суждено увидеть свет.

В 1978 году, после того как Шраер-Петров прочитал свое стихотворение «Моя славянская душа» (1975) на заключительном вечере весеннего фестиваля поэзии в Литве, разразился скандал. В этом стихотворении-протесте «славянская» душа поэта покидает его «еврейское» тело («упаковку») и прячется на сеновале: «Я побегу за ней: Постой! Что делать мне среди березок / С моей еврейскою пустой, такой типичной упаковкой?» [Шраер-Петров 2003: 50]. После возвращения с фестиваля в Москву бонзы из Союза писателей вызвали Шраера-Петрова на проработку за публичное чтение «сионистской» литературы; ему грозили черными списками. Остракизм за нарушение негласного табу на еврейскую тему избавил писателя от последних иллюзий, подтолкнув его к решению эмигрировать. Летом 2019 года Шраер-Петров так прокомментировал свой конфликт с режимом:

> Я уже был член Союза писателей, это было в '76-м–'77-м году... я начал писать и публично читать написанное. Я был приглашен вместе с группой поэтов [в Литву] на празднование весны поэзии. <...> И там я как раз читал только те стихи, которые я любил, понимал, что это моя душа записана на магнитофоне памяти. И особенно стихотворение «Моя славянская душа». В этом стихотворении я выразил и свою душу, и новую форму. <...> И тогда я понял, что все, я не могу. Они меня соблазняют все время, как Сатана соблазнял Адама, что

---

[7] См. материалы, связанные с готовившейся (но не изданной) в издательстве «Советский писатель» книгой Шраера-Петрова «Зимний корабль»: РГАЛИ. Ф. 1234. Оп. 23. Д. 1436.

> я буду очень успешным поэтом-переводчиком, если я несколько стихотворений сделаю конформистских о моих, так сказать, взаимоотношениях с Россией. <...> И тут же я выступил еще с такой штукой. Я сказал, что теперь я буду подписываться «Шраер-Петров», это мое литературное имя, и я не буду по-другому. Тогда они стали снимать все мои литературные выступления, переводы... Все стало приостанавливаться. Моя книжка стихов. И так далее, и детские рассказы. Я зашел в тупик и решил уехать. Я не представлял себе, конечно, всего кошмара эмиграции. Я считаю, что это все равно кошмар для русского писателя — эмигрировать из своей родной стихии. <...> Вот тут мы и подали на выезд[8].

В начале января 1979 года писатель и его семья подали документы в ОВИР для выезда в Израиль. Получив отказ, они вошли в число десятков тысяч *отказников* — тех советских евреев и членов их семей, которые находились в состоянии не только поражения в правах, но, по сути, и геттоизации. Академические карьеры писателя и его жены были сломаны. Новаторские исследования Шраера-Петрова в области лечения стафилококковых инфекций, спасавшие жизни, потеряли всякое значение для властей. После его исключения из Союза писателей и шельмования в печати издание трех его книг, одна из которых (повесть о микробиологе) уже была сверстана и снабжена иллюстрациями, было остановлено. Писатель более не сможет публиковаться в СССР. В 1979 году, дежуря в лаборатории скорой помощи и подрабатывая по ночам водителем-бомбилой, Шраер-Петров задумал панорамный роман о судьбах евреев-отказников. Со временем этот замысел реализовался в трилогии об исходе советских евреев и об изуродованных судьбах отказников. В начале трилогии главный герой, доктор Герберт Анатольевич Левитин — московский профессор медицины. В ходе романа еврейство Левитина претерпевает метаморфозу, превращаясь из сковывающей этнической оболочки в историческую и духовную миссию.

---

[8] Английский перевод интервью в [Shrayer 2020]; запись в архиве. — *М. Д. Ш.*

Татьяна Левитина (урожденная Пивоварова), русская жена главного героя, родом из псковской деревни в Островском районе. Фиксируя с анатомической точностью непреодолимые противоречия смешанного еврейско-русского брака, Шраер-Петров одновременно представляет историю доктора Левитина и его семьи как аллегорию истории евреев в России. «Доктор Левитин», первая часть этой саги об отказниках, завершается гибелью сына Левитиных Анатолия в Афганистане, смертью Татьяны от горя и фантасмагорической местью Герберта. (О теме еврейского отмщения см. эссе Джошуа Рубинштейна в этом сборнике.)

Осенью 1980 года Шраер-Петров закончил роман «Доктор Левитин». Находясь в преисподней отказа, писатель и врач воплощал судьбу своего вымышленного героя. В течение следующих трех лет он напишет роман «Будь ты проклят! Не умирай...» — вторую часть трилогии, в сюжетные линии которой вплетены новые персонажи: активисты-отказники, палестинские торговцы наркотиками и советские гроссмейстеры. Доктору Левитину даруется любовь Нэлли Шамовой, которой суждено погибнуть в конце романа. В 1984 году рукопись первых двух частей, названная «В отказе», была переснята на пленку, а негативы тайно вывезены из СССР. Преследования писателя органами госбезопасности достигли апогея осенью 1985 года, когда в Израиле было объявлено о готовящейся публикации романа «Доктор Левитин»[9]. В 1986 году сокращенный вариант романа вышел в издательстве «Библиотека-Алия» в сборнике материалов об отказниках, названном «В отказе» — по первоначальному заглавию романа. В самой ранней критической литературе, относящейся к концу 1980-х и началу 1990-х годов, роман Шраера-Петрова был известен именно под этим заголовком[10].

---

[9] См. [Шраер 2019: 152–153; 161–175; 178–181].

[10] В 1991 году, в преддверии распада СССР, Шраер-Петров, к тому времени уже живущий в США, передал первые две части трилогии («Доктор Левитин» и «Будь ты проклят! Не умирай...») для публикации в Москве. Они были изданы весной 1992 года — первого постсоветского — под одной обложкой (Изд-во «ГМП Полиформ», тираж 50 000 экз.). Шраер-Петров назвал первые

В конце 1985 — начале 1986 года арест и обвинение в антисоветской деятельности стали реальной угрозой. Поздней осенью 1985 года Шраер-Петров скрывался от властей. Преследования привели к тяжелому сердечному приступу и госпитализации. Гэбисты в штатском пришли в отделение неотложной терапии Четвертой градской больницы, чтобы допросить писателя-отказника. Лечащий врач, человек большого благородства, ответила: «Если вы хотите его смерти, идите и допрашивайте!» Позднее Шраер-Петров вспоминал: «Они хотели моей смерти, но — чужими руками»[11].

Изолированность от советского общества, соединенная с абсурдностью состояния еврея-писателя, одновременно отвергнутого Россией и прикованного к ней цепями отказничества, создала совершенно особые творческие условия:

> ...любой советский поэт, даже самый талантливый, всегда играл в такую игру, в которой чаша с ядом на одном столе соседствовала со сладостью придворной поэзии. <...> Поэтому бывали случаи, когда я писал слабые и не до конца, совсем искренние... стихи. Ведь в чем смысл поэзии, мне кажется, лирической? В том, что ты абсолютно с собой честен... И вот, если ты не оглядываешься ни на кого — а я ни на кого уже не оглядывался в отказе... Я писал, только оглядываясь на себя. <...> Да, мне все равно было[12].

два тома будущей трилогии «Герберт и Нэлли». В 2006 году он начал работу над третьей частью, в которой бывший отказник Левитин наконец-то эмигрирует из СССР, проводит месяцы в Австрии и Италии, а потом оказывается в США, в Новой Англии. Ранний вариант третьей части был опубликован в 2010 году под названием «Третья жизнь», а в 2019 году автор переделал текст и назвал его «Третья жизнь доктора Левитина» (в данный момент готовится к изданию). Работая над третьей частью, Шраер-Петров внес и в текст первых двух существенные исправления. Отредактированный вариант первых двух частей трилогии переиздавался дважды, сначала в Санкт-Петербурге в 2009 году (изд-во «Академический проект»), а потом в Москве в 2014-м. Московское издание 2014 года вышло в серии «Проза еврейской жизни» в издательстве «Книжники».

[11] Цит. в: [Шраер 2019: 166].
[12] Английский перевод цит. в: [Shrayer 2020].

Жизнь в отказе привела Шраера-Петрова к созданию новой жанровой формы, названной им «фантелла» (можно предложить расшифровку «фантастическая новелла»). В большом интервью, которое писатель дал в 2014 году в связи с выходом в свет книги *«Dinner with Stalin and Other Stories»* (текст интервью включен в этот сборник), Шраер-Петров рассказал о том, как в отказе у него сформировалось представление о сущности рассказа:

> Рассказ как совершенно независимую единицу литературного жанра я осознал и понял только в состоянии полного отшельничества. Став отказником, я вдруг понял, что есть какой-то фокус, и надо этот фокус уловить в каждом случае и придумать рассказ. То есть внести какую-то магическую струнку, которая настроит рассказ на новый лад. Вот то, что есть у Чехова, что-то совершенно неповторимое... неповторимая вибрация чувства [Шраер, Шраер-Петров 2014].

Чеховский двойной камертон писателя-врача лежал на рабочем столе Шраера-Петрова в течение всех лет отказа. В романе «Доктор Левитин» Герберт Анатольевич говорит своей жене Татьяне о переменах, произошедших с ним со времени подачи документов на выезд: «Ты права, Танюша. Жизнь нашей семьи перешла в новую, неведомую еще, тяжелую фазу. Полоса самоанализа наступила теперь, когда нужно не анализировать, а действовать. Время уходит. Я превращаюсь в чеховского Ионыча» [Шраер-Петров 2014: 153]. В день, когда Левитины получают первый отказ из ОВИРа, Герберт Анатольевич совершает пробежку по центру Москвы:

> Впереди ждал его обычный маршрут, который он каждодневно вымерял своими сухопарыми ногами. Он бежал. Иные приняли бы его бег за быстрый шаг, но это был неторопливый бег по Цветному бульвару до Трубной площади, скатывавшейся наперекрест другим бульварным кольцам. Потом Герберт Анатольевич достигал Пушкинской площади. Около кинотеатра «Россия» было пустынно. Он успевал прочитать афиши и поворачивал на улицу Чехова, стремясь к рассветному гудению аорты города — Садовому кольцу. И возвращался домой [Шраер-Петров 2014: 201–202].

С 1944 по 1993 год улица Малая Дмитровка, идущая от Пушкинской площади к Садовому кольцу, называлась улицей Чехова. Среди рассказов Шраера-Петрова, написанных в 1985–1987 годах, на пороге эмиграции, есть «собачий» рассказ «Рыжуха», повествователь которого «подмигивает» чеховской «Каштанке» (1887). Чеховские «вибрации чувства» также заметны в рассказе «Яблочный уксус», написанном в Москве и переделанном уже в Америке. В этом рассказе о необъяснимом женском бесплодии главная героиня, Сашенька, переживает кратковременную связь с неким доктором Пеховым:

> Сашенька стала бывать у Ксёндзовых часто. Люська, человек общительный и добрый, желающий сделать добро простыми русскими бесхитростными способами, стала знакомить Сашеньку с приятелями Васи. Их было последовательно три или четыре. Скульптор Абкин — могучий заросший кудрявыми чёрными волосами красноротый весельчак и выпивоха. С ним Сашенька провела около двух месяцев. Дизайнер Алик с автозавода — худощавый жилистый молчун, с которым Сашенька ездила отдыхать на Селигер. Доктор Пехов из поликлиники Худфонда, которого вся наша компания, конечно же, звала доктор Чехов. Доктор Пехов объявил, что уезжает в командировку, а на самом деле скрывался у Сашеньки дома целую неделю. И, наконец, Курт Шнайдер — график из Восточной Германии, который приехал рисовать Москву и немедленно влюбился в Сашеньку Бродскую [Шраер-Петров 2005: 186].

Чехов будет вдохновлять Шраера-Петрова и в эмиграции именно как образец поэтического совершенства прозы. К примеру, в новелле «За оградой зоопарка», написанной в 1987–2007 годах и посвященной Эмилии (Миле) Шраер, Шраер-Петров возвращается к середине 1960-х годов, когда он, молодой литератор и ученый-медик, входил в московскую жизнь после переезда из Ленинграда. Некоторые детали указывают на еврейство главного героя, доктора Бориса Эрастовича Гарина, которого его создатель наделил именем, нагруженным багажом культурных ассоциаций. Писатель Николай Гарин-Михайловский (1852–1906) вошел в русскую литературу тетралогией автобиографических романов

«Детство Темы», «Гимназисты», «Студенты», «Инженеры». Эраст Гарин (1902–1980) был известным советским актером театра и кино, режиссером и сценаристом, и среди его фильмов — снятая в Тбилиси в 1944-м году комедия «Свадьба» по Чехову, в которой играла Фаина Раневская. Фамилия Гарин также отсылает к герою научно-фантастического романа Алексея Толстого «Гиперболоид инженера Гарина» (1927). Но список литературно-культурных аллюзий был бы неполон без упоминания о том, что дух Чехова витает над рассказом Шраера-Петрова. Назовем четыре примера оммажа Чехову в новелле «За оградой зоопарка». Сама фамилия доктора Гарина анаграмматически указывает на доктора Рагина из «Палаты № 6» (1892) — пожалуй, самого эмблематичного рассказа Чехова о медицине и психиатрии. Наташа Альтман, смертельно больная пациентка доктора Гарина, лежит в палате № 7 Филатовской детской больницы (где сам Шраер-Петров работал после переезда в Москву в 1965 году); счастливый номер намекает на чеховский рассказ и будто предвещает чудесное выздоровление Наташи. Более того, Гуровы, друзья Гариных в рассказе, неизменно наводят на мысль о герое рассказа «Дама с собачкой» (1899). Наконец, доктор Гарин с семьей проживает в Москве на улице Чехова, и это еще одно свидетельство чеховских «знаков и символов» у Шраера-Петрова.

Давид Шраер-Петров провел более восьми лет в отказе. Разрешение на выезд было наконец получено в апреле 1987 года, когда шлюзы еврейской эмиграции только начинали приоткрываться. После затянувшегося расставания прощание было коротким. Писатель и его семья покинули СССР 7 июня 1987 года. После лета, проведенного в Австрии и Италии, они 26 августа того же года приземлились в США. Город Провиденс, столица самого маленького американского штата, стал новым домом писателя. Размеренная и внешне несобытийная жизнь в Новой Англии позволила Шраеру-Петрову по-иному взглянуть на опыт своего советского — русского и еврейского — прошлого. За годы эмиграции вышло множество ранее не опубликованных и новых произведений, среди которых десять поэтических сборников, десять романов, пьесы и более пятидесяти рассказов. Первые двадцать из своих почти тридцати пяти американских иммигрантских лет Шраер-Петров продолжал одновременно заниматься литературной и научно-исследовательской работой (экспериментальной терапией рака). Во многих из его произведений, созданных до и после эмиграции, интересы ученого-медика и сочинителя пересекаются. В 2020 году, в разгар пандемии коронавируса, Шраер-Петров переделал и подготовил к отдельному изданию трагикомедию «Вакцина. Эд Теннер», в центре которой — тема риска, на который идет оспопрививатель, врач-экспериментатор, ради спасения человечества [Шраер-Петров 2021].

* * *

Перед тем как обратиться к экзилическому диалогу Шраера-Петрова с Чеховым, врачом и беллетристом, а также с Владимиром Набоковым, я бы хотел ненадолго вернуться ко времени Второй мировой войны. Именно тогда, в годы эвакуации на Урал, народная жизнь и богатая фольклором русская речь вошли в прозу и стихи Шраера-Петрова. В романе «Странный Даня Раев» он показал рождение двойного, еврейско-русского самосознания. События романа происходят в сталинские 1930-е и 1940-е. В центре действия — детские впечатления главного героя и рассказчика, Дани (Даниила) Раева. Даня и его мать, Стэлла, эвакуируются из осажденного Ленинграда и попадают в уральское село Сива. За три года, проведенные вдали от линии фронта и той довоенной жизни, которую он знал ребенком, Даня почти забывает о своей чужести, ассимилируясь и превращаясь в уральского крестьянского мальчика. Он воспринимает себя местным, «сивинским». И только возвращение в опустошенный Ленинград напоминает Дане о том, что в глазах многих взрослых и сверстников он прежде всего еврей, чужой. В Ленинграде Даня узнает о том, что его отец, боевой офицер-краснофлотец, создал новую семью. Исповедальный роман-воспоминание завершается узнаванием горькой правды об антисемитизме на фоне празднования победы над нацизмом — на руинах родного города и довоенной семьи.

Рассказ «Осень в Ялте» можно считать еще одним спутником романа «Странный Даня Раев». Даня Раев и Самойлович — это по сути тот же самый еврейский мальчик из родного автору Ленинграда, или, иначе выражаясь, Самойлович — это проекция Дани Раева на ось послевоенной истории евреев в СССР.

Сравнивая «Странного Даню Раева» и «Осень в Ялте» (или видя оба текста, как в случае сборника *Autumn in Yalta and Other Stories*, под одной обложкой), особенно явственно испытываешь экзилическую транспозицию темы еврейско-русской идентичности в этих текстах. В годы войны Даня оказывается далеко от Ленинграда и блокады, унесшей почти миллион жизней. И хотя пережитый им эпизод с дикой выходкой сивинского милиционера Додонова по отношению к загадочному караиму Бобуху содержит в себе раннее предупреждение, только по возвращении домой в 1944 году Даня начинает испытывать на себе все еще непонятный ему антисемитизм окружающих его людей. Вялотекущий бытовой антисемитизм взрослого (женщина-работница с хлебозавода в Лесном) вызывает шок и тошноту, однако агрессивное глумление сверстника (Даниного одноклассника по кличке Минча) провоцирует обратную реакцию: начинается процесс выковки Дани Раева в еврейского борца за справедливость. Обратимся к эпизоду, в котором уже взрослый Самойлович, в детстве переживший блокаду, вспоминает первый день в начальной школе: «С самого детства дурак. С первого класса, когда в сорок третьем бабушка привела его в первый класс. Блокадные дети обступили Самойловича и стали выпрашивать еду. У него ничего не было» [Шраер-Петров 2016: 256]. Нигде в рассказе Шраер-Петров не называет своего героя евреем, хотя читатель, конечно, замечает его фамилию или же паштет из рубленой селедки, *форшмак*, который бабушка Самойловича готовит для внука. Я не случайно упомянул воспоминания Самойловича о первом дне в школе. В этом мимолетном обращении к блокадному детству — в момент отчаянной попытки героя трезво оценить череду своих жизненных провалов — перед читателем предстает рецидив привычного, с детства прививаемого антисемитизма. Кучка голодных русских детей с готовностью принимает и воспроизводит стереотип еврейского одноклассника из более зажиточной, более удачливой семьи (на самом деле Самойлович потерял родителей на войне и сам голодает). Взрослый Самойлович — это лишь частичное воплощение Дани Раева. Он так и не научился защищаться, быть твердым, подозревать других в злом умысле и предрассудках. В декабре 2004 года, отвечая на мой вопрос по электронной почте, Шраер-Петров заметил: «Самойлович становится Даней — борцом — слишком поздно». Еврейский врач в постсталинском СССР, в юности переживший самые черные для советских евреев годы, Самойлович лечит всех окружающих любовью, «душой», не думая о происхождении. В образе Самойловича ощущается авторский «представитель» Шраера-Петрова.

Пожертвовав десять лет свободы ради возлюбленной — актрисы Полечки, нееврейки, — Самойлович возвращается в Москву из сибирского лагеря, желая — и не желая — свести счеты со своим изорванным прошлым. Судя по упоминанию о дважды переименованном Ленинграде — Санкт-Петербурге, рассказ завершается в пороговые 1991–1992 годы. В прошлом врач и ученый-экспериментатор, советский еврей Самойлович превратился в некоего «человека из подполья», ночного водителя-бомбилу. Но разгар любви Самойловича к Полечке приходится как раз на 1960-е годы, когда он был молодым ученым с открытым (как казалось тогда) будущим, а она — «пода[ющей] надежды» [Шраер-Петров 2016: 224] молодой актрисой, у которой зрел туберкулезный процесс. Повествование достигает кульминации в 1970-е в туберкулезном санатории в Симеизе к югу от Ялты. Мы возвращаемся к больному чахоткой доктору Чехову, Ялте и биографическому и историческому фону создания «Осени в Ялте».

Резкое ухудшение здоровья Чехова в 1897 году привело к переезду в Ялту, где прошли последние пять лет его жизни. Здесь в 1899–1904 годах Чехов напишет «Трех сестер», «Вишневый сад»

и целый ряд великих рассказов, среди которых «Дама с собачкой». В октябре 1898-го начнется строительство дома Чехова («Белой дачи») в пригороде Ялты. Среди всего того, что Чехов сделал в этом городе для общественной и культурной жизни, особняком стоит его известное обращение 1899 года — призыв публики к пожертвованию средств на строительство туберкулезного благотворительного санатория. Чехова — рассказчика и драматурга, несомненно, занимал предмет легочных заболеваний, а также векторы любви и страсти, направленные от врачей к чахоточным больным. Здесь уместно вспомнить и доктора Топоркова и княжну Приклонскую в ранних «Цветах запоздалых» (1882), и «жидовку» Анну Петровну (урожденную Сару Абрамсон) в «Иванове» (1887) вкупе с сострадательным, но резким в суждениях доктором Львовым, в котором заметна толстовская закройка.

С переездом Чехова в Ялту провинциальная культурная жизнь города переменилась и оживилась. В апреле 1900 года с гастролями приехал Московский художественный театр. Лучшие писатели России бывали у него в гостях: Горький, Бунин, Куприн. Порой чувствуя себя изгнанником в Ялте, Чехов скучал по Ольге Книппер, актрисе Художественного театра, ставшей его женой в 1901 году, и тосковал по Москве и средней полосе России. Чехов уехал из Ялты в мае 1904 года, и ему не было суждено туда вернуться. Кстати, именно в ялтинские годы он активнее всего общался с еврейскими (и караимскими) знакомыми, среди которых были врачи. Осенью 1898 года Чехов гостил на ялтинской даче доктора Исаака Альтшуллера. Среди наиболее колоритных еврейских знакомых Чехова был Исаак Синани, владелец книжной и табачной лавки — средоточия местной интеллектуальной жизни. В 1880-е и 1900-е годы Чехов наблюдал, с какой страстью евреи Российской империи впитывали русскую литературу. В повести «Моя жизнь. Рассказ провинциала» (1896) он писал о южном провинциальном городке, где нет «ни сада, ни театра, ни порядочного оркестра; городская и клубная библиотеки посещались только евреями-подростками» [Чехов 1974–1985, 9: 205]. В «Ионыче» (1898): «...вообще же в С. читали очень мало, и в здешней библиотеке так и говорили, что если бы не девушки и не молодые евреи, то хоть закрывай библиотеку» [Чехов 1974–1984, 10: 30]. Еврейский вопрос несомненно занимал создателя таких произведений, как «Иванов», «Тина» (1886), «Степь» (1888) и «Скрипка Ротшильда» (1894), и в последние ялтинские годы Чехов не мог не слышать от своих знакомых из круга еврейско-русской интеллигенции о рождении политического сионизма. Как мы знаем, жизнь и творчество Чехова свидетельствуют о его сложных, неоднозначных личных и литературных отношениях с еврейством и еврейским вопросом.

Словно водяной знак, чеховская Ялта пропитывает страницы рассказов, романов и мемуаров Шраера-Петрова. Читая «Осень в Ялте», ощущаешь диалог автора с чеховским шедевром — рассказом «Дама с собачкой», в котором Анна и Гуров, будущие возлюбленные, встречаются в осенней Ялте. В «Осени в Ялте» Шраер-Петров намеренно разворачивает сюжет вокруг повествовательной оси чеховского нарратива, и последняя любовная встреча Полечки и Самойловича, приводящая к «преступлению» Самойловича, происходит во время бархатного сезона на крымском курорте. Эта судьбоносная встреча подвигает действие рассказа к самому краю чеховского адюльтера: так же как сама Анна, Полечка (она первая об этом сообщает Самойловичу) — «замужняя дама». Индикаторов литературного диалога, происходящего спустя почти целое столетие и через Атлантику, в рассказе Шраера-Петрова множество. Рассмотрим, к примеру, сцену в ялтинском кафе, во время которой Полечка спрашивает Самойловича: «Значит, я не могу заразить, Самойлович?», а он отвечает, будто невпопад: «Я тебя люблю, Полечка» [Шраер-Петров 2016: 251–253]. Сцена эта отсылает и к первой встрече Гурова и Анны в кафе на ялтинской набережной, и к последующей за ней сцене прибытия парохода и встречающей его праздничной толпе отдыхающих, в которую Чехов внедрил больше генералов, чем можно встретить в среднестатистический день на набережной или в порту ривьероподобного курорта. Даже Сазонова (заметим также трансъязычную анаграмму Сазонова-Casanova), фамилия не знающей возраста дивы в «Осени в Ялте», намекает на современницу Чехова, писателя Софью Смирнову-Сазонову (1852–1921), которая записала в дневнике за 30 июля 1899 года: «Видела на набережной Чехова. Сидит сиротой на скамеечке» [Гитович 1977: 310].

«Осень в Ялте», быть может, и не стала бы русско-американским рассказом, если бы кроме чеховской Ялты рассказ Шраера-Петрова не вступал в диалог и с набоковской Фиальтой. Эпиграф к рассказу взят из «Весны в Фиальте» (1936, англ. *Spring in Fialta*), легендарного рассказа Набокова о любви апатридов: «Всякий раз, когда мы встречались с ней, за все время нашего пятнадцатилетнего… назвать в точности не берусь: приятельства? романа?.. она как бы не сразу узнавала меня…» [Набоков 1978: 10][13]. В этом эпиграфе Шраер-Петров не только предваряет рассказ «объяснением в любви» к Набокову (слова из концовки «Дара» дали название лучшему фильму Ильи Авербаха, друга литературной юности Шраера-Петрова), но и подталкивает к мысли, что «Дама с собачкой» Чехова стала отправной точкой «Весны в Фиальте» Набокова. Сочиненный в Берлине в 1936 году и опубликованный в том же году в Париже, рассказ «Весна в Фиальте» принадлежал, согласно признанию самого Набокова, к «ведущей тройке» его рассказов [Parker 1991: 68]. Набоков относил «Весну в Фиальте» к «примерным образцам» («exemplary») короткой прозы наряду с «Дамой с собачкой» и «Превращением» Кафки [Parker 1991: 69]. Отдавая дань своему «предшественнику» Чехову («my predecessor»), Набоков синтезировал некое среднеарифметическое Французской и Итальянской Ривьеры — Фиальту, приморский курорт с отголосками далматинского Фиуме (теперь Риека) и крымской Ялты. В Фиальте сходятся изгнанники и апатриды, чьи жизни соединяют экзальтированные воспоминания о дореволюционной России и обыденные реалии европейской жизни начала 1930-х годов[14].

---

[13] Ср.: «Every time I had met her during the fifteen years of our — well, I fail to find the precise term for our kind of relationship — she had not seemed to recognize me at once…» [Nabokov 1995: 410–411].

[14] Подробно о диалоге Набокова с Чеховым см. [Shrayer 1998: 191–238].

Набоковская «Весна в Фиальте» (весенний сезон, весна воспоминаний и весенне-пасхальная повествовательная пружина рассказа) проступает сквозь ткань «Осени в Ялте» Шраера-Петрова, приглашая к сравнительному анализу литературной динамики трех поколений и трех литератур. Я лишь обращу внимание на то, что в рассказе Чехова сексуальность передается путем авторского очевидного молчания, или умолчания любовных сцен. Гуров и Анна уединяются в ее номере, потом наступает молчание (текст молчания), а после этого Гуров ест арбуз под аккомпанемент рыданий и самобичевания Анны. В скрыто-модернистском тексте Набокова секс частично метафоризуется, частично передается полунамеками, а частично замалчивается. Вот воспоминание-реконструкция героя-рассказчика Васеньки (Виктора в английском варианте, опубликованном в 1947-м году):

> ⟨Нина⟩ повернулась и меня повела, виляя на тонких лодыжках, по голубому бобрику, и на стуле у двери ее номера стоял вынесенный поднос с остатками первого завтрака, ⟨…⟩ и от нашего сквозняка всосался и застрял волан белыми далиями вышитой кисеи промеж оживших половинок дверного окна, выходившего на узенький чугунный балкон, и лишь тогда, когда мы заперлись, они с блаженным выдохом отпустили складку занавески; а немного позже я шагнул на этот балкончик, и пахнуло с утренней пустой и пасмурной улицы сиреневатой сизостью, бензином, осенним кленовым листом ⟨…⟩ [Набоков 1978: 18].

> ⟨Nina⟩ turned and rapidly swaying on slender ankles led me along the sea-blue carpeted passage. A chair at the door of her room supported a tray with the remains of breakfast ⟨…⟩ and because of our sudden draft a wave of muslin embroidered with white dahlias got sucked in, with a shudder and knock, between the responsive halves of the French window, and only when the door had been locked did they let go that curtain with something like a blissful sigh; and a little later I stepped out on the diminutive cast-iron balcony beyond to inhale a combined smell of dry maple leaves and gasoline ⟨…⟩ [Nabokov 1995: 415–416].

И хотя в любовном рассказе Шраера-Петрова русская классическая целомудренность Чехова уступает набоковскому более нюансированному и свободному описанию сексуальности и любви, и хотя Шраер-Петров добавляет оптику ученого-медика к микроскопу и лупе Набокова-лепидоптеролога, — доктор Самойлович все же отказывается патологизировать Полечкину сексуальную глухоту. «Это» — так Самойлович называет ее фригидность, и при этом, кажется, забывает о собственной сексуальной неискушенности чеховского «вечного студента». Именно Полечка, а не Самойлович обращается к медицинской терминологии и при этом озвучивает ключевую тему Чехова и Набокова: пропасть отделяет мир сексуальной любви от мира романтического счастья. «Может быть, это мое сверхвоображение и эта моя супертяга к нему препятствовали нормальным моим ощущениям?» — признается Полечка Самойловичу после новогоднего сабантуя и катастрофического рандеву с актером Кафтановым (прообразом которого, судя по всему, был Михаил Козаков): «Ты знаешь, Самойлович, что я имею в виду? Вы врачи называете это фригидность. Я назвала бы это ожиданием чуда. Я ждала его всю жизнь» [Шраер-Петров 2016: 234].

Так, сочиняя у берегов Новой Англии и моделируя жизнь в бывшем своем отечестве, Шраер-Петров возвращается от фикциональности набоковской Фиальты к историчности чеховской Ялты. В этом возвращенном к реальности пространстве курорта еврейско-русский писатель наслаивает свои собственные экзилические воспоминания на тот пласт русской культурной памяти, который он вывез в Америку. Когда Самойлович ждет Полечку в своем «флигельке» на берегу Черного моря, будто «поверив» наконец, что Полечка «обманула», вспоминает ли он (а я точно вспоминаю, перечитывая этот рассказ Шраера-Петрова) вот этот эпизод из середины «Дамы с собачкой»?

> В Ореанде сидели на скамье, недалеко от церкви, смотрели вниз на море и молчали. Ялта была едва видна сквозь утренний туман, на вершинах гор неподвижно стояли белые облака. Листва не шевелилась на деревьях, кричали цикады,

и однообразный, глухой шум моря, доносившийся снизу, говорил о покое, о вечном сне, какой ожидает нас. Так шумело внизу, когда еще тут не было ни Ялты, ни Ореанды, теперь шумит и будет шуметь так же равнодушно и глухо, когда нас не будет. И в этом постоянстве, в полном равнодушии к жизни и смерти каждого из нас кроется, быть может, залог нашего вечного спасения, непрерывного движения жизни на земле, непрерывного совершенства.

Сидя рядом с молодой женщиной, которая на рассвете казалась такой красивой, успокоенный и очарованный в виду этой сказочной обстановки — моря, гор, облаков, широкого неба, Гуров думал о том, как, в сущности, если вдуматься, всё прекрасно на этом свете, всё, кроме того, что мы сами мыслим и делаем, когда забываем о высших целях бытия, о своем человеческом достоинстве [Чехов 1974–1985, 10: 133].

Верит ли Самойлович — врач, еврейский идеалист, бывший зэк, шофер-нелегальщик, — хоть обморочно, хоть чуть-чуть, в это чеховское «непрерывное совершенство» тогда, когда по возвращении из лагеря жизнь назначает ему свидание с прошлым? (Утром 1 января 2005 года Шраер-Петров сказал мне, что предшественником доктора Самойловича был готовый на самопожертвование доктор Дымов из чеховской «Попрыгуньи» [1892].) «Осень в Ялте» завершается возвращением к начальной сцене рассказа, в которой Самойлович узнает свою возлюбленную Полечку в одной из двух «классных дам» (вторая — это, быть может, Нина, с которой Самойлович случайно познакомился около заснеженной подмосковной дачи, а сопровождающие их мужчины — актер Кафтанов, в прошлом соперник Самойловича и теперь муж Нины, и астрофизик Муров, муж Полечки).

Своим столкновением с ускользающим временем советской истории эта почти чудодейственная остановка времени главного героя рассказа не может не намекать на возможность смерти или по крайней мере отмщения за чертой рассказа. (Мастерский финал рассказа Бунина «Генрих» [1940] с его кульминацией в Ницце, где Глебов узнает о том, что Генрих убит в Вене «выстрелом из револьвера», вспоминается в связи с заключительной фразой «Осени в Ялте»: «Самойлович смотрит на нее в упор и оглаживает карман куртки, где наган» [Шраер-Петров 2016: 261].) Этот выбор художника являет собой синтез чеховской открытой концовки, столь полной неопределенности и уязвимо-свободной от классической развязки, и набоковского решения пожертвовать героиней «Весны в Фиальте» Ниной, которая гибнет в банальной автокатастрофе. Полечка Шраера-Петрова развивает скорее образ Нины из «Весны в Фиальте», чем Анны из «Дамы с собачкой», и он намеренно наделяет не главную, а второстепенную героиню рассказа маркированным чеховским именем Нина. Но при этом, независимо от концовки, проецируемой читателем за пределы горизонта «Осени в Ялте», в триангуляции источников рассказа именно Полечка принадлежит к «саламандрам судьбы, василискам счастья», как сам Набоков определил суть мужа Нины, межъязычного беллетриста Фердинанда, и его приспешника Сегюра, избегающих смерти в аварии, в которой погибает Нина. Чахоточная Полечка в рассказе Шраера-Петрова, скорее всего, выживет, а вот ее шофер, Самойлович?.. Что станется с ним?

И наконец, оценивая двойное приношение еврейско-русского писателя Чехову и Набокову, важно коснуться влияния медицинского опыта Шраера-Петрова на генезис «Осени в Ялте». Здесь задействована не только Ялта последних лет жизни Чехова и не только послереволюционная Ялта, в которой юный Набоков расставался с Россией, но и брежневская советская Ялта, в которой доктор Шраер-Петров работал во время эпидемии холеры[15]. Летом 1970 года значительная территория Украины и юга России оказалась под угрозой эпидемии. Эта вспышка была частью седьмой пандемии холеры, попавшей в бывший СССР из Юго-Восточной Азии.

Советские средства массовой информации скрывали от населения смертоносную опасность происходящего. Небольшая заметка о спорадических случаях «гастроэнтерита» неизвестного

---

[15] Подробности работы в Ялте в 1970 году во время вспышки холеры Эль-Тор описаны в воспоминаниях Шраера-Петрова: [Шраер-Петров 2010: 103–123].

происхождения была опубликована в московской «Медицинской газете». Тем временем все больше и больше жителей охваченных эпидемией регионов тяжело заболевали. Симптомы были типичны для холеры. Вспышки были в Астрахани (на Каспийском море), в Керчи (на Черном и Азовском море), в Феодосии и Ялте (на Черном море). В сентябре 1970 года, вскоре после того, как очаги удалось установить, в Ялту была направлена небольшая группа микробиологов из московского Научно-исследовательского института эпидемиологии и микробиологии им. Гамалеи. Как член этой группы доктор Шраер-Петров проработал в Ялте месяц. В задачи группы ученых входило найти оптимальные способы предотвращения распространения холеры, обеспечить лечение тяжелобольным и изучить биологию и молекулярную генетику патогена, *Vibrio cholerae*. Меньше чем через год, летом 1971-го, в советском журнале «Природа» вышла статья Шраера-Петрова. Это была одна из первых, если не первая статья в советском академическом издании, в которой эпидемия холеры 1970 года в СССР обсуждалась открытым текстом [Шраер-Петров 1971].

Много лет спустя, сначала в России, а потом уже в Америке, Шраер-Петров вернулся к предмету эпидемий и смертоносных инфекций в романе «Французский коттедж» (1999), начатом еще до эмиграции, и в трагикомедии «Вакцина. Эд Теннер» (окончательный вариант — 2021 год). Протагониста «Французского коттеджа» Даниила Гаера многое объединяет не только с Самойловичем из «Осени в Ялте», но и с Даниилом Раевым из романа «Странный Даня Раев». Вновь обращаясь к военным годам и к детству героя, Шраер-Петров проигрывает некоторые эпизоды будущего своего любимого Дани Раева не только в Самойловиче, чье фикциональное существование завершается в 1991 или 1992 году, но и в знаменитом научном журналисте Даниэле Гаере, который становится отказником и иммигрирует в США лишь в поздние 1980-е. Авторская избранность и глубинная связь Даниила Раева и Даниэля Гаера отмечены не только сходством фамилий героев с фамилией их создателя: Шраер — Раев — Гаер и не только почти полной идентичностью имен героев: Даниил — Даниэль, но и библейско-пророческой первородностью имен автора и его героев: Давид — Даниил — Даниэль. (Кроме того, в имени героя «Французского коттеджа» трудно не увидеть фамилию Юлия Даниэля, писателя, жертвы брежневских репрессий, подельника Андрея Синявского по знаменитому процессу 1966 года.)

«Как трудно отделить мои тогдашние, шестидесятилетней давности, впечатления от нынешних воспоминаний о тех впечатлениях!» [Шраер-Петров 2004: 25] — замечает взрослый Даня Раев, реконструируя прошлое. Такая точка зрения на метод повествования не только учитывает намеренное стирание традиционных жанровых пределов художественной прозы и прозы мемуарной, но и помогает читателям Шраера-Петрова оценить его возобновленный диалог с Набоковым и Чеховым — теперь уже преодолевающий границы времени, пространства и культуры.

Как многие другие писатели и интеллектуалы послевоенного советского времени, Шраер-Петров впервые встретился с набоковской прозой в 1970-е годы на страницах тамиздатовских книг издательства «Ардис», нелегально привезенных в СССР (а также их переплетенных ксерокопий). В середине «Французского коттеджа» главные герои читают, перечитывают и обсуждают «Лолиту», причем в седьмой главе романа, названной «Ялта», действие происходит до и во время эпидемии холеры 1970 года. Гаер, главный герой романа, оказывается вовлечен в двусмысленный разговор с Ильей Бухманом, успешным кинорежиссером. Бухман работает вместе с возлюбленной Гаера Валей (или Валечкой), которую что-то роднит с Полечкой из «Осени в Ялте» и с Ниной из «Весны в Фиальте». Кинорежиссер бросает вскользь скабрезные намеки, касающиеся Гаера и Сонечки, дочери Вали:

> «Вот именно, кто знает? Разве предполагал Набоков, что его "Лолита" станет так патологически знаменита!»
> «Почему же патологически?»
> «Потому что её бешеный успех — не что иное, как выражение несокрушимой страсти цивилизованного общества к сексуальной патологии».
> «Я как-то по-другому воспринимал этот роман. Искусство — да! Эротика — несомненно! Но никак не патология.

Впрочем, надо перечитать. Мне "Лолиту" давали на одну ночь».
«Вот вы и перечитайте, Гаер. Я вам пришлю с Валей. Полезное и *поучительное* чтение. Особенно для тех, кто оказывается в сходных ситуациях» [Шраер-Петров 1999: 204].

В восьмой главе романа, действие которой начинается в Москве в 1977 году, читатель узнает, что Бухман уехал из России и совершил *алию*, а вот его инсинуации взошли в воспаленном воображении Вали. Брак Вали и Гаера трещит по швам, и Валя бросает Гаеру слова, полные горечи и злости:

«И что же? Я её люблю, как родную дочь. При чём тут твои страхи и предчувствия, Валя?»
«При том, что для Сонечки ты не отец и не отчим. Ты для неё метафора мужчины. То есть её влечение к тебе вполне естественно. Да и по возрасту она давно не Лолита. Хотя ты вполне подходишь на роль Гумберта. Ведь всё это началось ещё в Ялте. Я помню отлично, как она была возбуждена. И это был как раз возраст Лолиты. Бухман предсказывал...»
«Послушай, Валя, всё, что угодно, но не оракулства этого пончика с говном!» — взорвался Гаер.
«Да ты, Гаер, просто-напросто завидуешь Бухману. Завидуешь и трусишь. Завидуешь его решительности и трусишь говорить о нём хорошо, потому что он бросил всё: свою блистательную карьеру, квартиру, связи и уехал в Израиль!» — выкрикнула Валя [Шраер-Петров 1999: 256–257].

В романе намеренно отсутствует описание жизни Гаера в отказе (отчасти из-за того, что автор трилогии об отказниках уже не ставил перед собой такой задачи), и в последней, американской главе романа это уже новый американец, живущий в Новой Англии. События последней главы разворачиваются на Кейп-Коде (Тресковом мысе, который Иосиф Бродский ввел в русскоязычную поэзию) во время урагана «Боб» и московского августовского путча 1991 года. В Америке Гаер заканчивает главную книгу своей жизни, которая, по сути, разрушила его брак и советскую карьеру. Будет ли эта книга называться «Французский коттедж»?

В русско-американском романе Шраера-Петрова о журналисте Данииле Гаере читатель не может не услышать отголосков русского («Дар») и американского («Лолита» и «Пнин») Набокова.

* * *

«Постичь различие между русскими и евреями. А эти два народа мне ближе других — плотью (генами) и духом (языком)» [Шраер-Петров 1989: 9], — писал Шраер-Петров в начале 1986 года, за полтора года до эмиграции, в книге «Друзья и тени» — романе-воспоминании о Ленинграде 1950–60-х годов. Примерно через пятнадцать лет, в предисловии к сборнику рассказов *Jonah and Sarah: Jewish Stories of Russia and America*», он отметил следующее: «Эти четырнадцать рассказов — свидетельство пятнадцати лет пускания корней в землю моей новой страны. Повествуют ли они о героях, все еще живущих в России или уже приехавших в Новый свет, эти рассказы — история отчуждения еврейского писателя от его родины»[16].

В рассказах, созданных после приезда в Америку, воображение Шраера-Петрова часто занимают любовные отношения евреев и неевреев. Некоторые из этих рассказов написаны с мягкой иронией; некоторые, к примеру рассказ «Hände Hoch!» (1999) о памяти Шоа (Холокоста) в современной Америке, резко полемичны, направлены против стереотипов, как отрицательных, так и положительных. К русско-американским рассказам Шраера-Петрова, в которых происходит переоценка стереотипов, принадлежит «Карп для фаршированной рыбы», где любовь неевреяa-белоруса к своей жене — белорусской еврейке — преодолевает пороги времени, языка, страны, а ее любовь к мужу сходит на нет (или так, по крайней мере, кажется на первый взгляд). В фокус авторского внимания Шраера-Петрова попадают различные формы и состояния одиночества иммигрантов. В тех случаях, когда он пишет о неевреяских иммигрантах в Америке

---

[16] Цит. по: [Shrayer-Petrov 2003: ix].

(японец в рассказе «Любовь Акиры Ватанабе»), собственный еврейский и иммигрантский опыт писателя служит точкой отсчета.

Перед персонажами романа «Странный Даня Раев», рассказа «Осень в Ялте» и других романов, новелл и рассказов, созданных в США, стоит дилемма двойного еврейско-русского самосознания. В этих текстах нередко фигурируют советские иммигранты, которые взаимодействуют, а иногда и вступают в конфронтацию с урожденными американцами — в качестве коллег, интеллектуальных и романтических соперников, любовников и нелюбовников. В Америке эти пришельцы, оказавшиеся в Новом Свете на волне еврейской эмиграции 1970–80-х годов, привычно причисляются американцами к двум категориям: евреи как «русские» и русские как «евреи». Подобная категоризация, лишенная нюансов и специфики, основывается или на стране происхождения и ее языке, или же на религиозной идентификации.

Короткая проза Шраера-Петрова обнажает авторскую увлеченность знаками идентичности. Эта иммигрантская американская проза сохраняет свою структурную ориентацию на канон европейского любовного рассказа Мопассана, Чехова, Томаса Манна, Бунина, Набокова и Башевиса-Зингера. Характерным примером того, как Шраер-Петров исследует параметры идентичности путем создания вариаций традиционного любовного рассказа, можно считать «Любовь Акиры Ватанабе», впервые опубликованную в петербургском журнале «Нева» в 2000 году. В этом рассказе, повествование которого ведется от первого лица, Шраер-Петров создает альтернативную модель отчуждения. Ученый еврейско-русского происхождения, в котором узнаваемы черты личности автора, знакомится и начинает дружить с японским профессором; оба работают в американском университете и занимаются на специальном курсе английского как второго языка в обществе других иммигрантов, профессиональная жизнь которых вращается вокруг университетского кампуса. Японец, отрубленная ветвь самурайской семьи, интеллигент, который испытывает несовместимость с современной жизнью как на родине в Японии, так и в Америке, влюбляется в Маргарет, их учительницу. Влюбляется, ревнует, а потом узнает, что партнер учительницы — женщина. Взяв эпиграфом к «Осени в Ялте» цитату из рассказа Набокова, Шраер-Петров, как мы уже упоминали, отдает дань уважения мастеру эмигрантского рассказа. В случае рассказа «Любовь Акиры Ватанабе» происходит нечто иное. Взяв эпиграф из произведения Бориса Пильняка (1894–1937) «Рассказ о том, как создаются рассказы» (1926), Шраер-Петров полемизирует с прозой стереотипов. Естественно, беллетристы играют на различных восприятиях стереотипов (в том числе совершенно чуждых породившей эти стереотипы культуре). Но у Пильняка изображение японского офицера, женатого на русской женщине, настолько приковано к упрощенному и априорно негативному стереотипу японца, восходящему (нисходящему?) к стереотипу времен Русско-японской войны, что в творческом воображении рассказчика русоцентризм перечеркивает правдоподобие. (Кстати сказать, рисуя еврейских персонажей, талантливый Пильняк с не меньшей рьяностью и стилистической отточенностью придерживался отталкивающей стереотипности.) В изображении еврейско-русского рассказчика-иммигранта характер Акиры Ватанабе несомненно подрывает — и, быть может, даже взрывает — клише. Иначе выражаясь, Акира Ватанабе — это стереотипный японец, отметающий стереотипность, своего рода антистереотип. Нет ли иронии в том, что рассказчик Шраера-Петрова с готовностью подстраивается под американский стереотип русского, в данном случае исходящий от соперницы Акиры по любовному треугольнику — спутницы и возлюбленной Маргарет, американки по имени Мишель (Лесли в английском переводе): «Вы, конечно, как все русские, пьете водку straight?» [Шраер-Петров 2005: 275].

Мы создаем свои собственные индивидуальные диаспоры путем разрушения стереотипов — будь то этнические, религиозные или сексуальные стереотипы. В этом, пожалуй, и состоит смысл рассказа с неожиданно лирической концовкой. Распад стереотипов особенно заметен в новелле «Карп для фаршированной рыбы». События разворачиваются в штате Род-Айленд, где Шраер-Петров жил в 1987–2007 годах, и питаются воспоминаниями писателя о службе армейским врачом в Белоруссии в 1959–1960 годах. Четырехугольник желания связывает воедино супругов Федора и Раю Кузьменко и их американских работодателей: овдовевшего владельца мебельного магазина Гарри Каплана и его дочь Рэчел. Происходя из белорусской глубинки в бывшей черте оседлости, супруги Кузьменко привозят в Америку контрапунктные противоречия смешанного брака, в котором Рая — еврейка, а Федор — неевреи. Они бездетны, и время от времени Федор уходит в запой. Рая и Федор Кузьменко отдалились от *мешпухи* Раи, живущей в Провиденсе (у самого Федора не осталось близких родственников), переехали в городок-глубинку, где нет других «русских», но где в свое время образовалась небольшая еврейская община. В конце рассказа водоворот событий, связанных с адюльтером Раи и Гарри Каплана, рыбалкой Федора и преодолением искушения, а также со старинным ашкеназским кулинарным рецептом, возвращает супругов-иммигрантов на орбиту любви. Или это только желаемое, принимаемое автором за действительное?

Сборник рассказов Давида Шраера-Петрова, выпущенный в Москве в 2005 году, носит название «Карп для фаршированной рыбы», которое указывает на привилегированное место этого рассказа в творчестве писателя. Совершаемое в рассказе низвержение стереотипов служит и предостережением тем самодовольным еврейским читателям, которые ценят только истории, где исключительно евреи выведены в роли положительных героев. Шраер-Петров рассматривает своих героев под различными этическими, эстетическими и метафизическими углами, часто отдавая предпочтение противоречивым и, казалось бы, несовместимым точкам зрения. Вкупе с убеждением, что сам автор не знает больше, чем его герои, такого рода *ненарративный* анализ нарративных событий особенно ярко представлен в современной еврейской литературе.

«Литература действительно может описывать абсурд, но она ни за что не должна становиться абсурдом», — заметил Исаак Башевис-Зингер (1904–1991) в авторском предисловии к своим «Избранным рассказам» (1982) в переводе на английский язык [Singer 1982: viii]. Независимо от того, согласимся ли мы с диктумом Башевиса-Зингера, заметим, что в некоторые наиболее драматичные моменты своей прозы (например, такова попытка «побега» пьяного Самойловича, во время которой катер превращается в дворового пса) Шраер-Петров подводит своих героев к нарративно-психологическому обрыву. Балансирование на пределе абсурда, при котором диббук скользит вдоль и поперек гуманистического воображения писателя, подводит к сопоставлению его текстов не только с традициями «классической идишской художественной прозы» (выражение Кена Фридена прежде всего относится к триумвирату Ш. Я. Абрамовича [Мойхер-Сфорим], Шолем-Алейхема и И. Л. Переца), но и с прозой самого Башевиса-Зингера. С моей точки зрения, для оценки литературного пути Давида Шраера-Петрова в целом и особенно его иммигрантской прозы прежде всего релевантны романы «Враги: Любовная история» (1966) и «Шоша» (1974): постхолокостные романы Башевиса-Зингера, в первом из которых рассказывается о жизни иммигранта в послевоенной Америке, а во втором — о юности героя в довоенной Польше. В прозе Башевиса-Зингера — так же как во многих произведениях Шраера-Петрова — столкновения евреев и неевреев (славян) запускают в действие механизм «любовного рассказа».

В 1975–1976 годах, на пороге почти целого десятилетия отказа, Шраер-Петров создал ряд стихотворений, в которых дисгармония его русского и еврейского «я» предвещает конфронтацию с режимом. Ранее мы говорили о стихотворении «Моя славянская душа», а ниже обратимся к тексту «Раннее утро зимой» (1976; «Early Morning in Moscow» в английском переводе 1991 года). Стихотворение было впервые опубликовано в первом американском сборнике Шраера-Петрова «Песня о голубом слоне» (1990):

Раннее утро зимой

Это дятел стучит на сосне,
Повторяя, как будто во сне:
Тук-тук-тук,
Тук-тук-тук,
Тук-тук-тук —
Деревянный мертвеющий звук.

Это дворник лопатой шуршит,
Повторяя, как будто во сне:
Жид-жид-жид,
Жид-жид-жид,
Жид-жид-жид,
Ты попался бы в лагере мне.

Это доктор стучит в мою грудь,
Повторяя, как будто во сне:
Как-нибудь,
Как-нибудь,
Как-нибудь,
Мы ещё запоем по весне.

Эти звуки наполнили рань,
Повторяясь слезами во мне:
Жизни грань,
Жизни грань,
Жизни грань,
И Москва в снеговой пелене
     [Шраер-Петров 1990: 41–42][17].

Early Morning in Moscow

The woodpecker knocks on the pine tree
rehearsing his wooden reverie
knock-knock-knock
knock-knock-knock
On the ground
falls the deadening wooden sound.

The janitor shovels the street
rehearsing his snowy reverie
dirty Jew dirty Jew
dirty Jew —
In the camps
I'd break your head in two.

---

[17] Ср. [Шраер-Петров 2003: 52].

> The doctor knocks on my chest
> rehearsing his wishful reverie
> *one day we'll*
> *one day we'll*
> *one day we'll*
> be free to sing in the spring.
>
> Sounds filling the dawn
> keep time with my salt tears
> *on the verge of life*
> *on the verge of life*
> *on this low verge* lies
> Moscow muffled in snow
>   [Shrayer 2007, 2: 1059].

Комментируя перевод, выполненный мной совместно с американским поэтом и переводчиком Эдвином Хонигом (1919–2011), широко известным своими переводами испанских и португальских поэтов, Шраер-Петров писал: «...это мое стихотворение в английском переводе (я чуть было не написал в "американском переводе") обрело особенно обнаженную интонацию плача, сродни той, которую я слышу в характере писателя Роберта Кона в романе Хемингуэя "И восходит солнце" (1926)» [Shrayer-Petrov 1994: 238][18].

Признаюсь, что, когда я читаю рассказ «Карп для фаршированной рыбы» в английском переводе, я слышу в голосе повествователя эхо романа Бернарда Маламуда «Помощник» («The Assistant», 1957). Слышу или хочу услышать? В характере Федора Кузьменко есть что-то от Франка Альпайна, архетипического «гоя» Маламуда, который взваливает на себя бремя еврейства, движимый смесью желания, любви, вины и самоненавистничества. Франк Альпайн, итало-американский католик, налетчик на бедняцкий еврейский магазинчик бакалейных товаров, идентифицирует себя со святым Франциском Ассизским, и в романе Маламуда он поглощен «имитацией» (в католическом смысле

---

[18] Роман «И восходит солнце», опубликованный в 1935 году в переводе Веры Топер и известный в СССР под названием «Фиеста», пользовался в СССР большой популярностью в годы молодости Шраера-Петрова.

слова *imitatio*) Морриса Бобера, старого еврейского бакалейщика. Отвечая на вопрос Альпайна о том, что значит быть евреем, Моррис сначала сообщает следующее: «Мой отец говорил, что для того, чтобы быть евреем, нужно лишь доброе сердце» [Malamud 1957: 124]. И только позднее Бобер делится с Альпайном своими обоснованиями неисполнения *кошрута*, а также своими представлениями о еврейском Законе и о еврейском страдании. Говоря о совершенном Франком Альпайном обрезании, Маламуд завершает роман одним из самых загадочных предложений во всей еврейской литературе: «Он зверел от боли и вдохновлялся ей. После Песаха он стал евреем» («The pain enraged and inspired him. After Passover he became a Jew») [Malamud 1957: 246]. Наделяя героя рассказа «Карп для фаршированной рыбы» именем Федор (от греческого Θεόδωρος — «Божий дар»), Шраер-Петров пишет: «Он жил среди евреев много лет, но никак не мог понять их до конца» [Шраер-Петров 2016: 109]. И если Федор не «стал евреем», он, по-видимому, останется верен им всю оставшуюся жизнь, любя свою Раю больше всего на свете, больше родной Белоруссии.

Почти двадцать лет назад в послесловии к сборнику «*Jonah and Sarah*» я высказал мысль о том, что траектория творческого пути моего отца ведет от еврейско-русской Америки к Америке без дефисов и двойных идентичностей. Иммигрантскую прозу Шраера-Петрова теперь уже относят не только к канону еврейско-русской литературы, но и к еврейско-американскому канону [Shechner 2014], особенно в силу многонаправленности культурных перспектив и разнообразия изображаемых субъектов, из-за стремления преодолеть стереотипы, а также из-за настойчивых попыток превозмочь травмы европейского прошлого. Более того, я с трудом могу себе представить, как Шраер-Петров смог бы создать такие произведения, как «Осень в Ялте» или «Обед с вождем» (см. эссе Бориса Ланина в этом сборнике), не в Америке, а в постсоветской России.

Вчитаемся в концовку «Карпа для фаршированной рыбы»:

> Он ехал и думал, что, в сущности, он счастливец. Приехал в новую страну, и не как-нибудь, а семейно. Он и Рая оба работают. У них свой дом и огород. И не старые еще. Плохо,

конечно, что нет ни сынишки, ни дочурки. А кто знает — вдруг сподобятся. В этой Америке и не такие хворобы проходят. Если это все от пьянства, так он считай что и не пьет. А вдруг! [Шраер-Петров 2016: 134].

А вдруг действительно? Многолетний читатель, переводчик и комментатор прозы и стихов отца, я всегда находил поддержку и утешение в его убежденности в существовании некоей вселенской гармонии, «спасительной соразмерности», как он назвал это видение бытия сначала в романе «Доктор Левитин», в одном из ключевых авторских отступлений, а позднее в предисловии к книге рассказов *Jonah and Sarah*»: «Не гармония в высоком пантеистическом смысле, а соразмерность, предназначенная для того, чтобы распределить между людьми счастье и несчастье» [Шраер-Петров 2014: 155][19].

Дополненный перевод с английского автора

Архивные фонды

РГАЛИ — Российский государственный архив литературы и искусства.

Источники

Набоков 1978 — Набоков В. В. Весна в Фиальте. Анн Арбор: Ардис, 1978.

Чехов 1974–1985 — Чехов А. П. Полн. собр. соч. и писем: в 30 т. / под ред. Н. И. Соколова. М.: Наука, 1974–1985.

Шраер, Шраер-Петров 2014 — Шраер М. Д., Шраер-Петров Д. Еврейский секрет. Давид Шраер-Петров о драгоценном камне рассказа, вибрации чувства и упорной любви к родине // Независимая газета: Ex Libris. 2014. 11 сент.

Шраер-Петров 1967 — [Шраер-]Петров Д. Холсты // Перекличка. Стихи. М.: Молодая гвардия, 1967. С. 116–160.

---

[19] Ср. [Shrayer-Petrov 2003: xix].

Шраер-Петров 1971 — Шраер Д. П. Изменчивость возбудителя холеры / Природа. 1971. № 6. С. 43–50.

Шраер-Петров 1989 — Шраер-Петров Д. Друзья и тени. Роман с участием автора. Нью-Йорк: Liberty Publishing House, 1989.

Шраер-Петров 1990 — Шраер-Петров Д. Песня о голубом слоне. Холиок: Нью Ингланд Паблишинг, 1990.

Шраер-Петров 1999 — Шраер-Петров Д. Французский коттедж / под ред. М. Д. Шраера. Провиденс: APKA Publishers, 1999.

Шраер-Петров 2003 — Шраер-Петров Д. Форма любви. Избранная лирика. М.: Изд. дом «Юность», 2003.

Шраер-Петров 2004 — Шраер-Петров 2004 — Шраер-Петров Д. Эти странные русские евреи. М.: Радуга, 2004.

Шраер-Петров 2005 — Шраер-Петров Д. Карп для фаршированной рыбы. Рассказы. М.: Радуга, 2005.

Шраер-Петров 2007 — Шраер-Петров Д. Водка с пирожными. Роман с писателями / под ред. М. Д. Шраера. СПб.: Академический проект, 2007.

Шраер-Петров 2010 — Шраер-Петров Д. Охота на рыжего дьявола. Роман с микробиологами / под ред. М. Д. Шраера. М.: Аграф, 2010.

Шраер-Петров 2014 — Шраер-Петров Д. Герберт и Нэлли. М.: Книжники, 2014.

Шраер-Петров 2016 — Шраер-Петров Д. Кругосветное счастье. Избранные рассказы / сост. и подгот. текста М. Д. Шраера и Д. Шраера-Петрова. М.: Книжники, 2016.

Шраер-Петров 2021 — Шраер-Петров Д. Вакцина. Эд Теннер / под ред. М. Д. Шраера. М.: Три квадрата, 2021.

Malamud 1957 — Malamud B. The Assistant. New York: Macmillan, 1957.

Nabokov 1995 — Nabokov V. The Stories of Vladimir Nabokov / ed. by D. Nabokov. New York: Alfred A. Knopf, 1995.

Shrayer 2007 — An Anthology of Jewish-Russian Literature: Two Centuries of Dual Identity in Prose and Poetry, 1801–2001 / ed. by M. D. Shrayer. 2 vols. Armonk, NY: M. E. Sharpe, 2007.

Shrayer 2018 — Voices of Jewish-Russian Literature: An Anthology / ed. by M. D. Shrayer. Boston: Academic Studies Press, 2018.

Shrayer-Petrov 1994 — Shrayer-Petrov D. Edwin Honig as a Translator of Russian Verse // A Glass of Green Tea with Edwin Honig / ed. by S. Brown et al. Providence, RI: Alephoe Books, 1994. P. 236–238.

Shrayer-Petrov 2003 — Shrayer-Petrov D. Jonah and Sarah: Jewish Stories of Russia and America / ed. by M. D. Shrayer. Library of Modern Jewish Literature. Syracuse: Syracuse University Press, 2003.

Shrayer-Petrov 2006 — Shrayer-Petrov D. Autumn in Yalta: A Novel and Three Stories / ed., co-transl., and with an afterword by M. D. Shrayer. Library of Modern Jewish Literature. Syracuse: Syracuse University Press, 2006.

Singer 1982 — Singer I. B. The Collected Stories of Isaac Bashevis Singer. New York: Farrar, Straus and Giroux, 1982.

Литература

Гитович 1977 — Гитович Н. И., публ. Записи о Чехове в дневниках С. И. Смирновой-Сазоновой // Литературное наследство. Т. 87. Из истории русской литературы и общественной мысли. 1860–1890-е гг. / ред. А. Н. Дубовиков, С. А. Макашин и др. М.: Наука, 1977. С. 304–318.

Шраер 2019 — Шраер М. Д. Бегство. Документальный роман / пер. с англ. В. Полищук и автора. М.: Три квадрата, 2019.

Parker 1991 — Parker S. J. Vladimir Nabokov and the Short Story // Russian Literature Triquarterly. 1991. № 247. P. 63–72.

Rayfield 2000 — Rayfield D. Chekhov: A Life. Evanston: Northwestern University Press, 2000.

Shechner 2014 — Shechner M. A Review of Dinner with Stalin and Other Stories, by David Shrayer-Petrov. Erikadreifus.com. 2014. August 17. URL: https://www.erikadreifus.com/2014/08/mark-shechner-david-shrayer-petrov/ (дата обращения: 10.04.2021).

Shrayer 1998 — Shrayer M. D. The World of Nabokov's Stories. Austin: University of Texas Press, 1998.

Shrayer 2006 — Shrayer M. D. Afterword: Voices of My Father's Exile // David Shrayer-Petrov. Autumn in Yalta: A Novel and Three Stories / ed., co-transl., and with an afterword by M. D. Shrayer. Library of Modern Jewish Literature. Syracuse: Syracuse University Press, 2006. P. 205–234.

Shrayer 2020 — Shrayer M. D. A Russian Typewriter Longs for Her Master: A Portrait of my Father, the Refusenik Writer and Medical Scientist David Shrayer-Petrov, as a New England poet, on his 84th Birthday // Tablet Magazine. 2020. January 28. URL: https://www.tabletmag.com/sections/arts-letters/articles/maxim-shrayer-david-shrayer (дата обращения: 10.04.2021).

Waife-Goldberg 1968 — Waife-Goldberg M. My Father, Sholom Aleichem. New York: Simon and Schuster, 1968.

Часть вторая

ПОЭЗИЯ

Барабаны судьбы Давида Шраера-Петрова*

Ян Пробштейн

Большая, богатая событиями, странствиями, исканиями и сомнениями жизнь Давида Шраера-Петрова — поэта, переводчика, прозаика, драматурга, критика, эссеиста, врача, ученого-микробиолога — не вмещается в биографические рамки, выплескивается из условностей жанра — романа, биографии, травелога, любовной или гражданской лирики. Авторский глаз вбирает окружающий мир, запечатлеваемый на сетчатке и впоследствии — спустя годы или даже десятилетия — извлекаемый из подвалов памяти.

Родившийся на Выборгской стороне в Ленинграде в 1936 году («Я родился в Ленинграде, в Петрограде, в Петербурге, / Там, где скачет Медный Всадник над Невою в сизой бурке» [Шраер-Петров 1997: 17][1]), он провел три военных года в эвакуации на Урале. Шраер-Петров впоследствии будет вспоминать свое уральское деревенское детство и в прозе, и в стихах, и в стихотворениях в прозе, таких как «Иван Терехин возвращается с фронта в село Сива Молотовской области 1943 год» [Шраер-Петров 1992: 51, 53] или «Блуждания по Уралу» из цикла «Путешествие от берегов Невы», написанного в Москве в 1986 году [Шраер-Петров 1992: 53]. Воспоминания о послевоенном детстве или юности не столько отражают наблюдения очевидца, сколько беспощадно показывают тех, кто вершил судьбы народа в течение большей части

---

* Copyright © 2021 by Ian Probstein.
[1] «Мой город».

XX века, как в парадоксальном стихотворении «Во время наводнения в Ленинграде в конце пятидесятых»:

> Дочь бывшего начальника тюрьмы
> Выходит замуж за реабилитанта
> Соединяются житейские таланты
> И сверхинтеллигентные умы
> [Шраер-Петров 1992: 14].

Далее автор, очевидец, который «был в спасательной команде», описывает объяснимые словами происшествия, «как звери покидали Зоопарк… / покорные как люди», говорит о якобы «необъяснимом» случае с отставным генералом КГБ, который «руководил искусством в Ленинграде», а во время наводнения потерял все нажитое (награбленное?) добро:

> «Все кончено» заплакал генерал
> «Он отомстить приплыл»
> Осиплым басом
> Размазывая слезы по щекам
> Наш генерал твердил одно и то же имя «Осип Осип Осип»
> [Шраер-Петров 1992: 14].

Эпитету «осиплый» грозным эхом вторит имя «Осип», подчеркивая тему возмездия: Осип — разумеется, Мандельштам (а на фоне нынешних размышлений о том, что все якобы относительно, Сталин-де построил социализм и выиграл войну, необходимо добавить, что уже одна только смерть гениального Мандельштама, а также Клюева, ОБЭРИУтов — приговор сталинизму). Стихи эти отражают сознание шестидесятников (хотя, по сути, Давид Шраер-Петров шестидесятником не был), свидетелей XX съезда и последующей реабилитации жертв террора — не только юридической, но и — провиденциальной, как в концовке стихотворения. Дань памяти для одних — бич памяти для других. В другом стихотворении-воспоминании о Москве, «Перед синагогой в праздник Симхат-Тора», повествуется о том, как «юноша в шапочке лиловой… / радуется жизни он распродает / Еврейский календарь религиозный», являясь при этом осведомителем КГБ, по-простому — стукачом:

> Змеёнком зреет плёнка в магнитофоне
> Он выполнил финплан и план Лубянки
> Он ждёт полуночи когда в квартале пустынном Свиблова
> Ново-Гиреева или Перова
> Ему откроет двери заспанная девка
> Он выставит на столик кухонный водку колбасу и шпроты
> Он позабудет те и эти вожделенные широты
> Он не удавится
> Как тот несчастный Идеалист
>
> [Шраер-Петров 1992: 15].

Однако стихи, написанные *в* России, и воспоминания *о* России — это разные стихи не только по форме, но и по мировосприятию. Поначалу судьба Давида Шраера (Давид Петров — литературный псевдоним, образованный по совету Бориса Слуцкого из русифицированного отчества — Пейсахович [Петрович], — по такому же формообразовательному принципу, как у Давида Самуиловича Самойлова [Кауфмана][2]) складывалась вполне удачно. Он поступил в Первый медицинский институт имени академика Павлова в 1953 году — как раз после смерти Сталина, дела врачей 1952–1953 годов и преследования «безродных космополитов» (моему отцу, певцу, запретили солировать на радио), когда ни о медицинской, ни о литературной деятельности еврею нельзя было даже помечтать. Однако после смерти Сталина обстановка резко изменилась. В институте Давид Шраер-Петров подружился с учившимся курсом выше Ильей Авербахом, будущим известным кинорежиссером, и с будущим писателем Василием Аксеновым, которые и приобщили двадцатилетнего студента-медика к литературной среде — сначала в институте, где действовало литературное объединение (ЛИТО), а потом они в содружестве с Дмитрием Бобышевым, Сергеем Вольфом, Михаилом Ереминым, Евгением Рейном, Анатолием Найманом, Виктором Соснорой, Владимиром Уфляндом и многими другими, впоследствии выда-

---

[2] Об этом см. [Шраер-Петров 2007: 232].

ющимися поэтами, писателями и переводчиками, образовали «промку» — литобъединение при Дворце культуры промкооперации (известном в дальнейшем как Дворец культуры имени Ленсовета). Формальными руководителями числились сначала Всеволод Азаров, а затем Зелик Штейнман и Александр Нинов, но, как было отмечено в «Словаре поэтов русского Зарубежья», причем автором статьи являлся один из участников объединения Бобышев, ЛИТО «по существу самоуправлялось» перечисленными выше поэтами и писателями [Бобышев 1999: 432]. Первые публикации Шраера-Петрова появились в периодике — в конце 1950-х и начале 1960-х годов — в многотиражке Первого медицинского института «Пульс», затем в журналах «Пионер» и «Неман», а впоследствии — в альманахе «Молодой Ленинград». Однако гораздо более смелые как по содержанию, так и по форме стихи (в том числе первые блюзы, речь о которых ниже) ходили в самиздате. Уже тогда поэзия Шраера-Петрова была отмечена внимательностью к деталям, расшатанными ассонанто-консонантными рифмами, ритмическими экспериментами. У него с самого начала была тяга к поэтике авангарда, что объясняет его дальнейшее сближение с одним из лидеров «Лианозовской школы» Генрихом Сапгиром, с которым он был дружен еще до переезда в Москву в 1964 году. (См. эссе Евгения Ермолина в данном сборнике.) После окончания мединститута в 1959 году и службы военным врачом в Белоруссии он окончил аспирантуру по микробиологии Ленинградского института туберкулеза и защитил кандидатскую, а впоследствии, уже в Москве, докторскую диссертацию. Большую часть жизни доктор Шраер-Петров совмещал занятия наукой и медициной с литературным трудом. Уже в Москве он начинает активно печататься в периодике — причем и как поэт, и как переводчик, а впоследствии и как эссеист. В 1967 году выходит первая книга стихов Давида Шраера-Петрова «Холсты» в коллективном сборнике молодых авторов[3]. Книгу

---

[3] Первый сборник Шраера-Петрова, который должен был выйти в Ленинграде, был вычеркнут из издательских планов после суда в 1964 году над Иосифом Бродским, с которым Шраер-Петров был дружен в Ленинграде.

открывало предисловие Льва Озерова, в котором поэт старшего поколения, известный своим поэтическим афоризмом «Талантам надо помогать, / Бездарности пробьются сами», отметил разнообразный жизненный опыт, глубокую образованность, пристальное внимание к жизни, когда «чувство может и должно быть мыслящим, мысль чувствующей» [Озеров 1967: 116]. При этом, понимая, что неоавангардистская манера письма Шраера-Петрова может быть отвергнута этим весьма консервативным издательством при ЦК ВЛКСМ, Озеров дипломатично написал:

> Можно спорить по поводу тех или иных образов или строф Давида Петрова, но одно непреложно: он пристально, настойчиво, неторопливо изучает жизнь. Многие его сверстники уже имеют по две, а то и по три-четыре книги, а он лишь сейчас выходит с первой. Не беда! Спешить нет смысла: дело серьезное — его микроскопы изучают тончайшие живые клетки [Озеров 1967: 117].

Следует заметить, что и автор наряду со смелыми по манере письма текстами включил также некоторые стихи, которые в советском контексте можно было бы считать и более «проходимыми», хоть в них и сохранялись при этом авангардные поиски формы. К последним относятся «Итальянские комсомольцы в пионерском лагере» (см. обсуждение итальянской темы Шраера-Петрова в эссе Стефано Гардзонио в данном сборнике), «Едем служить», которым открывается сборник, «Стихи о верности», «Домик Янки Купалы». При этом Шраер-Петров уже тогда показал себя тонким автором любовной лирики, способным выразить глубокое чувство. Таковы посвящения «Э. П.» — Эмилии Шраер (урожденной Поляк), его жене с 1962 года (стало быть, их золотая свадьба была в 2012 году), причем поток лирики не иссякает и по сей день:

Одиночество
Э. П.

Одиночество.
Ты одна
от меня заслонила дно.

> Ты — морская голубизна,
> и тебе возвратить дано
> все, что я на земле терял,
> что мелькало в слоях воды.
> Стань моей глубиной!
> Войди
> в то, за чем я на дно нырял.
>
> Станешь всем. Но когда-нибудь
> одиночеством ты побудь,
> чтоб сама ты открылась мне
> в голубой своей глубине
> [Шраер-Петров 1967: 143].

Поначалу жизнь Давида Шраера-Петрова в Москве складывалась довольно успешно: сборник «Холсты», как отмечено выше, был опубликован в 1967 году. Хотя стихи печатали мало, его переводы, которыми он начал заниматься еще в семинарах Ефима Эткинда и Татьяны Гнедич в Ленинграде, были удостоены премий, в частности журнала «Дружба народов» и «Литературной газеты» (1977). Его переводы печатались в ведущих журналах и газетах. Он активно сотрудничал с издательствами «Художественная литература», «Советский писатель», «Вага» (Литва), «Мерани» (Грузия) и другими. В 1974 году он опубликовал в издательстве «Знание» книгу-эссе «Поэзия и наука», а в январе 1976 года Шраер-Петров по рекомендации Льва Озерова, Виктора Шкловского и Андрея Вознесенского был принят в Союз писателей, и книга его стихов готовилась к печати в издательстве «Советский писатель». Процесс, описанный Шраером-Петровым в его мемуарах «Москва златоглавая» [Шраер-Петров 1994][4], части которых потом вошли в мемуарный роман «Водка с пирожными», занял несколько лет и был труден из-за сопротивления некоторых членов правления Союза советских писателей. В план издательства «Советский писатель» был наконец включен большой сборник стихов Шраера-Петрова под названием «Зимний

---

[4] См. также [Шраер-Петров 2007].

корабль»[5]. Книга так и не была опубликована. И вместе с тем в Д. Петрове, если можно так выразиться, все больше оживал Давид Шраер: потребность вобрать, осознать и претворить в слово свое еврейство — еврейскую часть своей души. Поэтому он стал все больше обращаться к еврейской тематике и даже публично читать стихи, пронизанные еврейскими мотивами. На заключительном вечере весеннего фестиваля поэзии в Литве («*Poezijos pavasaris*») в 1978 году Шраер-Петров прочитал стихотворение «Моя славянская душа в еврейской упаковке», за что «был подвергнут административному разносу» [Бобышев 1999: 433]. После этого в январе 1979 года он подал документы на выезд из СССР, что в те годы расценивалось как предательство. Конфликт Шраера-Петрова с властями и совписовским руководством шел по нарастающей: его исключили из Союза писателей, наборы трех книг, принятых к публикации, в 1979–1980 годах за попытку эмигрировать были рассыпаны: сборник стихов «Зимний корабль», книга переводов из литовской поэзии и книга прозы для юношества (последняя уже в гранках и с оригинальными иллюстрациями) [Шраер-Петров 1989: 57–58].

Об этом писал Генрих Сапгир в предисловии к подборке Шраера-Петрова в антологии «Самиздат века»:

> Зрелый поэт, который успел побывать в советских поэтах и переводчиках и нашел в себе силы выбраться из этого болота. Ну, конечно, и судьба так сложилась. Давид решил эмигрировать, стал отказником. Но это, как я понимаю, внешние события. Он уже давно думал и писал иначе, чем вся эта кодла («Народ — победитель! народ — строитель! Бам! Бам! БАМ!»). И вся эта фальшь считалась непререкаемой истиной!
>
> Когда Давид ко мне приходил, читал совсем другое. <...> Он долго жил в Москве, и мы нередко встречались. Так получилось, что свои настоящие, оригинальные стихи Давид смог издать только в эмиграции, в Америке [Стреляный и др. 1997: 468; ср. Сапгир Неофициальная поэзия].

---

[5] См. дело о «Зимнем корабле» Шраера-Петрова в документах издательства «Советский писатель»: РГАЛИ. Ф. 1234. Оп. 23. Д. 1436. — *Примеч. ред.*

Уже после эмиграции Шраер-Петров в содружестве с сыном, литературоведом и писателем Максимом Д. Шраером, составит том стихотворений и поэм Сапгира для «Новой библиотеки поэта» и напишет первое литературоведческое исследование творчества классика второго русского авангарда [Шраер, Шраер-Петров 2004]. Шраер-Петров посвятит другу стихотворения, как, например, «Катание по льду Финского залива в финских санках» [Шраер-Петров 2002: 13], а впоследствии и стихи его памяти:

Памяти Генриха

молчу хотя сказать хочу
так много что слова толпятся
как хохотушка смехачу
в стогу посеявшие святцы
валятся не могу прорваться
какую кнопочку нажать
мне от себя к тебе бежать
иль тело к твоему прижать
чтоб отцепились муть и гать
и братья заорали братцы
 [Шраер-Петров 2010а: 9].

Критик Эдуард Михайлов написал о пути поэта: «Судьба Шраера-Петрова настолько типична для столичного русско-еврейского интеллигента второй половины XX века, что на ум само собой приходит хрестоматийное пастернаковское: "Я говорю про всю среду"» [Михайлов 2011]. Я бы все же поостерегся от подобных обобщений и скорее привел бы цитату из Мандельштама: «Не сравнивай: живущий несравним» (из стихотворения 1937 года) [Мандельштам 1994: 111]. В частности, разница между типичной судьбой «столичного русско-еврейского интеллигента второй половины XX века» и судьбой Шраера-Петрова выразилась в произведениях, написанных в годы отказа, таких, например, как книга стихотворений «Невские стихи» (1984–1985; см. также статьи Андрея Ранчина и Романа

Кацмана в данном сборнике), или политическая поэма «Бегун» (1987), о которых ниже, или «Пуримшпиль» в стихах, написанный по заказу подпольной театральной труппы в 1987 году[6].

В Москве до отказа Шраер-Петров работал научным сотрудником в Институте микробиологии им. Гамалеи, откуда был уволен в конце 1978 года из-за намерения подать документы в ОВИР (Отдел виз и регистрации). Несмотря на изгнание из науки и академической медицины, а также открытый конфликт и борьбу с властями, продолжавшиеся более восьми лет, из медицины он не ушел. Он работал врачом в районной поликлинике возле станции метро «Войковская», и, как пишет Шраер-Петров в своих мемуарах «Охота на рыжего дьявола. Роман с микробиологами», поскольку врачей в стране не хватало, директору поликлиники удавалось оградить его от проблем с трудоустройством [Шраер-Петров 2010б: 207–255]. В отличие от своих знаменитых собратьев по перу и великих предшественников — Чехова, Булгакова, — Шраер-Петров, подобно выдающемуся американскому поэту и прозаику Уильяму Карлосу Уильямсу, совмещал занятия медициной с литературным трудом, не пренебрегая ни тем, ни другим. В США он с 1987 до выхода на пенсию в 2007 году работал на кафедре хирургии Брауновского университета, где занимался исследованиями иммунологии рака. В связи с этим необходимо отметить, что ностальгические мотивы в поэзии Шраера-Петрова, особенно в 1987–1992 годы, не столько связаны с неустроенностью автора и тревогой за свое будущее (как это обычно бывает среди уже немолодых писателей-иммигрантов), сколько носят духовный и экзистенциальный характер.

В «русские» стихи Шраера-Петрова врывается тоска по Мессии (одна из книг поэта названа «Некоторая степень тоски по Мессии»; 2005–2006[7]), а в «американские» — тоска по России. Особенно явно ностальгия звучит в стихах 1987–1992 годов, в част-

---

[6] См. свидетельство Максима Д. Шраера: [Шраер 2019]. См. также запись полного спектакля. URL: https://youtu.be/CxW_RNscgTQ (дата обращения: 10.04.2021).

[7] В кн. [Шраер-Петров 2009: 41–71].

ности в цикле «Шесть американских блюзов на русские темы» (1992; в сборнике «Пропащая душа»), подробно разбираемых ниже, в стихотворениях этого же периода, посвященных Эмилии Шраер, и, конечно, в антологическом стихотворении «Вилла Боргезе», давшем название книге 1992 года и включенном автором в другие книги и сборники стихотворений:

> Случались собаки на Вилле Боргезе,
> Случались в том смысле, что обитали.
> Случались, собачью трубя бордельезу,
> Случались, хвостами трубя. О, детали!
>
> Конкретная музыка тел шелестящих,
> Балетная — пляска собачьего тела,
> Конкретная — плачь по России, болящей,
> Балетная — плач. Унеслась, улетела
>   [Шраер-Петров 1992: 57].

В рецензии на книгу «Вилла Боргезе» (1992) Виктор Террас, выдающийся американский славист эстонского происхождения, который не раз писал о творчестве Шраера-Петрова и переводил его рассказы на английский язык, заметил, что такие стихотворения, как «Вилла Боргезе» и «Больничный сад», «своими стремительными амфибрахиями и преломлением мысли через причудливую странность в сознании поэтического героя» [Террас 1992] напоминают манеру Бориса Пастернака. Далее Террас отмечает перекличку стихов Шраера-Петрова с «Александрийскими песнями» (1908) Михаила Кузмина и подмечает приемы, сходные «с техникой композиции» Марины Цветаевой, как, например, то, что «омонимия, парономазия и другие фигуры, основанные на звуковых ассоциациях, создают поток поэтической мысли». Размышляя о стихах Шраера-Петрова, написанных за первые пять лет эмиграции, Террас задается вопросом, возможен ли русский верлибр, или, как он выразился, «возможен ли вообще чистый вольный стих на русском языке». Террас полагает, что это потребует преодоления склонности русского стиха к силлабо-тонике, в особенности к ямбу [Террас 1992]. Дальнейшее творчество

Шраера-Петрова, на мой взгляд, дает ответ и на этот вопрос, демонстрируя как возврат к традиционным размерам и формам, так и преодоление их в стихотворениях, написанных уже в конце XX — начале XXI века, о чем речь пойдет несколько ниже.

Возвращаясь же к стихотворению «Вилла Боргезе», следует заметить, что в одной из первых публикаций стихотворению предпослан эпиграф из статьи Владимира Набокова «Юбилей» (1927), написанной в десятую годовщину большевистской революции и в свое время поразившей современников:

> И заодно мы празднуем десять лет свободы. Такой свободы, какую знаем мы, не знал, может быть, ни один народ. <…> В эти дни, когда празднуется серый, эсэсерый юбилей, мы празднуем десять лет презрения, верности и свободы. Не станем же пенять на изгнание. Повторим в эти дни слова того древнего воина, о котором пишет Плутарх: «Ночью, в пустынных полях, далече от Рима, я раскинул шатер, и мой шатер был мне Римом»[8].

Тем не менее в стихотворении этом, начатом в Риме летом 1987 года, а дописанном уже в столице штата Род-Айленд городе Провиденс, чувствуется изрядная доля ностальгии, причем знаменитый парк сливается в сознании поэта с Летним садом, обнажая еще не зажившую рану:

> Когда умирать мне придется, чуть живы,
> Прошепчут мои полумертвые губы:
> Мы стали чужими, Россия, чужими,
> А были своими сыны Иегуды.
>
> Как это забавно валяться в обнимку
> С последней бутылкой, с последним приветом
> На Вилле Боргезе, как старому снимку,
> На свалке истории вместе с конвертом.

---

[8] Набоков В. Юбилей // Руль. 1927. 18 нояб. Цит. по: [Набоков 1999, 2: 647]. Этот эпиграф, в слегка сокращенной и видоизмененной форме, дан в [Шраер-Петров 1992: 57].

> На Вилле Боргезе якшаться с трубящей
> Компанией псов, абсолютно античных.
> О, Боже! Ну что же Тебе до болящей
> Души и до мраморных анемичных
>
> Созданий, наставленных между стволами,
> Как в Летнем Саду, где когда-то ночами
> Гуляли по стежкам-дорожкам, стояли
> Ночами под бледными небесами
>   [Шраер-Петров 1992: 57–58][9].

В «Вилле Боргезе», таким образом, тема ностальгии переплетается с темой любви, образуя экзистенциальное единство. Многие критики отмечали, что в поэтическом творчестве Шраера-Петрова большое место занимают стихи о любви, давшей поэту и писателю-отказнику силы выжить, противостоя системе; сборник любовной лирики «Песнь о голубом слоне» с подзаголовком «любовная лирика» упомянут Британской энциклопедией в числе лучших поэтических книг русского зарубежья за 1990 год. Тем не менее эти стихи далеки от пасторальных идиллий, полны боли, сомнений, а в первые годы эмиграции — даже ностальгии и вины:

> Дорогая моя, дорогая моя,
> Дорогая моя, дорогая моя,
> Я привёз тебя за леса, за моря.
> А что делать с тобой не знаю.
>
> Там, в далекой степи, где ямщик замерзал,
> Знал и я, как тебя приголубить,
> Знал секрет про большой голубой минерал
> Где-то между Москвой и Калугой
>   [Шраер-Петров 1997: 49].

В циклах «Пропащая душа» и «Зимняя песня» подобными чувствами проникнуты стихотворения «Белый город», «Отболела душа», «Моей подружке», «Ты говорила: я тебя люблю»,

---

[9] Ср. [Шраер-Петров 1997: 6–7].

«Подними меня» и некоторые другие стихи этого периода. В 2010 году Ирина Чайковская писала об объединении эллинизма, иудаизма и русских мотивов в стихах Д. Шраера-Петрова о любви, сравнивая их с Песнью песней Соломоновой [Чайковская 2010]. Эти же темы сквозят в цикле «Шесть американских блюзов на русские темы», в которых присутствуют не только русские литературные или исторические реминисценции. Блюзы Шраера-Петрова наполнены аллюзиями к «Евгению Онегину», «Двенадцати» Блока, и звучит в них, если можно так выразиться, русская стихотворная музыка от Пушкина и Блока до Мандельштама и Пастернака. Вот отрывок из «Блюза январского снегопада»:

> Черный камень, белый снег.
> Черный камень, белый снег.
> Черный камень, белый снег.
> Что ж, прекрасно, дорогая, наши звезды догорают,
> Убивают наши звезды
> Белый смех,
> Черный камень,
> Белый снег.
> ....
> Белый снег на всем бульваре,
> Вдоль кладбищенской ограды.
> Белый — грамотой охранной,
> Черный — белкой-похоронкой,
> Черный камень,
> Белый снег
>
> [Шраер-Петров 1997: 41].

При всех своих аллюзиях, без музыки стихи, даже верлибры, превращаются в прозостихи или даже в прозу, но в блюзах они начинают играть. Сам Шраер-Петров пишет в предисловии к «Барабанам судьбы» (2002), что увлекся блюзами в двадцатилетнем возрасте. Это было веяние времени: «Мы все бредили американским джазом. Особенно Василий Аксенов и Сергей Вольф, которые тогда начали наступление на авангардную прозу... Джазовая музыка грунтовала мои ритмические заготовки» [Шраер-Петров 2002: 3]. (В мемуарном эссе о В. Аксенове Шраер-Петров назвал его «королем свинга в русской прозе» [Шраер-Петров 1989: 135–146].)

Понятно, что американский джаз попал в СССР из более поздних музыкальных источников, а не напрямую из афроамериканской блюзовой формы. В смысле музыкальном в джазе прослеживаются некоторые общие законы развития музыкальных тем, как то синкопы, повторы, свободное развитие темы, основанное на ритме. Во время хрущевской оттепели культура американского блюза разными путями стала просачиваться в советский мейнстрим. Если на первых порах, то есть в конце 1950-х — начале 1960-х годов, основным источником был американский джаз, то в литературном плане, как заметил сам Шраер-Петров по поводу своих ранних экспериментов с блюзовыми стихами, «писатель Давид Дар открыл нам необыкновенное богатство "Александрийских песен" Михаила Кузмина, которые были самыми настоящими русскими блюзами» [Шраер-Петров 2002: 3].

Хотя в синкопах и повторах все еще слышится ритм «Двенадцати» Блока, в блюзовых стихах Шраера-Петрова, созданных в Америке, музыкально-тематический подтекст усложнился. В «Идиопатическом блюзе» — сгусток русской литературы, замешенной на русской истории. Само название «Идиопатический» — от медицинского термина «идиопатия», то есть болезнь, развивающаяся самостоятельно, не вызываемая и не сопровождаемая другими болезнями; какая-нибудь особенная склонность, происхождение которой трудно понять, что подразумевает, вероятно, не только тоску по русской культуре, но и болезнь, поражающую общество:

> Марфа Борисовна, это князь.
> Ваше превосходительство, ваше сиятельство,
> Марфа Борисовна, грязь, грязь, грязь,
> Черна лестница — мышки за кошками.
> Иволгой станет грязный матрац.
> Марфа-посадница, Марфа-развратница,
> Генерал Иволгин, мразь, мразь, мразь.

А в последнем витке этого блюзового перечня-заговора уже и вовсе трудно отличить Льва Николаевича Мышкина от Льва Николаевича Толстого:

> Лев Николаевич достопочтеннейший,
> Лев Николаевич достоевгеннейший.
> Фёдор Михайлович, плац, плац, плац.
> Лев Николаевич, плач, плач, плач.
> Генерал Иволгин и князь Мышкин
> Поднимаются по черной лестнице к.
> Марфа Борисовна, Анна Аркадьевна,
> Анна Андреевна, Настасья Филипповна,
> Анна Аркадьевна, Марфа Борисовна,
> Анна Андреевна, Анна Андреевна,
> Лев Николаевич, Лев Николаевич,
> Анна Андреевна, Лев Николаевич...
> [Шраер-Петров 1997: 43–44].

Трехдольники, подчеркнутые цезурой, усиливают эту нарастающую каденцию боли, троекратному «плац» (аллюзия на казнь Ф. М. Достоевского в апреле 1849 года) соответствует троекратный «плач» не только по главному герою «Идиота» Льву Николаевичу Мышкину, который оказался бессилен оказать сопротивление корыстным или низменным интересам общества и был унесен (сметен) водоворотом зла. Однако, быть может, в этом есть намек и на более позднюю трагедию — исход из дома и смерть Толстого. Еще головокружительнее объединяет блюзовый повтор-заговор Марфу-посадницу с Марфой Борисовной Терентьевой, матерью Ипполита и сожительницей генерала Иволгина, Настасью Филипповну Барашкову — с Анной Аркадьевной Карениной, женщин с подобной по трагичности судьбой, а ритм и созвучие имен выводит стих к Анне Андреевне Ахматовой, ее сыну Льву Николаевичу Гумилеву — и обратно к Льву Николаевичу Толстому, замыкая стих звукосмыслом.

В «Блюзе Желтой реки в Нью-Орлеане», построенном на том же метрическом принципе повтора-перестановки и соединения трехдольников (двух- и трехстопного амфибрахия с цезурой после второй стопы, как учил Пушкин), автор тем не менее «обманывает» как музыкальные, так и географические ассоциации. Это не знаменитый блюз «Глубокая река» («*Deep River*») и уж тем более не рок-песня, исполнением которой в 1970 году прославилась английская группа «Кристи» («*Yellow River*», пели ее и «Битлз»). Голубой фазан превращается едва ли не в аиста, по преданию приносящего детей, а в блюзе — несущего в клюве Моисея, река же оказывается не в Глубоком Юге США, а в Египте:

> По жёлтой реке в корзинке плывёт Моисей
> Фараонова дочка корзинку в руки берет
> .....
> Голубые глаза глядят из жёлтой реки
> По жёлтой реке плывёт голубой фазан,
> По жёлтой реке в корзинке плывёт Моисей.

Далее история спасения Моисея, который станет спасителем своего народа, еще более трансформируется, причем музыкально-смысловые повторы-замещения сдвигают смысл и превращают известный библейский сюжет в авангардный, в котором реальность деформирована, а изрядная доля сюрреализма сочетается с остраненной таким образом болью, состраданием:

> Фараонова дочка голубого фазана берёт
> Из жёлтой реки голубого к лону несёт,
> Голубого фазана к царскому трону несёт.
> По жёлтой реке пустая корзинка плывёт.
> Голубой фазан к лону пустому плывёт,
> Голубой фазан клюв еврейский несёт,
> Голубой фазан к лону царевны несёт,
> Фараоновой дочке глаза и сердце клюёт.

Однако этим грозным предзнаменованием стихотворение не заканчивается, а река его делает еще один неожиданный поворот:

> По жёлтой реке жёлтый народ плывет,
> По жёлтой реке мёртвый народ плывет,
> По жёлтой реке плывёт голубой фазан,
> По жёлтой тоске плывут голубые глаза.

Та-да-да-да-та-та	та-да-да-да-та-та-та-та-та
Та-да-да-да-та-та	та-да-да-да-та-та-та-та-та
Голубой фазан	плывёт по жёлтой реке,
По жёлтой реке	плывёт голубой фазан

[Шраер-Петров 1997: 45–46].

Повторы — сродни заклинаниям или молитвам, повторы со смещением и с замещением, как в этом блюзе — быть может, грозное знаменье, возможно, предупреждение: «корзинка» трансформируется в «желтый народ / мертвый народ». Не отзвук ли это Катастрофы? Так течение реки связывает пространство, время и историю. Не менее насыщенным и трансформированным является и «Блюз еврейского органиста в гарлемской церкви», где повторы-замещения вызывают в памяти и Пушкина, и Мандельштама, а строгие «александрийские» стихи (ямбические шестистопники) объединены с видоизмененной онегинской строфой:

> Еврейский органист играет в черной церкви,
> Еврейский органист играет в черной церкви.
> Еврейский гармонист играл когда-то в цирке,
> Еврейский гармонист в гастрольном шапито.
> Он жмёт на клавиши и напевает шепотком:
> О, никогда не повторится
> Та белобрысая девица,
> Циркачка, неженка, блудница,
> С которой я во снах кружу,
> Которой я принадлежу.
> Как никогда не повторится
> Та златоглавая столица,
> Дней отгремевших колесница,
> В которых я во снах кружу,
> Которым я принадлежу.
> Еврейский органист, Аве Мария, Фруктус.
> Еврейский органист, жми клавиши до хруста,
> Еврейский гармонист, наяривай по-русски,
> Еврейский органист, Аве Мария, Фруктус.
> Прошу тебя, пожалуйста, без грусти
> [Шраер-Петров 1997: 46–47].

Шраер-Петров вплетает в свой ностальгический еврейско-американо-русский блюз аллюзию на О. Мандельштама («Девчонка, выскочка, гордячка» из стихотворения «За Паганини длиннопалым», 1935 [Мандельштам 1994: 87]) с видоизмененной же цитатой из первой главы «Евгения Онегина»:

> Людей, о коих не сужу
> Затем, что к ним принадлежу
> [Пушкин 1978: 23].

Преодоление инерции письма ведет к преодолению ностальгии. В своей статье «Искусство как излом» (1992–1993), написанной в те же годы, что и «Шесть американских блюзов на русские темы», и полемически развивающей «Искусство как прием» Виктора Шкловского, Давид Шраер-Петров говорит не только о формальных приемах, призванных «остранить» избитые формы, но и о чувствах, об «изломанных судьбах русских писателей-эмигрантов»: «...проза, написанная методом "искусства как излома", и заканчивается сходными трагедиями» [Шраер-Петров 1995: 255]. Искусство рождается как потрясение, как преодоление. Это ясно слышится в двадцати шести блюзах Шраера-Петрова из «Барабанов судьбы». Нередко блюзы построены на том же ритмическом принципе повтора-замещения, но только теперь в них преобладает элегическая нота, как в стихотворениях «Девочка в соломенной шляпке» («это фонтана старого круг / это мозаика детства мой друг»), «Прогулка по Невскому проспекту» («был невский мороз курчав / был твой поцелуй горчав»). Даже ностальгия приобретает элегически-остраненное звучание, хотя боль осталась:

> и зачатый помимо воли
> фотомиг
> проявился в давнишней боли
> фантом-миф
>
> кто там бродит в такую погоду
> средь зимы
> в прошлом веке по мертвому городу
> это мы
> («Когда-то в Питере») [Шраер-Петров 1997: 29].

Боль остраняется грустью и печалью, как в стихотворениях «Когда-то в Питере» и «Белая ночь», а в блюзе «Прощаться пока не угасла любовь», в отличие от стихов из более ранней книги Шраера-Петрова «Пропащая душа», уже заметен «растянутый» ритм в сочетании с рефреном («прощаться пока не угасла любовь»). Вывернутый наизнанку в последних заключительных аккордах, рефрен приглушает тоску, открывая таким образом подтекст разминовения:

  щенячью любовь не ценила ты смешить убивать влюблять
                    ворожить
  хвостом за баржой уплывает река щенячьим хвостом за тобой
                     тоска
  смешать голоса побольше льда глотнуть и память не ворошить
  щенячью любовь не ценила ты чужую любовь не умела прощать
  едва ли не самый испытанный ход прощаться пока не угасла любовь
               [Шраер-Петров 2002: 33].

Иногда воспоминания остраняются иронией, даже сарказмом, как в стихотворении «В баре», в котором ирония заложена уже в мотиве «Камаринской»:

  в этом баре все бутылки одинаково пьянят
  в этом баре все затылки одиноки и готовы
  на пол каменный свалиться как уроненный гранат
  кем уронен неизвестно и совсем неинтересно
  потому что в этом баре о любви не говорят
            [Шраер-Петров 2002: 35].

Рефрен «потому что в этом баре о любви не говорят» в сочетании с «Камаринской» остраняют и грусть, и ностальгию. Однако в таких стихотворениях, как «Ослик по имени Жак», боль, в которой слышен «плач по убитым стенам», оживает с новой силой. Кавказские воспоминания уже не звучат несколько отвлеченно-философично, как в случае блюза «Синагога в Тбилиси», а наполняются гневом, что подчеркивает и трехстопный дактиль, выдержанный на мужских рифмах:

господи я не один
ослик по имени жак
между взбесившихся псин
я осязаю твой знак
дядя снимите пиджак
в землю упрятанный злак
вашей погибели знак

о не упорствуй палач
ты закатай рукава
топчет пески караван
ослик понуро бредет
в храм никогда не придет
мальчик поскольку полет
господу посланный плач

......

ослик по имени жак
мальчик по имени сим
дядя по имени хам
город ерусалим
наша империя рим
наш император дурак
мы за толпой семеним
   [Шраер-Петров 2002: 27].

Поэт соединяет века, времена и страны, что подчеркивают рифмы «сим — ерусалим — рим — семеним», размывая не только пространственно-временную границу, «хронотоп истории», если воспользоваться термином М. М. Бахтина [Бахтин 1975: 235], как это происходит в «Синагоге в Тбилиси». Он также становится рядом с изгоями всех веков, устранив границу эмоциональную, то есть поэт становится сопричастным. Из свидетеля он превращается в участника событий, как в разбиравшемся выше стихотворении. Все эти темы — воспоминаний детства, любви, ревности, изгойства, преодоленной ностальгии, обретенной мудрости, судьбы — воплотились в последнем блюзе «Барабаны судьбы», давшем название всей книге:

> крутите вертите вращайте желтые барабаны судьбы
> крутите потому что волчок желтые потому что будда
> вертите потому что ветер вращайте потому что в радость
> крутите вертите вращайте барабаны под деревом будды
> крутите вертите вращайте будите свою судьбу
> <...>
> крутите вертите вращайте желтые барабаны судьбы
> желтые потому что жадность желтые потому что ревность
> желтые потому что жестокая желтые потому что будда
> желтые барабаны судьбы под вечным деревом будды
> желтое потому что солнце вечное потому что будда
>
> крутите вертите вращайте желтые барабаны судьбы
> желтые потому что солнце вечные потому что будды
> избушка потому что детство монах потому что молитва
> вечное дерево будды дерево потому что девочка
> вечное потому что будда девочка потому что ты
>
> [Шраер-Петров 2002: 41].

Сама цветовая гамма с преобладанием желтого (цвета ревности, бурятского чая, Будды, солнца, изгойства, в том числе и желтой звезды) в сочетании со звукописью («желтые потому что жадность желтые потому что ревность / желтые потому что жестокая желтые потому что будда») и вращательным движением приводят к тому, что стихотворение очерчивает круг этих тем и выводит на главное место судьбу, созвучную Будде и приводящую в движение Великое колесо судьбы. Желтый цвет важен и в поэме, начатой в 1961 году, после знакомства с Иосифом Бродским, а потом дописанной уже после смерти Бродского и посвященной его памяти. Поэма носит символическое название «Желтая звезда», а в начале и в конце ее звучит мотив желтизны («Пойми, я желтая повязка / На собственных моих глазах») [Шраер-Петров 2016: 46]. Желтый цвет и желтая звезда сначала служат грозным предвестием, а после — поминовением:

> Что же касается *его*, то на исходе столетья,
> Возвращаясь из траурного Нью-Йорка,
> Я опять увидел над шоссе лучи раскаленные эти
> Желтой звезды, припавшей к вершине придорожной елки
>
> [Шраер-Петров 2016: 54].

В последующих книгах стихов Шраера-Петрова, и прежде всего в «Некоторой степени тоски по Мессии», развиваются как еврейские (название говорит само за себя), литературные («Толстой, Достоевский, Чехов», где слышится отзвук «Идиопатического блюза», но решенного уже в более жестком ключе свободного стиха), так и музыкальные темы. Однако в более поздних стихах «блюзовость» получает дальнейшее развитие, хотя и без повторов-рефренов, причем даже в таких стихах о музыке, как «Концерт музыки Шёнберга» или «Трио Шостаковича», реальность остраняется, как музыкальными, так и языковыми средствами, а последние намеренно отсылают к футуризму[10] и зауми:

> Наскандалить балетом «барышня и хулиган»,
> «нагилух и яншыраб»,
> нагл и глух яныш раб,
> «барышня и хулиган»,
> «нагилух яншыраб»,
> нагл и глух ятаган
>
> [Шраер-Петров 2009: 64].

Название балета «Барышня и хулиган» прочитывается с конца как бессмыслица, заумь. Потом заумь приобретает новый смысл, в который привносится и личный мотив поэта-отказника (что подтверждается и финалом стихотворения, о котором чуть ниже): «нагл и глух яныш раб». Затем вновь название балета причитывается с конца, чтобы затем выйти к новому смыслу: «нагл и глух ятаган». При этом варьируется и ритмическая структура: четырехстопный хорей («барышня и хулиган») сменяется строкой, которая из-за пропуска ударения и сильной цезуры посередине прочитывается как двухстопный трехсложник с дополнительным ударением на первый слог первой стопы («нагл и глух ятаган»), что, в свою очередь, сменяется пятистопным ямбом («порвать с властями с самого начала»). Следующая строка, «попасть в число "проклятых формалистов, которые отвернулись от народа"»,

---

[10] О Шраере-Петрове и футуризме см. очерк Олега Смолы в данном сборнике.

разбита на две и соединена с имитацией разоблачения в газетной передовице:

> порвать с властями с самого начала,
> попасть в число
> «проклятых формалистов, которые отвернулись от народа».

Музыкальные темы соединяются с политическими, вариации на темы русских народных песен («среди долины ровныя, / на гладкой высоте») сменяется темой еврейской, предваряющей финал:

> ну что поборолся, видишь:
> с дымом отечества улетел идиш,
> с пеплом освенцима улетел идиш.
> слышишь? видишь?
> в трепете нот передай
> или навек пропадай!
>   [Шраер-Петров 2009: 66]

В финале же аллюзией на исход из Египта слышится голос автора — отказника (аллюзия, которая также появляется в финале длинной нарративной поэмы Шраера-Петрова «Юрий Долгорукий», 1985–1986):

> отпусти-прости нас,
> матерь русь!
>   [Шраер-Петров 2009: 66].

Искусство рождается на стыке, в борьбе двух начал (вспомним «Искусство как излом»). В прозе и стихах Шраера-Петрова, написанных в России, особенно в годы отказа, звучит тема борьбы за еврейское самовыражение. Таковы строфы из стихотворения «Трубочист», наполненного горькой иронией:

> В черной фетровой ермолке,
> С поварешкой, помелом —
> Ряженый с районной ярмарки,
> Дьявол, негр иль костолом,

> Или жид под псевдонимом
> Негритянского лица
> На велосипеде мимо
> Убегает без конца?
> [Шраер-Петров 2016: 14–15].

«Трубочист» — это третья часть поэмы «Летающие тарелки». Написанная в 1976 году в Пярну и посвященная близкому другу Шраера-Петрова, эстонскому художнику Юрию Арраку, «Летающие тарелки» фактически стали поэмой перелома, болезненного решения эмигрировать и оставить позади родовые могилы. Почти десять лет спустя в стихотворении «Могила мамы» из «Невских стихов» (1984–1985) Шраер-Петров прочитает постмодернистский кадиш:

Могила мамы

> ...карельский
> гранит в кровавых каплях
> товарняк под мостом
> спасибо вам ребята
> канавка уходящая в Неву
> или
> Нева текущая к кровавым
> пой последний кадиш
> паровоз
> космополит угарный
> приложился к груди
>   растоптанной
> спасибо вам ребята
> притормозил
> транзитный товарняк
> правительственной дачи
> Херсонес в обломанных колоннах
> от стены остзейского замка
> или
> от зубьев ледника
> кровавый камень отделён
> я опоздал
> ладонь рябины
> утешает
>   [Шраер-Петров 2011: 33–34].

В подтексте этого стихотворения из книги «Невские стихи», написанной в середине 1980-х, когда автор находился в отказе, и в свое время высоко оцененной Генрихом Сапгиром (в «Самиздат века» он отобрал из нее стихи и написал о них в предисловии), — не только элегия, кадиш, но и «кровавый камень», «паровоз / космополит угарный / приложился к груди / растоптанной», как отзвук неосуществившихся планов насильственного переселения евреев в места отдаленные, решения еврейского вопроса по-сталински, не случившегося из-за смерти тирана (по которому уже соскучились российские псевдопатриоты). Потому и фон стихотворения — кровавый.

Поэма «Бегун» (1987) посвящена узнику Сиона Иосифу Бегуну, в освобождении которого из тюрьмы весной 1987 года сыграла роль жена поэта, Эмилия Шраер. Важнейшее место в поэтике этого текста занимает парономазия, основанная на фамилии ведущего активиста советского еврейского движения. Сама борьба за право евреев на выезд из СССР расценивалась как антисоветская деятельность (вспоминается небезызвестная 58-я статья):

> Грозятся высшей карою и праведной:
> Зачем рукой нечистой ты коснулся русских струн
> БЕГУН, БЕГУН, БЕГУН, БЕГУН, БЕГУН, БЕГУН?..
> ....
> Русских струн я не касался,
> Чужие мы, родным я не казался,
> Хоть с вами я в обнимку и валялся
> На плахах нар, в промежностях канав,
> Хоть пот у нас подобно вышиблен, кровав,
> Я — иудей
> И русским не казался!
> [Шраер-Петров 2016: 34–35].

Далее логика развития образа выводит поэта на архетипические и эсхатологические прозрения:

> Я — Вечный Жид российский,
> Я — БЕГУН, БЕГУН, БЕГУН, БЕГУН, БЕГУН, БЕГУН...
> [Шраер-Петров 2016: 38].

В произведениях, написанных в Америке, проявляется желание сохранить Россию — Россию памяти, как в стихотворениях «Когда-то в Питере» или «Московский март». Эти стихи также характеризуются стремлением поэта выразить новые образы в новой форме, которая уже является содержанием и определяет его. В свою очередь, форма стихотворения придает форму душе лирического героя, как в стихотворении, которое так и называется — «Форма души»:

> если ты теряешь форму
> самого себя
> ты даешь большую фору
> тем кого беся
> полстолетия тревожил
> непохожестью
> помни ты талант и все же
> чувствами шестью
> ухватись за край обрыва
> карточной судьбы
> [Шраер-Петров 2010а: 26].

В стихотворении «Кулидж Корнер» неожиданные анжамбеманы, где слова либо «обрублены» на переносе, либо вовсе отсутствуют, делают тем самым изображение более выпуклым, зримым, при этом смещая пространство:

> кулидж корнер — это угол на пере
> сечении бикон стрит и гарвард стрит
> дело приближается к ночной поре
> темнота городской стеной стоит
> но оказывается не угол а углы
> все четыре подпирают остановку трам
> две аптеки банк и по утрам
> место где народ над рельсами гудит

Затем автор разрывает холст пространства и времени, выходя из пересечения Бикон-стрит и Гарвард-стрит в предместье Бостона Бруклайне, где Шраер-Петров живет с 2007 года, прямо на Литейный в его родном Ленинграде / Санкт-Петербурге:

> две аптеки банк трамвай и все
> что соединяет быт работу семью
> лестничными клетками литейный где
> забежать на часик а потом к воде
> от моста литейного рукой подать кресты
> за какой из четырех свернуть на ты
> ног секущих линии биллиард фонарь
> осыпает лилия золотую гарь
> [Шраер-Петров 2010а: 10].

На подобном же сдвиге пространства-времени (в книге «Линии — фигуры — тела», на мой взгляд, в первую очередь сдвигается пространство) построены многие стихотворения, в особенности уже упомянутое «Кулидж Корнер», а также «Сдвинутый мир», «Воспоминания о Восточной Сибири», «Толпа в Бостоне» и заключительное «Возвращение из путешествия». Стихотворение «Сдвинутый мир» формально начинается со сдвига пространства:

> роща двинулась на асфальт
> рельсы съехали в чарльз-реку
> синагога сдвинув кипу
> минаретом играет в бейсбол
> кулидж-корнер разинув рот
> шлет машины за поворот
> президент идет на восток
> мусульманский закрыть роток
> говорков невозможно пусть
> президент торит звездный путь

Трехиктовые трехстопники создают дополнительное напряжение, однако речь, оказывается, идет не о сдвиге пространства, а о сдвиге идей, и умудренный жизнью поэт безошибочным чутьем проводит исторические параллели, сдвигая историческое время и оставаясь верным личному времени поэзии. При этом ритмический повтор, сродни блюзам, подчеркивает этот сдвиг во времени-пространстве, выявляя фальшь (изначально речь, очевидно, об иракской войне 2003 года, но логика стиха уводит читателя еще дальше):

> роща двинулась на асфальт
> рельсы съехали в чарльз-реку
> новый путь да старая фальшь
> дайте въехать броневику
> дайте влезть поближе к броне
> витой башне и руку поднять
> чтоб ему ей тебе и мне
> президентскую правду понять
> вся загадка которой в том
> кто придет когда мы уйдем
> [Шраер-Петров 2010а: 27].

Примечательно, что поэт внимателен к деталям окружающей американской жизни (особенно в Новой Англии), однако передает он их в гиперболизированной, сюрреалистической манере. Реальность остраняется, чтобы на сдвиге-изломе выявить тревожные приметы времени. В стихотворении «Дикие индейки в Бостоне», посвященном сыну Максиму, его единомышленнику, поэт вновь начинает с внешних примет времени:

> куда девались дикие индейки
> они бродили в роще по утрам
> меня терзали дивные идейки
> с вполне реальной мыслью пополам
> я понимал что подступила осень
> а я к зиме бесплодной не готов
> и что обманчива безоблачная просинь
> все больше голых веток без листов
> [Шраер-Петров 2010а: 22].

Далее, шутливо сравнивая себя со «страусоподобными птицами», поэт переходит к нешуточной мысли о собственной жизни и о своем творчестве:

> но собеседницы мои тянулись следом
> а тем кто не дошел в мечтаньях до
> таких как мне придумалось миражных
> картин в которых с горем пополам
> смешались и находки и пропажи
> веселье со слезами пополам

но так недалеко до исаковских
твардовских матусовских добрести
был день осенний бостонский таковский
что я не знал в какую даль брести
           [Шраер-Петров 2010a: 23].

Упоминание советских поэтов Михаила Исаковского, Михаила Матусовского и Александра Твардовского звучит предупреждением — прежде всего самому себе — не скатиться к традиционности и банальности, что, к сожалению, случалось в эмиграции и с известными поэтами. Это призыв поэта — не застывать на месте и продолжать ломать форму, а не душу. Стало быть, в итоге искусство — скрыть душевный излом, остранить душевную боль и тревогу, не выворачивая душу наружу и не впадая в сентиментальность, достойно встретить зиму и, оглянувшись на пройденный путь, без страха смотреть в будущее. Давид Шраер-Петров выстоял и состоялся и как личность, и как писатель и поэт, а его стихи — даже, пожалуй, больше, чем проза, — показывают, как труден и полон сомнений был этот путь.

Архивные фонды

РГАЛИ — Российский государственный архив литературы и искусства.

Источники

Мандельштам 1994 — Мандельштам О. Э. Собр. соч.: в 4 т. Т. 3. М.: Арт-Бизнес-Центр, 1994.

Пушкин 1978 — Пушкин А. С. Полн. собр. соч.: в 10 т. Т. 5. Евгений Онегин. Драматические произведения. Л.: Наука, 1978.

Шраер-Петров 1967 — [Шраер-]Петров Д. Холсты // Перекличка. Стихи. М.: Молодая гвардия, 1967. С. 116–160.

Шраер-Петров 1989 — Шраер-Петров Д. Друзья и тени. Роман с участием автора. Нью-Йорк: Liberty, 1989.

Шраер-Петров 1992 — Шраер-Петров Д. Вилла Боргезе. Холиок: Нью-Инглэнд Паблишинг, 1992.

Шраер-Петров 1994 — Шраер-Петров Д. Москва Златоглавая. Балтимор: Вестник, 1994.

Шраер-Петров 1995 — Шраер-Петров Д. Искусство как излом // The New Review / Новый журнал. 1995. № 196. С. 245–256.

Шраер-Петров 1997 — Шраер-Петров Д. Пропащая душа. Провиденс: APKA Publishers, 1997.

Шраер-Петров 2002 — Шраер-Петров Д. Барабаны судьбы. М.: Колонна; Тверь: Арго-Риск, 2002.

Шраер-Петров 2007 — Водка с пирожными. Роман с писателями / под ред. М. Д. Шраера. СПб.: Академический проект, 2007.

Шраер-Петров 2009 — Шраер-Петров Д. Две книги. Филадельфия: Побережье, 2009.

Шраер-Петров 2010а — Шраер-Петров Д. Линии — фигуры — тела. СПб.: Библиотека Aesthetoscope, 2010.

Шраер-Петров 2010б — Шраер-Петров Д. Охота на рыжего дьявола. Роман с микробиологами / под ред. М. Д. Шраера. М.: Аграф, 2010.

Шраер-Петров 2011 — Шраер-Петров Д. Невские стихи. СПб.: Островитянин, 2011.

Шраер-Петров 2016 — Шраер-Петров Д. Деревенский оркестр. Шесть поэм. СПб.: Островитянин, 2016.

Библиография

Бахтин 1975 — Бахтин М. М. Формы времени и хронотопа в романе. Очерки по исторической поэтике. Вопросы литературы и эстетики. М., 1975. С. 235.

Бобышев 1999 — Бобышев Д. В. Шраер-Петров Давид // Словарь поэтов русского зарубежья / под ред. В. П. Крейда. СПб.: РХГИ, 1999. С. 432.

Михайлов 2011 — Михайлов Э. Судьба-синекдоха // Лехаим. 2011 (февраль). Т. 226, № 2. URL: https://lechaim.ru/ARHIV/226/mihailov.htm (дата обращения: 10.04.2021).

Набоков 1999 — Набоков В. В. Собрание сочинений русского периода / сост. Н. И. Артеменко-Толстой. Т. 2. СПб.: Симпозиум, 1999.

Озеров 1967 — Озеров Л. А. Об авторе // Д. Петров. Холсты // Перекличка. Стихи. М.: Молодая гвардия, 1967. С. 116–117.

Сапгир Неофициальная поэзия — Сапгир Г. Неофициальная поэзия: антология поэтического самиздата советской эпохи. URL: https://rvb.ru/np/publication/sapgir4.htm#58 (дата обращения: 11.04.2021).

Стреляный и др. 1997 — Самиздат века / сост. А. И. Стреляный, Г. В. Сапгир, В. С. Бахтин, Н. Г. Ордынский. Минск; М.: Полифакт, 1997.

Террас 1992 — Террас В. Вилла Боргезе // Новое русское слово. 1992. 3 июля.

Шраер-Петров Википедия — Шраер-Петров Давид Петрович. URL: https://ru.wikipedia.org/wiki/Шраер-Петров,_Давид_Петрович (дата обращения: 10.04.2021).

Шраер, Шраер-Петров 2004 — Шраер М., Шраер-Петров Д. Генрих Сапгир. Классик авангарда. СПб.: Дмитрий Буланин, 2004.

Шраер 2019 — Шраер М. Д. Московский пуримшпиль — 1987 // Лехаим. 2019. № 3. С. 37–41.

Чайковская 2010 — Чайковская И. И. По направлению к женщине. О стихах Давида Шраера-Петрова // Кругозор. 2010 (февраль). URL: http://www.krugozormagazine.com/show/Shraer-Petrov.640.html (дата обращения: 10.04.2021).

Италия в поэзии Давида Шраера-Петрова*

Стефано Гардзонио

В предисловии к первому сборнику стихов Давида Шраера-Петрова «Холсты» (1967) Лев Озеров отметил, что поэт «…пристально, настойчиво, неторопливо изучает жизнь» [Озеров 1967: 117]. И действительно, можно предположить, что двойная чувствительность — писателя и ученого одновременно — выработала в Шраере-Петрове своего рода «гармоническую точность», которая придает его стихам необычную, чуть ли не южную живучесть, «солнечность» (*una solarità quasi meridionale*). Не случайно итальянская и в целом средиземноморская или левантийская тема прослеживается в стихах Шраера-Петрова задолго до того, как судьба приведет его в 1987 году в Италию в качестве беженца и бывшего еврейского отказника, которому власти наконец разрешили выехать из СССР.

Уже в стихах, вошедших в первый опубликованный сборник Шраера-Петрова, мы отмечаем «итальянский текст»[1]. Я имею в виду стихотворение «Итальянские комсомольцы в пионерском лагере». Именно этим стихотворением молодой Шраер-Петров

---

* Copyright © 2021 by Stefano Garzonio.

[1] Концепцию «итальянского текста» следует соотнести с историко-типологической категорией «*петербургского текста русской литературы*», которая была описана В. Н. Топоровым как особый гипертекст, функционирующий в качестве органической тематической системы языковых, литературных и культурных отсылок. Топоров посвятил итальянской теме в петербургской культуре новаторскую статью. См. [Топоров 1990; Топоров 1995]. Позже другие исследователи предложили определить такие понятия, как римский, венецианский и флорентийский текст русской литературы, как специфические и оригинальные формы гипертекста. См. [Меднис 2003].

дебютировал в крупном советском ежемесячном журнале в 1959 году [Шраер-Петров 1959; Шраер-Петров 1967: 118–119][2]. Это явно политизированный текст, который можно соотнести с широким контекстом послевоенной советской риторики о дружбе народов и интернационализме. И в то же время здесь молодой поэт отходит от предписаний, стереотипов и советских трафаретов, для того чтобы передать точное представление о действительности. Стихотворение описывает встречу советских пионеров с делегацией молодых людей из Федерации итальянской коммунистической молодежи (*Federazione della Gioventù Comunista Italiana*, сокращенно FGCI). В стихотворении выступают (поют) представители двух групп. Текст отсылает к итальянской партизанской песне:

> На могилах героев,
> Партизан героев
> Расцветают ромашки
> Каждой весною.

Учитывая упоминание цветов на партизанской могиле, весьма вероятно, что стихотворение Шраера-Петрова отсылает к катрену из знаменитой народной песни «*Bella ciao!*» («Прощай, красотка»). Во время Второй мировой войны эта песня стала антифашистским гимном итальянских партизан (и, заметим также, была весьма популярна в послевоенном Советском Союзе):

> Seppellire lassù in montagna,
> o bella ciao, bella ciao,
> bella ciao ciao ciao,
> seppellire lassù in montagna
> sotto l'ombra di un bel fior
>   [Bella ciao].

(*Дословный перевод*: Похорони меня в горах, / о красотка, прощай, красотка, прощай, / красотка, прощай, прощай, прощай, / похорони меня в горах / в тени красивых цветов.)

---

[2] Обратите внимание, что в журнальной публикации обложка номера журнала «Пионер» иллюстрирует стихотворение Шраера-Петрова.

Это стихотворение Шраера-Петрова было включено в сборник «Холсты» (1967), в котором мы находим также лирические стихотворения, посвященные Грузии («Тбилиси» и «В садах юга») и по своей интонации и образности относящиеся к традиции «южной поэзии» от К. Н. Батюшкова и А. С. Пушкина до Максимилиана Волошина и таврических и армянских стихотворений Осипа Мандельштама. Традиция эта была широко представлена в советской поэзии 1920-х годов. Как известно, после выхода «Холстов» Шраер-Петров не смог опубликовать на родине других книг стихов вплоть до периода, последовавшего за распадом СССР; его книга «Зимний корабль», в которую вошли многие стихотворения 1970-х годов, была изъята из публикации в издательстве «Советский писатель» после исключения поэта из Союза писателей СССР и публичного остракизма. Будучи отказником и отверженным писателем, Шраер-Петров не мог печататься в Советском Союзе. В 1987 году Шраер-Петров и его семья наконец получили долгожданное разрешение на выезд. До прибытия в Соединенные Штаты они провели большую часть лета 1987 года в Италии — сначала в Риме, затем в небольшом городке Ладисполи на тирренском побережье. В результате более двадцати лет отделяют опубликованную в Москве книгу Шраера-Петрова «Холсты» (1967) от книги «Песня о голубом слоне» (1990), которая вышла в штате Массачусетс уже после того, как Новая Англия стала его новым домом.

«Вилла Боргезе», одно из самых известных стихотворений Шраера-Петрова, а также другие тексты в его одноименном сборнике, опубликованном в 1992 году в Массачусетсе, так или иначе связаны с пребыванием писателя в Италии по пути в Америку. Так, итальянская тематика играет значительную роль в датированном 8 декабря 1990 года стихотворении «Подвиг», посвященном памяти В. Н., то есть, несомненно, Владимира Набокова, и берущем свое название у его четвертого русского романа «Подвиг» (известного на английском языке как «Glory»). Оба текста относятся к циклу «Новый свет»[3]. «Вилла Боргезе»

---

[3] См. [Шраер-Петров 1992: 57–58, 65].

впоследствии вошла в книгу поэта «Пропавшая душа» (1997), где она дала название циклу стихотворений, включающему также и «Подвиг»[4]. Позднее Шраер-Петров вновь опубликовал «Виллу Боргезе» в своей книге избранной лирики «Форма любви» (2003) [Шраер-Петров 2003: 84–85] и наконец в сборнике поэм «Деревенский оркестр», изданном в Санкт-Петербурге в 2016 году [Шраер-Петров 2016: 57–60].

В сборнике «Две книги» (2009) мы находим стихотворения «Библейские сюжеты», «Вернуться в Сорренто» и «Закат на берегу Тирренского моря» [Шраер-Петров 2009: 44, 45–46, 56–57], связанные с Италией и итальянским опытом поэта. Они наглядно иллюстрируют характерное для автора переплетение итальянских тем и мотивов с автобиографическим материалом. Перипетии странствий поэта, события переезда из СССР в Италию, а затем и в Соединенные Штаты служат богато выписанным, насыщенным фоном для размышлений поэта о еврействе и иудаизме как в культурном, так и в автобиографическом аспекте.

Шраер-Петров начал «Виллу Боргезе» во время своего пребывания в Италии летом 1987 года и завершил ее в 1990 году уже в Провиденсе, столице штата Род-Айленд, где он прожил почти двадцать лет. Многократно переиздаваемая в сборниках и антологиях[5], «Вилла Боргезе» занимает центральное место в его «итальянском тексте». Стихотворение можно назвать классической еврейско-русской ламентацией изгнанного поэта в жанре плача-исповеди. Обратимся к тексту:

Вилла Боргезе

Случались собаки на Вилле Боргезе,
Случались в том смысле, что обитали.
Случались, собачью трубя бордельезу,
Случались, хвостами трубя. О, детали!

---

[4] См. [Шраер-Петров 1997: 6–7, 18–19].
[5] См., например, [Грозовский 1996: 445–445; Кацова, Кацов 2018: 292–294].

Конкретная музыка тел шелестящих,
Балетная — пляска собачьего тела,
Конкретная — плачь по России болящей,
Балетная — плач. Унеслась, улетела.

Собакою с римскими псами на Вилле,
Скользучею рыбой из Тибра — по травам.
Забыть, как доили, давили, травили?
Забыть окаянную ласку Державы?

На Вилле Боргезе в ночи итальянской,
На самой роскошной окраине Рима
Бездомной собакою выть по российским,
Навеки потерянным, неповторимым.

В траве, перепутанной с волосами,
Очнуться прижатым хвостами к ограде,
Очнуться под римскими небесами,
Твердя полоумно: ах, Наденька-Надя,

Ах, Вера-Верунчик, ах, Любушка-Люба,
Валюша, Марина, Катюша и Зина.
Здесь тянут ко мне пуританские губы
Трезвейшие новоанглийские зимы.

Когда умирать мне придется, чуть живы,
Прошепчут мои полумертвые губы:
Мы стали чужими, Россия, чужими,
А были своими сыны Иегуды.

Как это забавно валяться в обнимку
С последней бутылкой, с последним приветом
На Вилле Боргезе, как старому снимку —
На свалке истории вместе с конвертом.

На Вилле Боргезе якшаться с трубящей
Компанией псов, абсолютно античных.
О, Боже! Ну что же Тебе до болящей
Души и до мраморных анемичных

Созданий, наставленных между стволами,
Как в Летнем саду, где когда-то ночами
Гуляли по стежкам-дорожкам, стояли
Ночами под бледными небесами.

> Какие архангелы в трубы трубили!
> Какие опричники-псы нас губили!
> Какие иуды в любви нас топили,
> А мы все равно эту землю любили.
>
> Она отвергала нас, отторгала,
> Она изводила, греховно зачатых,
> А нам не хватало, нам все было мало,
> Пока нас не сжили со света, проклятых,
>
> Пока не добрел я до варварской Виллы,
> Где псы и античные девы толпою
> По стежкам-дорожкам гуляют, как, милый,
> Помнишь, гуляли дома с тобою...
> [Шраер-Петров 1992: 57–58].

Тема изгнания / экзиля и тема памяти здесь глубоко переплетены. Центральное место в стихотворении занимает мотив приносящего свободу, мучительного изгнания из «земного рая» социализма — изгнания, которое в то же время символически выражает расставание поэта со своей ленинградской юностью и российским культурным прошлым. Текст разворачивает и соединяет автобиографические реконструкции былого и литературные аллюзии. Употребление прилагательного *итальянский*, возможно, отсылает к антитоталитарному стихотворению «Рим» (1937) Осипа Мандельштама, в котором намеки на сталинскую Москву проступают сквозь образы Рима времен Муссолини, отсылающие, в свою очередь, к древнему Риму:

> Итальянские чернорубашечники,
> Мертвых цезарей злые щенки...
> [Мандельштам 1991: 260][6].

Образы из стихотворения Мандельштама «Ариосто» (1933–1936) — «В Европе холодно. В Италии темно. / Власть отврати-

---

6   Можно также предположить, что прилагательное «итальянский» отсылает к стиху «Смыкает Итальянские врата» из «Божественной комедии» Данте в переводе Лозинского (Inferno 9: 114) [Данте 1967: 46].

тельна, как руки брадобрея» [Мандельштам 1991: 193] — также всплывают в памяти при чтении стихотворения Шраера-Петрова. Символика бродячих римских псов в контексте русской культуры пополняется значением опричнины Ивана Грозного.

В то же время Шраер-Петров расширяет сферу изображения «псов» и обращается к Античности. Стих «Компанией псов, абсолютно античных...», возможно, отсылает к изображениям древних *canes pugnantes* («бойцовые собаки»), а также к знаменитой мозаике *«Cave canem»* («Берегись собаки») в Доме трагического поэта в Помпеях, который Шраер-Петров посетил в июле 1987 года во время экскурсии на юг Италии.

Отдельно следует отметить, что строка «Твердя полоумно: ах, Наденька, Надя» прямо перекликается с известной песней Булата Окуджавы «Из окон корочкой несет поджаристой...» (1958). Этот текст широко известен именно благодаря рефренному повторению слов «Ах, Надя, Наденька!» [Окуджава 1958]. Включение цитаты из песни Окуджавы, возможно, было молчаливым упоминанием их общего литературного и личного прошлого[7].

Из многочисленных и разнородных аллюзий возникает сложное переплетение эпох, мест и судеб: изгнанническое настоящее и судьба лирического героя Шраера-Петрова сливаются, а затем растворяются в разных плоскостях истории и в индивидуальном опыте, образуя таким образом составное прошлое, в котором древний Рим и древняя Русь соединяются с Советской Россией. И все же в восприятии лирического героя остраненная, чуждая ему римская ночь в тексте «Виллы Боргезе» принимает вид ночи еврейской («А были своими сыны Иегуды»), значение которой полемически соотносится с началом другого известного стихотворения Мандельштама 1916 года:

---

[7] Песня Окуджавы посвящена поэту Евгению Рейну, другу ленинградской юности Шраера-Петрова. О Шраере-Петрове и Окуджаве см. [Быков 2009: 349–350]. По словам Быкова, на Окуджаву повлияли ранние стихи Шраера-Петрова. История личных и литературных отношений Шраера-Петрова с Окуджавой в 1950–70-х годах описана в литературных воспоминаниях Шраера-Петрова «Гусар с гитарой». См. [Шраер-Петров 2007: 218–230].

> Это ночь непоправима,
> А у вас еще светло.
> У ворот Ерусалима
> Солнце черное взошло
> [Мандельштам 1991: 63].

Таким образом, стихотворение «Вилла Боргезе» предстает как отчаянная и безответная декларация любви еврейско-русского изгнанника к матери-мачехе России, декларация, которая возникает на основе интертекстуальных отголосков поэтических образов принудительного изгнания (Овидия, Данте, Мандельштама) и обратных интерпространственных аналогий между парком Виллы Боргезе и Летним садом в Санкт-Петербурге / Ленинграде. Тот факт, что поэт включил «Виллу Боргезе» во многие свои сборники наподобие визитной карточки, свидетельствует о ее особой значимости в поэтическом опыте Шраера-Петрова.

Выше было рассмотрено переплетение культурных и экзистенциальных подтекстов, связанных с различными смысловыми и временными уровнями истории России и Италии, в «итальянском тексте» Шраера-Петрова. Также важно отметить, что поэт встраивает в текст стихотворений, в которых он пишет о еврейско-итальянских контактах и отношениях, отсылки к иудаизму. В этой связи стихотворение «Библейские сюжеты» требует особенного внимания. Здесь поэт выделяет иудейские атрибуты в религиозной иконографии итальянской и, в частности, флорентийской живописи. Впервые бродя по улицам Флоренции, он встречает стариков итальянцев, которые кажутся ему евреями. Поэту вспоминаются «триста тысяч первых христиан, [которые] принесли / еврейские гены в Италию из Палестины» [Шраер-Петров 2009: 44]. Эта встреча наводит поэта на мысль, что, изображая библейские лица в христианских религиозных сюжетах, итальянские художники черпали вдохновение в лицах местных евреев (эта идея перекликается с суждением бабелевского рассказчика в рассказе «Пан Аполек» в «Конармии»). Поэт задается вопросами: были ли евреями далекие предки этих флорентийских стариков с библейскими лицами и суждено ли ему стать их Мессией:

«мне поручено вывезти его в палестину? / он столько веков тосковал по мне, молясь в церкви» [Шраер-Петров 2009: 45]. Скорбные размышления поэта об ассимилировавшихся и растворившихся в Италии евреях, занимающие его вдали от Земли обетованной и уже после того, как он покинул Россию, служат выражением не только темы изгнания и чуждости, но и темы Исхода и возвращения на еврейскую историческую родину.

«Вернуться в Сорренто», еще одно стихотворение Шраера-Петрова на итальянскую тему, представляет оторванность от корней и изгойство как своеобразные черты жизненного опыта поэта. Здесь очевидная и преднамеренная ссылка на известную песню «Torna a Surriento» (1902, музыка: Эрнесто де Куртис; слова: Джамбаттиста де Куртис) придает итальянский колорит теме поиска и обретения утраченного времени, центральной в стихотворении. У лирического героя, иммигранта, формируется двоякое отношение к тому времени, которое он и его семья провели в Италии в качестве беженцев, ожидающих въездной визы в США. С одной стороны, он построил новую жизнь в Новом Свете; с другой стороны, он тоскует по тому неустойчивому, но блаженному ощущению переходности, которое испытывал в Италии, то есть находясь в пути, но будучи еще привязан к героическому периоду «отказа» и вообще к жизни на родине. Но «песенка спета», говорит, точнее, поет лирический герой стихотворения, имея в виду как знаменитую неаполитанскую песню, так и беззаботную и в некоторой степени даже безответственную жизнь в Италии после отъезда. Наконец лирический герой задает ключевой вопрос: действительно ли песенка закончена, спета ли она до конца, или жизнь еще даст возможность сбежать, вернуться в Сорренто, «где каждая крыша / бездельем согрета» (возможно, здесь имеется в виду итальянское *dolce far niente*) [Шраер-Петров 2009: 45–46]. И ностальгическое чувство итальянской истомы вдруг наполняет новым звучанием заветную память о петергофском парке и его фонтанах. Сверхъестественная, фантастическая русалка в стихотворении — это не только обитательница фонтана и персонаж русского фольклора, но также и сирена из неаполитанской песни: «Vide attuorno sti sirene, /

ca te guardano 'ncantate, / e te vonno tantu bene...» («Взгляни на сирен, / которые смотрят на тебя с изумлением / и так тебя любят») [Torna a Surriento]. В этой итальянско-русско-американской песенке воспоминания об Италии в конечном счете дают некоторую надежду на продолжение любви: «Ужель наша песенка спета?»

От «Вернуться в Сорренто» сильно отличается и по своей атмосфере, и по системе текстуальных отсылок стихотворение «Закат на берегу Тирренского моря», посвященное сыну поэта:

Закат на берегу Тирренского моря

Максиму

Наша компания собралась полуслучайно:
двое из России, трое из Персии, трое с Украины.
а до этого мы зашли в «супермаркет»
и купили бутылку «кьянти»,
огромную, как пизанская башня.
в определенном смысле наша полуслучайная компания
была не так уж категорически случайна,
не более, чем случайны сироты в детском доме,
или женщины в родильном отделении больницы,
или солдаты в одной роте.
всех объединяет какое-то похожее несчастье,
похожая повинность,
похожая мечта,
похожий страх.
мы все были беженцами-евреями.
это нас объединяло.
мы все бежали в Америку,
спасаясь от русских, персов, украинцев.
мы все бежали в Америку, как будто бы там обитал мессия.
это нас объединяло, но не роднило,
потому что у каждого были свои претензии к мессии.
мы пили вино из бумажных стаканчиков:
евреи всегда евреи,
сохраняют благообразие,
хотя нам — русским евреям — приходилось в прежней жизни
пить прямо из бутылки.

то же самое с украинскими евреями, которые за границей
немедленно начинают сходить за русских евреев.
иранцы держались степенно,
каждый раз после очередного стаканчика
вытирая носовыми платками рты и пальцы.
черный приморский песок терял свою черноту
по мере того, как красное солнце тонуло за линией горизонта.
«а что, если мы приедем в Америку и достигнем счастья? —
спросил один из иранцев.
— тогда нам больше не понадобится мессия,
мечта о мессии?»
«реальное счастье лучше прекрасной мечты!»
сказал кто-то из русских.
«у счастья нет будущего, ибо оно проходит» — сказал еще кто-то.
было так темно, что бутылка пошла по кругу.
«зачем же мы уехали?» — спросил один из нас.
«чтобы узнать», — ответил кто-то

[Шраер-Петров 2009: 56–57].

Это лирическое стихотворение, будучи глубоко автобиографичным, воссоздает текстуру повседневной жизни «беженцев» в Италии, но при этом не предлагает ее мифологического переосмысления, как в случае «Виллы Боргезе». Упоминание места назначения изгнанников, Америки, здесь является решающим. Если стихотворение «Вилла Боргезе» было, так сказать, обращено к советскому прошлому и в этом обращении осциллировало между сожалением и упреком, то «Закат на берегу Тирренского моря» проецирует свою экзистенциальную траекторию на будущее. Это иммигрантское будущее полно загадок и сомнений, но оно устремлено к поиску иммигрантского счастья. Таким образом, отъезд из Италии в Америку и окончательное расставание с Россией связаны с еврейским желанием постичь все («чтобы узнать»), с еврейским стремлением к знанию, которое одно только способно раскрыть тайну счастья.

Возможно, счастье достижимо только посредством сочинения стихов, и поэт подтверждает искупительную силу творчества в коротком, насыщенном образами и литературными реминисценциями стихотворении «Подвиг», посвященном памяти Владимира Набокова (В. Н. в первой публикации). Хотя начало стихотворения «Вернутся в Помпеи, на Капри...» также перекликается с неаполитанской песней «Вернись в Сорренто», в данном случае Шраер-Петров обращается к Помпеям и Капри как местам, где особенно остро ощущаются и окаменелость вечности, и приливы-отливы человеческого бытия[8]. Кроме того, здесь Шраер-Петров вступает в диалог со своим собственным стихотворением «Вилла Боргезе» — особенно в переосмыслении возвращения поэта в Италию и Россию. Творчество, поэзия по самой своей природе являют собой настоящий героический поступок, подвиг:

Подвиг

Памяти В. Набокова

Вернуться в Помпеи, на Капри, вернуться отсюда
В такие места запредельные, в щёлочку их пролетел.
Вернуться. В траттории быть половым или драить посуду,
И с берега камушки в синее. Ты не у дел.

Ты больше не лорд захудалой предместной усадьбы,
В которой от дивных соседских собак затерялся забор.
Ты больше не горд, ты случайность, ты свары и свадьбы,
Собачьей пирушки звонарь, органист и собор.

В такие места запредельные: Капри, Помпеи иль Бухта-Барахта
Бежать и утапливать камушки-рифмы соленой тоски.
Из самой цветущей, куда занесло тебя дьявольским фрахтом,
Затеянным в городе-бухте родном — до могильной тоски
                                  [Шраер-Петров 1997: 18–19].

---

[8] В российском культурном воображении Помпеи связаны с классической картиной Карла Брюллова «Последний день Помпеи» (1830–1833). Давид Шраер-Петров и его семья посетили Неаполь, Сорренто, Помпеи и Капри летом 1987 года, во время пребывания в Италии. Подробнее см. [Шраер 2016: 250–278, 288–302]. Капри в русской литературе прославили новелла Бунина «Джентльмен из Сан-Франциско» (1915) и длительное пребывание на острове Максима Горького.

Шраер-Петров соединяет отсылки к Италии в цельный текстовой комплекс, включающий в себя наиболее значимые элементы того, что было описано как «итальянский текст» в русской литературе. Итальянские стихи Шраера-Петрова задействуют пласты культуры и цивилизации от классической Античности до эпохи Возрождения. Глубокое понимание различных слоев итальянского прошлого переплетается в его поэзии с темами католицизма и иудаизма, а также с темами, затрагивающими современную итальянскую историю, в том числе время правления Муссолини и приток в Италию еврейских беженцев — после Второй мировой войны и Шоа (Холокоста) и позднее, в 1970–80-х годах. Поэт самобытно, по-своему трактует эти темы и мотивы, переосмысляя их сквозь призму своего культурного, этнорелигиозного и биографического опыта.

Поэтическая речь не знает границ и барьеров. Яркое свидетельство тому — творчество Давида Шраера-Петрова, которое есть не что иное, как подвиг подлинно еврейско-русско-американского поэта, ставшего гражданином мира.

Перевел с английского автор при участии Максима Д. Шраера

Источники

Данте 1967 — Данте Алигьери. Божественная комедия / пер. М. Лозинского. М.: Наука, 1967.

Мандельштам 1991 — Мандельштам О. Э. Собр. соч.: в 4 т. / ред. Г. П. Струве, Б. А. Филиппов. Т. 1. М.: Терра, 1991.

Окуджава 1958 — Окуджава Б. Ш. «Из окон корочкой несет поджаристой...» URL: http://www.bards.ru/archives/part.php?id=17941 (дата обращения: 11.04.2021).

Шраер-Петров 1959 — [Шраер-]Петров Д. Итальянские комсомольцы в пионерском лагере // Пионер. 1959. № 5. С. 30.

Шраер-Петров 1967 — [Шраер-]Петров Д. Холсты // Перекличка. Стихи. М.: Молодая гвардия, 1967. С. 116–160.

Шраер-Петров 1992 — Шраер-Петров Д. Вилла Боргезе. Холиок: Нью-Инглэнд Паблишинг, 1992.

Шраер-Петров 1997 — Шраер-Петров Д. Пропащая душа. Стихотворения и поэма: 1987–1996. Провиденс: APKA Publishers, 1997.

Шраер-Петров 2009 — Шраер-Петров Д. Две книги. Филадельфия: Побережье, 2009.

Шраер-Петров 2003 — Шраер-Петров Д. Форма любви. М.: Изд. дом «Юность», 2003.

Шраер-Петров 2007 — Шраер-Петров Д. Водка с пирожными. Роман с писателями / ред. М. Д. Шраер. СПб.: Академический проект, 2007.

Шраер-Петров 2016 — Шраер-Петров Д. Деревенский оркестр: шесть поэм. СПб.: Островитянин, 2016.

Bella ciao — «Bella ciao». URL: https://en.wikipedia.org/wiki/Bella_ciao (дата обращения: 11.04.2021).

Torna a Surriento — «Torna a Surriento». URL: https://en.wikipedia.org/wiki/Torna_a_Surriento (дата обращения: 11.04.2021).

Библиография

Быков 2009 — Быков Д. Л. Окуджава. М.: Молодая гвардия, 2009.

Грозовский 1996 — Свет двуединый. Евреи и Россия в современной поэзии / сост. М. Л. Грозовский; ред. Е. В. Витковский. М.: Х. Г. С., 1996.

Кацова, Кацов 2018–70: Международная поэтическая антология, посвященная 70-летию Израиля / ред. Р. Кацова, Г. Кацов. Нью-Йорк: КРиК, 2018.

Меднис 2003 — Меднис Н. Е. Сверхтексты в русской литературе. Новосибирск: Изд-во Новосибирского пединститута, 2003.

Озеров 1967 — Озеров Л. А. Об авторе. Д. [Шраер-]Петров. Холсты // Перекличка. Стихи. М.: Молодая гвардия, 1967. С. 117–118.

Топоров 1990 — Топоров В. Н. Италия в Петербурге // Италия и славянский мир. Советско-итальянский симпозиум. М.: Институт славяноведения и балканистики, 1990. С. 49–81.

Топоров 1995 — Топоров В. Н. Петербург и «петербургский текст» русской литературы // В. Н. Топоров. Миф. Ритуал. Символ. Образ: Исследования в области мифопоэтического. Избранное. М.: Прогресс-Культура, 1995. С. 259–367.

Шраер 2016 — Шраер М. Д. В ожидании Америки. Документальный роман. 2-е изд. М.: Альпина нон-фикшн, 2016.

Shrayer 2018 — Shrayer M. D. David Shrayer-Petrov // Voices of Jewish-Russian Literature: An Anthology / ed. by M. D. Shrayer. Boston: Academic Studies Press, 2018. P. 827–830.

Стихотворение Давида Шраера-Петрова «Болезнь друга»: опыт прочтения*

Андрей Ранчин

Болезнь друга

…проснулся
руку протянуть
в окно
свист
глаз нацелен
улица полна
его всегдашностью
площадка лестничная
преданность лица
расстались до утра
утрата
невозможна
нет
дня
нет
месяца
нет
года
нет
его
с утра до вечера
пустынен двор

---

* Copyright © 2021 by Andrey Ranchin.
  Автор благодарит Максима Д. Шраера, Клавдию Смолу и Романа Кацмана за ряд замечаний и советов, учтенных при написании этой статьи.

колодец
подмигивает
глазом стрекозы
шуршат
с утра до ночи
облака
крыл слюдяных
дверей фанерных
нервно
просовываю
руку
в щель окна
оставлен
для общения
почтовый
молчит
пустынен провод телефонный
колодец входов и уходов
глаз фасетчатый
я вижу
каждый день
с тобой
мой
друг
я ухожу
твоя пустынна форточка
свистят мои глаза
шуршит
воспоминаний пепел
    [Шраер-Петров 2011: 50–52][1].

Стихотворение Давида Шраера-Петрова «Болезнь друга» отличается как сложностью смыслопорождающего механизма, поэтики, так и затемненностью семантики — по крайней мере,

---

[1] Первая публикация в составе книги-цикла «Невские стихи» — в сборнике Давида Шраера-Петрова «Вилла Боргезе» [Шраер-Петров 1992], затем — в составе неполной републикации «Невских стихов» в его книге «Форма любви: Избранная лирика» [Шраер-Петров 2003], затем в отдельном книжном издании «Невских стихов» [Шраер-Петров 2011]. О книге-цикле «Невские стихи» см. также статью Яна Пробштейна в этом сборнике.

на первый взгляд: не вполне ясны представленная в нем ситуация, значения метафор, из которых соткан текст, смысловая связь между строками.

Жизненный подтекст лишь отчасти помогает понять это стихотворение. Процитирую присланное мне по электронной почте письмо сына писателя Максима Д. Шраера от 22 июня 2019 года с включенными в него адресантом дополнениями, сделанными 26 января 2020 года:

> По поводу стихотворения «Болезнь друга» из книги «Невские стихи». Оно написано в конце 198[5] — начале 198[6] года. «Друг» — ближайший ленинградский друг моего отца, покойный Борис Смородин. Он родился в 1935 году, пережил блокаду (отец был эвакуирован на Урал на одном из последних эшелонов, потому что мой покойный дед Пейсах Шраер, боевой офицер, смог обеспечить родным эвакуацию). С 1944 года до отъезда отца в Борисов на службу военным врачом по окончании медицинского (в 1959-м) они жили в одном дворе в Лесном и были неразлучны. Боря Смородин (которого я хорошо знал) был инженером, но обожал стихи. В '50-е и ранние 60-е он сопровождал отца на литературные тусовки, был свидетелем многих литературных событий, знал многих поэтов, с которыми в те годы был дружен отец. Иногда он был своего рода представителем моего отца, если отец сам не мог куда-то пойти. <...> Борис Смородин появляется на страницах литературных воспоминаний отца («Борька»; «Сморода»), а также в авторских отступлениях в трилогии об отказниках <...>. У него было плохое сердце. Я виделся с ним в 1993 году и потом в 1995-м, когда приезжал в М<оскву> и П<етербург>. У него хранилась малая часть архива отца, ранние стихи, которые я увез в Америку. Бориса не стало, если не ошибаюсь, в 1995 или 1996 году. Он поехал в Москву на операцию и умер под ножом хирурга. Уже позднее, в Америке, отец написал поэму «Теницы», в которой, как мне кажется, говорится о смерти Бориса и о том, что отец опоздал. В 1998-м, когда <отец> в первый раз вернулся в Россию, Бориса уже не было в живых. Эта поэма вошла в книгу «Питерский дож», которая связана со смертью Бродского[2].

---

[2] Выражаю сердечную признательность Максиму Д. Шраеру за эту информацию.

В главе «Вагонетка в Лесотехническом парке» из книги воспоминаний «Друзья и тени» Давид Шраер-Петров так написал о своем друге: «Можно рассказывать множество историй, которые мы пережили вместе. Ни разу он не выдал и не предал меня. Вся моя жизнь с восьмилетнего возраста (1944 г.) до двадцати трех лет (1959 г.) прошла со Смородой. Он вроде руки. Правая и левая» [Шраер-Петров 1989: 37–38]. Вспоминая об институтских годах, автор «Болезни друга» добавляет: «Он предан мне безмерно, безоглядно, до конца» [Шраер-Петров 1989: 38]. Борис Смородин был единственным, кто навестил друга-поэта, когда тот служил в армии. «И первый встретил меня после армии. И дежурил около меня в пустых комнатах, где недавно умерла мама» [Шраер-Петров 1989: 39].

Биографический контекст позволяет понять, почему болезнь друга вызвала такой тревожный поэтический отклик. Причины тому — больное сердце адресата стихотворения и сердечная привязанность к нему автора. Но ключом к семантике произведения эти сведения не являются.

Заглавие стихотворения, которое, казалось бы, должно быть таким ключом к тексту, вызывает ожидание, что далее последует некое поэтическое сообщение именно о болезни друга. В качестве аналогии, — если стихотворение названо «Смерть поэта», оно говорит именно об уходе стихотворца — будь то текст М. Ю. Лермонтова 1837 года о гибели Пушкина или Анны Ахматовой 1960 года — о кончине Пастернака. Стихи Бродского «На смерть друга» (1973) — действительно поэтическая эпитафия (хотя слухи о смерти адресата, Сергея Чудакова, оказались ложными), тогда как «На смерть Жукова» (1974), написанные в подражание державинскому «Снегирю» (1800), повествуют о смерти и похоронах маршала Жукова.

Однако в «Болезни друга» слово *болезнь* присутствует только в названии. Тема, заданная заглавием, разворачивается в тексте не благодаря прямым значениям лексем, а посредством ассоциаций и отсылок к литературным подтекстам. Первые два стиха («...проснулся / руку протянуть»), семантически намеренно неправильные (*проснулся, чтобы протянуть руку* — желание видеть друга столь сильно, что становится целью пробуждения)[3]. Эти два стиха, по-видимому, ведут к теме дружбы через указание на рукопожатие — точнее, на невозможность рукопожатия из-за болезни друга, из-за его отсутствия. Поэтический претекст — строка «И некому руку подать» из лермонтовского «И скучно и грустно» (1840) [Лермонтов 1989: 41], притом что мотивировка этой невозможности у Лермонтова иная. Следующие две строки («В окно / свист») становятся понятны только при обращении к другому претексту — «Черному человеку» (1926) Сергея Есенина, открывающемуся стихами:

> Друг мой, друг мой,
> Я очень и очень болен.
> Сам не знаю, откуда взялась эта боль.
> То ли ветер свистит
> Над пустым и безлюдным полем,
> То ль, как рощу в сентябрь,
> Осыпает мозги алкоголь
>   [Есенин 1986: 370].

В следующем дальше фрагменте выражен мотив встреч с другом, обозначенным притяжательным местоимением *его*:

> улица полна
> его всегдашностью
> площадка лестничная
> преданность лица
> расстались до утра

Относится ли предикат *полна* не только к улице, но и к *площадке лестничной*, неясно. Скорее всего, этот и следующий стихи надо понимать как два назывных предложения, описывающих недавнее прощание на лестнице. Неожиданное *преданность лица*, вероятно, не что иное, как трансформация исконного словосочетания **личная преданность* в оборот, построенный по принципу управления. Однако вполне допустимы и иные интер-

---

[3] Впрочем, их можно интерпретировать и как два обособленных предложения, второе из которых неполное: **Проснулся. Руку протянуть* [хочу].

претации. Так или иначе, дружбе здесь придается глубоко интимный и почти религиозный характер: *лицо* семантически спарено со словом *лик*, которое относится к святым. При этом остается не уточненным, чье лицо воплощает, выражает эту *преданность*: лирического субъекта (в стихотворении прямо обозначенного дважды анафорическим *я* только ближе к концу) или его адресата (обозначения которого *с тобой, тебя* появляются тоже лишь в финальной части текста). *Я* и *ты* как бы сращены в единое целое, и этот мотив заключен в самой грамматической структуре стихотворения.

До утра по принципу паронимической аттракции рождает следующую строку: «утрата». При этом *до утра*, предполагающее возможность скорой встречи (**расстались до утра*), словно чревато, беременно страшной *утратой* — лексемой, указывающей на опасность того, что встреча недавняя может стать последней, что болезнь — тяжелая, опасная. (Серьезное сердечное заболевание Бориса Смородина, по-видимому, может быть реальным объяснением этого мотива.)

Предикат *невозможна* отсечен от субъекта *утрата* границей между строками[4] и воспринимается как своеобразное заклинание или реплика во внутреннем диалоге лирического «я» с самим собой: — Утрата?!— Невозможна!

В следующем фрагменте содержится мотив времени, остановившегося, застывшего для «я» из-за разлуки с другом: «нет / дня / нет / месяца / нет / года / нет / его / с утра до вечера».

Загадочен, нуждается в особой интерпретации образ стрекозы в следующих далее стихах:

> пустынен двор
> колодец
> подмигивает
> глазом стрекозы[5].

---

[4] Можно было бы сказать: отсечен анжамбеманом, если бы анжамбеманная сегментация текста на строки не была регулярной.

[5] Допустима и иная разбивка текста на предложения: с утра до вечера пустынен двор.

Почему двор (петербургский / ленинградский двор-колодец) «подмигивает глазом стрекозы», в чем смысл этой метафоры? Первый смысл очевиден: потому что в этот двор выходит множество окон-«глаз». Метафора *глазницы* в значении «окна» встречается в стихотворении Шраера-Петрова «В Ленинграде после блокады», также включенном в книгу «Невские стихи»: «…копоть на камнях / зияют глазницы / где дом / куда игрушки / как жить дальше» [Шраер-Петров 2011: 8].

Один из претекстов «Болезни друга», содержащий метафору *окна — глаза стрекозы* — стихотворение Бориса Пастернака «Весна была просто тобой…» (1917):

> Не спорить, а спать. Не оспаривать,
> А спать. Не распахивать наспех
> Окна, где в беспамятных заревах
> Июль, разгораясь, как яспис,
> Расплавливал стекла и спаривал
> Тех самых пунцовых стрекоз,
> Которые нынче на брачных
> Брусах — мертвей и прозрачней
> Осыпавшихся папирос
>   [Пастернак 2003: 177].

Но стихотворение «Болезнь друга» характеризуется не только и не столько преемственностью по отношению к пастернаковскому, сколько полемическим отталкиванием от него: «Весна была просто тобой…» — своеобразный призыв-заклинание к погружению в сон как в некое состояние возвращения к гармонии с возлюбленной и с бытием. (Всё это инвариантные мотивы пастернаковской поэзии.) Стихотворение Пастернака — память о соединении (ср. метафорический эпитет *брачные* и ассоциации между схождением закрываемых оконных створок и союзом любящих). «Болезнь друга» — о разлуке, которая может обернуться потерей. И коннотации *окон* в нем иные, связанные с тревогой и бедой.

Однако, помимо этого, рискну предположить возможность иной, более сложной трактовки, основанной на символическом, а не предметном толковании образа. Образ стрекозы в этом фрагменте как будто бы наделен негативным значением, что подтверждается строками, расположенными ниже: «шуршат / с утра до ночи / облака / крыл слюдяных / дверей фанерных». В этом шуршании есть что-то зловещее, крылья, подобно облакам, словно застят все небо и сравниваются с фанерными дверями — с преградой, границей между «я» и внешним миром, где остался заболевший друг.

Так как болезнь в стихотворении предстает как чреватая смертью, стрекоза с ее *фасетчатым глазом* (о котором будет сказано ниже) вызывает ассоциации с многоочитым ангелом смерти, описанным Львом Шестовым в книге 1929 года «На весах Иова (Странствование по душам)» — в главе «Преодоление самоочевидностей *(К столетию рождения Ф. М. Достоевского)*», входящей в часть первую, которая названа «Откровения смерти». Рассмотрим этот отрывок:

> Может быть, напомнят, что в одной мудрой книге сказано: кто хочет знать, что было и что будет, что под землей и что над небом, тому бы лучше совсем на свет не рождаться. Но я отвечу, что в той же книге рассказано, что ангел смерти, слетающий к человеку, чтоб разлучить его душу с телом, весь сплошь покрыт глазами. Почему так, зачем понадобилось ангелу столько глаз, — ему, который все видел на небе и которому на земле и разглядывать нечего? И вот я думаю, что эти глаза у него не для себя. Бывает так, что ангел смерти, явившись за душой, убеждается, что он пришел слишком рано, что не наступил еще человеку срок покинуть землю. Он не трогает его души, даже не показывается ей, но, прежде чем удалиться, незаметно оставляет человеку еще два глаза из бесчисленных собственных глаз. И тогда человек внезапно начинает видеть сверх того, что видят все и что он сам видит своими старыми глазами, что-то совсем новое. И видит новое по-новому, как видят не люди, а существа «иных миров», так, что оно не «необходимо», а «свободно» есть, т. е. одновременно есть и его тут же нет, что оно является, когда исчезает, и исчезает, когда является.

> Прежние природные «как у всех» глаза свидетельствуют об этом «новом» прямо противоположное тому, что видят глаза, оставленные ангелом[6] [Шестов 1994: 27].

Правда, у Шестова многоочитый ангел — образ откровения, даруемого приближением к смерти, а отнюдь не знак возможной беды. Но ведь и страх потери, соотнесенный со стрекозоподобным существом, заключает в себе откровение — обнаружение особенной ценности дружбы, присутствия друга.

Кроме того, стрекоза из стихотворения Шраера-Петрова напоминает и многоокого («Панопта») Аргуса из греческих мифов (зловещий страж, негативная параллель). Еще один потенциальный источник — многоочитые херувимы из Книги Пророка Иезекииля («И все тело их, и спина их, и руки их, и крылья их <...> были полны очей» [Иез. 10: 12]). Этот образ повторен и истолкован в «Изложении православной веры» (II, 3) Иоанна Дамаскина[7].

Более того, соседство *стрекозы* с *колодцем*, пусть и метафорическим, заставляет вспомнить стихотворение А. К. Толстого «Где гнутся над омутом лозы...» (1840-е), в котором стрекозы, связанные с водной стихией и смертью, заманивают ребенка в смертоносный омут[8].

Шорох окон и дверей указывает, видимо, на вслушивание лирического «я»: не откроется ли окно / дверь, не заглянет ли / не появится ли долгожданный друг.

Следующий фрагмент говорит об обрыве коммуникации:

> нервно
> просовываю
> руку
> в щель окна
> оставлен
> для общения
> почтовый

---

[6] В первом случае подразумевается Талмуд. Но второе место там «найти не удалось». — Ахутин А. В., Паткош Э. В. Примечания [Шестов 1994: 511].

[7] Ср. [Дамаскин 1894: 120].

[8] См. [Толстой 2004: 147–148, 577] (текст ранней редакции).

Непрозрачно здесь выражение *щель окна*, ассоциативно предсказывающее появление *почтового* ящика. С одной стороны, окно можно трактовать как метафору этого почтового ящика (= окна, связывающего с внешним миром); в таком случае щель окна — это щель, прорезь для писем. С другой — допустимо предположить, что перед нами метафора как бы зарастающего, затягивающегося окна, означающего все ту же затрудненность общения, поднимающуюся преграду.

Интересно исключение лексемы *ящик* («почтовый ящик») — по-видимому, как табуирование предположений о смерти (ср. фразеологизм «сыграть в ящик»), об акте («игре») умирания.

Строки «молчит пустынен провод телефонный / колодец входов и уходов» — пример «обмена» атрибутами между *почтовым* ящиком, который может быть *пуст,* и телефоном, который может *молчать*. От разбивки на синтагмы зависит, будем ли мы считать, что *молчит ящик* (*почтовый молчит) и, может быть, он же *пустынен* (**почтовый / молчит, пустынен. Провод телефонный* — / *колодец входов и уходов*, то есть *провод* обозначен лексемой-метафорой *колодец*⁹), или припишем все эти предикаты *проводу телефонному*¹⁰.

Здесь литературный претекст — Осип Мандельштам, «Я вернулся в мой город, знакомый до слез...» (1930): «Петербург! я еще не хочу умирать: / У тебя телефонов моих номера. // Петербург! У меня еще есть адреса, / По которым найду мертвецов голоса. // Я на лестнице черной живу...» [Мандельштам 1995: 194].

Строки «глаз фасетчатый / я вижу / каждый день» свидетельствуют о всматривании лирического «я» в многооконный двор-колодец: не появится ли наконец друг? При такой трактовке этих стихов *глаз фасетчатый* — это атрибут лирического «я».

---

⁹ При этом происходит обыгрывание омонимии слова *провод* (телефонный), производного от *проводить* (пропускать, быть проводником чего-либо) и *провожать*: двор-колодец — пространство проводов-уходов друга, как и телефонный провод, по которому приходит и уходит голос друга.

¹⁰ Ср. пример употребления словосочетания «провод телефона» в номинативном значении в стихотворении Шраера-Петрова «О моя пэри, царица Тамара» (1977): «провод змеящийся телефона» [Шраер-Петров 2003: 40].

В этой связи стоит вспомнить, что стрекоза (точнее, именуемое так химерическое насекомое, соединяющее признаки стрекозы и кузнечика / цикады), обладающей фасеточным зрением, в русской поэзии может ассоциироваться со стихотворцем[11].

Однако возможно и иное понимание анализируемых строк: *я вижу каждый день фасетчатый глаз двора-колодца*.

В концовке неожиданно изменена перспектива ви́дения, пространственная точка зрения. Если прежде наблюдатель как будто находился в своем пространстве, окидывая его взглядом и ожидая / не ожидая прихода друга, то теперь он вглядывается в его форточку (от окна словно осталась одна форточка, окно как канал визуальной коммуникации как бы скукожилось, съежилось) и не видит за ней друга (тот в больнице?):

> с тобой
> мой
> друг
> я ухожу
> твоя пустынна форточка
> свистят мои глаза
> шуршит
> воспоминаний пепел.

Парадоксально высказывание «с тобой / мой / друг / я ухожу» — ведь весь контекст стихотворения говорит о не-встрече, а не о совместном уходе. (Можно, конечно, предположить, что *я ухожу* и *мой друг* относятся к разным предложениям, но встроить это *с тобой* в какое-либо иное высказывание не представляется возможным.) В принципе допустима и еще одна интерпретация: я вижу [вспоминаю] каждый день с тобой [твоими глазами; проведенный с тобой]. Мой друг, я ухожу [в этой версии лирический субъект / автор как бы сам уходит — первым, вытесняя невыносимость ухода друга]. Последние строки в таком случае являются интерпретацией этого ухода.

Совместный уход следует, скорее всего, трактовать как воображаемый, как *уход одного лирического «я», которое как бы уводит*

---

[11] См. об этом [Успенский 2008а]. Переиздано в [Успенский 2008б].

с собой друга. Не случайно в последней строке содержится метафора воспоминаний — пепел, а чуть выше к лирическому «я» отнесен свист. Свист — метафора болезни — «поражает» в концовке уже лирического субъекта, предстающего мертвецом, черепом: *свистеть* могут не глаза, а глазницы, точнее, пронизывающий их ветер. В этом случае *ухожу* можно интерпретировать и как готовность разделить с другом смерть, уход в небытие. Другое возможное понимание: *свистят* — метафора, означающая «зовут, призывают». Еще одно истолкование: свистят глаза-окна, свистит ветер в окнах. Воспоминания сгорают, они неспособны заменить живого человека.

Стихотворение «Болезнь друга» замечательно как пример текста, в котором отказ от пунктуационных знаков создает его смысловую многомерность. Текст предполагает различные интерпретации его синтаксиса и, соответственно, разнообразные и даже в отдельных моментах взаимоисключающие трактовки его семантики. Не менее интересно это произведение и весьма прихотливым и нетривиальным развитием темы, и оригинальной соотнесенностью с литературными претекстами. Отсылки к ним не акцентированы, даны точно — с помощью отдельных лексем (ср. *свист, свистит* и *болезнь* как аллюзии на есенинского «Черного человека»). Отсылки также видны в метафорах, которые пересекаются в своей семантике (*окна — глаза стрекозы* в «Болезни друга» и в стихотворении Пастернака «Весна была просто тобой»). Читатель должен обнаружить эти «спрятанные», «ненавязанные» аллюзии в тексте, установить связи между ними и реконструировать претексты.

Свободный стих предполагает минимизацию привычных признаков «поэтичности» (отказ от тропов и т. д.) и ориентацию на так называемые минус-приемы[12]. «Болезнь друга» как образец развития верлибрической поэзии — и другие тексты в «Невских стихах» — серьезным образом корректирует эту точку зрения.

---

[12] Ср. [Лотман 1994: 71–83; Лотман 1970: 120–132; Эткинд 1970: 115–117]. Также стихотворение интересно как пример «короткострочного» верлибра — с преобладанием стихов, состоящих из одного или двух слов. Классические свободные стихи (Александр Блок, Михаил Кузмин) характеризуются доминированием более длинных строк.

Верлибр — размер весьма оригинальный. Свободный стих, естественно, создается благодаря сегментации на строки, создающей паузы, которые не совпадают с паузами, диктуемыми синтаксисом и смыслом в прозаическом тексте. Однако если ставшие классическими образцы русского верлибра основаны на отталкивании от прозы, то в «Болезни друга» основа не прозаическая, а силлабо-тоническая. Это очевидно в случае со стихами «пустынен провод телефонный / колодец входов и уходов»: обе строки — четырехиктный ямб с пиррихием на третьем икте.

Если разделить текст стихотворения на строки не так, как это сделано автором, а с упором на метрическое единство, то получится следующее:

    ...проснулся руку протянуть (Я4)
    в окно свист глаз нацелен (Я3)
    улица полна (Х3 с пиррихием и усечением последнего слога)
    его всегдашностью (Я2 с дактилической клаузулой)
    площадка лестничная (Я2 с гипердактилической клаузулой)
    преданность лица (Х3 с пиррихием и усечением последнего слога)
    расстались до утра (Я3 с усечением последнего слога)
    утрата невозможна (Я3)
    нет дня нет месяца нет года нет его (Я6)[13]
    с утра до вечера пустынен двор (Я5)
    колодец подмигивает глазом стрекозы (дольник на основе ямба)
    шуршат с утра до ночи облака (Я5)
    крыл слюдяных дверей фанерных нервно (Я5)[14]
    просовываю руку в щель окна (Я5)
    оставлен для общения почтовый (Я5)
    молчит пустынен провод телефонный (Я5)

---

[13] При разбивке на две строки — «нет дня нет месяца / нет года нет его» — это будет Я3 с дактилическим окончанием первого стиха и с усечением последнего слога во втором.

[14] Разбивка на строки здесь зависит от того, признаем ли мы наречие «нервно» относящимся к «шуршат» или же к «просовываю». Впрочем, здесь можно усматривать и анжамбеман (enjambment). В любом случае, и при отнесении «нервно» к строке «просовываю руку в щель окна» ямбическая природа этих строк сохраняется, только появляется спондей на первом слоге второго стиха.

колодец входов и уходов (Я4)
глаз фасетчатый я вижу каждый день (Х6)
с тобой мой друг я ухожу (Я4)
твоя пустынна форточка (Я3 с дактилической клаузулой)
свистят мои глаза (Я3 с усечением последнего слога)[15]
шуршит воспоминаний пепел (Я4)

Михаил Гаспаров, рассматривавший стихи со сходной ритмической структурой, предлагал для нее особый термин: «Такую полиметрию с немотивированными сменами коротких отрывков можно назвать *микрополиметрией* ("дробной полиметрией")» [Гаспаров 2001: 138]. В соответствии с критерием, предложенным Юрием Орлицким, в случае если в тексте, написанном свободным стихом, силлабо-тонические строки составляют более 25 %, его нужно считать не чистым верлибром, а «переходной метрической формой» [Орлицкий 2002: 325].

В стиховедении существует представление, согласно которому верлибр — не стих, лишенный характерных для других систем стихосложения признаков, а периферийное явление по отношению к традиционным формам стиха, обладающее определенной ритмико-синтаксической упорядоченностью [Квятковский 1963; Жовтис 1966; Баевский и др. 1975: 101–102; Овчаренко 1984]. В рамках этой концепции полиметрическая основа стихотворения Шраера-Петрова может рассматриваться не как оригинальное, редкое для свободного стиха явление, а просто как одна из вариаций верлибра. Мне ближе понимание свободного стиха, принадлежащее Орлицкому:

> Под свободным стихом мы, вслед за М. Гаспаровым, понимаем «стих без метра и рифмы, отличающийся от прозы только членением на строки», т. е. систему стихосложения, принципиально отказывающуюся от всех вторичных стихообразующих признаков: рифмы, силлабо-тонического метра, изотонии, изосиллабизма и регулярной строфики —

---

[15] Если видеть здесь анжамбеман, то следует разделить строки иначе: «свистят мои глаза шуршит» (Я4) и «воспоминаний пепел» (Я3).

и опирающихся исключительно на первичный ритм — ритм стихотворных строк, или «двойную сегментацию текста», по Борису Бухштабу [Бухштаб 1973: 110–111; ср.: Орлицкий 2002: 322].

Как замечает Максим Шапир: «Разные строки в верлибре относятся друг к другу, как в силлабике — разные слоги, в тонике — разные такты, в силлабо-тонике — разные стопы» [Шапир 1999/2000]. Однако, поскольку в «Болезни друга» количество «правильных» в метрическом отношении строк существенно превышает четверть, этот текст с точки зрения, обосновываемой Орлицким, как будто бы не должен рассматриваться как написанный верлибром, а должен быть признан примером использования переходной метрической формы.

Тем не менее и такая трактовка в данном случае неприемлема. Причина в том факте, что силлабо-тоническая (преимущественно ямбическая) основа стихотворения становится очевидной только при изменении разбивки на строки, то есть в некотором смысле при нарушении авторской установки. Если обыкновенно верлибр дистанцируется от прозы благодаря сегментации на строки и эта сегментация является единственным обязательным свойством текстов, написанных свободным стихом, то в «Болезни друга» происходит отталкивание, дистанцирование не от прозы, а от традиционного силлабо-тонического стиха, прежде всего от вольного ямба с доминированием пятииктного размера. Шраер-Петров не отказывается от обычного набора признаков стихотворного текста, как это делают обыкновенно поэты, пишущие верлибром, но как бы маскирует эти признаки. В «Болезни друга» — и других текстах «Невских стихов» — верлибр подан не как альтернатива традиционным системам стихосложения, а как их разрушение. Намек на метрическую основу текста содержится только в двух соседних строках из пятидесяти двух: «пустынен провод телефонный / колодец входов и уходов». Эти стихи достаточной длины, чтобы быть восприняты как упорядоченные в метрическом отношении, как написанные четырехиктным ямбом. В более коротких строках признаки ямбической организации могут быть сочтены случайными. Читатель должен реконструировать эту основу так же, как систему аллюзий — отсылок к претекстам; но реконструировать не для того, чтобы признать «Болезнь друга» полиметрическим или ямбическим в своей основе стихотворением, а чтобы понять, какая именно метрическая основа здесь *разрушена*. Вместе с тем этот интересный феномен можно описать и несколько иначе: как создание новой — подвижной и текучей — формы, восприятие и реконструкция которой зависят от взаимодействия текста и читателя.

Наиболее близкими аналогами и отчасти образцами для «Болезни друга» можно, по-видимому, признать многие стихотворения Генриха Сапгира, для которых также характерна «микрополиметрия», но в скрытой форме — благодаря разбивке на строки, которая разрушает или камуфлирует метрическую или тоническую основу стиха. Это явление в поэзии Сапгира Давид Шраер-Петров и Максим Д. Шраер назвали «распадом размера»: «*Распад размера* <...> предполагает такую структуру стихотворения, в которой Сапгир ориентируется на заданные и ясно обозначенные в начале текста силлабо-тонические (а порой и тонические) размеры (и их комбинации) и деконструирует их. Во многих текстах наблюдается частая, порой ежестрочная, смена размеров» [Шраер, Шраер-Петров 2017: 36][16].

Но для того, чтобы выявить метрическую или тоническую упорядоченность стихов, необходима «другая разбивка на строки», причем, как и в случае с «Болезнью друга», эти стихи можно записать (графически расположить) по-разному, от чего зависит реконструкция их метрики [Шраер, Шраер-Петров 2017: 33]. Более ранние опыты в этом направлении принадлежат Велимиру Хлебникову и Николаю Заболоцкому [Шраер, Шраер-Петров 2017: 38–39]. Однако во всех этих случаях, в отличие от произведения Шраера-Петрова, «верлибризация» традиционных форм стихосложения не приводит к размыванию связей между лексемами текста, предполагающему множество различных версий его разделения на предложения.

---

[16] Примеры см. [Шраер, Шраер-Петров 2017: 33–37].

Авторская разбивка текста на строки в произведении Шраера-Петрова не выявляет, а скрывает или разрушает их метрический субстрат. Таким образом, «Болезнь друга» надо признать не переходной метрической формой и не полиметрическим стихотворением, а именно примером верлибра. Обычно в верлибре «графическая разбивка на строки — необходимое условие правильного восприятия свободного стиха» [Холшевников 2002: 83], то есть восприятия его как стиха, а не прозы. В «Болезни друга» такая разбивка — условие его восприятия именно как свободного стиха, а не как стиха полиметрического.

М. Л. Гаспаров, характеризуя тенденции развития свободного стиха в русской поэзии второй половины XX века, заметил, что в это время «развивается лишь прозаизированный тип верлибра, подчеркивающий синтаксическое членение текста. Иногда синтаксические группы соединяются в строки по две и больше, но никогда одна группа не дробится между двумя строками» [Гаспаров 2000: 295]. Использование анжамбемана оказывается весьма редким: «Стих, нарушающий синтаксическое членение анжамбеманами, употреблялся до последнего времени, по существу, лишь в переводах» [Гаспаров 2000: 295]. Исследователь резюмирует: «Верлибр бывает более легкий, с синтаксическим членением на строки, и более трудный, с антисинтаксическим, на резких анжамбеманах; в России господствует простейший, синтаксический. Более сложные эксперименты — единичны и индивидуальны» [Гаспаров 2000: 308]. Стихотворение Шраера-Петрова «Болезнь друга» относится именно к таким в высшей степени индивидуальным примерам, причем анжамбеман превращается здесь в средство разрушения синтактико-семантических связей между словосочетаниями и предложениями, придающего тексту смысловую многомерность, аналогов которой, кажется, практически нет в русском верлибре[17].

---

[17] Например, верлибры Геннадия Алексеева (в своей основе «чистые», не отталкивающиеся от метрического стихосложения), считающегося одним из мэтров так называемого петербургского верлибра (ср., например, [Орлицкий 1995]), такой неоднозначности в синтаксической организации и, соответственно, семантической многомерности лишены. По-видимому, это свойст-

«Болезнь друга» может быть понята более глубоко в контексте всей книги-цикла «Невские стихи», который был написан в 1985–1986 годах в Москве и издан отдельной книгой в 2011 году в родном для поэта Санкт-Петербурге. Эта книга во многом тоже уникальна. Само ее заглавие и темы большинства стихотворений, а также композиционное кольцо: от открывающего сборник стихотворения «Анна Ахматова в Комарово», посвященного стихотворцу, ставшему голосом и символом петербургской поэзии, до замыкающего стихотворения «Петровский дуб», героем которого является основатель города, — всё это знаки принадлежности «Невских стихов» именно к петербургской / ленинградской традиции. По-своему программным является стихотворение «Исаакиевский собор» с посвящением Дмитрию Бобышеву, другу поэтической юности Шраера-Петрова. В стихотворении есть такие строки: «высокое стояние над градом / перепоясанным Андреевскою лентой» [Шраер-Петров 2011: 15]. Однако для одного из направлений петербургской / ленинградской поэзии (если не доминирующего, то весьма заметного) — «петербургской поэтики», как ее назвал Владимир Вейдле — характерны «предметность, а вместе с нею и бо́льшая точность, более строгая взвешенность, а тем самым и бо́льшая скромность слова», установка на классическую ясность [Вейдле 2001: 314].

«Болезнь друга», как и другие стихотворения из книги «Невские стихи», также написанные исключительно верлибром (иногда на одной метрической основе[18], иногда скорее полиметрические[19]) и «ломающие» благодаря разбивке на строки одномерность синтаксическую и смысловую, намеренно дисгармоничные — отчетливый вызов этой традиции.

венно и другим примерам обращения к вольному стиху. Ср. в этой связи анализ образцов русского верлибра, принадлежащий Г. Ф. Черниковой: [Черникова 2005].

[18] Например, ямбическая основа отчетливо прослеживается в стихотворении «Шостакович на даче в Комарово».

[19] Таковы, например, «Ленинград после блокады» и «Зоологический музей на стрелке Васильевского острова».

Показательно, что Иосиф Бродский, поэт, ставший своеобразным символом послевоенной петербургской поэзии, неоднократно декларировал зависимость «классичности» собственной поэтики от места рождения и становления. Свободный стих, особенно в русской поэзии, Бродский не принимал, относясь к нему если не неприязненно, то отчужденно и скептически. В эссе «Поэзия как форма сопротивления реальности» он категорично утверждал:

> Ссылка на опыт двух мировых войн, термоядерное оружие, социальные катаклизмы нашей эпохи, апофеоз форм угнетения — в качестве оправдания (или объяснения) эрозии форм и жанров комична, если не просто скандальна своей диспропорциональностью, что касается литературы, поэзии в частности. Человека непредвзятого коробит от этой горы тел, родившей мышь верлибра. Еще более коробит его от требований признания за этою мышью статуса белой коровы во времена менее драматические, в период популяционного взрыва [Бродский 2001, 7: 119].

Даже когда Бродский допускал право верлибра на существование, оно отягощалось особым условием:

> На мой взгляд, чтобы пользоваться свободным стихом, поэту нужно к нему прийти тем же путем, каким пришла к этому английская изящная словесность. То есть, в миниатюре, в пределах своей собственной жизни, поэту следует повторить путь, пройденный до него литературой, то есть пройти формальную школу. В противном случае удельный вес слова в строке может оказаться нулевым [Бродский 2005: 661–662].

«Невские стихи» — книга воспоминаний. Помимо «Болезни друга» это, как мы видели, и стихи, обращенные к Ахматовой («Анна Ахматова в Комарово»), и «Потомок декабриста» (стихотворение памяти писателя и китаиста Бориса Вахтина), и «Последние годы Анатолия Мариенгофа», и «Шостакович на даче в Комарово». В книгу также вошли и другие поэтические тексты — «маленькие мемуары» из жизни семьи самого автора:

«Отец уезжает на финскую войну», «Детская драма» (о краже хлебных карточек), «Могила мамы». Сквозные, инвариантные темы книги — смерть, утраты, гибель или угроза гибели («Наводнение в зоопарке»), изгойство (вступающее в диалог с Цветаевой — «все мы / вечные / жиды» из стихотворения «Цыганский табор в Озерках» [Шраер-Петров 2011: 39]). Традиционная петербургская тема — белые ночи — подана с помощью метафор, связанных со смертью и убийством («Белые ночи»).

«Петровский дуб», стихотворение, в котором упоминаются «мои утраты и обольщения» [Шраер-Петров 2011: 55] и которое эксплицирует мотив мысленного возвращения «к заброшенному пепелищу» [Шраер-Петров 2011: 56], завершается строками:

> роняй листы
> летите
> облака и тучи
> с силуэтами листов
> я возвращаюсь
>   [Шраер-Петров 2011: 57].

Однако это возвращение иллюзорно: не случайно в текст стихотворения «Петропавловская крепость» включена цитата из «Декабря во Флоренции» Бродского: «Есть города, в которые нет возврата» [Шраер-Петров 2011: 37][20].

---

[20] Эта цитата — реплика в диалоге Шраера-Петрова и Бродского. В посвященной автору «Декабря во Флоренции» пятой части («Туманы берез») поэмы «Летающие тарелки» (1976), написанной в СССР, читавшейся автором на публике, но опубликованной лишь после эмиграции в США в 1987 году, есть такие строки: «Мой друг, твой кораблик свои паруса размочил. / Чтоб их просушить, надо в гавань войти по реке, / Четыре моста миновать. Ты мосты различил / В тумане, что стелется по-над Невой вдалеке?» [Шраер-Петров 2016: 18]. В литературных воспоминаниях о Бродском Шраер-Петров цитирует «Декабрь во Флоренции»: «Есть города, в которые нет возврата. / Солнце бьется в их окна, как в гладкие зеркала. То / есть, в них не проникнешь ни за какое злато. / Там всегда протекает река под шестью мостами» и комментирует эти строки: «С этими строчками поразительно перекликаются мои стихи, тоже написанные в 1976 году и посвященные Бродскому...» [Шраер-Петров 1989: 282–283; Бродский 1977: 113].

Стихотворение «Болезнь друга» Давида Шраера-Петрова — и «Невские стихи» в целом — оригинальный опыт воплощения петербургской / ленинградской темы, идущий вразрез с литературной традицией. «Распад метрики», «распад синтаксиса», утрата текстами пунктуационных знаков призваны представить трагическую ситуацию своеобразной «посткультуры» и «постлитературы» (в том числе «постпетербургской поэзии»), выразить произошедший разрыв времен — разрыв с прошлым, с классической традицией. Но одновременно «распад метрики» и «распад синтаксиса» побуждают читателя к поиску связей с традицией: к обнаружению претекстов, к реконструкции синтаксических связей, к «восстановлению» метрической основы.

Источники

Бродский 1977 — Бродский И. А. Часть речи. Анн Арбор: Ардис, 1977.

Дамаскин 1894 — Творения иже во святых отца нашего Иоанна Дамаскина. Точное изложение православной веры. СПб.: Издание книгопродавца И. Л. Тузова, 1894.

Есенин 1986 — Есенин С. А. Стихотворения и поэмы / вступ. ст. И. С. Эвентова; сост. и подгот. текста И. С. Эвентова и И. В. Алексахиной; примеч. И. В. Алексахиной. Л.: Советский писатель, Ленингр. отделение, 1986.

Лермонтов 1989 — Лермонтов М. Ю. Полн. собр. стихотворений: в 2 т. / вступ. ст. Д. В. Максимова; сост., подгот. текста и примеч. Э. Э. Найдича. Л.: Советский писатель, Ленингр. отделение, 1989. Т. 2. Стихотворения и поэмы, 1837–1841.

Мандельштам 1995 — Мандельштам О. Э. Полн. собр. стихотворений / вступ. ст. М. Л. Гаспарова и А. Г. Меца; сост., подгот. текста и примеч. А. Г. Меца. СПб.: Гуманитарное агентство «Академический проект», 1995.

Пастернак 2003 — Пастернак Б. Л. Полн. собр. стихотворений и поэм / вступ. ст. В. Н. Альфонсова; сост., подгот. текста и примеч. В. С. Баевского и Е. В. Пастернак. СПб.: Гуманитарное агентство «Академический проект», 2003.

Толстой 2004 — Толстой А. К. Полн. собр. стихотворений и поэм / вступ. ст., сост., подгот. текста и примеч. И. Г. Ямпольского. СПб.: Гуманитарное агентство «Академический проект», 2004.

Шестов 1994 — Шестов Л. И. Соч.: в 2 т. / вступ. ст., сост. и подгот. текста А. В. Ахутина; примеч. А. В. Ахутина и Э. В. Паткош. М.: Наука, 1994. Т. 2.

Шраер-Петров 1989 — Шраер-Петров Д. Друзья и тени: Роман с участием автора. Нью-Йорк: Либерти, 1989.

Шраер-Петров 1992 — Шраер-Петров Д. Вилла Боргезе. Холиок: Нью-Ингленд Паблишинг, 1992.

Шраер-Петров 2003 — Шраер-Петров Д. Форма любви: Избранная лирика. М.: Изд. дом «Юность», 2003.

Шраер-Петров 2011 — Шраер-Петров Д. Невские стихи. СПб.: Островитянин, 2011.

Шраер-Петров 2016 — Шраер-Петров Д. Деревенский оркестр: Шесть поэм. СПб.: Островитянин, 2016.

Библиография

Баевский и др. 1975 — Баевский В. С., Ибраев А. И., Кормилов С. И., Сапогов В. Л. К истории русского свободного стиха // Русская литература. 1975. № 3. С. 89–102.

Бродский 2001 — Бродский И. А. Соч.: [в 7 т.] Т. 7 / общ. ред.: Я. А. Гордин; сост.: В. П. Голышев, Е. Н. Касаткина, В. А. Кулле. СПб., 2001.

Бродский 2005 — Бродский И. А. «В мире изящной словесности» <Интервью Илье Суслову, Семену Резнику и Дику Бейкеру>. Журнал «Америка», май 1992 года // И. А. Бродский. Книга интервью / сост. В. Полухина. 3-е изд., испр. и доп. М.: Захаров, 2005. С. 661–662.

Бухштаб 1973 — Бухштаб Б. Я. Об основах и типах русского стиха // International Journal of Slavic Linguistics and Poetics. 1973. № 16. P. 96–118.

Вейдле 2001 — Вейдле В. В. Петербургская поэтика // В. В. Вейдле. Умирание искусства / сост. и автор послесловия В. М. Толмачев. М.: Республика, 2001.

Гаспаров 2000 — Гаспаров М. Л. Очерк истории русского стиха: Метрика. Ритмика. Рифма. Строфика. 2-е изд., доп. М.: Фортуна Лимитед, 2000.

Гаспаров 2001 — Гаспаров М. Л. Русский стих начала XX века в комментариях. 2-е изд., доп. М.: Фортуна Лимитед, 2001.

Жовтис 1966 — Жовтис А. Л. Границы свободного стиха // Вопросы литературы. 1966. № 3. С. 113–124.

Квятковский 1963 — Квятковский А. П. Русский свободный стих // Вопросы литературы. 1963. № 12. С. 60–77.

Лотман 1970 — Лотман Ю. М. Структура художественного текста. М.: Искусство, 1970.

Лотман 1994 — Лотман Ю. М. Лекции по структуральной поэтике // Ю. М. Лотман и тартуско-московская семиотическая школа. М.: Гнозис, 1994. С. 71–83.

Овчаренко 1984 — Овчаренко О. А. Русский свободный стих. М.: Современник, 1984.

Орлицкий 1995 — Орлицкий Ю. Б. Геннадий Алексеев и петербургский верлибр // Новое литературное обозрение. 1995. № 14. С. 284–292.

Орлицкий 2002 — Орлицкий Ю. Б. Стих и проза в русской литературе. М.: РГГУ, 2002.

Успенский 2008а — Успенский Ф. Б. Habent sua fata libellulae: к истории русских литературных насекомых // Вестник ПСТГУ. Серия III: Филология. 2008. Вып. 2 (12). С. 60–80.

Успенский 2008б — Успенский Ф. Б. Три догадки о стихах Осипа Мандельштама. М.: Языки славянской культуры, 2008.

Холшевников 2002 — Холшевников В. Е. Основы стиховедения: Русское стихосложение: Учебное пособие. Для студентов филологических факультетов. 4-е изд., испр. и доп. СПб.: Филологический факультет СПбГУ; М.: Изд. центр «Академия», 2002.

Черникова 2005 — Черникова Г. Ф. Поэтика русского верлибра второй половины XX века: Дисс. ... канд. филол. наук. Астрахань, 2005.

Шапир 1999/2000 — Шапир М. И. О пределах длины стиха в верлибре (Д. А. Пригов и другие) // Philologica. 1999/2000. Vol. 6, № 14–16. P. 117–142.

Шраер, Шраер-Петров 2017 — Шраер М. Д., Шраер-Петров Д. Генрих Сапгир: Классик авангарда. 3-е изд., испр. Екатеринбург: Ридеро, 2017.

Эткинд 1970 — Эткинд Е. Г. Разговор о стихах. М.: Детская литература, 1970.

Давид Шраер-Петров и Генрих Сапгир: пиры дружбы*

Евгений Ермолин

То, что связывает Давида Шраера-Петрова и Генриха Сапгира, сложно определить краткой формулой. Но сам Шраер-Петров однажды сделал это одной фразой, придя нам на выручку. Уже в сравнительно недавние американские годы интервьюер спросил Шраера-Петрова, кто ему «друг по цеху». И получил ответ, возможно, неожиданный для стороннего наблюдателя, но закономерный для того, кто владеет контекстом: «Я больше даже общаюсь с теми, кто в России живет. Особенно ярким представителем этого общения был Генрих Сапгир». И следом в этом довольно откровенном интервью Шраер-Петров добавил: «Я бы хотел этот текст закончить просто своей благодарной памятью о нем, потому что он и мне, и моему сыну <...> показал, как можно долгие годы трудиться и писать плодотворно, несмотря на то, что тебя никто не знает и даже не дает публиковаться» [Шраер-Петров 2011].

Итак, Сапгир для Шраера-Петрова не эталон творчества, не предмет подражания — он просто показал пример того, как поэту можно жить и творить и оставаться поэтом без воздуха публичности. А ведь это невероятно трудная задача, которая в наше время, в эпоху максимального публичного присутствия человека, обеспеченного онлайном, уже мало кому памятна и совсем уж почти никому не понятна в своей фатальности.

---

* Copyright © 2021 by Evgeny Ermolin.

Теперь, когда читаешь мемуары Давида Шраера-Петрова, его книжку о Сапгире, написанную в соавторстве с сыном, Максимом Д. Шраером, возникает ощущение, что в них продолжается и длится диалог двух поэтов, отвергнутых своей эпохой (ее казенным официозом), диалог, в котором нет принуждения, нет давления, а есть быстро и навсегда обретенное чувство творческого созвучия. Они были знакомы и дружны с конца 1950-х. Почти ровесники, но Сапгир постарше; возможно, это имело значение, но не в ракурсе творческой зависимости. Шраер-Петров и Сапгир могли встречаться часто, а могли и редко, могли запойно говорить о поэзии, а могли помолчать. Но за всем этим в их многолетнем дружеском общении стояла тема творческого выживания, тема сопротивления художника ватному воздуху унылой и мрачной, враждебной искусству позднесоветской эпохи, тема обретения внутренней свободы как необходимой предпосылки творческого акта.

Это созвучие поверх частных обстоятельств жизни, на волне творческого отщепенства, биографического изгойства (вопреки относительной успешности Сапгира как детского сочинителя, что только острее заставляло его воспринимать этот статус как форму крайне сомнительного компромисса с сермяжной социальностью), при остром разладе обоих с подцензурной литературой. Разладе, который у Сапгира не сокращался, а у Шраера-Петрова даже нарастал и стал бескомпромиссным разладом с властью и обществом. Это созвучие еврейской мелодии в душе русских поэтов, которая так или иначе трансформировалась в их творчестве. И наконец, созвучие духовной, творческой свободы, тем более ощутимой и, пожалуй, тем более желанной, чем меньше шансов она, обретенная раз и навсегда, оставляла для того, чтобы договориться с властью и комфортно сблизиться с литературной тусовкой, привыкшей к подцензурному полуговорению-полубормотанию.

Я бы к этому добавил также творческую перекличку поэтов и в аспекте взаимных посвящений, и в аспекте поиска максимально свободной (адекватной) формы для максимально конкретного содержания. Такое пребывание в поиске, в состоянии обновления смыслов выразилось однажды у Шраера-Петрова в посвященном Сапгиру стихотворении 1990 года «Словарь Даля»:

> Бродить блукать плутать блуждать
> Брести высокою травою
> Брести глубокою водою
> Броженье слова пробуждать
>   [Шраер-Петров 1992: 64].

Это стихотворение можно было бы назвать программным, но оно уж точно не директивное. Его инфинитивы передают не задание, а скорее состояние, объединяющее поэтов, название же отсылает к той свободной словесной стихии, которая наиболее, пожалуй, адекватно представлена именно в далевском Словаре живого великорусского языка. Живого, прежде всего.

Первые заметки Давида Шраера-Петрова о Сапгире появились еще в середине 1980-х годов. Это предисловие к книге «Черновики Пушкина» [Шраер, Шраер-Петров 2017: 227–230]. Тогда же и Сапгир проницательно написал о Шраере-Петрове — авторе книги-цикла «Невские стихи». (См. статью Андрея Ранчина в этом сборнике.) Сапгир соотносит его попутно с библейским царем Давидом (отмечая победоносный танец и, конечно, псалмы, которые Сапгир превратил в книгу русской поэзии) [Сапгир 1991: 35]. Последняя редакция книги «Генрих Сапгир. Классик авангарда» датирована 2017 годом. Мы найдем в ней утверждение, что «сапгироведение стремительно развивается» [Шраер, Шраер-Петров 2017: 130]. Но, заметим *à propos*, в самой существенной и значительной части оно развивается именно неустанными усилиями Шраера-Петрова.

Так получилось, что свидетельством творческого общения двух поэтов нам апостериори предъявлен в гораздо большем объеме взгляд Шраера-Петрова на Сапгира — взгляд поэта, мемуариста и исследователя. Давид Шраер-Петров — наблюдатель, а равно и заинтересованный соучастник, очевидец-друг. Интимная аура воспоминаний сочетается со строгой аналитикой критика и литературоведа, и в сумме это дает сопряжение двух оптик при взгляде на один предмет.

Удивительная верность исследователя одной литературной теме, в общем-то, не должна нас удивлять после сказанного выше о литературном братстве Сапгира и Шраера-Петрова. Это, конечно, больше, чем просто исследовательский интерес. Это симпатическая склонность творческого характера и ощущение плавания на одном челне русской поэзии, воспоминание о совместном плавании. И это верность дружбе, ее обязательствам и залогам.

Лучшие свидетельские и дружеские воспоминания о Сапгире написаны Шраером-Петровым, причем по большей части еще при жизни поэта [Шраер-Петров 1994]. Сапгир успел прочитать первый вариант этого романа воспоминаний в рукописи и отозваться на него в 1993 году в письме Шраеру-Петрову (с разными соображениями относительно других персонажей воспоминаний и с решительным резюме):

> Так что оставим тех вместе с сентиментальным Булатом историкам литературы. Ведь жизнь течет и не останавливается «на достигнутом». Но в твоих, добрых, повторяю, мемуарах им — место. Потому что это роман-история и как личности они забавны, трогательны и любопытны, хотя и невысоко летают. То есть ты, как ученый, должен знать, что художник должен уметь думать сердцем, рождать новое, а им по большей части слабо. Вот как получается, я еще жестче, еще придирчивей, ведь все это прежде всего ко мне относится. Потому пишу много. Как и ты, я вижу. Одна надежда... <...> Замечаний по роману в художественном смысле не имеется — надо печатать как роман[1].

Воспоминания созревали постепенно. После смерти Сапгира в 1999 году в мемуарный очерк, изначально написанный в Америке, был добавлен кусок о встречах поэтов в Париже и Москве уже после эмиграции. Это уникальный пример сотворчества и верности. Шел поиск важных слов. Финальные версии [Шраер-

---

[1] Генрих Сапгир — Давиду Шраеру-Петрову. 5 июня 1993 года. Цит. в [Шраер, Шраер-Петров 2017: 246].

Петров 2001; Шраер-Петров 2007: 177–217; Шраер, Шраер-Петров 2017: 199–267] мерцают новым опытом и новым пониманием. Впрочем, сравнительный анализ вариантов все же не входит здесь в мои задачи.

А с другой стороны, именно Давиду Шраеру-Петрову (совместно с его сыном) принадлежит честь возвращения Сапгира читателю в нашем веке. Имеются в виду и составление первого академического издания, и авторство вступительной статьи и подробных содержательных примечаний в нем (не думаю, чтобы без этого труда Шраера-Петрова Сапгир уже в 2004 году был бы почтен болотным лавром солидного академического томика в строгом формате «Новой библиотеки поэта»), и почетный эскорт в виде первой посвященной новому классику литературоведческой книги[2].

* * *

Сапгир изобилен; контекст его творчества слишком богат, чтобы взять его одним наскоком. Потому у нас он часто оказывается прочитан или слишком общо, или приблизительно. Шраер-Петров читает и вспоминает без спешки. Как человек и как исследователь он увлечен разгадкой Сапгира, детальным прочитыванием его «формулы». «Сапгировская нота. Голос Сапгира. Дыхание Сапгира. Молчание Сапгира…» [Шраер, Шраер-Петров 2017: 42].

Но не менее важно то, что в значительной степени именно с подачи Давида Шраера-Петрова было определено место Генриха Сапгира в современной словесности, четко обозначен его экстраординарный статус. Это было и ответственно, и своевременно. Дело в том, что не признанный советским официозом авангардист и в постсоветской России оказался в каком-то странном положении не то литературного маргинала, не то реликта мало кому интересной эпохи. В новом веке он не забыт, но

---

[2] Первое издание: [Шраер, Шраер-Петров 2004].

вспоминают о нем за пределами узкого круга ценителей и поклонников все же незаслуженно редко и полуслучайно.

Между тем и тут нельзя не согласиться со Шраером-Петровым, Сапгир занимает совершенно особое место в русской поэзии второй половины XX века. Сапгир — замечательный и в высшей степени характерный для своего времени поэт. Он ответил на чад и бред эпохи. В его стихах есть мощный резонанс на ее важнейшее содержание. Он явно интереснее и значительнее многих подцензурных советских поэтов, но и в своем неподцензурном окружении он — единственный в своем роде. Пожалуй, лидер поколения и главный московский поэтический гений своей поры (ну, это я так считаю, следом за Шраером-Петровым). Размышления Шраера-Петрова о Сапгире уже лет пятнадцать служат для меня важным аналитическим опытом, источником встречного вдохновения. Я от него отталкиваюсь и часто с ним соглашаюсь [Ермолин 2005].

Именно Давид Шраер-Петров (вместе с Виктором Кривулиным и еще двумя-тремя современниками) начал отделять зерна от плевел, попытался проявить и обозначить неповторимое *лицо* Сапгира, в том числе и вывести его из ряда поэтов «неподцензурного русского литературного авангарда», коих Шраер-Петров на первой странице своего исследования насчитал чертову дюжину [Шраер, Шраер-Петров 2017: 3].

«Классик авангарда», говорит он о Сапгире. Неожиданное, странноватое на первый взгляд определение, практически оксюморон. Что означает этот красивый титул? То, что недавний литературный отщепенец, искатель и экспериментатор получил общественное признание? Или что его поиски стали некоей нормой новой русской поэзии, вошли в ее состав как своего рода базисное основание? Или что-то еще? Как сочетать несочетаемое? Возможно ли это?

Между тем в этом определении Давида Шраера-Петрова есть большая точность, основанная на глубоком понимании роли Сапгира в русской поэзии, в глобальных контекстах русского модернизма и отечественной истории. Модернизм Сапгира — это свободный и открытый поиск, интенсивное освоение новооткрытых возможностей слова. То, что для ранних модернистов начала века стало внезапным испытанием их творческой дерзости (и часто предопределяло надрыв, пафос катастрофы в их позднем творчестве), для Сапгира — унылая, серая, ватная безальтернативная повседневность, в которой трудно высечь искру нового смысла поэзии. Работа и игра со словом становятся параллельной реальностью, открывающей перспективу выхода из барака, эмиграции без отъезда. Он противостоит барачному духу советской эпохи, казарменному, тюремно-лагерному, коммунальному закрепощению личности, имевшему аналогом в литературе нормативизм соцреализма. Поэзия Сапгира — вполне непринужденный творческий прорыв, усвоивший уроки революционеров первой половины столетия и, однако, свободный от революционного этого их задора, от бунтарской напряженности.

И характерно, что в этом творческом превозможении эпохи Сапгир берет в союзники литературную традицию, становится «классиком» в том смысле, который убедительно фиксирует Шраер-Петров: поэт осуществляет авторский синтез традиции и проходит всем путем литературного развития: он «охватил поэзию двух смежных веков и заглянул в XXI-й» [Шраер-Петров 2007: 204]; прошел «вместе с языком (а порой и вместо языка) развитие литературы как максимального самовыражения лица поэта» [Шраер-Петров 2007: 205].

Взаимодействие Сапгира с ранним русским авангардом — станция на этом пути, очень важная для понимания его творчества (и указание на связь с Велимиром Хлебниковым, ранним Маяковским и Заболоцким — абсолютно не лишнее) [Шраер, Шраер-Петров 2017: 5]. Но это лишь одна из станций. Шраер-Петров закономерно выводит на первый план рассуждение поэта о том, чем он отличается от московских концептуалистов; и это свобода авторского «я», не стесненного формальным заданием и ориентированного на самораскрытие.

Поэтический авангардизм Сапгира — это, пожалуй, явление, о котором нужно говорить не в жесткой связи с воспринятыми им традициями первой половины XX века. Он пел, как свободная птица. Он хотел петь свою песню, и петь по-своему. В его творчестве преломились художественные поиски эпохи. И в то же время он выходит своими стихами за пределы своего конкретно-жизненного времени. Он уникален. И в стихах его есть то, что делает их современными сегодня, что будет, думаю, делать их современными завтра. А эти качества традиционно и определяются как *классичность*. И как положено современному классику, Сапгир — художник большого синтеза, неоклассически ориентированный не столько на моду, сколько на вершины поэзии. Вершин таких на Руси немало, так что и творческий синтез у Сапгира получился удивительно многогранным и — подчас — даже гармоническим; Шраер-Петров верно угадал здесь пушкинские волю к гармонии и протеизм.

Шраер-Петров воспроизводит общее место сапгироведения: Сапгир постоянно менялся, «впитывая в себя формальные веянья и литературные моды», «пропуская через себя — как кислород и как дым костра и сигарет — авангардные искания своих современников или последователей». Но эта формула поэта-губки двусмысленна, и сам Давид Шраер-Петров на ней не настаивает, постулируя далее, что каким-то образом все-таки «Сапгир оставался самим собой» [Шраер, Шраер-Петров 2017: 41]. Пожалуй, Сапгир до такой степени оставался собой, что почти и не менялся *сущностно* — лишь по-разному эту сущность выражая. Это поэт не столько пути, сколько ситуации.

Бесконечное разнообразие, предъявленная Сапгиром воля к обновлению — это прежде всего веяние свободного духа, не удовлетворяющегося ничем остановившимся. На угрюмом фоне застоя, при кажущемся отсутствии удобоваримой исторической перспективы, в барачно-казарменной паузе — веселый порыв Сапгира к новому, к небывалому, к новым средствам выражения нового содержания, к тому, чтобы открыть что-то, что еще не было *так* названо, *так* определено. Личное мифотворчество, по-разному черпающее из недр подлинного бытия.

Да, фокус в том, что Сапгир сохранял редчайшую способность к творческому движению, к обновлению. Это знают все. Он был вечно свеж, вечно нов. Неровен. Как вчера родился. Готов идти небывалыми путями. Готов начать сызнова, от нуля. Кто еще в Москве являл столько свежести в те глухие времена? Не знаю. Всё вокруг него — локальнее и скупее. Все, кого можно любить. Патологической свободой, звериной грацией он напоминает другого москвича, Пастернака. Вам не кажется? На фоне окоченевших современников и псевдопродолжателей он являет поэтический опыт фонтанирующей новизны.

Но это не следование моде, по поговорке: «Из моды в моду, остатки в воду». Это едва ли реакция на подводные изменения вкусов и приоритетов интеллигенции. Это не жонглирование рассудочными изобретениями и не произвольно-игровая смена ролей и масок. Точен в деталях и все-таки неправ в главном Виктор Кривулин, писавший:

> ...у Сапгира было много ролей, по крайней мере несколько различных литературных масок: официальный детский поэт и драматург, подпольный стихотворец-авангардист, впервые обратившийся к живой новомосковской речевой практике, сюрреалист, использовавший при создании поэтических текстов опыт современной живописи и киномонтажа, неоклассик, отважившийся «перебелить» черновики Пушкина, визионер-метафизик, озабоченный возвышенными поисками Бога путем поэзии, автор издевательских считалок, речевок, вошедших в фольклор (типа «Я хочу иметь детей От коробки скоростей»). Все это Сапгир. Его словесные маски суть масленичные, праздничные личины... [Кривулин б. д.].

То, что мы называем «ролью», то, что мы называем «маской», в нашем случае правильнее было бы именовать гранями романтической личности, не удовлетворенной тесными пределами существования, «гриМАСКОЙ боли», как формулирует Шраер-Петров [Шраер-Петров 2007: 205]. Мне кажется, нет оснований сомневаться в том, что в поэзии Сапгира есть единый, пусть и трудноопределимый, личностный центр. Воля к обновлению — это не рассредоточение творческой личности, тем более не потеря ее.

Разные темы и ракурсы творчества Сапгира, отмеченные Шраером-Петровым, в разное время вызывали у меня отклик.

Так, Давид Шраер-Петров часто возвращается к мысли об *игровом* начале у Генриха Сапгира. В комментариях к сапгировской книге «Терцихи Генриха Буфарева» точно угадано родство Сапгира с великим португальцем Фернандо Пессоа, «создавшим» несколько поэтов-гетеронимов; объяснено это явление гетеронима у Сапгира игрой «в классики и с классикой» [Шраер, Шраер-Петров 2017: 106]. Лет пятнадцать назад, когда я впервые осваивал свод текстов Шраера-Петрова о Сапгире, к самодовлению *игры* в поэзии я относился критично. Но сегодня и я бы не стал отделять игру от словотворчества. Нет нужды считать гетеронимию Сапгира выражением деперсонализации, клиническим случаем распада авторского «я», на манер персонажа Луиджи Пиранделло. И в случае Пессоа, и в случае Сапгира здесь скорее имеет место попытка нащупать новые ресурсы самопознания, объективировать субъективно-личное начало творчества.

Или еще один ракурс, определенный Шраером-Петровым: полифоничность, полирефлексивность свободного стиха у Сапгира [Шраер-Петров 2007: 200] — и полифоничность его личности. Он и футурист, и обэриут.

Также мне всегда казалось ценным умение Шраера-Петрова найти у Сапгира серьезность и глубину, неготовность воспринимать его (как часто бывает) оптимистом-жизнелюбом.

Сапгир, пожалуй, не русский юрод, и не пророк, и не шут. И не цадик. А кто? Кем еще может быть поэт? «Была ему звездная книга ясна, и с ним говорила речная волна...» Это Баратынский о Гёте («На смерть Гете», 1833) [Баратынский 1982: 140]. Эхо! Вот кто он. Фонтанирующее звуками бытие. Но прежде всего — эхо не других каких-то поэтов, а эхо бытия. Откуда-то из глубин несутся к нему шумы и звуки. И музыка сфер. Редко кто умел это услышать, различить хоть кусочком. Хоть двумя словами. А Сапгир — целыми фразами, без инерции и рутины, за пределами готовых, спящих форм... Но он был еще и общителен, демократичен, даже с привкусом неразборчивости, всему и всем давал слово. Или, по крайней мере, так многим казалось.

Вообще в XX веке мало уже оставалось родниковых ключей, мало места для *наивной поэзии*. У Сапгира найдется много культурных причуд, отделки и блеска, он творил и фигурно, и формалистично, и наивно, и искушенно. Иное дело, что для него и культура — как природа. Он берет ее как ничье. Как дождик в четверг.

Мне кажется, вторая половина XX века была не самым удачным временем для творческого полета. При остром стремлении к совершенству и при отчетливо заявленном намерении соотносить себя с наиболее значительными современниками и отвечать на их вызов Генрих Сапгир, увы, недобирал в чувстве миссии, в вере в силу слова. Впрочем, это маловерие он разделил и с Иосифом Бродским — своим антиподом, другом питерской поэтической молодости Давида Шраера-Петрова. Но Сапгиру, нужно думать, маловерие причастно все-таки в меньшей мере. Его поздние стихи лишены могильной холодности, свойственной Бродскому, в них есть огромное количество внимания и нежности к человеку, доходящих иногда до сентиментального пароксизма. Да и в целом он меньше, чем кто бы то ни было, ироничен (как легко он отмахивался от этой слишком заразительной хвори конца XX века!). Он гораздо больше — искренен, возвышен, трогателен... И он потрясает этим соединением свободы и выси.

Собранный в томе «Новой библиотеки поэта» так подробно и так любовно, Сапгир потрясает вдвойне: своим двуединством, синтезом метафизики и быта, вечности и мига, игры и глубины. То, что могло казаться случайным капризом вдохновения, встало на свое место и превратилось в часть какой-то генеральной поэтической телеологии, непостижимого, но очевидного Замысла.

«Псалмопевец» — так определяет его Шраер-Петров (вместе со своим сыном и соавтором) в заголовке вводной статьи к тому Сапгира в «Новой библиотеке поэта». Это важная отсылка к еврейским корням творчества Сапгира. Широта его культурных ассоциаций и интересов не должна затенять библейский исток его вдохновения, ту большую волну еврейской традиции, которая его несет. Этой солью просолено русское слово; а вот как именно — об этом предстоит еще подумать. Если все-таки пытаться хоть кратко (соразмышляя со Шраером-Петровым) обозначить существо авторской оригинальности, миросозерцательно-смысловую особость, то я бы для начала сказал еще о двух чертах.

Во-первых, это неупраздняемая значимость личностного присутствия. Человек у Сапгира не просто *есть* как *данность*; он *незаменим* как уникальное *средоточие бытия*. И встреча с ним поэта часто дает острое экзистенциальное переживание, сопровождаемое душевным трепетом от опознания большой и важной правды о человеческом существовании. (И не такова ли также наша встреча с самим Сапгиром? Не такова ли встреча с Сапгиром Шраера-Петрова?) Это у поэта есть почти везде, но нельзя именно в таком ключе не упомянуть о книге «Три жизни», относящейся к последнему году его жизни. Там это присутствие достигает пронзительной предсмертной остроты — с такой щемящей нежностью выпелись тогда эти лебединые песенки.

Но есть и второе: острое переживание богооставленности. Пуст этот мир — заброшенный, безбожный, одичавший, гулкий. И это так с самого начала; вот откуда «Голоса» и вот о чем уже ранняя «Бабья деревня». «Жалок человек» [Сапгир 2004: 405]. Сапгир, однако, не судит, оставляя эту миссию Богу. Разве что по-свойски припечатает сомнительного собрата-письменника. Он не склонен сосредоточиваться на элегической меланхолии. Цитату из Бродского он походя вставляет в новый контекст: «Оглядываюсь: руины — / веселые результаты» [Сапгир 2004: 413]. (Ср. «Письма римскому другу» Бродского: «Вот и прожили мы больше половины. / Как сказал мне старый раб перед таверной: / "Мы, оглядываясь, видим лишь руины". / Взгляд, конечно, очень варварский, но верный» [Бродский 1992: 285].) А ведь среди этих руин он всю жизнь в основном и строил свой поэтический дом. Разрывы и утраты, паузы и вздохи, перманентное *non finito* и парадоксы заплетающегося среди трех пушкинских сосен языка — таков его строительный материал, ответственность за который несет не только он, но и его время.

Философ античного строя, праздный гуляка и бражник, Сапгир шел себе мимо серой и скучной, выцветавшей на глазах эпохи. Но в поздних стихах и свое собственное наличие кажется ему уже факультативным.

> «Все обойдется» — думаю
> И в самом деле терпимо
> мир обошелся с нами
> мир обойдется без нас
> [Сапгир 2004: 413].

К концу века в одичавшем пространстве начинает проступать нечто кладбищенское. Как в стихотворении о «пустующем клубе»:

> Зеркала
> без актеров умерли
> Тень
> ночью скрадывает весь театр
> складывает в чемодан
> для декораций
> и уносит в тень акаций
> [Сапгир 2004: 421].

Где начинал Сапгир, там теперь производят йогурты. «Скажут: сентябрь не скажут: Господь» [Сапгир 2004: 453].

И тем не менее жизнь сворачивается в сторону Бога, к которому можно обратиться с надеждой быть услышанным. Вот так:

> Верни нам наивных ангелов
> Верни примитивных демонов
> Верни нам Себя чтоб узрели
> и в Библии и в саду
> <...>
> Верни нам таких как видел
> на деревенской северной
> иконе — белой кистью
> все перышки наперечет
> И пусть нам будет художник —
> не тот — подражатель прежних
> «Хвала им и слава — в Вышних...»
> а тот которого видел
> в Софронцево на Мологе
> — костер еще жгли в овраге
> — юродствующий дурачок
> [Сапгир 2004: 414].

Это одна из кульминаций излюбленной темы Сапгира — о художнике и ангелах...

Что бы ни говорили отдельные скептики о несвоевременности Сапгира, его стихи становятся не только необходимым фактом культурного опыта ближайшего окружения поэта, узкого круга профессионалов и поклонников, но и важной принадлежностью литературного багажа многих читателей, сохранивших интерес к русской поэзии. Есть в этом вклад Шраера-Петрова, говорившего даже, что кое-что у Сапгира «станет частью фольклора» [Шраер-Петров 2007: 206]; пока не стало, ждем.

* * *

Вернемся к биографическим обстоятельствам, связавшим Сапгира и Шраера-Петрова. Есть замечательные мемуарные свидетельства о Сапгире, но «Тигр снегов» / «Возбуждение снов» — проза Шраера-Петрова о Сапгире — относится к числу лучших. Важнейшая сторона размышлений Шраера-Петрова о Сапгире основана на этих личных впечатлениях, на личном опыте встреч, общения. Да что там — как было уже сказано, мы должны внимательно всмотреться в факт дружбы двух писателей как особый, крайне редкий и ценный феномен.

Интересное наблюдение Шраера-Петрова: Сапгир — неполярный человек. Общий друг, как может казаться. Все о нем вспоминают как о друге, даже те, кто видел его один раз. И это тоже дар — так попасть в память, чтобы тебя считали другом за краткий миг свидания; нужно иметь для этого крупный человеческий талант. Но нужно уметь показать его так, как показывает Шраер-Петров, неслучайный участник жизни Сапгира.

Впервые встретившись еще в 1958 году (Сапгиру тридцать лет, Шраеру — двадцать два), они узнали друг в друге что-то важное и близкое. Спустя десятилетия Шраер-Петров помнит:

> Конечно, он похвалил кое-что. Те стихи, где я откровенно обнажал формальный прием: «Космос или косметику — что завоюешь ты? / В резиновой арифметике болтвецки бол-

тались болты»³. Одобрил: «Сказано по-хлебниковски». О Велимире Хлебникове мог говорить бесконечно. <...> Я сразу же уловил его кровное родство с Хлебниковым. Обнажение формального приема. Словотворчество. Использование слова как живущего материала строки, — «телесность слова». Меня поразило непринужденное еврейство Генриха [Шраер-Петров 2007: 179].

И не потеряли друг друга. Виделись то часто, то редко, как это бывает у поэтов. В 1985–1987 годах — очень часто, это период самой большой близости. Вместе прошли огромную жизнь.

У Сапгира есть сонет «Кузнечикус» (середины 1980-х), посвященный Шраеру-Петрову. Стихотворение входит в его игровую книгу «Терцихи Генриха Буфарева» и само насквозь игровое, легкое, полетное — о метаморфозах, о перевоплощении мира усилиями и средствами поэтического вдохновения.

Кузнечикус

Давиду Шраеру

Оретикус моретикус кантарус! —
Свою латынь теперь изобрету
Я над любой фонемой ставлю парус
Жив еретик вживлением в ничту

Как ариель взбежал на звездный ярус
Кричу судьбе: огнем его! ату!
И сам себя хватаю на лету
Жгу в ярости! — На сцене — пыль и старость

Беру ваш мир — и этакий макарус
Из стеклодранок строю аппаратус
Кузнечикус — и зинзивер икарус!

Не звездомер не время-акробатус
Сам-сон лечу и нет пути обрауунс
Пусть солнце попадает в точку! в ту!

[Сапгир 2004: 258].

---

³ Из раннего стихотворения Д. Шраера-Петрова «Натюрморт» (1956). См. [Шраер-Петров 2003].

Дарья Домнина находит стихотворение «загадочным» «в плане авторских новаций» [Домнина 2011: 235–236], отсылая, впрочем, к Хлебникову и ссылаясь на Шраера-Петрова как мемуариста. Отсылка к Хлебникову самоочевидна. Но нам в этой слегка окольной актуализации хлебниковского *зинзивера* в ауре библейских, шекспировских и античных ассоциаций, с присовокуплением, конечно, обэриутской заинтересованности в нехитром существовании насекомых, в первую очередь видится на сей раз свободная параллель к длинному сюжету литературной дружбы Сапгира со Шраером-Петровым, начатой (да и продолженной) симпатиями обоих к Хлебникову (вспомним рассказ Шраера-Петрова о первой встрече с Сапгиром).

Именно этот союз поэтов рифмуется с чувством полета, с пафосом внутренней свободы и не контролируемого никакими инстанциями воображения. Здесь — основа взаимной близости, что с особенной наглядностью проявляется в написанной примерно в те же 1980-е годы встречной поэме Шраера-Петрова «Кузнечик», посвященной Сапгиру. В поэме последовательно артикулируется антитеза кузнечика, с которым ассоциирована тема вдохновения и творчества (с яркими эротическими деталями), а также «крепышей»-запретителей (оказавшихся в России вечными; так что поэма Шраера-Петрова приобрела в последние годы предельно актуальный смысл):

    Гола, гола
    кричите
    под мостом
    я укрываюсь
    чем не храм
    и свод
    и реки купель
    гола, гола
    галактики капель
    не оросит асфальт
    владений ваших
    не будет проку

> от заводов и от пашен
> вы прокураторы
> тюремного стола
> изгадили души и тела
> храмы
> вы хамы
> но ваша территория
> мучительна мала
> Я брат Кузнечика
> кро
> кровь капает
> из правого крыла
> [Шраер-Петров 1991].

Взаимное опыление, взаимное творческое оплодотворение — ярчайшая примета литературной дружбы.

Из главного, что передает Шраер-Петров — мемуарист и что связывало его с Сапгиром, — это особая атмосфера литературной жизни 1960–80-х годов. Литературная держава пребывала в сложных отношениях с советским режимом. Но у поэтов было ощущение особого рода избранности — благодаря причастности к великому литературному древу — и был аристократический по духу житейский пафос безмятежной легкости: тяжесть социальной сермяги принималась на плечи легко, беззаботно. Сапгир у Шраера-Петрова — напрочь индирективен, он вне социального официоза; как бы последнего и нет вовсе. Этот стиль жизни, эта «жажда литературного общения» [Шраер-Петров 2007: 179] — своего рода антитеза свинцовым мерзостям советской эпохи. Сапгиру удалось обмануть не только современников, но и потомков: со стороны кажется, что жизнь его легка, что он умудрился, особенно не напрягаясь, совпасть с эпохой. Полагаясь на большой опыт личного общения, Шраер-Петров развенчивает этот миф и с замечательной рельефностью показывает изнанку сапгировской легкости. Сапгировские пиры и застолья, попойки с чтением стихов, яркость быта, незашнурованное общение, веселая гастрономия жизни, весь колорит литературных дружб, отчасти странных и удивительных, — это упражнения в свободе, объединяющие поэтов пиршества свободы. Это искусство быть свободным и максимально совпасть в этом с той свободой, которая являлась в поэтическом слове.

Сказанное на эту тему в воспоминаниях о Генрихе Сапгире — в полной мере автопортрет и самого Давида Шраера-Петрова.

Источники

Баратынский 1982 — Баратынский Е. А. Стихотворения / ред. Л. Г. Фризман. Поэмы. М.: Наука, 1982.

Бродский 1992 — Бродский И. А. Соч. / сост. Г. Ф. Комарова. Т. 2. СПб.: Пушкинский фонд, 1992.

Сапгир 1991 — Сапгир Г. В. <Из предисловия к «Невским стихам» Д. Шраера-Петрова> // Черновик. 1991. № 5. С. 35.

Сапгир 2004 — Сапгир Г. В. Стихотворения и поэмы / вступ. ст., подгот. текста, сост., примеч. Д. П. Шраера-Петрова и М. Д. Шраера. СПб.: Академический проект, 2004 (Новая библиотека поэта. Малая серия).

Шраер-Петров 1991 — Шраер-Петров Д. Кузнечик // Черновик. Альманах. 1991. № 5. С. 32–34.

Шраер-Петров 1992 — Шраер-Петров Д. Вилла Боргезе. Стихотворения. Холиок: Нью-Инглэнд Паблишинг, 1992.

Шраер-Петров 1994 — Шраер-Петров Д. Тигр снегов (Генрих Сапгир) // Д. Шраер-Петров. Москва Златоглавая. Балтимор, 1994. С. 18–63.

Шраер-Петров 2001 — Шраер-Петров Д. Возбуждение снов. Воспоминания о Генрихе Сапгире // Таллинн. 2001. № 21–22. С. 3–36.

Шраер-Петров 2003 — Шраер-Петров Д. Стихи 1955–1959 // АКТ. Литературный самиздат. 2003. № 8 (январь-февраль). С. 11–12.

Шраер-Петров 2007 — Шраер-Петров Д. Водка с пирожными. Роман с писателями. СПб.: Академический проект, 2007.

Шраер-Петров 2011 — Давид Шраер-Петров: «Я думаю, что мы все друг друга чему-то научили». Беседовал Геннадий Кацов // RUNYweb. 17 мая, 2011. URL: http://www.runyweb.com/articles/culture/literature/david-shayer-petrov-interview.html (дата обращения: 12.04.2021).

Библиография

Домнина 2011 — Домнина Д. В. Окказиональные слова как показатели несовершенства окружающего мира (на материале цикла Генриха Сапгира «Терцихи Генриха Буфарева») // Актуальные проблемы современного словообразования. Сборник научных статей. Кемерово: Кемеровский государственный университет, 2011. С. 534–538.

Ермолин 2005 — Ермолин Е. А. Костер в овраге // Новый мир. 2005. № 4. С. 173–178.

Кривулин б. д. — Кривулин В. Б. Голос и пауза Генриха Сапгира. URL: http://sapgir.narod.ru/talks/mono/mono01.htm (дата обращения: 12.04.2021).

Шраер, Шраер-Петров 2004 — Шраер М. Д., Шраер-Петров Д. Генрих Сапгир — классик авангарда. СПб.: Дмитрий Буланин, 2004.

Шраер, Шраер-Петров 2017 — Шраер М. Д., Шраер-Петров Д. Генрих Сапгир — классик авангарда. 3-е изд., испр. Екатеринбург: Ридеро, 2017.

Голос судьбы: заметки на полях прочитанного*

Олег Смола

Однажды Блока спросили, что он хотел сказать в своих «Двенадцати». «Я не знаю», — ответил поэт. Находившийся рядом и слышавший это Корней Чуковский замечает: «Он и в самом деле не знал, его лирика была мудрее его» [Чуковский 1924: 27].

В роли простодушного человека оказался и я. Читаю отнюдь не прозрачные, местами зашифрованные стихи Давида Шраера-Петрова, через каждый шаг спотыкаюсь, и мне то и дело хочется обратиться к поэту за разъяснением. К примеру, стихотворения «Надгробие Пушкина» или «Анна Ахматова в Комарово» — результат непосредственного впечатления от увиденного или чистый вымысел? Но сразу же, правда, останавливаю себя, поскольку знаю: последнее дело требовать от автора того, чего у него нет, — исчерпывающего и «правильного» представления о собственном детище.

Законченное произведение, отделившись от своего создателя, пускается в свободное плавание. Оно ему уже не принадлежит. Впрочем, оно не вполне принадлежало ему и в процессе создания. Черновики той же поэмы «Двенадцать» испещрены множеством исправлений, представляющих собой не что иное, как неравную, изнурительную борьбу поэта с самим собой. Этим только и можно объяснить странные на первый взгляд откровения Баратынского: «Не властны мы в самих себе…» [Баратынский 1957: 101]. Или Тютчева: «Поэт всесилен, как стихия, / Не властен лишь в себе самом» [Тютчев 1966: 99].

---

* Copyright © 2021 by Oleg Smola.

Эти мысли возникли после первого знакомства с поэзией Шраера-Петрова. Я еще только скольжу по поверхности его стихов, но что сразу бросается в глаза, так это масштаб личности и судьбы поэта. Можно, кажется, позавидовать исследователям его творчества. Им предстоит проследить без изъятий весь жизненный и творческий путь Шраера-Петрова и таким образом определить его место в истории русской литературы.

* * *

Можно ли по стихам судить о реальной биографии поэта? Стафан Малларме считал, что в поэзии — цветы, которых нет ни в одном букете [Малларме 1995: 343]. Так же примерно думал Шкловский: «...жизнь, переходящая в стихи, уже не жизнь» [Шкловский 1990: 143]. Несоответствие слов тому, что хочешь выразить, Фет заостряет до крайности и заявляет, что «поэзия есть ложь и поэт, который с первого же слова не начинает лгать без оглядки, никуда не годится» [Фет 1979: 561]. С этими суждениями трудно не согласиться, но и абсолютизировать их — значит погрешить против истины. Фету было позволительно так думать. Тургенев воспринимал иные его стихи как «темноту, от которой волки взвоют»[1].

Поэзия Шраера-Петрова являет собой другой пример. Биографическое «я» поэта и «я» его лирического героя, разумеется, не совпадают. Однако ключевые слова, мотивы, темы, переходящие из произведения в произведение, скажут о реальной биографии больше, чем иные события и факты.

В СССР Давид Шраер-Петров жил «с пережатой главной артерией» [Шраер-Петров 2009: 11][2]. После восьми лет отказничества он со своей семьей эмигрирует в Америку, обретает наконец столь желанную свободу. Много пишет, печатается. Но и там,

---

[1] Цит. по: [Фет 1979: 588].
[2] «Внутренняя эмиграция».

однако, как человек мыслящий, счастья не испытывает: «Я слышу тоски бесконечной вопль. Нерв оголенный...» [Шраер-Петров 2003: 105][3]. Это далеко не единственное признание поэта такого рода. В его стихах все больше задают тон слова, которые, как сказал бы Маяковский, «болят». Прибавлю — печалятся, страдают, жалуются, вызывая ощущение, что жизнь если еще и не отлетела, то уже угасает, оставляя позади все, что привязывает нас к ней: «О, как мне забыться, напиться, забиться» [Шраер-Петров 1997: 9][4]. Или: «Отболела душа, отлюбила, отпела свое» [Шраер-Петров 2003: 101]. В стихотворении «Моей подружке» (1995) он не без горечи признается:

> Много лет мы вместе пили,
> Пили время, как вино,
> А куда теперь приплыли,
> Если вправду — все равно!
> [Шраер-Петров 1997: 70].

Настойчивое подведение итогов, честный и бескомпромиссный самоанализ неизбежно ведут к размышлению о судьбе. В поэтическом лексиконе Шраера-Петрова понятие судьбы становится ключевым. Теперь все, что бы ни происходило в нем или вовне, он расценивает как предначертанное свыше, чему приходится подчиниться: «праведность и путаницу / Своей судьбы как воду хлеб и соль своей строки я пью и ем» [Шраер-Петров 1992: 61][5]. В этих словах поэта ощутим оттенок покорности. Следует, однако, оговориться. Во-первых, подведение итогов и сопутствующие ему мотивы судьбы выдвинулись на первый план в более позднем творчестве поэта, и особенно в американский период, когда к прежним «прелестям» жизни прибавились новые — возрастные. Во-вторых, ни «черный квадрат» судьбы, ни ее эквива-

---

[3] «Мираж».
[4] «Стихи из романа "Иона-странник"».
[5] «Откровенный разговор на Брайтон Биче».

лент «черная пропасть» [Шраер-Петров 2002: 32][6] не лишили его воли, и более того, в «Барабанах судьбы»[7], стихотворении с признаками буддистского сознания, он превращается в оракула судьбы, зовущего людей к пробуждению:

> крутите вертите вращайте желтые барабаны судьбы
> крутите потому что волчок желтые потому что будда
> вертите потому что ветер вращайте потому что в радость
> крутите вертите вращайте барабаны под деревом будды
> крутите вращайте будите свою судьбу
> [Шраер-Петров 2002: 41].

* * *

Для Шраера-Петрова феномен еврейства — не просто тема, к которой можно обратиться. Для него это личная судьба и колоссальных масштабов судьба его народа — трагическая, неизбывная, протяженная во времени и пространстве от Исхода евреев из Египта до их массового бегства из СССР. Во многих его произведениях она определяет все — содержание, господствующую тональность, болевой порог. «Пропащая душа» поэта (см. название его сборника 1997 года), осужденная некогда жить в зоне отчуждения и вражды, то и дело проговаривается словами горечи и боли. «Отчизна-мать», «Россия-матушка», «Русь — жена моя», «Русь моя родная» — это все не про героя моего очерка. Его Россия — мачеха. Из души поэта, из глубины подсознания вырываются слова, будто иллюстрирующие цветаевское высказывание: «Жизнь — это место, где жить нельзя: / Еврейский квартал...» [Цветаева 1994: 48]. Подтверждая сказанное, приведу несколько характеристик той жизни в России, из которой, спасаясь, бегут люди, и не только евреи:

---

[6] «Желтый квадрат в черном квадрате».
[7] Имеются в виду молитвенные колеса в тибетском буддизме; см. также эссе Яна Пробштейна в этом сборнике. — *Примеч. ред.*

Нас унижали, топтали в грязи
[Шраер-Петров 1999: 12][8];

...это наши скитанья с тобою по житейской пустыне
[Шраер-Петров 2009: 48][9];

...с той поры бредем в пустыне, ноги в синяках
[Шраер-Петров 2009: 47][10];

Забыть, как доили, давили, травили?
Забыть окаянную ласку Державы?
[Шраер-Петров 1992: 57][11];

Какие опричники-псы нас губили,
Какие иуды в любви нас топили,
А мы все равно эту землю любили
[Шраер-Петров 1992: 58];

Она отвергала нас, отторгала,
Она изводила, греховно зачатых,
А нам не хватало, нам все было мало,
Пока нас не сжили со света, проклятых
[Шраер-Петров 1992: 58];

Гетто «отказа»
[Шраер-Петров 2009: 10][12];

«страна-тюрьма»
[Шраер-Петров 1999: 45][13].

Юдофобство гнало, гонит и, к сожалению, будет гнать евреев из России. В числе гонителей порой оказывались и так называемые ученые-теоретики. Разительный пример — иезуитская деятельность В. В. Кожинова. Мы с ним работали не бок о бок, но в одном учреждении — в Институте мировой литературы АН СССР. Ас-

---

[8] «Если пересчитать».
[9] «В ресторане над океаном».
[10] «Новогоднее».
[11] «Вилла Боргезе».
[12] «Соломон Новосельцев».
[13] «Теницы».

кетичной наружности. Начитанный. Плодовитый. Суровый государственник, взваливший на себя бремя ратоборца-мученика русской идеи. Не хочу быть излишне пристрастным, очерчу портрет Кожинова с помощью его же собственных высказываний:

> Во главе «Союза русского народа» стояли нерусские люди [Наверное, евреи. — *О. С.*]
> Постоянно ведущиеся разговоры о еврейских погромах в России — это блеф.
> Абсолютная ложь, что погромы поддерживало якобы государство.
> Твердят о «государственном антисемитизме»... Этого не только не было, но и не могло быть.
> Я уверен, что, если через столетия будут говорить о XX веке, история нашей страны предстанет одной из самых прекрасных его страниц.
> Опасность еврейского национализма у нас в этот период стала особенно сильной [в период создания еврейского государства. — *О. С.*].
> Что касается депортации евреев — это абсолютный миф.
> Гораздо опаснее для России не сионисты, а ассимилянты, в которых неизбежно живет разрушительный и провокаторский ген еврейства.

И т. д. и т. п.[14]

Собирая материал для написания статьи об Андрее Вознесенском, я спросил у поэта, очень ли задевает его критика «справа» (Вадим Кожинов, Игорь Золотусский, Анатолий Ланщиков и другие). Вознесенский ответил:

> Поначалу я расстраивался, потом стал привыкать, а сейчас не замечаю. Как-то я даже написал эпиграмму на Кожинова:
>
> > Владимир Владимирович, милый,
> > Срок травли не истек,
> > На Вас стучал Ермилов,
> > На нас — его зятек[15].

---

[14] Цитаты взяты из книг: [Кожинов 2005; Кожинов 2009].
[15] Эпиграмма не опубликована. Ее текст хранится в личном архиве О. П. Смолы.

Справка: Владимир Владимирович — Маяковский, на которого в 1920-е годы строчил доносы ортодоксальный советский критик Владимир Ермилов. Зятек — Кожинов, травивший в печати Андрея Вознесенского, Василия Аксенова, Евгения Евтушенко, Беллу Ахмадулину, был женат на дочери Ермилова.

* * *

Впрочем, я обокрал бы Давида Шраера-Петрова, если бы увидел в его лирике лишь проклятия по адресу России и не услышал скорбной ноты, звучащей в душе глубоко переживающего человека.

> Когда умирать мне придется, чуть живы,
> Прошепчут мои полумертвые губы:
> Мы стали чужими, Россия, чужими,
> А были своими сыны Иегуды
> [Шраер-Петров 1992: 57][16].

Горьких строк, сожалений в связи с утратой России в лирике поэта не сосчитать. Еще в Италии, на пути в Америку, он плачет по «России болящей» [Шраер-Петров 1992: 57]. Уже в эмиграции, обращаясь к сыну, говорит:

> Мы с тобой познаем вселенское братство,
> Да без России жить не с руки
> [Шраер-Петров 2009: 11][17].

Гуляя как-то между могил на кладбище в новоанглийском городе, на одном из памятников с шестиконечной звездой он прочитал: «Прощай, моя Россия, навсегда, / Тебя я не увижу никогда» [Шраер-Петров 2009: 12][18]. Немудреные строки тронули поэта и навели на размышления о собственной судьбе:

---

[16] «Вилла Боргезе».
[17] «Внутренняя эмиграция».
[18] «Американское кладбище».

Так почему, гонимый и бесправный,
Мой соплеменник свой последний, главный
Привет к стране рожденья обращал?
Ужели, умирая, завещал
Мне эту связь духовную продолжить,
Чтоб передал ее все дальше, дольше,
Чтобы диковинный и несуразный плод
Любви и ненависти, языка и сердца
Родил в стране приобретенной скерцо,
Которое и плачет и поет?
        [Шраер-Петров 2009: 12].

Мне эти стихи как-то по-стариковски особенно греют душу, и не столько заключенным в них смыслом, сколько мелодией печали.

Под руками благодатнейший для исследователя русско-еврейской литературы материал. Еврейская судьба русского поэта — самая пронзительная нота во всей лирике Давида Шраера-Петрова.

* * *

Попробуйте определить, кому принадлежат фрагменты из трех разных произведений.

1. Попрежнему шипят взоры вечноты картавой
   Два глаза вымена оной лукавой
   Четыре глаза ножки венского стула
   Вечерком ветерком она дула
   Град наступил бесчеловечно ты

2. вокруг этих кругов пчелиный рой мелодии убивает
   цвет разрывает уколами воздушный шар надутый
   надвигающейся грозой и в распростертом
   клочьями свете парит пространный аромат ее образа

3. ...летят осколки желтые стол озером поблескивает карты
   осколки жизни угольки судьбы шипят в пространстве три
   ноги железных страсть отгорающую принимают вот вод
   погибельный итог туз пик иль уголек мой славный уголок
   полати с печкою скрестились дама крести треножник

Не правда ли, можно подумать, что автор этих текстов — один? А между тем первый, 1915 года, принадлежит футуристу Роману Алягрову (Роман Якобсон)[19], второй, 1936 года, — сюрреалисту Пабло Пикассо[20], третий, 1980-х годов, — Давиду Шраеру-Петрову [Шраер-Петров 1992: 47][21].

Действительно, во времена карательной советской цензуры Шраер-Петров был среди немногих, кто развивался в русле исканий мировой поэзии XX века, когда, как он сам пишет в программном эссе «Искусство как излом», в искусстве авангарда (Шкловский, Пикассо, Шостакович) произошел «излом всех традиционных линий» [Шраер-Петров 1995: 249]. Большой по объему корпус стихотворений поэта («Анна Ахматова в Комарово», «Шостакович на даче в Комарово», «Надгробие Пушкина», «Моисей — скульптура Эрзя в Саранске» и многие другие) отсылает нас к поэтике русского футуризма.

Обратимся к знаменитому тексту А. Крученых:

> 2 нижнии юбки... 60 к.
> 2 крыхма рубахи... 20 к.
> 5 воротничков... 30 к.
> 2 пары манжет... 20 к.
> 3 навлычки... 9 к.
> 1 куфайка... 5 к.
>   [Крученых 1923: 32].

Первое, что приходит в голову, — это счет в прачечную. И на самом деле это «счет >в прачечную< г-ну Крысюну», являющийся, как утверждает Крученых, законченным художественным произведением, стиль которого «выше Пушкинского».

---

[19] Фрагмент из стихотворения Романа Алягрова (Роман Якобсон) «Сколько рассыпал осколков (экстракт)» [Якобсон 2012: 192]. (В данном случае Ялягров). — *Примеч. ред.*

[20] Пабло Пикассо. 10–12 февраля 1936 года <Ч. IV> [Пикассо 2008: 45]. Ср. французский оригинал: «si autour des cercles que la couleur assassine l'essaim d'abeilles / de l'air du disque rompt de ses piqûres le ballon gonflé de / l'orange naissant flotte dans la lumière étendue en lambeaux le/ parfum éperdu de son image» [Picasso 2005: 41].

[21] «Гадание при лучине».

Ни манжет, ни воротничков я не обнаружил в стихах Шраера-Петрова, но чувствую, что футуристический бунт чем-то очень важным ему дорог[22]. Скорее всего, завораживающей дерзостью и презрением к здравому смыслу, свойственным искусству авангарда. С позиции здравого смысла «счет в прачечную» — абсурд, хулиганская выходка. Согласно же философии будетлянина — фундаментальное открытие. Слом. Взрыв, расчистивший пути для искусства будущего. Осип Мандельштам напрямую не футурист, но и он, в духе нового мышления, считал дырку от бублика важнее самого бублика [Мандельштам 1966: 229]. Парадокс? Василиск Гнедов «пишет» «Поэму Конца» (1915), представляющую собой лишь чистый лист бумаги [Гнедов 1913][23]. Абсурд?

Фрагменты из произведений Якобсона, Пикассо и Шраера-Петрова процитированы мной, чтобы продемонстрировать очевидное родство последнего с формально-структурными исканиями в искусстве XX века. Русский футуризм, а с ним и западноевропейский сюрреализм, безусловно, пригодились поэту. Вопрос только в том, в какой мере и чем именно. Стихотворение в прозе «Надгробие Пушкина» из цикла «Путешествия от берегов Невы» (ок. 1986) прекрасно иллюстрирует некоторые черты поэтики Шраера-Петрова:

Надгробие Пушкина

...туман курчавится холодный мрамор чело монастыря
Святые горы туманы часты и звезда понадобится навсегда
и посох о Господи пути твои на Север дальний звездочку
Давида принес и положил чело монастыря на посох
упираются креста во лбу курчавится туман звезда Давида

---

[22] По словам одного из соредакторов этого тома, Максима Д. Шраера, однажды в Центральном доме литераторов его отец столкнулся с поэтом Михаилом Лукониным и поделился с ним стихотворением тогдашнего шестилетнего Максима, «Муха-муха, / дам тебе в ухо», на что Луконин ответил: «Такой же футурист, как его отец». — *Примеч. ред.*

[23] Перепечатано в [Гнедов 1996].

> детишки собирают землянику среди травы пасется конь
> на склоне белее мрамор караваны паломники приходят
> в Мекку лоб монастыря и мрамор северной Каабы вот
> Слово Божие куда занесено
>
> [Шраер-Петров 1992: 50][24].

Остроумное замечание Набокова о том, что многоточие — это «следы на цыпочках ушедших слов» [Набоков 2000: 648], перекликается с установкой футуристов на фрагментирование текстов. Стихотворение для Хлебникова фрагмент, часть необозримого целого. Будетлянин не признавал раздельного существования поэзии и жизни. Целостность для него не принцип, не «эстетика», но состояние живой материи, та единственно возможная форма бытия, в которой взаимодействуют, плывут и перетекают друг в друга лирическое и эпическое, прошлое, настоящее и будущее, реальное и фантастическое и т. д. Отсюда принципиальная открытость футуристического текста, его особая восприимчивость, позволяющая рассматривать все сочинения поэта как одно внутренне подвижное большое произведение, а каждое в отдельности стихотворение — как продолжение предыдущего или последующего.

Стихотворение Шраера-Петрова «Надгробие Пушкина» начинается с многоточия. Первое слово пишется со строчной буквы. В конце стихотворения точка отсутствует. У стихотворения, таким образом, нет ни начала, ни конца — как у любой части, вырванной из целого. Вырванной, но и соединенной с целым невидимыми нитями.

В своем пределе поэтика Шраера-Петрова стремится к полному опрощению, если не сказать — аскетизму. В «Надгробии Пушкина» почти нет знаков препинания, союзов, предлогов. Стихотворение представляет собой цепочку кратких назывных предложений, обходящихся без подпорок и костылей, таких как вводные конструкции, причастные и деепричастные обороты. Слов немного, но в каждом, как сказал бы Гоголь, бездна

---

[24] Ср. [Шраер-Петров 2003: 77].

пространства. Близкий поэту Генрих Сапгир сочиняет мантру, под которой, не сомневаюсь, подписался бы и Давид Шраер-Петров:

> случайные слова возьми и пропусти
> возьми случайные и пропусти слова
> возьми слова и пропусти случайные
> возьми «слова слова слова»
> возьми слова и пропусти слова
> возьми и пропусти «возьми» —
> и слова пропусти
> [Сапгир 2004: 316].

Пропуски «случайных слов» и поиски таких, у которых нет замены, роднят Сапгира и Шраера-Петрова. (О Шраере-Петрове и Сапгире см. эссе Евгения Ермолина в этом сборнике.) Оба, кажется, были бы готовы согласиться с парадоксальным суждением Мандельштама, что лучшие слова в стихотворении не произносятся, их нужно найти тому, кто вас слушает [Мандельштам 1966: 507]. Непредсказуемо-имманентная природа авангардистского текста создает протеистскую иллюзию того, что стихотворение способно принимать самые разные обличья. Сколько раз ни перечитываешь стихотворения «Анна Ахматова в Комарово, «Уроки фехтования», «Варьете в Таллине» или «Надгробие Пушкина», всякий раз читаешь будто впервые.

Из всех игровых элементов в поэтике Шраера-Петрова я выделил бы один, как мне кажется, особенно любимый поэтом — звуковую метафору. Непревзойденными мастерами звукописи в русской поэзии были, конечно, футуристы. Выделялся среди них Николай Асеев в бытность его увлечения заумью («Осень семенами мыла мили» [Асеев 1967: 113]). Но Шраер-Петров, пожалуй, ему не уступит. Безо всякой оценки приведу из его стихотворений несколько примеров. Вырванные из контекста, они тем нагляднее продемонстрируют интерес поэта к теоретическим разработкам формальной школы и, в частности, к таким знаковым категориям, как остранение, воскрешение слова, обнажение приема и т. д.: *«Бродский бродит брагой»* [Шраер-Петров

1992: 59]²⁵; «*стол скобленный оскоплен огнем*» [Шраер-Петров 1992: 47]²⁶; «*катами казни катам заказывались*» [Шраер-Петров 1992: 13]²⁷; «*па-ры па-ришь Па-риж*» [Шраер-Петров 1992: 52–53]²⁸; «*Невы / но и не мы / немы*» [Шраер-Петров 1992: 27]²⁹; «*маздой вмазываешь хайвею*» [Шраер-Петров 1997: 56]; «*там-там сердец / то тут / то там*» [Шраер-Петров 1992: 37]³⁰; «*до утра утрата*» [Шраер-Петров 1992: 42]³¹.

Звуковые метафоры Шраера-Петрова можно свести к двум видам: к тем, что авторскую мысль затемняют («*нелюбимы неумолимы арок гроты готы тоги гады таты гоги годы ига гои*» [Шраер-Петров 1992: 49–50]³²), и к тем, что ее проясняют («*Бродский бросил бремя братства*» [Шраер-Петров 1992: 59]³³). Реалисту Шраеру-Петрову ближе вторые. Авангардисту Шраеру-Петрову — первые: они высекают не предусмотренный автором смысл — прямо-таки по Пастернаку:

> И, чем случайней, тем вернее
> Слагаются стихи навзрыд
> [Пастернак 1967: 65].

* * *

Вне богатейшего опыта русского и мирового авангарда Давида Шраера-Петрова представить невозможно. И все же лирическое творчество поэта — это не «слова в шляпе», не автоматическое письмо, допускающее сближение любых без исключения слов. Поэт рефлексии, Шраер-Петров размышляет о самых разных

---

[25] «Бродский бродит брагой».

[26] «Гадание при лучине».

[27] «Закат на Петроградской стороне году в пятьдесят четвертом».

[28] «Сауна в Литве».

[29] «Исаакиевский собор».

[30] «Розовые соцветия в ботаническом саду».

[31] «Болезнь друга». См. также статью Андрея Ранчина в этом сборнике.

[32] «Летний Каунас».

[33] «Стихи по книге Тихонова "Орда и брага"».

вещах и проблемах жизни — рядовых и судьбоносных. Оставаясь в рамках футуристической поэтики, погружаясь в глубины иррационально-подсознательного, он умеет в предельно краткой форме передать то или иное содержание.

Что представляет собой «Надгробие Пушкина»? Попросту говоря, о чем оно?

Решусь пересказать этот маленький шедевр.

Поэт посещает Святогорский монастырь (Святые горы Псковской губернии, теперь это Пушкинские Горы), где похоронен Пушкин. С первых слов картина увиденного посредством близких и дальних ассоциаций превращается чуть ли не в религиозное таинство. Исходным понятием, создающим атмосферу поклонения, являются «Святые горы», которые порождают, в свою очередь, «холодный мрамор», ассоциирующийся со смертью, «чело» (а не лоб), «монастырь», «звезду Давида», «паломников», «посох», «Мекку», «Каабу», «слово Божие».

Пушкин для Шраера-Петрова, как и для всей России, — путеводная звезда, предуказавшая дальнейшие пути развития русской поэзии. Масштаб созданного Пушкиным соотносится со всеобъемлющими духовными течениями и практиками в истории человечества. Высокий смысл стихотворения подчеркивается также тем, что почти каждая деталь носит символический характер, придающий изображаемой картине философский оттенок. «Святые горы» — «вот слово Божие куда занесено».

Что еще? По прочтении «Надгробия Пушкина» почему-то всплывают строки Тютчева: «Как океан объемлет шар земной, / Земная жизнь кругом объята снами...» [Тютчев 1966: 29]. И это потому, наверное, что в стихотворении, как и вообще в лучших произведениях поэта, присутствует неуловимый дух тайны, не поддающейся осознанию. Эта тайна и превращает ремесло в настоящее искусство.

Хотя плоский пересказ и убивает художественное содержание, но даже он убеждает нас в том, что Шраер-Петров — поэт мысли; мысли, часто скрытой за частоколом ассоциативных образов, звуковых метафор, аллюзий, реминисценций, эллипсов, «следов ушедших слов» и т. д.

* * *

Мне очень нравится корявое, в духе мовизма высказывание великого гуманиста Альберта Швейцера: «Я есть жизнь, которая хочет жить, я есть жизнь среди жизни, которая тоже хочет жить» [Швейцер 1973: 306].

Не меньше чем благоговением перед живой жизнью я назвал бы любовную лирику Шраера-Петрова. В послесловии к книге «Песня о голубом слоне» он пишет:

> …как влюбленный голубой слон в непролазных джунглях страсти, я трубил моими стихами, пробиваясь к единственной, самой прекрасной, самой нежной, самой жестокой и самой желанной — к моей женщине… пробивался, как голубой слон сквозь джунгли жизни, где переплетаются лианы любви и нелюбви…
>
> [Шраер-Петров 1990: 45].

Это ключ к пониманию не только философии любви поэта, но и — еще шире — философии существования, в центре которой, опять-таки, неизбежно встает проблема судьбы. Опираясь на одну только любовную лирику, можно воссоздать психологические портреты и лирической героини поэта, и самого поэта — человека, подверженного страстям.

Поэма «Теницы» (неологизм Шраера-Петрова, вероятно выведенный от соединения слов «тени» и «девицы») [Шраер-Петров 1999: 38] в значительной степени, как я думаю, автобиографична. Ее герой — альтер эго автора. Если это так, то поэт, подобно своему герою, буквально продирался к своей возлюбленной сквозь джунгли жизни, а лучше сказать, сквозь «данаек дары» [Шраер-Петров 1999: 40], сквозь «метельных ночей угар» [Шраер-Петров 1999: 42], сквозь ласки и любовь «полуодетых losниц» [Шраер-Петров 1999: 38]. Такие определения и оценки, как «самая нежная и самая жестокая», «любовь и нелюбовь», «пробиваясь к единственной», «предан тебе, но предан тобой» [Шраер-Петров 1999: 43], безусловно, указывают на отнюдь не лучезарный, порой до ссадин, непростой характер совместно пройденного пути — «им» и «ею». Лирика поэта в целом подтверждает сказанное.

Почему я к Брюсову равнодушен, а, скажем, Блока или Маяковского люблю? Потому что любить благополучного поэта почему-то не хочется. В поэзии Шраера-Петрова много любви — к жене, к сыну, к друзьям, вообще к естественным проявлениям жизни, но нет ни в малейшей степени успокоенности и довольства. Когда поэт любимую женщину называет «горчинкой в отраве сладчайшей» [Шраер-Петров 1990: 31][34] или скажет: «Все обрыдло, осточертело. / Некому слово родное сказать» [Шраер-Петров 2009: 12][35], «Отболела душа, отлюбила, отпела свое» [Шраер-Петров 2003: 101][36], — надо постараться понять природу этих ламентаций. Здесь, я думаю, устами поэта говорят не одни только страдания любви:

> Никому не нужны мы, родная,
> Да и нету вокруг ни души.
> Только в небе вороньего грая
> Похоронная нота страшит
> [Шраер-Петров 2009: 12][37].

Тут я вижу перекличку с Цветаевой: «Жизнь — это место, где жить нельзя...» из «Поэмы Конца» [Цветаева 1994: 48]. И я не удивился бы, если бы поэт, подобно одному чеховскому персонажу из рассказа «Крыжовник», заявил: «Счастья нет и не должно его быть, а если в жизни есть смысл и цель, то смысл этот и цель вовсе не в нашем счастье, а в чем-то более разумном и великом» [Чехов 1986: 64].

Еще заметнее в лирике Шраера-Петрова перекличка с поздними стихами Александра Межирова. Мотивы угасания, усталости от жизни, мотивы «конца», звучащие у обоих поэтов с трагической силой, рождают, не побоюсь сказать, новый поэтический жанр, который Межиров определил как «прозу в стихах».

---

[34] «Комната прощания».
[35] «Снег в Новой Англии». Также аллюзия на «И скучно и грустно» Лермонтова. — *Примеч. ред.*
[36] «Отболела душа».
[37] «Снег в Новой Англии».

> Не впопыхах,
> А трудно и медленно, в муках —
> Проза в стихах,
> В чуждых поэзии звуках...
> [Межиров 1982: 92].

Проза в стихах — это то, что в какой-то мере объединяет поэтов одного поколения — Александра Межирова, Юрия Левитанского, Бориса Слуцкого, Давида Самойлова.

Признаюсь, «старческие» стихи Давида Шраера-Петрова и Александра Межирова мне греют душу больше, чем другие.

* * *

Содержательная, с блеском написанная поэтом статья «Искусство как излом» навела меня на размышления об онтологической сущности поэзии вообще и, в частности, лирики самого Давида Шраера-Петрова.

Нечто новое, первородное и потому живое в стихах завязывается в точках напряжения, на стыках чего угодно — земного и небесного, бытового и бытийственного, реальности и снов, грез, миражей, наваждений, осмысленного словесного жеста и экстатической ворожбы (подтверждать сказанное весьма затертым выражением про стихи из сора не буду[38]). К «чистой поэзии», погружающей в трансцендентное состояние, склонен и Шраер-Петров (многочисленные стихотворения-блюзы, «Барабаны судьбы» и прочее). Статья «Искусство как излом» указывает исследователям прозы и поэзии, может быть, на самую главную особенность и закономерность творческого процесса [Шраер-Петров 1995: 245].

Кроме того, у меня лично по прочтении этой статьи возник соблазн истолковать ее смысл расширительно. Если исходить из

---

[38] «Когда б вы знали, из какого сора / Растут стихи, не ведая стыда» из второй части цикла Анны Ахматовой «Тайны ремесла» (1936–1960). См. [Ахматова 1975: 201–206]. — *Примеч. ред.*

обиходного значения слова «излом», то всякий резкий поворот, всякую крутую смену полюсов, ракурсов, направлений можно увязать с общей теорией конфликтологии. И тогда сами собой выскакивают родственные «излому» образования: искусство как взрыв, крушение, апокалипсис, искусство как эпатаж, искусство как смерть, искусство как смена вех. И т. п.

Учитывая, однако, мое право выбора, я прежде всего осуществил бы труд под названием «Изломы судьбы Давида Шраера-Петрова».

***

Лирика Шраера-Петрова в общем и целом, не исключая и авангардистские стихи, тяготеет к постижению явлений и предметов реальной действительности. Однако как истинный поэт, обладая даром преображения, он умеет находить такие слова и так их расставить, что далеко не все в его стихах поддается рациональному объяснению. В них всегда остается частица неразгаданного, магического, равного по воздействию музыке. В качестве примера приведу небольшое по объему, но просторное и глубокое по смыслу стихотворение, чем и закончу свои заметки на полях прочитанного.

Пытая судьбу, с надеждой и тоской по Мессии бредут «в пустыне» жизни верующие и неверующие евреи, а с ними и поэт, прозаик, гражданин мира — Давид Петрович Шраер-Петров:

Новогоднее

Мы с тобой родили сына
в давнем городе, в хлеву.
Сеном хрупала скотина
и звезда зажглась во лбу.
Три служаки появились:
шамес, кантор и раввин,
Божьим именем божились:
будет Божьим светом сын!

> он укажет вам дорогу
> за моря и за леса.
> привыкайте понемногу
> верить в чудеса.
> город, хлев, друзей, скотину
> кинув,
> мы с тобой
> побрели вдогонку сыну
> с голубой звездой.
> с той поры бредем в пустыне,
> ноги в синяках.
> я взываю: где мы, сыне?
> небо в облаках
>   [Шраер-Петров 2009: 47][39].

Источники

Асеев 1967 — Асеев Н. Н. Стихотворения и поэмы. Библиотека поэта. Большая серия / под ред. А. Урбан, Р. Вальбе. Л.: Советский писатель, 1967.

Ахматова 1976 — Ахматова А. А. Стихотворения и поэмы / под ред. В. М. Жирмунского. Л.: Советский писатель, 1976.

Баратынский 1957 — Баратынский Е. А. Полн. собр. соч. / под ред. Е. Н. Купреяновой. Л.: Советский писатель, 1957.

Гнедов 1915 — Гнедов В. Смерть искусству: пятнадцать поэм. СПб.: Петербургский глашатай, 1915.

Гнедов 1996 — Гнедов В. Смерть искусству: пятнадцать поэм / под ред. Д. Кузьмина. М.: Арго-риск, 1996.

Кожинов 2005 — Кожинов В. В. Вадим Кожинов в интервью, беседах, диалогах и воспоминаниях современников / под ред. С. В. Маршкова. М.: Алгоритм, 2005.

Кожинов 2009 — Кожинов В. В. Красная сотня. М.: Алгоритм, 2009.

Крученых 1923 — Крученых А. Е. Апокалипсис в русской литературе. Черт и речетворцы. Тайные пороки академиков. Слово как таковое. Декларации. М., 1923.

---

[39] «Новогоднее».

Малларме 1995 — Малларме С. [Mallarmé, Stéphane]. Соч. в стихах и прозе. М.: Радуга, 1995.

Мандельштам 1966 — Мандельштам О. Э. Собр. соч.: в 2 т. / под ред. Г. П. Струве, Б. А. Филиппова. Т. 2: Стихотворения. Проза. Вашингтон: Inter-Language Literary Associates, 1966.

Межиров 1982 — Межиров А. П. Проза в стихах. М.: Советский писатель, 1982.

Набоков 2000 — Набоков В. В. Собр. соч. русского периода / под ред. Н. И. Артеменко-Толстой. Т. 3. СПб.: Симпозиум, 2000.

Пастернак 1965 — Пастернак Б. Л. Стихотворения и поэмы. Библиотека поэта. Большая серия / под ред. Л. А. Озерова. Л.: Советский писатель, 1965.

Пикассо 2008 — Пикассо П. Стихотворения / пер. с фр. и послесловие М. Яснова. М.: Текст, 2008.

Сапгир 2004 — Сапгир Г. В. Стихотворения и поэмы / под ред. и с коммент. Д. Шраера-Петрова, М. Д. Шраера. СПб.: Академический проект, 2004.

Тютчев 1966 — Ф. И. Тютчев. Лирика / под ред. К. В. Пигарев. М.: Наука, 1966.

Цветаева 1994 — Цветаева М. И. Собр. соч.: в 7 т. Т. 3. М.: Эллис Лак, 1994.

Фет 1979 — Фет А. А. Вечерние огни / под ред. Д. Д. Благого, М. А. Соколовой. М.: Наука, 1979.

Чехов 1986 — Чехов А. П. Полн. собр. соч. и писем: в 30 т. / под ред. Н. И. Соколова. Т. 10. М.: Наука, 1986.

Шраер-Петров 1990 — Шраер-Петров Д. Песня о голубом слоне. Любовная лирика. Холиок: Нью-Ингланд, 1990.

Шраер-Петров 1992 — Шраер-Петров Д. Вилла Боргезе. Стихотворения. Нью-Ингланд Паблишинг Кº, 1992.

Шраер-Петров 1995 — Шраер-Петров Д. Искусство как излом // The New Review / Новый журнал. 1995. № 196. С. 245–256.

Шраер-Петров 1997 — Шраер-Петров Д. Пропащая душа. Стихотворения и поэмы. 1987–1996. Провиденс: АРКА Publishers, 1997.

Шраер-Петров 1999 — Шраер-Петров Д. Питерский дож. Стихотворения и поэма (1995–1998). СПб.: Петрополь, 1999.

Шраер-Петров 2002 — Шраер-Петров Д. Барабаны судьбы. М.: Арго-риск, 2002.

Шраер-Петров 2003 — Шраер-Петров Д. Форма любви. Избранная лирика. М.: Изд. дом «Юность», 2003.

Шраер-Петров 2009 — Шраер-Петров Д. Две книги. Стихи. Филадельфия: Побережье, 2009.

Якобсон 2012 — Якобсон Р. О. Будетлянин науки. Воспоминания, письма, статьи, проза / под ред. Б. Янгфельдта. М.: Гилея, 2012.

Picasso 2005 — Picasso P. Poèmes / ed. par A. Michael. Paris: Le Cherche Midi, 2005.

Библиография

Чуковский 1924 — Чуковский К. И. Александр Блок как человек и поэт. Пг.: А. Ф. Маркс, 1924.

Швейцер 1973 — Швейцер А. Культура и этика / под ред. В. А. Карпушина; пер. Н. А. Захаренко, Г. В. Колшанского. М.: Прогресс, 1973.

Шкловский 1990 — Шкловский В. Б. Гамбургский счет (Статьи — воспоминания — эссе) / под ред. А. Галушкиной. М.: Советский писатель, 1990.

Nabokov 1995 — Nabokov, Vladimir. The Complete Stories of Vladimir Nabokov / ed. by D. Nabokov. New York: Knopf, 1995.

Часть третья

РОМАНЫ ОБ ОТКАЗНИКАХ

Романы Давида Шраера-Петрова об исходе и эпистемология еврейского культурного возрождения в СССР*

Клавдия Смола

В своем исследовании культурной памяти Ян Ассман определяет некоторые сложившиеся в культуре ландшафты как топосы, которые в определенных обстоятельствах могут вновь обрести свой символический характер и, следовательно, свою актуальность: «…они возводятся <…> в статус знака, то есть семиотизируются» [Assmann 1992: 60]. В этой статье я покажу, как определенные пласты культурной традиции были ресемиотизированы в прозе писателей *алии* (или исхода) в период еврейского возрождения в позднем СССР. Меня интересует взаимосвязь между коллективным переосмыслением иудаизма и традиционной еврейской парадигмой сохранения памяти. В качестве примера я рассмотрю первые две части трилогии Давида Шраера-Петрова об отказниках «Герберт и Нэлли»: «Доктор Левитин» (1979–1980) и «Будь ты проклят! Не умирай…» (1982–1984)[1].

---

* Copyright © 2021 by Klavdia Smola. В несколько измененном виде готовится к публикации в [Смола 2021].

[1] Максим Д. Шраер описывает историю публикации романа следующим образом: «В 1984 году рукопись первой и второй частей трилогии об отказниках была сфотографирована доверенным фотографом, а негативы тайно вывезены из СССР на Запад. <…> В 1986 году сокращенный текст первой части появился в Иерусалиме под названием "В отказе" в одноименном томе, опубликованном издательством "Библиотека-Алия" и состоящем из сочинений, написанных самими отказниками, и текстов о них [Shrayer 2018: 278].

Действительно, еврейская подпольная культура, которая была ознаменована борьбой за эмиграцию и идеализированным образом Израиля, иллюстрирует концепцию «горячей памяти» Ассмана, призванной спровоцировать «разрыв, изменение и переворот» [Assmann 1992: 70]. Ранняя библейская история, иудейский миф о Святой земле, история исхода, разрушенный храм Иерусалима и *галут* («изгнание») внезапно обретают для советских евреев огромную взрывную силу. Давнее или мифическое прошлое становится политически неустойчивым настоящим, более того — живым источником идентичности, и готовит почву для долгожданного будущего. В этом контексте коллективная память приобретает статус исторического события в понимании немецкого историка Люциана Хельшера: «Исторические толкования, присутствующие в воспоминаниях <...>, сами являются историческими событиями» [Hölscher 1995: 166].

Наряду с другими текстами исхода, такими как «Лестница Иакова» (1984) Ефрема Бауха, «Третий Храм» (1975) и «Десятый голод» (1985) Эли Люксембурга, «Врата нашего исхода» (1980) Феликса Канделя и «Присказка» (1978) Давида Маркиша, трилогия Шраера-Петрова об отказниках являет собой яркий пример советско-еврейской неофициальной литературы и одновременно уникальное историческое свидетельство. Будучи частью советской диссидентской культуры, эти романы способствовали становлению альтернативного канона русской литературы в советский период. Более того, они стали частью сионистской литературы, создаваемой на протяжении веков в разных странах и на разных языках и восходящей еще к «Ширей Цион» — сионским песням Иегуды Галеви (1075–1141)[2].

Третий роман трилогии, «Третья жизнь», был написан и опубликован уже после эмиграции Шраера-Петрова в США. В 2020 году автор подготовил окончательный текст третьей части трилогии об отказниках, озаглавленный «Третья жизнь доктора Левитина», который должен выйти в России в ближайшее время. — *Примеч. ред.*

[2] И роман Шраера-Петрова, и проза исхода в целом унаследовали традицию ранней русской «палестинской» прозы *халуцим*, представленную, например, в романе Марка Эгарта «Опаленная земля» (1933–1934).

Трилогия отчасти автобиографична[3]. Неслучаен гибридный характер ее поэтики: текст, близкий к документальному и публицистическому дискурсу, то и дело перемежается с частями, написанными в лирической и исповедальной манере. Эссеистические приемы делают возможным как смешение голосов, так и сочетание различных жанров, таких как психологический роман и роман-адюльтер, дневник, мемуары, криминальный и политический триллер. В результате трилогия Шраера-Петрова сложнее многих своих «родственников» по еврейско-русской литературе *алии*, например документального романа «Шереметьево» (1988) Григория Вольдмана или сатирической повести «Карусель» (1979) Юза Алешковского.

Главный герой романа, доктор Герберт Анатольевич Левитин — врач, как, к примеру, и Эммануил Кардин, центральный персонаж в «Лестнице Иакова» Бауха. Подобно доктору Кардину и тысячам других представителей еврейской советской интеллигенции, доктор Левитин — потомок религиозных евреев из *штетла*; однако мир традиционного еврейства в бывшей черте оседлости стал чуждым уже его родителям. Путь традиционного еврейства к ассимиляции и светскому образованию — нередко именно медицинскому — маркирует важную фазу частной семейной и общей еврейской истории, исследование которых оказывается важным для «пробудившихся» евреев, в том числе и авторов литературы *алии*. В 1930-е годы отец Левитина вместе с молодой женой переселился из далекого белорусского местечка в Москву, «в новый мир», чтобы изучать медицину: они «не могли оставаться в старой, пропахшей словопрениями и сомнениями, пронафталиненной среде» [Шраер-Петров 2014: 39]. Здесь воспроизводятся топосы раннесоветского дискурса модернизации, с энтузиазмом воспринятого многими евреями бывшей Российской империи. Подобные отрицательные образы «архаичного» мира

---

[3] Мои беседы с Давидом Шраером-Петровым в декабре 2012 года в Рамат-Гане и в декабре 2018 года в Бостоне помогли мне более ярко представить себе атмосферу отказа, его драматическое воздействие на биографию автора и дух времени написания романа.

местечек, часто снабженные обонятельными ассоциациями, появляются в поэзии Эдуарда Багрицкого и Иосифа Уткина, а также в ранней автобиографической прозе Осипа Мандельштама. Этот интертекст обозначает важную генеалогию, которая помогает понять повествуемое настоящее романа — еврейское возрождение в позднесоветской России. Доктор Левитин растет в семье московских интеллигентов, для которых их еврейство является лишь знаком семейного происхождения, «хрупкой идентичностью» в многонациональном советском государстве. В «черном» 1949 году отца Левитина по непонятным для него причинам отстраняют от работы в военном госпитале, а в 1953 году, в разгар «дела врачей», арестовывают. Не в силах справиться с унижением, он умирает вскоре после реабилитации, последовавшей за смертью Сталина. В начале романа еврейство самого Герберта Анатольевича в значительной степени сводится к ежегодному посещению Московской хоральной синагоги в день смерти (*ярцайт*) его отца. Там он тем не менее всякий раз испытывает внутреннюю, хотя и временную связь со своими предками:

> ...это было временное, закономерно возвращающееся, как память о родителях, приобщение себя к понятию еврейства. То есть он, оставаясь русским интеллигентом, внезапно, но совершенно определенно открывал в себе еще одну важную черту — еврейское происхождение [Шраер-Петров 2014: 43].

Герой впервые задумывается об отъезде уже в начале романа, когда его семья сталкивается с особенно жестким государственным антисемитизмом. Единственный сын Левитиных Анатолий проваливается на вступительных экзаменах на медицинский факультет, где его отец, доктор медицинских наук, занимает должность второго профессора на кафедре. Это происходит, как того и опасались родители, из-за еврейского происхождения Анатолия, которое экзаменаторы мгновенно обнаруживают. В результате Анатолий переживает тяжелый нервный срыв. Тем временем все больше друзей и знакомых семьи Левитиных эмигрируют из СССР по израильским визам.

В романе представлен весь спектр антиеврейских настроений — от почти биологического отвращения со стороны вроде бы в целом порядочных и гуманных советских граждан до политической борьбы партийных чиновников и КГБ с евреями как потенциальными врагами народа и сионистами. В случае отношения Василия Матвеевича — отца Татьяны и тестя Левитина — к евреям вековое недоверие простых селян к чужакам[4] сочетается с политической подозрительностью среднего советского гражданина, лояльного власти и впитавшего дух коммунистической пропаганды. Василий Матвеевич, как поясняет рассказчик Шраера-Петрова, не был антисемитом, однако «не любил евреев» [Шраер-Петров 2014: 33]. Он называет Левитина «носатым дохтуром» и удивляется непрактичности Левитина, который, будучи евреем, не сумел найти выход из затруднительного положения своего сына.

Даже в своей собственной семье Левитин сталкивается со старыми коллективными фобиями, выходящими за рамки политики и достигающими кульминации в расовых предрассудках. Его жену Татьяну перспектива эмигрировать в Израиль приводит в ужас; Татьяна опасается, что семитские черты мужа — «удлиненный череп», «курчавые волосы», «темные глаза» и «хищный нос» — могут передаться и ей. Телесная инаковость доктора Левитина, унаследованная их сыном Анатолием, оказывается стигмой. Тот факт, что эта инаковость подозрительно воспринимается даже близкими родственниками, свидетельствует о трагической непреодолимости этнической розни и отсылает к давней традиции русской ксенофобии.

Желание персонажей (как правило, именно мужских) уехать, продиктованное осознанием своего еврейства, в романах Бауха и Шраера-Петрова будит в их нееврейских женах до тех пор дремавшие предрассудки. В «Лестнице Иакова» жена Кардина Лена — казацкого происхождения, что не случайно в контексте романа: казаки изображены как извечные враги евреев. Чем

---

[4] В сознании Василия Матвеевича это отношение находит свое «естественное» выражение в известной русской пословице «Гусь свинье не товарищ».

больше Кардин обращается к еврейству, тем шире бездна между супругами. Как и Татьяна Левитина, Лена тоже пытается стряхнуть с себя пагубное воздействие еврейства: «И опять рассказывает еврейские анекдоты в компании, и сквозит в этом болезненное желание приобщиться к "своим", доказать, что не совсем "ожидовилась"» [Баух 2001: 297].

Страстное осуждение антисемитизма — важнейшая составляющая романов Шраера-Петрова об исходе, документирующая их принадлежность к позднесоветской еврейской протестной культуре. Авторефлексия, а также эффект политической инвективы усиливаются, когда повествование в «Докторе Левитине» прерывается автобиографическими отступлениями, вставками от первого лица. Ощущение достоверности в этих отступлениях сближает роман с документальными повествовательными жанрами, такими как мемуары и дневники. Автобиографический рассказчик, писатель еврейско-русского происхождения, анализирует свою жизнь советского еврея с детства до настоящего времени в отдельных фрагментах — «историю больших и малых обид» [Шраер-Петров 2014: 97], личную энциклопедию дискриминации[5]. Из этого двойного повествования вырастает тематически многомерная структура — сеть аналогий и аллюзий, игра с личной близостью и вымышленной дистанцией, с двойничеством рассказчика и героя. Выдержка из обвинительной речи генерального прокурора Израиля Гидеона Хаузнера на процессе Адольфа Эйхмана в 1961 году выявляет параллели между немецким национал-соци-

---

[5] Одно из первых крупных произведений, в которых обличается советский антисемитизм, на несколько лет опередило эпоху еврейского возрождения в России и принадлежало перу нееврейки: это роман Ирины Грековой «Свежо предание» (1962; опубликован лишь в 1997 году). В этом романе, одном из важнейших литературных документов эпохи, преследования евреев в Советском Союзе изображены значительно более открыто, чем в романе Василия Гроссмана «Жизнь и судьба», завершенном тремя годами раньше и опубликованном в России в 1988 году. Показательно, что стихотворение Евгения Евтушенко «Бабий Яр», обращающееся к табуированной в Советском Союзе теме Холокоста, было написано за год до романа Грековой, в 1961 году. Апогея традиция новой «антиантисемитской» русской прозы достигает в романе Александра Мелихова «Исповедь еврея» (1993).

ализмом и послевоенным советским коммунизмом: «...торговля свободой еврея стала отныне официальной политикой рейха» [Шраер-Петров 2014: 139]. А путешествие Анатолия со своей возлюбленной Наташей в Тракай во время поездки в Литву, предпринятое ими с целью увидеть, что осталось от местной караимской общины, служит отправной точкой для путевого отчета самого рассказчика[6]. С исторической точки зрения экскурсия Анатолия и Наташи в Тракай свидетельствует о зарождении у молодежи позднесоветского периода интереса к еврейской культуре. В то же время метарефлексия повествователя позволяет ему рассказать в романе о судьбе караимов как о части трагической истории советских евреев. Старые караимы Тракая, религия которых отпочковалась от иудаизма, скрывают это родство, не желая, чтобы их ассоциировали или путали с евреями из страха гонений. Поэтому они воспринимают прямые вопросы любознательного рассказчика как угрозу и реагируют враждебно. Тот же продолжает разузнавать детали о замолченной истории и находит кенесу (караимскую синагогу) и музей; параллельно он пытается доказать семитское происхождение Пушкина:

> Пушкин получил свои поэтические гены от Давида и его сына Соломона, поскольку род Ганнибалов восходит к династии эфиопских царей через Соломона и царицу Савскую <...>. Прослеживается чёткая генеалогическая и потому — генетическая линия: Давид — Соломон — Христос — Пушкин [Шраер-Петров 2014: 189].

---

[6] В еврейско-советской нонконформистской литературе местом потаенных еврейских религиозных обрядов или еврейской культуры часто является советская периферия или советские республики: бывший штетл, когда-то покинутый главным героем, Литва, Кавказ или Средняя Азия. Поскольку еврейские обычаи и знания в большей степени сохранились на пограничье, периферия часто предстает как пространство живой памяти и последних остатков традиции. Край империи отражает *ex negativo* пустое пространство центра. Поэтому путешествие Кардина в родной городок в романе Бауха становится в буквальном смысле возвращением к корням. Эли Люксембург, выросший в Узбекистане, изображает в «Десятом голоде» среднеазиатское еврейство Бухары. В рассказе Маркиша «Присказка» Казахстан рассматривается как суррогат Палестины: пространство свободы, место сионистского самообразования и подготовки к исходу.

Как и другие герои прозы исхода, обретающие новую идентичность, — Симон Ашкенази Давида Маркиша, Йошуа Калантар Эли Люксембурга и Кардин Ефрема Бауха, а также лирические повествователи Феликса Канделя и Семена Липкина — рассказчик Шраера-Петрова стремится показать скрытые еврейские слои палимпсеста русской культуры. Здесь показательна рефлексия о русской культуре на фоне культуры еврейской: возникает особая концепция историчности, ставящая под сомнение непрерывность и однородность гегемонной культуры, ее идеологическое содержание и притязание на существование общего национального исторического нарратива, который делает неслышимыми голоса меньшинств.

Желая спасти непроявленные генеалогии и скрытые взаимосвязи от забвения, рассказчик Шраера-Петрова и близкий к нему автор превращаются в историков своей малой культуры. Повествование о семье Левитиных становится частью большой истории еврейской диаспоры Восточной Европы, и прежде всего — Советского Союза. Судьба караимов, упоминание поэта Ильи Сельвинского с его ранним венком сонетов «Бар-Кохба» и новейших научных трудов о хазарах — все это передает эпистемологию времени и авторефлексивно указывает на реальные обстоятельства, приведшие к созданию романа Шраера-Петрова. С этой точки зрения гибридный текст представляет собой художественное исследование еврейства с элементами автобиографии, критики политического режима и культурно-исторического просветительства[7].

И все же главной темой «Доктора Левитина» и всех трех романов об исходе в целом выступает одна из основных составляющих советско-еврейского протестного движения — судьба отказников. Жизнь семейства Левитиных резко меняется после того, как они подают документы на выезд в Израиль. Доктор Левитин вынужден оставить работу ученого и профессора. Подробное описание

---

[7] Ненавязчивый просветительско-этнографический подтекст романа проявляется, например, в подробном изложении библейской предыстории празднования Хануки или в пояснении еврейских обычаев.

гонений, которые обрушиваются на их головы, призвано передать типичное состояние еврейских семей, решившихся на исход. Так, Герберту Анатольевичу только лишь для подачи заявления в ОВИР (Отдел виз и регистрации) требуется справка с места работы. Но как только в медицинском институте узнают о его желании уехать, он тут же превращается в опасного сиониста, объект ненависти и открытого остракизма. Принудительным условием выдачи справки становится увольнение по собственному желанию. Начальник Левитина, профессор Баронов, заведующий кафедрой общей терапии, бросает Левитину типичный упрек: «<вы> просто-напросто типичный неблагодарный еврей, который получил здесь все, что возможно: образование, почет, идеи, даже жену получил из России, а теперь плюет на все самое святое!» [Шраер-Петров 2014: 61]. Обоснование отказа в разрешении на выезд, узнать которое стоит Левитину огромных трудов, — свидетельство произвола эмиграционной политики Советского государства, а приведенные заглавными буквами слова «ПРИЕМНАЯ» и «ОЧЕРЕДЬ» в ОВИРе служат символами повседневности отказников и участи советского еврейства в целом. Для толкущихся в очереди евреев ожидание разрешения на выезд становится образом жизни: «Никогда ещё Герберт Анатольевич не слышал подряд такого разнообразия еврейских фамилий. По этому перечню можно было, как по этнографическому путеводителю, проследить историю и географию еврейской диаспоры» [Шраер-Петров 2014: 229]. Последующее перечисление еврейских фамилий с этимологическим комментарием опять же рассказывает историю происхождения, скитаний и приспособления народа в *галуте* — историю еврейства в свете надежды на исход и возвращение на родину.

На втором, автобиографическом уровне повествования возникает непосредственная параллель между вымыслом и реальными событиями, пережитыми автором: петициями, заявлениями на визу и открытыми письмами, документирующими еврейскую эмиграцию в 1970-е и 1980-е годы: «Я — отказник, пария, бесправный гражданин имярек. Меня лишили естественной возможности самовыражения: работать по специальности, а потом отняли писательское удостоверение. Всё, что я пишу, наверняка пропадёт, затеряется» [Шраер-Петров 2014: 232–233]. Упоминается, между прочим, эмиграция Василия Аксенова, критикуется равнодушная позиция Давида Самойлова по отношению к отказникам. Ставится, наконец, вопрос о связи советских евреев с их происхождением: что удерживает вместе всех стоящих в очереди ОВИРа — «[н]еужели только кровь наших загубленных предков?» [Шраер-Петров 2014: 234].

Для неопытного отказника Левитина отказ, причины которого непостижимы, становится шоком. Медицинская и биологическая метафорика призвана передать непреодолимую границу между жизнью семьи до и после отказа — такая «натурализация» когнитивных и социальных процессов характерна для литературы исхода с ее склонностью к радикальным тропам: «...вся жизнь <...> сжималась, сокращалась, как тельца одноклеточных животных, превращающихся в цисту, чтобы сохранить самую основу жизни...» [Шраер-Петров 2014: 221].

Трагедия происходит, когда призванный в армию Анатолий гибнет на войне в Афганистане. Семья разрушена; Татьяна умирает от горя и чувства вины (за свою неверность и за то, что не смогла спасти сына), психически сломленный Герберт Анатольевич до неузнаваемости обгорает во время пожара, тем самым действительно биологизировав стигму инаковости и мученичества. Пожар устраивает, видимо, сам Левитин: такова его отчаянная месть полувоображаемой, полуреальной старухе, которая отвешивает «таинственные» порошки в гомеопатической аптеке и по совместительству работает секретаршей в ОВИРе. (О мотиве еврейского отмщения см. эссе Джошуа Рубинштейна в этом сборнике.) На глазах у обезумевшего, измученного манией преследования профессора старуха превращается в отвратительную серую Сову, которая для него, подобно старухе-процентщице для Родиона Раскольникова, олицетворяет вселенское зло. Мотив бреда, до этого звучавший в тексте приглушенно, разворачивается в конце первой части, когда в приемной ОВИРа Левитин вдруг ощущает присутствие темных мистических сил и в мгновение ока теряет свое научное *ratio*. Так вводится смыслопорождающий для прозы эксодуса топос границы: географической, психической или метафизической. В частности, в прозе Эли Люксембурга помутнение рассудка главных героев стирает границу между реальностью и духовным миром. Конец первой части трилогии одновременно олицетворяет радость мести и окончательное безумие Левитина.

За последним видением Левитина перед вспышкой огня следуют поэтические строки из 21-го псалма Давида, проникнутые трагизмом богооставленности и отчаяния:

> Я пролился, как вода; все кости мои рассыпались; сердце моё сделалось, как воск, растаяло посреди внутренности моей! Сила моя иссохла, как черепок; язык мой прильнул к гортани моей, и Ты свёл меня к персти смерти, ибо псы окружили меня; скопище злых обступило меня; пронзили руки мои и ноги мои [Шраер-Петров 2014: 295–296].

Во второй части романа «Будь ты проклят! Не умирай…» чудом спасшийся доктор Левитин погружается в среду отказников и встречает свою последнюю любовь, Нэлли Шамову. Но роман заканчивается новым крахом — смертью возлюбленной и возвращением фантасмагорической Совы, которую доктор Левитин пытался убить в конце первой части.

Как разновидность «этнической» (еврейской) эмансипаторной литературы, или литературы меньшинств, тексты исхода часто наделяют своих вымышленных и реальных героев легендарными национальными прототипами, которые несут символическую нагрузку на ценностной шкале сионистской телеологии. Телос возвращения, обретающий метафизическое измерение, выражен в подобных отрывках: «…нынешнее существование Герберта Анатольевича, жизнь его витающей над землёй души, было направлено только в один мир, одну вселенную — Эрец Исраэль» [Шраер-Петров 2014: 357]. Семидесятипятилетний дядя доктора Левитина Моисей, социалист и идеалист, бежал в Палестину в возрасте шестнадцати лет и вместе с другими *халуцами* участвовал в строительстве еврейского государства. Для Левитина дядя Моисей олицетворяет собой сильного нового еврея, чья жизнь лишь оттеняет вялость и неуверенность духовно скукоженных потомков — советских евреев: «…Герберт Анатольевич тянулся к дяде Моисею, как тянется чахлый росток к солнцу — в надежде выжить и включиться в цикл божественной энергии, эманации, перелиться во вселенную родного народа» [Шраер-Петров 2014: 357]. Фигура дяди Левитина — тезки главного героя библейского исхода — подкрепляет структуру параллелей романной фабулы, благодаря чему фундаментальная двухполюсная модель «русско-советское — еврейско-израильское» заручается надежной генеалогией. Действительно, по мнению некоторых отказников в романе, смирение — исконно русская и христианская черта, привитая евреям в ходе ассимиляции вопреки древней парадигме иудейства: «Эта покорность противоречит иудаизму» [Шраер-Петров 2014: 369]. Одновременно эпизоды празднования еврейских праздников в среде евреев алии вплетаются в обширную сеть библейских отсылок — в частности, праздник Ханука напоминает об истории восстания Маккавеев [Шраер-Петров 2014: 375–376]. Кроме того, еврейско-иудаистский взгляд на текущие события задается сравнением власть имущих с египетскими правителями из книги Шмот (Исход), а советских евреев — с их рабами: начальник ОВИРа «диктатор» Дудко стремится «подав[ить] восставших рабов, пожелавших глотнуть воздух свободы» [Шраер-Петров 2014: 482]. С этой точки зрения актуальное положение дел длится тысячелетиями: «Ничего не изменилось, хотя прошло две тысячи лет» [Шраер-Петров 2014: 482].

Роман Шраера-Петрова моделирует Израиль одновременно как реальное и как библейское пространство, перенося чаяния спасения из религии в историю. Парадоксальным образом сионистский роман следует давней литературной традиции еврейской диаспоры — традиции «поэтического обживания» Святой земли, которую Амир Эшель описывает следующим образом: «Действительно, на протяжении поколений изгнания еврейские писатели были не столько одержимы стремлением вернуться в Сион — идеей, которую многие из них считали мессианской, — сколько руководствовались желанием поселиться там в поэтическом смысле» [Eshel 2003: 124–125]. Веками существовавшая в диаспоре детерриториализирующая модель еврейской родины, без которой не было бы истории еврейской литературы[8], возрождается в позднесоветской диссидентской среде: «родная земля <...> изымалась из географии, чтобы стать духовной категорией» [Zeller 2003: 5].

В отступлениях от основного сюжета рассказчик обращается к судьбам многочисленных отказников в кругу знакомых доктора Левитина, чтобы продемонстрировать масштабы и специфику коллективного явления, изъятого из советской публичной сферы. Объектом детального рассмотрения выступает академическая подпольная элита: автор, сам ученый-медик, описывает достижения исследователей (как реальных, так и вымышленных), которых против воли удерживали в Советском Союзе, наказывали и унижали, заставляя перебиваться на низких должностях или трудиться не по профессии: таковы биохимик Вольф Израилевич Зельдин или Александр Ефимович Хасман, этнограф и эксперт по раннему Хазарскому каганату. На фактографическую достоверность с политическим подтекстом работают сцены еврейских праздников, встреч в главной синагоге в день *Симхат-Тора*, а также долгие беседы и споры о судьбе алии на частных квартирах. Типичным предметом художественного «диегезиса идей» служат, например, рассуждения персонажей о пассивности ассимилированных и веками угнетаемых русских евреев, а также сомнения в их способности проникнуться ценностями «родного» государства Израиль.

Как и некоторые другие важные романы того времени (более всего «Присказка» Давида Маркиша), трилогия Давида Шраера-Петрова об отказниках — новая версия романа воспитания

---

[8] Сидра ДеКовен Эзрахи тоже пишет о «текстуальной репатриации» в еврейской поэтике изгнания: «В своей наиболее радикальной форме это — воображаемая лицензия [на гражданство] вне географических координат: речь идет о подтверждении и переосмыслении еврейского слова как упражнения в номадизме и о еврейском изгнании как о некоей литературной привилегии» [Ezrahi 2000: 10]. Вечно откладываемые в условиях диаспоры возвращение и искупление, а также традиция письменной, символической родины как *макома* (Вефиль Иакова, дом Бога) становятся для евреев неотъемлемым источником литературного вдохновения [Ezrahi 2000: 10–15].

(*Bildungsroman*). Подобно «Лестнице Якова» Бауха или «Третьему храму» Люксембурга, она наследует, кроме того, жанру русского «романа прозрения»: развитие героя — это путь к духовному откровению, подобному тому, который проходят Пьер Безухов и Иван Ильич Толстого, Родион Раскольников Достоевского или чеховская Надя из рассказа «Невеста»[9]. Не в последнюю очередь черты романа воспитания сообщает трилогии Шраера-Петрова выбор читаемых и обсуждаемых отказниками авторов, отсылая к проживаемой на интертекстуальном уровне еврейской и сионистской истории. «Библиотека-Алия» с книгами Исаака Башевиса-Зингера, Владимира Жаботинского, Хаима Бялика, Давида Маркиша, Леона Юриса и Натана Альтермана — метонимический признак духовной сопричастности и политической солидарности, позднесоветского еврейского литературоцентризма и разделяемого с предками и пророками страдания[10].

Трилогию об отказниках можно рассматривать, пожалуй, как пик размышлений Шраера-Петрова о еврейской истории и культуре, центральных для многих его произведений. Яркий пример таких переходящих из текста в текст тем, характерных и для других авторов алии, — это тема еврейской мимикрии[11]: вариация упомянутого выше тропа, палимпсеста, много раз метафорически воплощенного в прозе и лирике Шраера-Петрова. Евреи становятся объектом «переписывания» и забвения, поскольку в процессе ассимиляции принимают русские и украинские имена или отрицают свою веру из-за страха перед гонениями. Здесь тема

---

[9] Это, конечно, только наиболее известные примеры «переоценки ценностей», которая следует за психологическим кризисом героя или (реже) героини.

[10] Правда, этот список авторов приводит друг Левитина Михаил Габерман, на что Левитин замечает: «Но я еще и Герцена перечитываю. Очень полезное чтение для нас» [Шраер-Петров 2014: 235]. Этот комментарий можно расценивать как подспудную критику одностороннего еврейского самообразования отказников, а в намеке на истоки левого движения в России и на раннюю политическую эмиграцию (Герцен) видится даже легкий скепсис по поводу будущего еврейской эмиграции. Однако в целом роман проникнут страстным пафосом исхода.

[11] О мимикрии см. эссе К. Смолы в первом разделе этого сборника. — *Примеч. ред.*

следов, скрытых в многослойной структуре памяти и сохраненных в виде остатков, сливается с темой криптоиудаизма, мимикрии и еврейского андеграунда.

В рассказе Давида Шраера-Петрова «Белые овцы на зеленом склоне горы» (2003) рассказчик, альтер эго автора, приезжает в Азербайджан. Группу советских писателей и деятелей искусств угощают изысканным обедом в доме некоего Сулеймана, местного аппаратчика, в горной деревне недалеко от границы с Дагестаном. Во время застольной беседы рассказчик интересуется, не состоит ли семья хозяина в родстве с известным хирургом Гавриилом Илизаровым. После паузы, которую никто не решается нарушить, Сулейман отвечает, что нет, потому что они азербайджанцы, а Илизаров — горский еврей. После ужина Сулейман неожиданно ведет рассказчика в отдаленную комнату в глубоком подполье, которая находится за несколькими наглухо запертыми дверями. Это небольшое овальное помещение оказывается тайной молельней с «небольшим пьедесталом, задрапированным белой шелковой тканью, которая была украшена по краям темными полосками и шелковыми кистями словно из сказки. На нём лежал толстый раскрытый том в кожаном переплете с серебряными застежками. За книгой стояла серебряная Менора с задутыми свечами». Сулейман рассказывает повествователю, что его семья в действительности происходит от горских евреев и когда-то была вынуждена принять ислам. «Но мы все равно остались евреями» [Шраер-Петров 2005: 297], — поясняет он. На фоне идиллической природы вокруг дома Сулеймана рассказчик представляет себе поэтические пейзажи древнего Ханаана времен Авраама, веря, что «наш праотец Авраам принес в жертву [белую овцу] Всевышнему, чтобы однажды он помирил двух сыновей Авраама, Измаила и Исаака» [Шраер-Петров 2005: 45].

Источники

Баух 2001 — Баух Е. Лестница Иакова. Иерусалим: Мория, 2001.

Шраер-Петров 2005 — Шраер-Петров Д. Карп для фаршированной рыбы. Рассказы. М.: Радуга, 2005.

Шраер-Петров 2014 — Шраер-Петров Д. Герберт и Нэлли. М.: Книжники, 2014.

Библиография

Смола 2021 — Смола К. Мученичество отказа: «Герберт Нэлли» Давида Шраера-Петрова // К. Смола. Изобретая традицию. Современная русско-еврейская литература. М.: Новое литературное обозрение, 2021 (готовится к печати).

Assmann 1992 — Assmann J. Das kulturelle Gedächtnis. Schrift, Erinnerung und politische Identität in frühen Hochkulturen. München: Beck, 1992.

Eshel 2003 — Eshel A. Cosmopolitanism and Searching for the Sacred Space in Jewish Literature // Jewish Social Studies. 2003. Vol. 9, № 3. P. 121–138.

Ezrahi 2000 — Ezrahi DeKoven S. Booking Passage. Exile and Homecoming in the Modern Jewish Imagination. Berkeley: University of California Press, 2000.

Hölscher 1995 — Hölscher L. Geschichte als «Erinnerungskultur» // Generation und Gedächtnis. Erinnerungen und kollektive Identitäten / hg. von K. Platt, M. Dabag. Opladen: Springer, 1995. S. 146–168.

Shrayer 2018 — Shrayer M. D. About the Text of Doctor Levitin // D. Shrayer-Petrov. Doctor Levitin: A Novel / ed. and with notes by M. D. Shrayer; transl. by A. B. Bronstein, A. Fleszar, M. D. Shrayer. Detroit: Wayne State University Press, 2018. P. 277–280.

Zeller 2003 — Zeller U. Between goldene medine and Promised Land: Legitimizing the American Jewish Diaspora // Diaspora and Multiculturalism: Common Traditions and New Developments / ed. by M. Fludernik et al. Amsterdam: Brill, 2003. P. 1–43.

«Доктор Левитин» Давида Шраера-Петрова и тема еврейского отмщения*

Джошуа Рубинштейн

«Доктор Левитин» — первый роман из трилогии Давида Шраера-Петрова об отказниках и еврейской эмиграции, который был опубликован в переводе на английский [Shrayer-Petrov 2018]. Читая «Доктора Левитина», и в особенности главы его жестокой и драматической кульминации, я понял, с какой силой уничтожение семьи Левитина советской системой активизировало давно накипавшее в нем стремление к отмщению — чувство, которое накопилось за десятилетия насилия и репрессий. Известный и уважаемый врач, профессор, Герберт Анатольевич Левитин успешно работает в престижной московской клинике при медицинском институте, лечит пациентов, ездит на конференции, следит за новостями в области медицинских исследований по публикациям в западных научных журналах. Однако и его карьера, и жизнь его семьи летят под откос, когда они решают подать заявление на выезд в Израиль и получают отказ. Они переходят в категорию отверженных, которых называют «отказниками»: Левитина увольняют с работы, от него отворачиваются друзья и давние коллеги, его лишают привилегий, обеспечивавших его семье комфортное существование в столице СССР. Доктор Левитин медленно, постепенно, все сильнее распаляясь после каждого случая предательства, утраты и горя, начинает ощущать ярость — ярость, которая когда-то в молодости вызывала в нем агрессию и отчуждение и которая совершенно не была заметна

---

* Copyright © 2021 by Joshua Rubinstein.

в том мягком, выдержанном, одаренном враче, которым он стал (и с которым мы знакомимся в начале романа). Говоря о своем герое, Давид Шраер-Петров подчеркивает: «Он и прежде был не из храброго десятка» [Шраер-Петров 2014: 102]. Однако к концу романа доктор Левитин теряет все свое благодушие, становится одержим воинствующим, всепоглощающим желанием добиться справедливости и отомстить режиму за жестокость и произвол. В докторе Левитине созревает решимость отомстить за дискриминацию евреев в СССР, жертвами которой стали он, его семья и другие отказники. Акт мести будет направлен лишь против нескольких выразителей воли режима, но тем не менее покажет, что загнанный в угол еврей, даже перед лицом стократ превосходящего врага, даже, как может показаться, запуганный, способен найти в себе силу и мужество для сопротивления.

Как известно, в советской истории есть и более ранний пример еврейского отмщения — это месть за преступления, содеянные немцами. Сразу после того, как 22 июня 1941 года войска нацистской Германии вторглись в Советский Союз, что привело к серии сокрушительных поражений Красной армии и, в итоге, к оккупации огромной части страны, нацистское руководство начало кампанию массового истребления евреев на советских территориях. Между 1941 и 1944 годами военизированные эскадроны смерти, усиленные полицией и местными вооруженными подразделениями, при поддержке вермахта уничтожили около двух с половиной миллионов советских евреев[1]. В отличие от Западной и Восточной Европы, где жертв свозили в центры уничтожения, такие как Освенцим и Треблинка, на территории СССР убийцы расстреливали своих жертв прямо на месте — в больших и малых городах Прибалтики, Украины, Белоруссии и России. Тысячи массовых захоронений изуродовали ландшафт. Девятый форт под Каунасом, Понары под Вильнюсом, Румбула под Ригой, Дробицкий Яр под Харьковом и, конечно же, Бабий Яр под Киевом — вот лишь несколько из самых печально известных примеров. Точно саранча, налетевшая на пшеничные поля, нацисты отлавливали

---

[1] См. [Arad 2010: 525].

евреев, а потом расстреливали или загоняли их в передвижные газовые камеры — грузовики, в которых выхлопная труба соединялась резиновой трубкой с закрытым кузовом. Лишь незначительная часть евреев была переправлена в Польшу и там уничтожена в лагерях смерти. Только в начале 1943 года Красная армия смогла остановить под Сталинградом продвижение вермахта. После этого началось изгнание нацистов и освобождение оккупированных территорий, в ходе которого советскими войсками были обнаружены многочисленные места массового уничтожения евреев. За этим последовало освобождение Восточной Европы, где располагались крупнейшие концентрационные лагеря и лагеря смерти, такие как Майданек и Освенцим в Польше; наконец в мае 1945 года Красная армия вошла в Берлин.

Советские евреи сыграли значительную роль в защите своей страны. В советских вооруженных силах было несколько сот генералов и адмиралов — евреев. Свыше 450 тысяч евреев — солдат и офицеров — служили в Красной армии; число евреев-орденоносцев, награжденных за героизм на фронте, было непропорционально высоко. 150 тысяч советских евреев погибли в боях или были казнены нацистами после взятия в плен.

В поворотный момент войны генерал Фридрих Паулюс, командующий 6-й немецкой армией, сдался под Сталинградом подполковнику Леониду Винокуру. Винокур, еврей, был заместителем командующего 38-й отдельной механизированной бригадой 64-й армии. «Эйникайт» («Единство»), газета Еврейского антифашистского комитета, выходившая на идише, с гордостью опубликовала репортаж о сдаче Паулюса Винокуру:

> На рассвете 31 января... солдаты Винокура подошли к центральному универмагу, где располагался штаб немецкой Шестой армии, штаб фельдмаршала фон Паулюса... В 6:40 утра универмаг был окружен, и командир бригады предложил немцам сдаться... Подполковник Винокур спустился в подвал, где располагался штаб Шестой армии, в сопровождении майора Егорова... и нескольких бойцов-автоматчиков. Большой внутренний двор был заполнен немецкими солдатами, у каждой двери стояло по пулемету.

> Генерал-майор Роске [командующий окруженными немецкими частями и тем, что осталось от немецкой 71-й пехотной дивизии, обеспечивавшей защиту штаба] провел советского подполковника в большую полутемную комнату, стены которой были завешаны коврами, а пол усеян окурками и обрывками бумаги. Как только они вошли, с кровати возле стены поднялся небритый человек с серым лицом и вытянулся перед Винокуром. «Хайль», — поприветствовал он Винокура... В первый миг они смотрели друг на друга молча, советский офицер Винокур, еврейский мальчик из Одессы, широкоплечий и крепкий, и побежденный немецкий фельдмаршал в помятой генеральской форме... В девять утра 31 января бои за центр Сталинграда прекратились[2].

Наряду с Константином Симоновым и Алексеем Толстым, самыми читаемыми советскими журналистами военного времени были Илья Эренбург и Василий Гроссман. Они писали для «Красной звезды», самой важной газеты Восточного фронта и головной газеты советских вооруженных сил. Но все же наиболее влиятельным голосом сражающейся страны был Эренбург[3].

Эренбург вел в «Красной звезде» постоянную колонку. Почти всю свою взрослую жизнь он провел в Западной Европе и в свое время писал на страницах советских газет о распространении фашизма. Эренбург видел нацистов в Берлине, был свидетелем триумфа сил генерала Франко в Испании. Убежденный антифашист, Эренбург понимал, что советский народ не готов к такому противостоянию: советские люди все еще думали, что перед ними цивилизованный противник, похожий на немцев, с которыми они сражались в Первую мировую войну. Эренбург знал, что все будет иначе. Знал, что противниками окажутся нацисты,

---

[2] Цит. в переводе с англ. по: [Arad 2010: 59–60]. Нередко Паулюса ошибочно называют фон Паулюсом, однако он не принадлежал к немецкой аристократии. Гитлер присвоил ему звание фельдмаршала в последние дни Сталинградской битвы в надежде, что тем самым подтолкнет Паулюса к самоубийству вместо сдачи в плен.

[3] См. [Rubenstein 1999].

а не цивилизованные немцы, и чтобы их победить, их нужно будет возненавидеть. В двух тысячах статей, написанных Эренбургом в течение войны, эта тема повторяется снова и снова: он призывает бойцов ненавидеть и убивать. Статьи его часто зачитывали бойцам перед сражением. Их перекладывали на музыку и пели в Москве на концертах. Молотов однажды сказал, что один Эренбург стоит целой дивизии, а Гитлер говорил о том, что после захвата советской столицы Эренбург будет повешен на Красной площади. При этом если основной темой статей Эренбурга было сопротивление захватчикам, то на втором месте стояло право евреев на отмщение.

Уже 24 августа 1941 года, всего через два месяца после вторжения, Эренбург, в составе группы видных еврейских деятелей культуры, призвал еврейские общины Запада, прежде всего — Англии и США, не только присоединиться к борьбе с Германией, но и добиваться справедливого наказания нацистов и их пособников за преступления против евреев. Англия уже вступила в войну, в то время как Америка все еще оставалась нейтральной страной — по крайней мере, официально. Всему вопреки Эренбург провозглашал:

> Я вырос в русском городе, в Москве. Мой родной язык русский. Я русский писатель. Сейчас, как все русские, я защищаю мою родину. Но гитлеровцы мне напомнили и другое: мать мою звали Ханой. Я — еврей. Я говорю это с гордостью. Нас сильней всего ненавидит Гитлер. И это нас красит. <...>
>
> Моя страна и впереди всех русский народ, народ Пушкина и Толстого, приняла бой. Я обращаюсь теперь к евреям Америки, как русский писатель и как еврей. Нет океана, за который можно укрыться. Слушайте голоса орудий вокруг Гомеля! Слушайте крики замученных русских и еврейских женщин в Бердичеве! Вы не заткнете ушей, не закроете глаз. В ваши ночи, еще полные света, войдут картины зверств гитлеровцев. В ваши еще спокойные сны вмешаются голоса украинской Лии, минской Рахили, белостокской Сарры — они плачут по растерзанным детям. Евреи, в вас прицели-

лись звери. Чтобы не промахнуться, они нас метят. Пусть эта пометка станет почетной! Наше место в первых рядах. Мы не простим равнодушным. Мы проклянем тех, что умывают руки. Я обращаюсь к вашей совести. Помогите всем, кто сражается против лютого врага! На помощь Англии! На помощь Советской России! У нас сейчас вечер, 8 часов, темно. В застенках захваченной Белоруссии немцы пытают людей. Вы слышите их крики? У нас сейчас вечер. Гитлеровские самолеты убивают детей и стариков в местечках Украины. Вы слышите их агонию? У вас сейчас еще день. Не пропустите его! Пусть каждый сделает все, что может. Скоро его спросят: что ты сделал? Он ответит перед живыми. Он ответит перед мертвыми. Он ответит перед собой [Эренбург 1941].

Немецкое наступление продолжалось, на Восточном фронте шла кровавая война на износ, и Эренбург счел необходимым откликнуться на слухи о том, что евреи уклоняются от участия в боевых действиях: как сформулировал один мерзавец-антисемит, «Иван на фронте воюет, а Абрам в Ташкенте жирует». Вспышка давних антиеврейских предрассудков оказалась настолько сильной, что Эренбург решил описать героизм нескольких бойцов-евреев в своей знаменитой статье «Евреи», которая была опубликована в «Красной звезде» 1 ноября 1942 года. Сталинградская битва уже началась. Эренбург намеренно остановился на примерах героизма тех евреев, которые в гражданской жизни соответствовали стереотипу хилого интеллигента:

> Фальковичу шел пятый десяток. Он был филологом, провел жизнь у письменного стола. На таких фрицы облизываются: поймать и повесить. Не тут-то было. Фалькович пошел добровольцем на фронт. Отрезанный от своей части, он набрал восемнадцать бойцов. Они встретили роту немцев. Фалькович скомандовал: «В бой!» Восемнадцать смельчаков взяли в плен тридцать пять фрицев. Филолог своими руками убил восемь немцев [Эренбург 1942].

Другой боец, куда моложе, семнадцатилетний Хаим (Ефим) Дыскин, до войны окончил первый курс МИФЛИ. Он отличился в боях под Москвой как наводчик зенитного оружия: «Четырнадцать ран на теле, золотая звезда героя на груди, пять подбитых немецких танков — вот история семнадцатилетнего Хаима» [Эренбург 1942].

Рассказывая об этих храбрецах, Эренбург обращается к образам из Библии — что было большой редкостью для советской печати: «Как здесь не вспомнить старую легенду о великане Голиафе и о маленьком Давиде с пращей? — пишет он. — Когда-то *поэты* мечтали об обетованной земле. Теперь для еврея есть обетованная земля: передний край, там он может отомстить немцам за женщин, за стариков, за детей» [Эренбург 1942].

На протяжении всей войны Эренбург оставался верен своему императиву — писать о страданиях и о героизме евреев. Он не переставал это делать, вопреки советской цензуре. В конце апреля 1944 года он опубликовал пронзительный биографический очерк про писавшего на идише поэта Аврома Суцкевера, который пережил заключение в вильнюсском гетто и возглавил отряд еврейских партизан. «Триста евреев в гетто добыли оружие. Немцы взрывали динамитом дома. Триста смелых вырвались из гетто и примкнули к литовским партизанам. Среди них был поэт Суцкевер» [Эренбург 1944б].

В августе 1944 года, после освобождения лагеря Майданек под Люблином, Эренбург пишет статью «Накануне». Майданек стал первым из освобожденных советскими войсками центров массового уничтожения, что широко освещалось в советской прессе, а вслед за этим — и в мировой. Советские войска приближались к территории Германии, и Эренбург сосредоточился на судьбе евреев. В длинной, наполненной гневом статье, опубликованной в «Правде», Эренбург одно за другим приводит названия больших и малых городов, где были уничтожены евреи: «Не мстительность нас ведёт, — тоска по справедливости. <...> Мы хотим пройти с мечом по Германии, чтобы навеки отбить у немцев любовь к мечу. Мы хотим придти к ним для того, чтобы больше никогда они не пришли к нам» [Эренбург 1944а]. Эренбургу недостаточно было подчеркнуть, что немцы понесут заслуженное наказание. Теперь, когда победа союзников стала неизбежной, не менее важно было сделать все, чтобы немцы поняли: они никогда больше не вовлекут Европу в войну.

Возвращаясь к «Доктору Левитину» Давида Шраера-Петрова, вспомним, что первая часть трилогии была завершена осенью 1980 года, когда сам автор находился в положении отказника в СССР. Сокращенное издание романа вышло в Израиле в 1986-м, с тех пор в постсоветской России опубликовали три полных издания. Теперь, после публикации английского перевода роман перекликается еще с двумя американскими романами, недавно вышедшими в США и повествующими о том, как советские евреи мстят бессердечному режиму. Речь идет о романе «Жид» Пола Голдберга и романе «На лезвии серпа» Невилла Френкеля. В ретроспективе, после распада СССР и эмиграции более чем миллиона евреев в Израиль и на Запад, именно советский режим выглядит уязвимым, тогда как евреи, бывшие в СССР жертвами одной антисемитской кампании за другой, сумели вырваться на свободу и заново выстроить свою жизнь в демократических обществах.

Пол Голдберг (Paul Goldberg; р. 1959) родился и вырос в Москве, в 1973 году подростком эмигрировал в США. Написав две книги о движении за права человека в СССР, он обратился к художественной литературе. Его первый роман, «Жид» («The Yid»), был опубликован в 2016-м. Действие происходит в Москве в феврале 1953 года, в страшные недели, последовавшие за обнародованием печально известного «дела врачей». «Дело врачей» было сфабрикованным в средневековых традициях наветом против врачей-евреев. Врачи обвинялись в заговоре с участием «империалистов» и «сионистов», цель которого якобы состояла в том, чтобы путем вредительского лечения уничтожить советских руководителей. Роман Голдберга построен вокруг широко распространившихся среди советских евреев опасений, что их поголовно вышлют без суда и следствия в Сибирь или в другие отдаленные районы страны. Голдберг создал красочный, зачастую комический рассказ о евреях, на первый взгляд совсем не героических, которые решают положить конец надвигающемуся общенациональному погрому, замышленному Сталиным.

Планы диктатора рушатся, когда небольшая группа разномастных заговорщиков — в их числе пожилой, но очень ловкий актер Еврейского театра Соломон Шимонович Левинсон, а также ведущий хирург-еврей, инженер афроамериканского происхождения и молодая женщина, у которой есть на то собственные причины, объединяются, проникают в Кремль и убивают самого Сталина, тем самым положив конец его кровожадному плану. Центральный персонаж романа — Левинсон; впервые он появляется перед читателем, когда на квартиру к нему приходят, чтобы его арестовать, трое сотрудников МГБ, однако он убивает их ударами спрятанного меча. С первых страниц романа становится ясно, что речь в нем пойдет о мести евреев, о которой говорилось и в опубликованных в официальной советской прессе рассказах Эренбурга о евреях-красноармейцах. Но только на сей раз гнев советских евреев направлен не против нацистов-мародеров, а против их собственных, почти столь же устрашающих политических лидеров.

«Жид» — комедийно-карикатурный роман, использующий реалистический фон, который любой советский еврей, заставший то время, хорошо помнит: шквал антисемитской пропаганды в советской прессе, направленный против евреев-медиков, против сионизма, против ДЖОИНТа (Еврейского объединенного распределительного комитета), якобы бывшего главным организатором «заговора», и даже против премьер-министра Израиля Давида Бен-Гуриона, после того как в начале февраля 1953 года на территории советского представительства в Тель-Авиве сработало взрывное устройство (это оказалось провокацией со стороны правых еврейских экстремистов, задуманной как протест против «дела врачей»). Кремль возложил всю вину на израильское правительство и оперативно разорвал дипломатические отношения с еврейским государством. Бен-Гурион был взбешен, ему не хотелось портить отношения с мощной державой, где все еще проживали, пусть и в шатком положении, более двух миллионов евреев. Взрыв в советском представительстве, в результате которого был нанесен имущественный ущерб и легко ранены несколько советских сотрудников, в том числе и жена посла, был реальным актом отмщения израильских евреев. Однако привел он лишь к тому, что советские евреи стали еще более уязвимы для нападок Кремля. «Правда» прибегла к обычной своей демагогической риторике, объявив, что «свора взбесившихся псов из Тель-Авива омерзительна и гнусна в своей жажде крови» [Жуков 1953]. Этот инцидент лишь усугубил озлобленность Кремля и уязвимость советских евреев. Однако 1 марта 1953 года, в воскресенье, у Сталина внезапно случился инсульт. По совпадению это произошло в еврейский праздник Пурим, посвященный памяти о том, как персидские евреи были спасены от козней злобного антисемита, а впоследствии отомстили множеству своих врагов. 5 марта Сталин умер, после чего маховик антиеврейских репрессий, по крайней мере на тот момент, остановился. В романе «Жид» Голдберг придумывает более занятную и более героическую концовку. Однако конец кошмарному правлению Сталина все же положило провидение, а не рука убийцы.

Второй из рассматриваемых здесь романов о советских евреях переносит нас в более близкую историческую эпоху. «На лезвии серпа» («On the Sickle's Edge») американского писателя Невилла Фрэнкеля (Neville Frankel; р. 1948) — это творчески переосмысленная история семьи самого Фрэнкеля. Он родился и вырос в Южной Африке — как и Лена, главная героиня романа. Фрэнкель подростком эмигрировал в США, Лену же отец еще до Октябрьской революции увез в Россию — и выбраться оттуда она уже не смогла. Лена и ее семья испытали на себе все тяготы советской истории: скитания в годы войны и революции, жестокий террор, более стабильную, но по-прежнему репрессивную атмосферу постсталинского периода. Внучка Лены Дарья искренне верит в коммунизм и поначалу пользуется благами системы, однако постепенно разочаровывается в режиме и начинает осуждать влиятельного и жестокого сотрудника советской тайной полиции Григория Янова, который делает ее своей любовницей. В романе даже предполагается существование некоего подпольного движения сопротивления, действующего в том числе и насильственными методами; цель этого движения — прямая атака на режим. Как выясняется, у Янова есть одна непреодолимая слабость: он обожает домашнее мороженое, которое готовит Лена — что не мешает ему терроризировать ее семью. Желание спасти родных и жажда мести толкают Лену на отважный поступок: она готовит для Янова отдельную порцию, куда подмешивает смертельную дозу толченого стекла; наевшись мороженого, он вскоре умирает мучительной смертью.

В отличие от романов «Жид» и «На лезвии серпа», «Доктор Левитин» Шраера-Петрова — не притча и не карикатурный гротеск. Этот роман, действие которого почти полностью происходит в Москве, посвящен трагической участи одной семьи. При первой встрече с доктором Гербертом Анатольевичем Левитиным в зачине романа мы узнаем, что «осторожность была главной чертой характера Герберта Анатольевича» [Шраер-Петров 2014: 55]. Опытный, зрелый человек, уверенный в своей профессиональной компетенции, он преуспевает и как клиницист, и как исследователь. Но по ходу развития действия мы с некоторым удивлением узнаем, что, в отличие от самого доктора Левитина, автобиографический повествователь романа отнюдь не отличается мягкостью характера.

Будто бы готовя нас к тому, что будет дальше, автор в одном из автобиографических отступлений рассказывает, что в подростковые годы в послевоенном Ленинграде он все отчетливее ощущал свое еврейское происхождение, понимая, что со временем «стал все больше и больше походить на еврея»:

> Я начал прислушиваться к случайным разговорам в школе, в трамвае, в магазине. Даже намек на мое нерусское происхождение задевал самолюбие. Я входил в роль гонимого. Из этого рождалось острое чувство сострадания к другим гонимым. <...> Вместе с другом, незаконнорожденным сыном еврея и деревенской девушки, приехавшей перед войной в Ленинград на заработки из-под Луги, мы волками рыскали по провинциальным улицам и дичающим паркам Выборгской стороны. Мы жаждали драк, чтобы болью и кровью смыть позор нашей мучительной неодинаковости. Мы

никого не боялись. <...> И постепенно все вошло в нормальную колею. Мы больше не слышали разговоров о нашем еврейском происхождении. Мы выжгли эту заразу со своей земли. И стали забывать о прежних обидах [Шраер-Петров 2014: 93].

Из авторских отступлений мы узнаём и о других приключениях — тем самым автор предвосхищает превращение доктора Левитина в еврейского мстителя. В седьмом-восьмом классе будущий писатель вместе с лучшим другом отправляется на танцы в женскую школу; им особенно нравится одна девочка. Но хотя будущий автор «Доктора Левитина» танцует с ней и между ними возникает взаимная симпатия, другой подросток, Соплов, сын какого-то партийного функционера, пытается отбить девочку силой. «Отказать такому типу было опасно, — отмечает автор. — Говорили, что он без финки не ходит на вечера». Впрочем, молодую ипостась автора это не смущает:

«Отвались», — коротко и грубо сказал я Соплову, а мой друг кивнул, подтверждая мои слова. Соплов, конечно, знал нас обоих, знал о нашей славе отчаянных драчунов и борцов за правду, знал, что у нас было множество приводов в детскую комнату отделения милиции, знал, что мы никогда еще не уступали в честном бою. Но девочка была так прекрасна, она смотрела с таким интересом на мальчишек, готовых разорвать друг друга из-за нее, что уступить нам, струсить — значило для Соплова потерять ее навсегда. А он привык ничего не терять.

«А катитесь вы отсюда оба в свою родную Палестину», — громко сказал Соплов, продолжая крепко держать за руку «нашу девочку». «Палестинцами» в те годы обзывали евреев. Мы ударили Соплова одновременно. Я нанес ему удар в правую глазницу, в самый уголок, где алел мясистый треугольничек слезного канала. Друг бил слева в нижнюю челюсть, еще чуть отвисавшую, когда с нее скатывались ядовитой слюной последние звуки мерзкой сопловской фразы. Мы увидели, как Соплов рухнул, но перед самым его падением кровь хлынула изо рта Соплова [Шраер-Петров 2014: 95].

При содействии родных и соседей по коммунальной квартире мальчики рано утром уезжают из города на электричке и избегают привода в милицию. Это кульминационный момент взросления повествователя в Ленинграде в поздние годы правления Сталина.

> Можно написать целую книгу — историю больших и малых обид, нанесенных, намеренно или случайно, незнакомыми людьми и вроде бы приятелями, во время работы, на стадионе, в метро и в застолье. К дискриминации не привыкаешь, как не привыкнуть негру к своей черной оболочке, посланной ему Богом в наказание за неизвестные бедному негру грехи [Шраер-Петров 2014: 97].

Автору «Доктора Левитина» не суждено привыкнуть к подобным инцидентам. Советская жизнь находит способы и дальше давать ему пощечины, особенно после того, как он вместе с семьей подает заявление на выезд в Израиль и они становятся отказниками.

Разворачивая в романе размышления об антисемитизме и положении евреев в советском обществе, Шраер-Петров наполняет его автобиографическими отсылками. Автобиографическая линия повествования приводит читателя к еще одному драматичному инциденту. К этому времени автор уже окончил медицинский институт, а теперь завершает службу в танковых войсках в Белоруссии. Он — лейтенант медицинской службы, его отправляют на учения. Вместе с другими офицерами он принимает участие в охоте на скворцов. Подстрелив несколько десятков птиц, офицеры их собирают и приносят в лагерь, где повар-солдат — призывник из маленького городка под Винницей — тушит добычу с картошкой. Повар был «ужасно застенчив по природе, и застенчивость его усиливалась оттого, что он картавил и шепелявил, произнося практически любой звук русского алфавита» [Шраер-Петров 2014: 98–99] (именно это и принято называть «еврейским акцентом»). Речь, разумеется, идет об уязвимости молодого еврея, особенности речи которого делают его готовой мишенью для насмешек и даже для издевательств. Вскоре выясняется, что одному из офицеров жаркое не понравилась — он предъявляет повару оказавшуюся в кастрюле плохо ощипанную тушку скворца. Держа птицу в руке, офицер набрасывается на повара: «Так ты, мерзавец, решил поиздеваться над русскими офицерами?» «Пхостите, тавахищ стахший лейтенант», — испуганно отвечает повар и начинает пятиться.

Другие не успели вмешаться — офицер «насадил злосчастного скворца на прут и смазал им по лицу солдата»: «Жидюга пархатый! Я тебе покажу, как над русским офицером изгаляться!»

Молодой лейтенант-еврей реагирует без колебаний:

> Я больше не мог сдерживаться. Нужно было бежать в лес, к реке, под грохочущий в отдалении поезд. Или мстить. Я вырвал прут из руки «штабника». Левой рукой нанес ему удар в солнечное сплетение, а когда он, зажавшись, открыл одичавшее от злобы и боли лицо с тоненькими усиками, полоснул его прутом по щеке наотмашь, как полосовали шашками и шомполами погромщики-казаки беззащитных евреев, как полосовали деды этого «штабника» безоружных студентов и рабочих.
> — Трибунала захотел! Ты — защитник евреев? — прохрипел «штабник», согнувшись и зажимая рану на рассеченной щеке. Но дело замяли по каким-то причинам, а вскоре меня уволили в запас [Шраер-Петров 2014: 99–100].

Готовность автора-повествователя действовать не рассуждая при таких вот столкновениях лицом к лицу с антисемитами контрастирует с периодом его ранней юности, пришедшимся на страшные недели начала 1953 года. Он учился в десятом классе, когда разразилось «дело врачей». Прямо на уроке один из учителей зачитывает антиеврейскую статью из газеты — одну из тех публикаций, целью которых было разжигать ненависть в широких массах и сеять страх среди евреев. Молодой повествователь не собирается ни возражать, ни давать отпор:

> Я... сидел, сжавшись в комок от обиды, стыда и незнания, что же делать. Мама взяла с меня честное слово, что я не пророню ни звука, что бы при мне ни говорили о евреях.

> Мама боялась за меня — я был отчаянным драчуном. Но я обещал маме молчать и молчал... Я молчал, потому что на карту была поставлена наша жизнь — я заканчивал школу [и собирался поступать в институт. — *Примеч. ред.*] [Шраер-Петров 2014: 140].

Даже дома, на коммунальной кухне, им продолжают наносить обиды. Соседка, школьная учительница на пенсии, орденоносец, совершенно спокойно произносит, помешивая суп: «Скорее бы всех этих евреев выселили в Биробиджан». Автор вспоминает: «Я молчал, потому что мама кусала по ночам подушку, чтобы я не слышал ее плача. Мы оба молчали, как молчали тогда остальные евреи» [Шраер-Петров 2014: 142]. И вот в ночь на 1 марта у Сталина случается инсульт, а 5 марта он умирает. Как бы ни должно было выглядеть, по замыслу Сталина, «дело врачей», оно умерло вместе с ним. Уже через месяц наследники Сталина публично объявили, что никакого заговора не было; врачей выпустили на свободу, а в оговоре обвинили высокопоставленного следователя МГБ[4]. Под влиянием «дела врачей» молодой автор-повествователь решает стать врачом, в знак солидарности и непокорства. В то время такой же выбор сделали многие его ровесники-евреи — и решение получить медицинское образование соединяет реального доктора Шраера-Петрова с вымышленным доктором Левитиным.

На самом деле невзгоды в семье Герберта Левитина начинаются еще до того, как они подают документы в ОВИР. Анатолий мечтает пойти по стопам отца и стать врачом. Учится он отлично, однако на вступительных экзаменах в медицинский институт экзаменатор подлавливает его на мелочи и, сильно занижая оценку — так часто поступали и с другими абитуриентами-евреями; в результате Анатолий поступает на куда менее престижное вечернее отделение. Жена Герберта Левитина Татьяна — русская, поэтому в графе «национальность» в паспорте у Анатолия Левитина написано «русский»; это не слишком удачная попытка за-

---

[4] См. [Rubenstein 2017].

маскировать его еврейское происхождение и избежать дискриминации. Вскоре после этого от перенапряжения и шока у Анатолия случается нервный срыв.

После того как семья Левитиных подает документы на выезд, катастрофы следуют одна за другой. Для получения справки в ОВИРе доктор Левитин вынужден сообщить заведующему своей кафедрой профессору Баронову — советскому аппаратчику и в прошлом сотруднику КГБ — о своих планах. Баронов обрушивается на него с тирадой, полной антисемитских инвектив: «Вы... чего вам здесь не хватало? <...> Какая черная неблагодарность! Впрочем, что еще можно ждать от вашего брата!» Левитин сохраняет спокойствие, стараясь «не закричать от гнева, обиды, унижения». Но начальник не утихомиривается. «Вы просто-напросто типичный неблагодарный еврей, который получил здесь все, что возможно: образование, почет, идеи, даже жену получил из России, а теперь плюет на все самое святое!» [Шраер-Петров 2014: 60–61].

Вслед за этим доктор Левитин, подобно библейскому Иову, претерпевает одно бедствие за другим: отец Татьяны, переехавший в Москву из деревни и живший с ними в одной квартире, умирает от инфаркта после перепалки с мелким функционером; Анатолия выгоняют из медицинского института — теперь он подлежит призыву в армию, причем в то самое время, когда советских солдат отправляют на безнадежную войну в Афганистан. Татьяна в отчаянной попытке спасти сына обращается за помощью к своему бывшему деревенскому ухажеру Павлу Терехину — офицеру-десантнику, недавно переведенному в Москву после ранения и теперь служащему в военкомате. Татьяна отдается ему, совершая предательство, — в надежде на то, что Павел вмешается и спасет Анатолия. Однако Павел реагирует точно так же, как и начальник Герберта Анатольевича. Он впадает в ярость: Татьяна не сказала ему о том, что они отказники, и тем самым поставила под удар и его служебное положение. Узнает он об этом только тогда, когда пытается просить за Анатолия. По ходу повествования читатель не раз сталкивается с русскими, которые, оказавшись в неоднозначной ситуации с участием евреев, инстинктивно изливают на них свою злость:

> Ты за своего жида боялась, за жиденка тряслась, а меня использовала как разменную монету. Да я из-за тебя всю жизнь мог себе порушить! И неизвестно еще, чем все это кончится для меня и моей семьи. Ведь я знаю, у *кого* хлопотал за твоего сына? Знаешь, что они мне ответили? Знаешь, как и какой ценой стоило мне уговорить их позабыть мою просьбу? А ведь ты скрыла от меня все жидовские затеи [Шраер-Петров 2014: 265–266].

Герберт Анатольевич больше не способен и не намерен это терпеть. После гибели жены и сына он отбрасывает все нравственные ограничения и превращается в хладнокровного убийцу. Первая его жертва — бывший ухажер Татьяны Павел Терехин, которого доктор Левитин обвиняет в том, что тот не воспрепятствовал отправке его сына Анатолия в Афганистан. После гибели Анатолия и последовавшей за этим смерти Татьяны (она умирает от горя) доктор Левитин приглашает Терехина на поминки к себе домой. Заканчивается все тем, что он подсыпает Павлу в бокал смертельную дозу яда. Читая этот эпизод, трудно не вспомнить «дело врачей», когда Кремль оболгал врачей-евреев, обвинив их в заговоре с целью погубить советских вождей. Высмеивая этот средневековый навет, Шраер-Петров будто говорит читателям: не было никакого еврейского заговора против советской власти, однако не думай, дорогой читатель, что мы вовсе не помышляли ни о чем подобном в отношении наших врагов. И, кстати, вот как мог бы повести себя я!

Но доктор Левитин на этом не останавливается. До этого у него произошли мучительные столкновения с двумя женщинами: грубой и мерзкой старухой машинисткой из печально известного ОВИРа, где Герберт Анатольевич, как и многие реальные советские евреи, включая и автора романа Давида Шраера-Петрова с семьей, узнавали, что им отказано в выезде, и с не менее отвратительной старухой — служащей соседней гомеопатической аптеки. В глазах доктора Левитина эти две стервятницы с их объемистыми картотеками, полными сведений о жизни советских евреев, становятся символами судьбы — жизни и смерти — тысяч людей. Убийство этих старух-стервятниц, как теперь представляется, приближает уничтожение ненавистного режима. В воображении доктора Левитина старуха из ОВИРа и старуха из гомеопатической аптеки на улице Герцена сливаются воедино, мистическим образом преображаясь в зловещую старую Сову, во власти которой находятся судьбы евреев-отказников. Доктор Левитин решает сначала уничтожить чудовищную сотрудницу ОВИРа, но не застает ее на службе. Он сразу же направляется в гомеопатическую аптеку, чтобы там убить другую старуху; он губит и ее саму, и ее ненавистную картотеку в пожаре отмщения, в котором и сам обгорает до неузнаваемости. Подобно библейскому Самсону, доктор Левитин пытается обрушить столпы злокозненного храма ценой самопожертвования.

Перевела с английского Александра Глебовская

Источники

Жуков 1953 — Жуков Ю. А. Террористический акт в Тель-Авиве и фальшивая игра правителей Израиля // Правда. 1953. 14 февр. С. 4.

Шраер-Петров 2014 — Шраер-Петров Д. Герберт и Нэлли. М.: Книжники, 2014.

Эренбург 1941 — Эренбург И. Г. Выступление на Еврейском митинге для Америки // Известия. 1941. 26 авг.

Эренбург 1942 — Эренбург И. Г. Евреи // Красная звезда. 1942. 1 нояб.

Эренбург 1944а — Эренбург И. Г. Накануне // Правда. 1944. 7 авг.

Эренбург 1944б — Эренбург И. Г. Торжество человека // Правда. 1944. 29 апр.

Shrayer-Petrov 2018 — Shrayer-Petrov D. Doctor Levitin / ed. and with notes by M. D. Shrayer; transl. by A. B. Bronstein, A. I. Fleszar, M. D. Shrayer. Detroit: Wayne State University Press, 2018.

Библиография

Arad 2010 — Arad Y. In the Shadow of the Red Banner: Soviet Jews in the War Against Nazi Germany. New York: Gefen Books; Jerusalem: Yad Vashem, 2010.

Murav, Estraikh 2014 — Soviet Jews in World War II: Fighting, Witnessing, Remembering / ed. by H. Murav, G. Estraikh. Boston: Academic Studies Press, 2014.

Rubenstein 1999 — Rubenstein J. Tangled Loyalties: The Life and Times of Ilya Ehrenburg. Tuscaloosa: University of Alabama Press, 1999.

Rubenstein 2017 — Rubenstein J. The Last Days of Stalin. New Haven: Yale University Press, 2017.

Shrayer 2007 — An Anthology of Jewish-Russian Literature: Two Centuries of Dual Identity in Prose and Poetry. 1801–2001 / ed. by M. D. Shrayer. 2 vols. Armonk, NY: M. E. Sharpe, 2007.

О литературной традиции и литературных авторитетах в романе Давида Шраера-Петрова «Доктор Левитин»*

Брайан Горовиц

Читатели «Доктора Левитина», первого романа трилогии Давида Шраера-Петрова об отказниках, неизбежно приходят к выводу, что, несмотря на связь автора с литературой нонконформизма, этот текст пропитан русской литературной традицией и русско-еврейской культурой[1]. Притом что нонконформизм существует во множестве разновидностей, у него все-таки есть определенные границы: нонконформист объявляет о разрыве с официальной литературой и выбирает альтернативную литературную идентичность, а также альтернативных литературных предшественников и альтернативные источники влияния. Однако вразрез с тем, чего мы ждем от нонконформистов (их принято считать либо сторонниками авангарда и экспериментаторства, либо идеологическими или духовными бунтарями), в этом романе Шраера-Петрова присутствует тональность, связывающая его с двумя по сути своей консервативными традициями: великой традицией русской литературы XIX века и русско-еврейской культурной традицией. А именно, вместо того чтобы, как предлагал Маяковский, сбросить традицию с парохода современности, Шраер-Петров держится за нее и задействует литературные ле-

---

* Copyright © 2021 by Brian Horowitz.
[1] О Шраере-Петрове и нонконформизме см. [Кацман 2017: 255–256].

кала высокой русской культуры в качестве инструмента сюжетосложения, средства выражения и характеристики персонажей. Голос повествователя, который часто (и не только в авторских отступлениях) напоминает голос главного героя, доктора Герберта Анатольевича Левитина, воплощает в себе язык и культуру утонченности, интеллигентности, чести и традиции. В романе описана личная трагедия (смерть сына и жены Левитина и его отмщение через самопожертвование), однако трагедия имеет и идеологическое измерение: культура не может выжить в чуждом ей мире.

В советской речи слово «нонконформист» приобрело особый смысл, который не следует отождествлять только с особенностями художественного метода [Кацман 2017: 255]. На деле роман «Доктор Левитин» во многом традиционен и каноничен. Например, рассказчик не только время от времени пользуется голосом Герберта Левитина (то есть обращается к приему несобственно-прямой речи [*erlebte Rede*]); он и звучанием собственного голоса похож на главного героя романа доктора Левитина: это типичный русский интеллигент среднего возраста, жизненные ценности которого основаны на русской литературной традиции с ее упором на поиск правды и справедливости, труд на благо человечества и бережное отношение к культуре. Кроме того, к русской классической традиции роман обращается, когда речь заходит о семье, любви, роли государства и еврейском вопросе. Возникает в нем и тема литературных двойников; знаменитым примером такого двойника служит Голядкин из «Двойника» Ф. М. Достоевского. Соответственно, в романе поднят вопрос об отношении искусства к жизни.

В то же время «Доктор Левитин», написанный «в стол» в 1979–1980 годах, когда Шраер-Петров превратился в отказника и был изгнан из официальных научных и литературных кругов, принадлежит своему времени и является отображением конкретного исторического момента[2]. В завязке сюжета мы видим счаст-

---

[2] М. Д. Шраер описывает траекторию биографии своего отца в [Shrayer 2006]. См. также его статью в этом сборнике.

ливого человека Герберта Анатольевича Левитина, еврея-интеллигента средних лет, врача, профессора — на момент начала повествования он находится в точке А. В точку Б доктор Левитин прибудет совсем другим[3]. Он поймет, что выдающийся ум, эрудиция и трудолюбие — вовсе не гарантия того, что он окажется победителем в той игре на выживание, которой стала эмиграция из СССР. Стоит доктору Левитину объявить о своем желании уехать, как он сам и его семья попадают в крайне уязвимое положение, суть которого он не мог ни предвидеть, ни просчитать.

Как выглядела жизнь в Москве в конце 1970-х? Вопреки тому, что думают американцы, *Homo sovieticus* далеко не во всем был несчастен. У него было многое из того, чего не хватало многим людям на «Западе»: у Герберта Анатольевича любимая творческая работа, отличная квартира в столице, красивая любящая жена Татьяна, здоровый и одаренный сын Анатолий. Тем не менее автор предрекает грядущую бурю: «Московские евреи были разбужены накатывающейся из провинции волной отъездов, но эта волна как будто бы миновала семью Левитиных. Им жилось не худо, а стадность в общественных делах и науке Герберт Анатольевич отрицал» [Шраер-Петров 2014: 8][4].

Какие побуждения могут быть у такого человека, не склонного идти вместе с толпой? На первый взгляд он прежде всего хочет спасти сына от призыва в армию, так как это грозит отправкой в Афганистан и бессмысленной гибелью. Однако со временем читатель понимает, что дело не только в этом: Герберт Анатольевич неспособен существовать без чувства собственного достоинства: этнического, профессионального, духовного, — а в советской России это большой дефицит.

Роман начинается *in medias res* в 1979 году. Тут нужно остановиться и вспомнить, что первая встреча России и евреев произошла далеко не в этом году, история их отношений была долгой

---

[3] Классическую нарратологическую теорию сюжета см. в [Пропп 2001]. Монография Проппа была впервые опубликована в 1928 году.

[4] Русский текст романа «Доктор Левитин» был впервые опубликован с сокращениями в Израиле в 1986 году; с тех пор в России вышло три полных издания, последнее — в 2014 году.

и тягостной (по крайней мере, для евреев). Хотя поздней брежневской эпохе предшествовало много страшного, сама она выглядела вполне буднично. Антисемитизм — и государственный, и бытовой — оставался фактом реальности, однако с ним можно было научиться жить. Недавние подавления протестов в Будапеште и Праге вызывали отвращение у всякого гуманиста, однако, если вдуматься, СССР даже приносил определенную пользу в области социального обеспечения и образования — пусть даже и в ущерб себе и странам в орбите своего влияния — на Кубе, в Африке, в некоторых регионах Азии. Повседневная жизнь была не так уж убога: в столичных магазинах продавались основные продукты, космонавты летали в космос, и хотя по уровню жизни Москва весьма уступала Парижу, она намного опережала Хабаровск.

Видную роль в динамике сюжета играет унижение. Левитиных угнетает то, что у них нет протекции, блата, поначалу — для того, чтобы их сын-полукровка поступил на дневное отделение медицинского института, где доктор Левитин работает в должности профессора; кроме прочего, поступление обеспечило бы отсрочку от призыва рядовым в армию. Пусть даже понятие «гордость» неведомо большинству советских сограждан, однако для Левитиных, и мужа, и жены, оно имеет совершенно четкую форму: они ведут себя как представители среднего класса. Если государство хочет использовать их ценные таланты, оно должно подтверждать это конкретными действиями: например, уберечь их сына от призыва или по крайней мере от отправки на бойню. Попытки спасти сына от армии усложняют сюжет и вбивают мощный клин между доктором Левитиным и его привязанностью к России.

Стремление спасти своего отпрыска от призыва в армию само по себе не является антисоветским или даже антипатриотическим поступком. Левитины принадлежат к научному истеблишменту, у представителей которого были свои собственные представления о том, какие привилегии им полагаются. Разумеется, количество и качество этих привилегий невозможно высчитать в абсолютном значении, скорее — в сравнительном: в сравнении с партийными элитами и теми состоятельными советскими гражданами, которые имели возможность давать взятки чиновникам. В романе Левитины надеются на то, что смогут спасти сына от призыва; для этого у них есть несколько возможностей, хотя — это отрицать невозможно — некоторые из этих возможностей связаны с нравственным падением (жене доктора Левитина приходится переспать с бывшим ухажером).

Что касается идеологических пристрастий Левитиных, можно с некоторыми оговорками сказать, что стремление уклониться от призыва в армию отражает как минимум идеологический скептицизм; Левитин не считает себя обязанным удовлетворять всем требованиям коллектива, особенно такому бессмысленному требованию, как отправка детей в Афганистан, чтобы сражаться за сомнительные выгоды Советского государства. Словом, еще до скандалов, связанных с отказом в выезде в Израиль, в Левитиных начинает понемногу давать о себе знать опасная для советского режима возможность того, что городской интеллигент при определенных обстоятельствах способен превратиться в противника советского строя.

Дополнительные осложнения связаны с еврейством доктора Левитина. Отчасти благодаря давлению на СССР в рамках поправки Джексона — Вэника 1974 года[5], в 1970-е годы из страны смогло уехать значительное число евреев. Тем не менее Герберт Анатольевич Левитин по-прежнему чувствует себя чужим среди тех, кто выпячивает свое еврейство. Автор противопоставляет доктора Левитина глубоко религиозному еврею из Ташкента и маниакальному сионисту из Бердичева. Московский врач не тычет никому в нос своим еврейством. До того как сам он стал отказником, такие «еврейские» типажи представлялись доктору Левитину слишком традиционно еврейскими: неотесанными, некультурными, не преуспевшими на профессиональном поприще.

---

[5] См. [Pomeranz n. d.]. Подробнее о еврейской эмиграции из СССР см. примечания М. Д. Шраера к английскому переводу «Доктора Левитина» [Shrayer-Petrov 2018].

На первый взгляд еврейская идентичность доктора Левитина выглядит в начале романа «тонкой» («thin»), по выражению Цви Гительмана, который проводит разграничение между евреями, соблюдающими религиозные обряды и придерживающимися еврейских бытовых практик, и теми, кто этому мало привержен или не привержен вовсе [Gitelman 1998]. По своей сути доктор Левитин в начале романа — космополит. Его жена Татьяна — русская, родом из деревни в Псковской области, а их сын, рожденный матерью-нееврейкой, не является галахическим евреем. Да и вообще доктор Левитин — научный работник и практикующий врач; вряд ли ему близки представления о личной набожности. Он прежде всего верует в знания, разум и трудолюбие. Его идеалы — справедливость, свобода слова, талант и терпимость — могут показаться еврейскими, но не являются ли они традиционными ценностями городской интеллигенции в любой западной демократии? Однако правила эмиграции не принимают в расчет убеждений, а только национальность — это следствие национальной политики СССР, согласно которой в паспорт внесен так называемый «пятый пункт». Если там сказано «еврей» (что в советской терминологии обозначает еврея этнического), человек имеет право на эмиграцию — и точка. Можно обсуждать самые разные коллизии, возникавшие в связи с тем, что люди прятали свое еврейство, и в романе описаны всевозможные проблемы, связанные как с сокрытием еврейского происхождения, так и с неверными записями в паспортах. В любом случае, суть принадлежности к еврейству — магистральная тема романа — изображена в нем с большим драматизмом, а не сведена к словарному определению.

Еврейская тема еще более усложняется тем, что автор изображает доктора Левитина как обрусевшего еврея. Тут нужно отметить, что «еврей» и «русский» отнюдь не являются полярными понятиями. Левитин говорит на чистом литературном русском языке и изображен в романе именно как человек русской культуры. Пересечение и взаимоналожение черт советского и русского осложняет любое прозрачное определение идентичности. Нужно, однако, признать, что к 1980-м годам очень многие проживавшие в СССР евреи либо полностью ассимилировались, либо сильно продвинулись по этому пути. Они называли себя русскими, ощущали себя русскими. Автор, доктор Шраер-Петров, метко определяет это отношение в эпиграфе к роману: «Мы знаем, что мы русские. Вы принимаете нас за евреев» [Шраер-Петров 2014: 7]. То, как в европейских империях евреи часто оказывались в рядах лояльных патриотов — в противовес роли меньшинства в мононациональных государствах, — подробно освещено в научной литературе[6]. В романе автор-повествователь и главный герой Герберт Анатольевич в лирических тонах размышляют о любви еврея Герберта Левитина к России:

> Но любил он больше простых мужиков или степенных пожилых рабочих, и особенно из дальних мест, где говор иной, чем в Москве. Сам еврей, он сравнительно мало общался с еврейской средой. Он любил мужиков за терпеливость, несуетность, снисходительность к людским слабостям. Любил их речь, которая текла, как равнинные реки, — медленная, округлая, проникающая в самую душу. Эта русская речь оснащена множеством междометий, эпитетов, приставок и суффиксов, которые, как ухват, поворачивают слово и фразу, чтобы ярче загорелись смысл и чувство [Шраер-Петров 2014: 37].

Русские в романе Шраера-Петрова об отказниках — кто они? Они далеко не монолитны и показаны в широком диапазоне: от безликого профессора — партийного босса-функционера из медицинского института — до угрюмых чиновников из ОВИРа и грубых офицеров КГБ, изрекающих зловещие истины. Заведующий кафедрой, где работает доктор Левитин, Иван Иванович Баронов — совсем никакой не барон, а равнодушный к науке бюрократ — вступает с Левитиным в ожесточенный спор и поднимает болезненные для того практические вопросы: «Справку в ОВИР не получите, пока не уйдете с кафедры, это раз. И кроме того, зарубите на своем еврейском носу, что ваш сын вылетит

---

[6] См. [Rozenblit 1984].

из института сразу же после зимней сессии. Мы об этом позаботимся. Вы все взвесили, Левитин?» [Шраер-Петров 2014: 62]. Есть в романе и другие русские. Бывший ухажер Татьяны пользуется ее желанием спасти сына и восстановить связь с прошлым родной русской деревни. Автор, однако, изображает Татьяну как поливалентную фигуру: она терпит нравственный крах из-за того, что ее эмоциональное здоровье подорвано отказом в выезде. Одним словом, она изображена именно как измученная жертва, а не как злонамеренный разрушитель семейного счастья.

Вернемся к анализу сюжета: мы, казалось бы, хорошо знаем, как завершился бы традиционный роман: отказников ждало множество сюрпризов, однако все эти подробности казались малозначительными в сравнении с конечным результатом. Некоторые евреи получали разрешение на выезд, для других все сводилось к оттенкам фиаско: плохо, хуже и еще хуже. Середины не было: подав документы на выезд, человек отсекал себя от всего. Бывшая «нормальная» жизнь неизбежно превращалась в тюрьму, реальная жизнь шла в другом месте, а добраться туда оказывалось невозможно. Шраер-Петров изображает это новое сознание с величайшей точностью: читатель не получает объяснения, а лишь ощущает его отсутствие. Рассмотрим для примера сцену последней встречи с бывшими коллегами у Левитина дома; еврейство или инаковость Левитина ощущается с особой отчетливостью, и русский язык в прежнем его употреблении отныне недействителен:

> Посидели еще немного. Какая-то пружина, стягивавшая прежде их отношения, оборвалась. И ни общие темы, ни застолье больше не могли удержать их вместе. Так что в прихожей как-то неестественно переговаривались, скорее выпроваживая, чем провожая гостей. Эта неестественность была вполне естественной, натуральной, то есть она была в самом существе положения семьи Левитиных, и коллеги Герберта Анатольевича понимали это и не обижались на него. Он стоял, растерянно прощаясь с Семеном Антиповым и Аликом Волковичем, говорил, чтобы приходили снова, без особых приглашений, и они обещали приходить запро-

сто, целовались с ним, но все понимали, что если и представится случай свидеться, то это будет необычный случай, тяжелый, потому что нормальный, естественный ход жизни разводил их навсегда [Шраер-Петров 2014: 151–152].

Разрыв с коллегами — первый шаг, с которого начинается путь к катастрофе.

Много страниц романа посвящено нисхождению из обычного мира в мир, к знакомству с которым отказники не были готовы. Доктор Левитин никогда не думал, что ему придется сосредоточить всю свою энергию на одной лишь схватке с государством. Со временем безнадежная борьба доводит его до отчаяния. Шраер-Петров описывает боль, засевшую под черепом у его персонажа:

> Приемная была, по разумению Герберта Анатольевича, последней инстанцией, крайней чертой, мертвой зоной между реальной жизнью, к которой он так подготовил себя, и жизнью во власти потусторонних сил. <…> Герберт Анатольевич просидел еще два или три часа, не вступая ни с кем в разговоры и не интересуясь, что же ответили Дудко и Аниськина тем, которые уже побывали на приеме. Он окончательно понял, что никаких аналогий и никаких закономерностей во взаимосвязях между их так называемой реальной действительностью и волей потусторонних сил не установишь. Здесь нет сходства с законами естествознания или обществоведения, нет жестокой правды логики и лукавой полуправды философии. Даже религиозность — вера в сверхъестественное, даже идеализм и его крайность — пантеизм с равнодушием к отдельной судьбе, отдельной особи — во славу общей идеи, были чужды этой вакханалии принципов и действий. Даже неумолимая доктрина монотеизма и детская легковерность язычества были ближе к душе человека, сооружая хотя бы храмы для общения с богами. Все это не шло ни в какое сравнение с суррогатом права, воздвигнутым в образе приемной [Шраер-Петров 2014: 241–242].

Этот пассаж — литания экзотических верований, мозаика соображений, рассуждений и мыслей — не дает основы для понимания происходящего. История философии и религии воплощает в себе коллективную мудрость человечества перед лицом неведомого. Однако и эти, и прочие попытки превозмочь страдание — лучшие из изобретенных человечеством способы — терпят неудачу. Авторский вывод заключается в том, что советская бюрократическая система в силу своей особой изощренности смогла превзойти всех философов: она довела до совершенства процесс уничтожения человеческого существа.

Автор показывает, как советские чиновники и функционеры применяют науку давления на практике. Когда случайная опечатка или неправильно оформленный документ приводят к отказу в разрешении на выезд, мудрость веков испаряется. Однако отсутствие практической логики преображает и доктора Левитина. Он забывает о самом себе и становится одним из сотен советских евреев в их бесконечном ожидании в приемных и в очередях перед входом в государственные конторы, на первый взгляд для того, чтобы подать прошение о пересмотре последнего отказа; однако не исключено, что некоторые из этих людей будут просить об отпущении своих «грехов» перед советской системой.

Читателю достаются жемчужины житейской мудрости, среди которых — простой афоризм: как бы мало у тебя ни оставалось, тебе всегда есть что терять. Значительная часть романа посвящена описанию любви сына доктора Левитина Анатолия и Наташи Лейн, тоже дочери русской матери и отца-еврея. Любовь эта существует для того, чтобы ее разбили вдребезги — и семья Левитиных оказывается перед лицом уничтожения. Как это происходит? Жена Левитина Татьяна предает его, согласившись на любовное свидание с бывшим «дролей-ухажером» [Шраер-Петров 2014: 14] из родной псковской деревни; этот человек дает ей надежду — ложную, но успокоительную — на спасение Анатолия от призыва. В фантасмагорическом финале Левитин пытается совершить отмщение. (О теме еврейского отмщения см. статью Джошуа Рубинштейна в этом сборнике.)

Мы рассмотрели построение романа, а теперь обратимся к связям этого произведения с русской литературной традицией, сосредоточившись на вопросах жанра, идеологии и языка.

* * *

Существует ли особый жанр «романа об отказниках» (*refusenik novel*) со своими собственными жанровыми условностями? Возможно. В романе «Доктор Левитин» три концовки. Первая — гибель Левитина. Он устраивает пожар, облив бензином и погубив в пламени многотысячную картотеку старухи — сотрудницы ОВИРа. Повествователь отмечает: «Последним ощущением Герберта Анатольевича Левитина было счастье мести» [Шраер-Петров 2014: 296]. Иными словами, он убивает врага евреев-отказников, но одновременно губит в пламени и самого себя. Вторая концовка — это гибель семьи. Шраер-Петров цитирует 21-й псалом Давида: «...псы окружили меня; скопище злых обступило меня; пронзили руки мои и ноги мои» [Шраер-Петров 2014: 295–296]. Может показаться, что эта концовка на первый взгляд содержит в себе насмешку над доктором Левитиным и его судьбой. Возлюбленная его сына Наташа, беременная от Анатолия, соглашается на брак с американским евреем Стэнли Фишером, профессором-киноведом, человеком значительно старше ее. Лишь ей одной удается покинуть Россию навсегда:

> Стэнли Фишер возвращался на родину в Соединенные Штаты Америки с молодой женой. Таможенники были предельно вежливы с Наташей, а ее заметно пополневшая фигура даже освободила ее от личного досмотра в кресле гинеколога. Стэнли немного нервничал, что было вполне объяснимо, если вспомнить весь этот сложный год. Причин для волнения было предостаточно до самого отлета. Наташа в последний раз обернулась к родителям и ушла вслед за мужем к самолету [Шраер-Петров 2014: 296].

Последняя, третья концовка, обещающая будущую жизнь в США хотя бы одному из персонажей, полна глубокой иронии. Возможно, иронии здесь даже больше, чем в предыдущем примере личного апокалипсиса, поскольку, по сути, в образе Наташи воплощен успех. Она увозит ребенка Анатолия в США, ДНК Левитина уцелеет в стране свободы; появятся новые Левитины, пусть фамилия их и будет Фишер. Что важнее — ДНК или фамилия ребенка? Впрочем, ирония состоит не только в крахе семьи Левитина, гибели Анатолия, Татьяны и самого доктора Левитина — никто из них не увидит ребенка Наташи[7]. Самая горькая ирония заключается в том, что Наташа, представительница семьи номенклатурной советской интеллигенции, все-таки эмигрирует, и это почти не связано ни с ее еврейством, ни с политикой советско-американских отношений. Успеха она достигает избитым, но куда более простым способом улучшения своей доли: через брак по расчету.

Существует ли тесная связь между романом Шраера-Петрова и произведениями других нонконформистов? У меня нет в этом полной уверенности. Максим Д. Шраер, сын автора, литературовед, сомневается в обоснованности утверждения, что «Доктор Левитин» генетически связан с другими произведениями эмигрантской и нонконформистской русской литературы [Shrayer 2006: 224–225]. У «Доктора Левитина» гораздо больше общего с классической русской литературой и русскими романами XX века, вдохновленными классикой. Например, если в названии есть слово «доктор», а действие происходит в советскую эпоху, сравнение с «Доктором Живаго» напрашивается само собой. В обоих романах особую важность приобретают темы человеческой индивидуальности и достоинства. В обоих романах главные герои — врачи вступают в противостояние со своей эпохой и репрессивной государственной машиной, поскольку их личные ценности отражают идеалы буржуазного гуманизма. Однако фамилия Юрия Живаго связывает героя Пастернака не только с корнем «жи-» и его производными «жив», «жизнь», но, конкретнее, со словами «Христос, сын Бога Живаго» (Мф 16: 16, Ин 6: 69), а фамилия Левитина происходит от «левит» и маркирует его еврейство и иудейство.

Если и есть в советском наследии книга, с которой «Доктора Левитина» связывает подлинное родство, то это скорее «Жизнь и судьба» Василия Гроссмана, где главный герой Виктор Штрум ведет с другими и с самим собой споры о том, что же значит быть

---

[7] В третьей части трилогии доктор Левитин уезжает в Америку и встречается со своим внуком. — *Примеч. ред.*

советским евреем[8]. Как и Левитин, Штрум — талантливый еврей, ученый, который до самого конца не уверен в том, будет ли сполна оценен его вклад в победу в войне. «Доктор Левитин» и «Жизнь и судьба» — романы-рассуждения о месте еврея в советско-русском обществе и о тех сменяющих друг друга чувствах признания и отвержения, которые испытывает человек науки.

При создании идентичности своего персонажа Шраер-Петров использует отчетливые еврейские маркеры. Вот как автор описывает доктора Левитина в момент, когда его сын Анатолий приходит к отцу в кабинет, чтобы сообщить, что его призвали в армию, а его возлюбленная ждет ребенка: «Анатолий вернулся домой и пошел к отцу. Герберт Анатольевич, еще более исхудавший и сгорбленный, чем прежде, сидел над своими книгами, напоминая отрешенного от мира хасида» [Шраер-Петров 2014: 263]. В несчастье еврейские черты доктора Левитина обостряются еще сильнее. Еврейство самого повествователя дополнительно подчеркнуто в следующем абзаце:

> Когда немцы ворвались в дом моего деда, отца матери, — старого раввина, он сидел над священными книгами в накинутом на плечи талесе, раскачиваясь, как кочевник-бедуин в межгорбии верблюда. Кочевник-бедуин, читающий священную книгу пустыни со стихами оазисов, рифмами источников и рефренами песчаных холмов. Немцы застрелили старого раввина, а священные книги растоптали и сожгли [Шраер-Петров 2014: 263].

Шраер-Петров использует несобственно-прямую речь, поэтому порой трудно сказать, от чьего имени ведется повествование (говорит повествователь, но звучит это и как голос самого Левитина); история Шоа (Холокоста) подчеркивает еврейскую тональность книги, одновременно высвечивая более широкий исторический контекст опыта отказников[9].

---

[8] Дополнительно о взглядах Шраера-Петрова на Гроссмана как еврейского писателя см. [Shrayer, Shrayer-Petrov 2014].

[9] Максим Д. Шраер изящно сравнивает роман с ключевыми текстами русской литературы, например с произведениями Чехова и Набокова. См. [Shrayer 2006: 228–229] и его статью в этом сборнике.

Одна из задач романа — рассмотреть изменения, которые происходят в еврейско-русских отношениях в период исхода евреев из СССР. Ощущается поворот от желания влиться в советское общество к требованию права его покинуть. Можно предположить, что такая перемена преобразит героя. Душа доктора Левитина не меняется (если можно так выразиться), однако сам он претерпевает изменения; он остается русским интеллигентом, но теперь он еще и еврей-отказник, ощутивший всю горечь угнетения, направленного против него и его семьи. Попав в положение отказника, он все жестче и жестче становится зависим от ситуации, в которой оказался. Это означает, что ему приходится иметь дело с людьми, которым совсем не интересен его синтетический еврейско-русский склад ума. Для чиновников из ОВИРа и сотрудников КГБ он просто очередной еврей, который хочет уехать из СССР. Ему и самому начинает казаться, что он утратил свое место в жизни. Он обезличен, и его борьба с представителями советской власти выливается в обреченный поединок еврея с системой. Повторим, что последний поступок Левитина вызван желанием мести и выполнен по расчету. Суть, пожалуй, в том, что сама мысль об отмщении огнем и пожаром выстроена не по канону русского классического романа, который был воплощен в творчестве Льва Толстого и к которому так стремился Василий Гроссман.

Главный герой Шраера-Петрова наделен мировоззрением, пропитанным русской культурой. Русская литература занимает в «Докторе Левитине» особое, привилегированное положение. Несколько тем, например безумие героев и разрушение семьи, связывают «Доктора Левитина» с русской классической литературной традицией XIX и XX веков. Безумие Левитина, замученного государством, заставляет вспомнить пушкинский «Медный всадник», где мечты Евгения о семейном счастье попраны Петром I: царь (в этом парадокс) за век до рождения Евгения основал столицу России в зоне наводнения и тем самым предначертал события, которые разобьют все устремления этого маленького человека. Тема безумия также в целом связывает главного героя с городскими интеллигентами из вымышленной вселенной Гоголя и Достоевского, склонными к саморазрушительным действиям в тех случаях, когда желания их разбиваются о жестокую реальность. Еще одна тема, связывающая «Доктора Левитина» с русской классической традицией. — это разрушение семьи. Например, уже в «Анне Карениной» кодифицированы темы, присутствующие в романе Шраера-Петрова, такие как супружеская измена, тревоги за будущее ребенка (например, переживания Анны за сына и заботы Долли о детях) и страдания сломленного человека — Каренина (или Герберта Левитина). Традиционалисты винят современную жизнь, смену внешних ценностей и представлений, но невозможно игнорировать и роль внутреннего, обусловленного сюжетом стресса, который очевиден у основных персонажей «Доктора Левитина».

Еще одна тема, связывающая роман с русской традицией, — это вопрос о жизни, тексте и отношениях автора с его персонажами. Я уже упоминал *erlebte Rede* — прием, который авторы используют, чтобы дать голос внутренней жизни своих персонажей. Из короткого автобиографического романа Шраера-Петрова «Странный Даня Раев» я помню, как во время войны его ребенком увезли из ленинградской квартиры; три военных года он провел в глухой уральской деревне, отец же его, боевой офицер, сражался с нацистами на фронте[10]. Там, в деревне, еврейство эвакуированного мальчика не имело почти никакого значения, хотя черные волосы и смуглая кожа все-таки выделяли его среди других детей. При этом будущий писатель с матерью, как и все остальные деревенские жители, купили поросенка и откармливали его все лето, чтобы осенью забить на мясо. В Ленинград они вернулись из эвакуации весной 1944 года, после снятия блокады. Шраер-Петров завел дружбу с местными хулиганами в Лесном (районе Выборгской стороны); разрушенные бомбежкой здания стали для них территорией для игр, выдумок и приключений.

---

[10] Английский перевод романа «Странный Даня Раев» см. в [Shrayer-Petrov, 2006: 1–101]. Русский оригинал в [Шраер-Петров 2004: 5–92].

Шраер-Петров поступил в медицинский институт и вступил на литературное поприще в начале хрущевской эпохи. Как мне представляется, он был взбудоражен оттепелью. В советское общество начали просачиваться подлинные сведения о сталинизме; появлялись надежды на то, что грядут перемены. Когда в 1964 году к власти пришел Брежнев, Шраер-Петров был уже молодым врачом-исследователем и профессиональным писателем. Как и большинство представителей либеральной советской интеллигенции, он слишком многим дорожил, чтобы высказываться публично по поводу вторжения в Чехословакию, хотя, конечно же, советским захватчикам доставалось в кулуарных разговорах с друзьями. В январе 1979 года Шраер-Петров и его жена впервые подали заявление на выезд из СССР. Хотя временные параметры не совсем совпадают, но желание уберечь сына Максима, которому тогда было одиннадцать лет, от службы в армии, видимо, стало одним из факторов, толкавших Шраера-Петрова к эмиграции. В отличие от Левитина, Шраер-Петров сумел пережить все лишения и невзгоды отказничества и после более чем восьми лет ожидания вместе с женой и сыном покинуть СССР в 1987 году. В США его ждала новая карьера ученого и писателя.

Как бы то ни было, я позволю себе еще раз задуматься о структуре романа «Доктор Левитин». Почему автор выбирает в качестве главных героев таких неудачников? Почему ему интересны судьбы самоубийц, поджигателей? Не уверен, что это типично русская литературная предрасположенность, однако подобное можно найти и у знаменитых русских писателей. Возьмем для примера Владимира Набокова. Русские герои его романов «Защита Лужина» и «Пнин» — люди обыкновенные и даже в чем-то ущербные в сравнении с их всесторонне одаренным создателем. По сути, один из основных приемов в этих романах заключается в том, что в лингвистическом смысле автор на много световых лет обогнал главных героев[11].

---

[11] Максим Д. Шраер отмечает следы влияния Набокова в прозе Д. Шраера-Петрова. См. [Shrayer 2006: 221].

То же самое можно сказать и о герое отказнического романа Шраера-Петрова. Доктор Левитин наделен многими талантами автора, но далеко не всеми. У него нет художественного дара его создателя, а именно дар (в моем прочтении) составляет разницу между человеком, который надламывается под бременем отказа, и человеком, который выдерживает всё, чтобы жить и выжить и в итоге уехать из СССР. Разумеется, Россию покинули и многие люди, не обладавшие литературным талантом, однако интеллигент-отказник, человек, наделенный гордостью и достоинством, вынужден был терпеть особую боль. Это отчетливо видно в романе «Доктор Левитин». Литературные навыки выживания принадлежат автору, Давиду Шраеру-Петрову, а не его герою и вымышленному двойнику. Вспоминается замечание Владимира Набокова, на сей раз — по поводу героя его русскоязычного романа «Подвиг»: «...among the many gifts I showered on Martin, I was careful not to include talent» («...в изобилие тех многих талантов, которыми я наделил Мартына, я намеренно не включил художественный дар») [Nabokov 1971: xiii][12].

Мы ожидаем, что произведение советского нонконформиста порвет со всеми авторитетами и предъявит нам модель свободной литературы, которая живет и мыслит вне главенствующих форм официоза. Однако в литературе отказа не столько утверждается свобода в абстрактном смысле, сколько провозглашается право на открытую конфронтацию с государством. Цель такой литературы — именно борьба с системой. Повторим ранее сформулированный вопрос: существует ли жанр «отказнического романа»? Мне кажется, можно утверждать, что подобный жанр существует, однако он не целиком литературен; одной ногой отказнический роман стоит в реальности. Например, авторитеты в «Докторе Левитине» Шраера-Петрова не всегда литературны. На деле в романе показано, что отказник — противник советского государства — может одновременно подчиняться авторитету русской литературной традиции и разными способами взаимодействовать

---

[12] Это из предисловия Набокова к английскому переводу «Подвига». Слегка измененный перевод М. Д. Шраера цит. по: [Шраер 2001].

с традициями русско-еврейской культуры. Именно поэтому роман Давида Шраера-Петрова об отказниках приглашает нас к пересмотру понятий «конформизм» и «нонконформизм» в их связи с советской и постсоветской литературной культурой.

Перевела с английского Александра Глебовская

Источники

Шраер-Петров 2004 — Шраер-Петров Д. Эти странные русские евреи. М.: Радуга, 2004.

Шраер-Петров 2014 — Шраер-Петров Д. Герберт и Нэлли. М.: Книжники, 2014.

Shrayer-Petrov 2006 — Shrayer-Petrov D. Autumn in Yalta: A Novel and Three Stories / ed. by M. D. Shrayer. Syracuse: Syracuse University Press, 2006.

Shrayer-Petrov 2018 — Shrayer-Petrov D. Doctor Levitin / ed. and with notes by M. D. Shrayer; transl. by A. B. Bronstein, A. I. Fleszar, M. D. Shrayer. Detroit: Wayne State University Press, 2018.

Библиография

Кацман 2017 — Кацман Р. Параллельные вселенные Давида Шраера-Петрова // Wiener Slawistischer Almanach. 2017. № 79. С. 255–279.

Пропп 2001 — Пропп В. Я. Морфология волшебной сказки. М.: Лабиринт, 2001.

Шраер 2001 — Шраер М. Д. О концовке набоковского «Подвига» // Старое литературное обозрение обозрение. 2001. № 1. URL: https://magazines.gorky.media/slo/2001/1/o-konczovke-nabokovskogo-podviga.html (дата обращения: 14.04.2021).

Gitelman 1998 — Gitelman Z. The Decline of the Diaspora Jewish Nation: Boundaries, Content, and Jewish Identity // Jewish Social Studies. 1998. Vol. 4, № 2 (Winter). P. 112–132.

Nabokov 1971 — Nabokov V. Glory / transl. by D. Nabokov in collaboration with the author. New York: McGraw-Hill, 1971.

Pomeranz n. d. — Pomeranz W. E. Legacy and Consequences of Jackson-Vanik: Reassessing Human Rights in 21st Century Russia // Kennan Institute, Wilson Center Publication. URL: https://www.wilsoncenter.org/publication/the-legacy-and-consequences-jackson-vanik-reassessing-human-rights-21st-century-russia-0 (дата обращения: 14.04.2021).

Rozenblit 1984 — Rozenblit M. The Jews of Vienna, 1867–1914: Assimilation and Identity. New York: SUNY Press, 1984.

Shrayer 2006 — Shrayer M. D. Afterword: Voices of My Father's Exile // Shrayer-Petrov D. Autumn in Yalta: A Novel and Three Stories / ed., co-transl., and with an afterword by M. D. Shrayer. Library of Modern Jewish Literature. Syracuse: Syracuse University Press, 2006. P. 206–229.

Shrayer, Shrayer-Petrov 2014 — Shrayer M., Shrayer-Petrov D. A Fictional Model of the Former USSR: Part 1 of a 3-Part Conversation. July 8, 2014 // Jewish Book Council, https://www.jewishbookcouncil.org/pb-daily/a-fictional-model-of-the-former-ussr-part-1-of-a-3-part-conversation (дата обращения: 14.04.2021).

Shrayer 2018 — Voices of Jewish-Russian Literature: An Anthology / ed. by Maxim D. Shrayer. Boston: Academic Studies Press, 2018.

Из дома уезжают смелые: прочтение романа Давида Шраера-Петрова «Доктор Левитин»*

Моника Осборн

Во второй серии телесериала «Штисель» (авторы сценария и режиссеры Ори Элон и Иехонатан Индурски; распространяется через «Нетфликс»), посвященного жизни ультраортодоксальных евреев в Израиле, один из персонажей говорит, что сущность ожидания — «надеяться на то, чего никогда не случится». Нигде эта идея не выкристаллизовалась с таким драматизмом, как в участи евреев-отказников в СССР — и трагедия эта в пронзительных подробностях показана в романе Давида Шраера-Петрова «Доктор Левитин»; текст был написан «в стол», тайно вывезен из СССР, а впоследствии переведен на английский Арной Б. Бронштейн, Александрой И. Флешар и Максимом Д. Шраером[1]. После смерти Сталина советские евреи начали подавать документы на выезд в Израиль, а после Шестидневной войны число желающих эмигрировать становилось все больше. Хотя со смертью Сталина, развернувшего после Второй мировой войны антисемитскую кампанию, положение советских евреев стало менее тяжелым, еврейскую религиозную жизнь и еврейскую культуру в СССР продолжали подавлять как прямо, так и косвенно, и мечты об эмиграции вселяли в евреев надежду на будущее.

---

* Copyright © 2021 by Monica Osborne.
[1] Ранний вариант этой статьи был опубликован в 2019 году как рецензия на английский перевод романа «Доктор Левитин» [Osborne 2019].

Однако во многих случаях, в особенности на протяжении большей части 1980-х годов, эта надежда оставалась бесплодной. На рубеже 1988–1989 годов движение за освобождение советских евреев (*Free Soviet Jewry*), несколько десятилетий добивавшееся того, чтобы Запад оказывал на советских лидеров давление с целью спасти евреев от угнетения, равно как и мужественные действия самих отказников в СССР, наконец-то привели к тому, что ограничения в эмиграции, на протяжении долгих лет державшие советских евреев в заложниках, были упразднены. Хотя еврейская эмиграция в Израиль началась еще в конце 1950-х и в 1960-х годах, а в 1970-е превратилась в мощный поток, десяткам тысяч человек было отказано в выездных визах[2]. Случалось, что власти сообщали основания для отказа. Иногда отказ объяснялся отсутствием прямых родственников в Израиле. Иногда дело было в том, что отказники якобы имели доступ к государственным тайнам: обвинение или предположение, как правило, не соответствовавшее действительности и использовавшееся властями лишь в качестве сфабрикованного повода для отказа в выезде. Во многих случаях никакие основания не приводились вовсе: заявление просто отклоняли без всяких объяснений. Соответственно, многие евреи годами снова и снова подавали заявления, только чтобы раз за разом получать отказ. Отказники не только преследовались советским режимом, но и становились париями; от них отворачивались сограждане, теперь видевшие в соседях-евреях не друзей и коллег, а предателей — им-де наплевать на родину, которая заботилась о них (пусть неохотно и без особого рвения или любви). Действительно, начиная с 1940-х годов евреи подвергались в СССР систематической государственной дискриминации. Однако стоило им объявить о намерении уехать в Израиль (что, кстати, являлось совершенно законным действием в соответствии с международными конвенциями, подписанными в том числе и СССР), на родине они становились отверженными, вынужденными то-

---

[2] Краткую статистику по еврейской эмиграции из СССР см. в [Shrayer 2018: 753–756; Shrayer-Petrov 2018: 282]. Подробнее см. в [Tolts 2016; Tolts 2003].

миться, словно в пересыльной тюрьме, где с каждым днем становилось теснее и холоднее.

В этом контексте ожидание обретает новое смысловое измерение. В романе Давида Шраера-Петрова «Доктор Левитин» читатель вместе с семьей Левитиных проходит через все этапы злоключений, которые такое ожидание несло с собой для семей отказников. И хотя семье, о которой идет речь, — доктор медицинских наук, профессор Герберт Анатольевич Левитин, его русская жена Татьяна Васильевна и их сын Анатолий — не суждено эмигрировать из России, этот роман в значительной мере посвящен теме эмиграции. По сути, мечты об эмиграции приводят их всех — в буквальном или переносном смысле — к смерти. Но действие романа происходит в 1979 году, когда бессчетное число евреев постигла судьба отказников. И хотя весьма примечателен тот факт, что роман об эмиграции выстроен вокруг семьи, которая — по крайней мере, в пределах первой части трилогии — так никуда и не уезжает, «Доктор Левитин» принадлежит к числу произведений, созданных в 1960–80-е годы, которые, по словам Клавдии Смолы, представляют собой «новый позднесоветский извод сионистской прозы» [Smola 2015: 79]. Для авторов многих из этих произведений Израиль вновь предстает Землей обетованной мифических масштабов, символом спасения, о котором они мечтают.

Семья Левитиных, разумеется, не исключение. Как и многие им подобные, по сути своей они мало похожи на евреев в том смысле, в каком их часто представляют себе на Западе. И они совсем не похожи на тех евреев, которые когда-то давно, до Шоа (Холокоста), населяли местечки (штетлы) и разительно отличались от окружающих своим религиозным платьем: длинными черными *капотами* и *штраймлами*, ермолками и *цицес*; женщины-еврейки носили парики, а все тело закрывали одеждой приглушенных, темных цветов. Что касается советских евреев, включая и вымышленное семейство Левитиных в романе, для них, по большей части, ермолки, посещение синагоги и прочие традиционные приметы еврейской жизни были не более чем отголосками отсроченных грез.

Может быть, с учетом вышесказанного, советским евреям несложно было затеряться в толпе? Но и это было отнюдь не так. На горе своим гражданам еврейского происхождения, советский режим с необычайной сноровкой вычислял принадлежность к еврейству, пусть даже и едва различимую. «Мы знаем, что мы русские. Вы принимаете нас за евреев», — пишет Шраер-Петров в эпиграфе, а дальше, в первой строке повествования, добавляет: «Моя славянская душа в еврейской упаковке» [Шраер-Петров 2014: 7]. Это наблюдение — строка одного из самых известных стихотворений Шраера-Петрова «Моя славянская душа» (1975), в котором «славянская душа» советского еврея покидает его тело, его «еврейскую упаковку», и прячется на сеновале[3].

Притом что в литературе XX и XXI веков постоянно встречаются персонажи с так называемой «дефисной национальностью», Шраер-Петров совершенно по-особому описывает слияние русского и еврейского в одном человеке. Его персонажи с двойной, «дефисной» национальностью сконструированы не по привычному шаблону, который встречается в литературе об иммигрантах и иммиграции. От них не остается ощущения, что они одной ногой стоят в одном мире, а другой — в другом, что эти персонажи обречены — или удостоены чести — воспринимать жизнь наполовину как евреи, наполовину как русские и соответственно видеть все сквозь призму двойственной идентичности. Конструкция идентичности, которую Шраер-Петров описывает и в своих стихах, и в этом романе, с одной стороны, гораздо проще, а с другой — намного сложнее. В рамках этого построения советский еврей по своей культурной принадлежности безусловно является русским. По сути, он почти во всем считает себя русским. Еврейство с этой точки зрения — своего рода украшение, узор. Однако мы-то понимаем, что на деле все обстоит куда сложнее. Персонажи романа твердо знают, что еврейство — это неотделимая часть их русской идентичности. Этот самый еврейский компонент есть то, что так или иначе навязано им русскими неевреями, в глазах которых отличитель-

---

[3] Об этом см. примечание в [Shrayer-Petrov 2018: 282].

ные черты идентичности русских евреев выглядят особенно выпуклыми. Тем самым евреи оказываются маркированы как менее русские, как люди, в которых чего-то недостает — а значит, они вызывают подозрение. Соответственно, сложность советской еврейской идентичности связана не столько с ощущением одновременного обитания в двух мирах, сколько с тем, что окружающие видят в тебе нечто отличное от того, как они воспринимают самих себя. «Моя славянская душа в еврейской упаковке» в этом смысле — фраза особенно красноречивая. Не указывает ли Шраер-Петров на то, что для советского еврея истинная его природа характеризуется внутренней «славянской душой», а «еврейская упаковка» — это внешняя оболочка, которую при необходимости можно сбросить?

Разумеется, возникает вопрос, что происходит, когда эту внешнюю еврейскую оболочку действительно сбрасывают. Однако в «Докторе Левитине» нет на него ответа. Напротив, создается ощущение, что сбросить со своего «я» эту оболочку почти невозможно. В начале романа повествователь вспоминает случай из детства. Он, еврейский мальчик, эвакуированный из Ленинграда, в случае конфликтов всегда вставал на сторону местных, деревенских, но при этом все же не забывал, что они не признавали в нем «своего» [Шраер-Петров 2014: 25]. Впоследствии, при встрече с группой новых эвакуированных из Ленинграда, он совершает «предательский поступок». Ему вспоминается «черненький, смуглый, арабского типа еврейский мальчик», к которому он подошел после уроков на глазах у других детей. Оскорбив новоприбывшего мальчика словом «выковыренный», повествователь пытается вызвать его на драку, на что мальчик отвечает: «А ты на себя посмотри. Ты-то сам какой?» И тут повествователь понимает, что он действительно «такой же, как этот мальчик, чужой среди них. Волчонок в собачьей упряжке». Для него это становится болезненным открытием, потому что по крайней мере ему самому становится понятно, что еврейскую «упаковку» не сбросить и не замаскировать [Шраер-Петров 2014: 26–27].

Такая многоликая идентичность, которая является одновременно и типичной характеристикой, и злополучной приметой существования семьи Левитиных, осложняется еще больше, когда, получив отказ на выезд, они официально превращаются в отказников. Место отказника — это отсутствие места; он вынужден плыть, дрейфовать в пространстве, которое когда-то называл домом — которое *хочет* называть домом, однако понимает, что теперь оно полностью принадлежит другим. «Оставалось, — пишет Шраер-Петров, — трансформироваться в совсем новое бытие — бытие отказников». При этом, став отказниками, они присоединяются к новой, готовой их принять, пусть и всеми гонимой общности: «Слава Богу, и здесь Левитины оказались не на пустом месте. И такие, по сути своей "антижизненные", формы существования были открыты несчастными предшественниками по отказу» [Шраер-Петров 2014: 222].

Итак, в «Докторе Левитине» мы видим, что рубежи и границы между одним сообществом и другим проведены не столь четко, как можно было бы предполагать. Если прежде семья являлась русско-еврейской, то после того, как неевреи из ее окружения узнают, что члены этой семьи решили уехать из России, их начинают воспринимать совершенно иначе — как людей без определенной принадлежности, без определенного места в советской жизни. Теперь они — отказники. Они перешли в новое сообщество, стали людьми новой идентичности. Это, пожалуй, одно из самых мучительных откровений в истории Левитиных: даже если вам представляется, что вы глубоко укоренены в некоем сообществе, ваше положение всегда уязвимо, оно полностью зависит от того, насколько вы следуете предписанным шаблонам поступков и поведения. Сообщество, которое человек считает «своим», далеко не всегда приемлет его безоговорочно. Такова реальность, которая была, безусловно, знакома евреям на протяжении всей истории диаспоры. В большинстве стран и культур существует четкое разграничение по этническому и религиозному принципу, и диаспоральные евреи часто страдали от такого разграничения. Даже в Соединенных Штатах XXI века многие воспринимают американских евреев в худшем случае как людей зловещих, а в лучшем — как пекущихся прежде всего об интересах своего племени. Однако даже если подобные сценарии нередки и имеют место в разных странах, особенной в положении советских евреев позднесоветской эпохи была сама вероятность стать отказником, превратиться в человека, не заслуживающего доверия, стать своего рода предателем в глазах общества.

Авторский голос Шраера-Петрова — а его собственный опыт отказника, безусловно, пронизывает всю ткань романа — часто прерывает линии повествования, свидетельствуя о двойственности и авторского отношения к своей родине, России: «И отъезжающие, и провожающие остались наедине с Москвой — матерью, отлучающей от груди своих детей» [Шраер-Петров 2014: 18]. Говоря об автобиографическом контексте романа, нужно отметить, что Шраер-Петров с семьей подали документы на выезд в январе 1979 года. После этого и он, и его жена Эмилия Шраер (Поляк) лишились работы в научной сфере. Кроме того, Шраер-Петров был исключен из Союза писателей СССР и попал в черные списки.

Семье предстояло просуществовать в статусе отказников более восьми лет — только в 1987 году Шраерам наконец удалось эмигрировать. Однако уже в первый год этого катастрофического нового существования Шраер-Петров начал размышлять об истории вымышленной семьи Левитиных. Работу над рукописью первого романа он завершил осенью 1980 года, а за следующие три года создал второй роман трилогии, «Будь ты проклят! Не умирай...». Разумеется, не приходилось даже думать о публикации в тогдашнем СССР художественного произведения на столь скандальную тему. Однако в 1984 году фотокопии рукописи были тайком вывезены на Запад, и в 1985 году было объявлено о грядущем выходе романа в Израиле, что привело к ужесточению преследований Шраера-Петрова советским режимом. Наконец, в 1992 году, после распада СССР, оба романа были опубликованы в России под общим названием «Герберт и Нэлли». Первый тираж в 50 000 экземпляров разошелся быстро; впоследствии в России вышло еще два издания. Ранний вариант завершающего романа трилогии, «Третья жизнь», был опубликован в 2010 году[4].

---

[4] Подробнее см. Shrayer M. About the Text of Doctor Levitin [Shrayer-Petrov 2018: 277–279]. В окончательной редакции — «Третья жизнь доктора Левитина» — готовится к публикации. — *Примеч. ред.*

«Доктор Левитин» в целом выстроен в хронологическом порядке, однако с большим количеством ретроспекций и авторских отступлений. При этом наиболее заметные разрывы в повествовании — это многочисленные авторские размышления, разбросанные по всему роману. В некоторых случаях это прямые комментарии к тексту, в других — философские рассуждения, придающие нарративу дополнительную глубину. На одной из первых страниц романа нам встречается первое такое вкрапление, длиной всего в одну строку: «Зачем я пишу о ком-то, а не о себе?» [Шраер-Петров 2014: 13]. Есть что-то глубоко мучительное в том, что человек хотел написать историю собственной жизни, но вместо этого решил — или был вынужден? — написать историю жизни другого. Однако верно и то, что художественный вымысел может быть реальнее реальности, и не будет натяжкой сказать, что в этом романе Шраер-Петров, рассказывая историю семьи Левитиных, передал свои собственные страдания в более яркой форме, чем мог бы это сделать в документальном жанре. Любой человек, напрямую осмысляющий свой жизненный опыт, неизбежно обнаруживает белые пятна, которые всегда возникают при попытке рассказать собственную историю. Не исключено, что, рассказывая вымышленную историю — пусть и отчасти основанную на фактах собственной биографии, — мы снижаем опасность того, что эти белые пятна выйдут на первый план и осложнят повествование. Многие проникновенные размышления в этом романе посвящены тому, как сложно герою оторваться от России; другие обнажают перед читателем тот факт, что мрак 1979 года — отнюдь не нов. Скорее это тот мрак, в котором доктор Левитин родился, в котором родились его предки и предки его предков. Так было предначертано их этнической принадлежностью («национальностью», говоря советским языком), это остро ощущалось даже в его детстве, и этого не избежать — перед нами проклятие во многих поколениях, которое, как Левитин интуитивно понимает, распространится и на его детей и внуков.

Принято считать, что в большинстве историй иммигрантов, написанных в XX и XXI веке, главной темой становится обещание чего-то большего, более лёгкой жизни, жизни, которая не будет отмечена постоянной борьбой. Первые авторы американской иммигрантской художественной литературы, писавшие в конце XIX и начале XX века, рассказывают об одном и том же: как они покинули мрак и тяготы прошлой жизни и приехали в Америку — страну, где мечты претворяются в реальность. Одновременно почти во всех этих текстах рассматриваются и темные стороны иммигрантской жизни в Америке — непредвиденно тяжелое существование, необходимость трудиться на нескольких работах за очень небольшую плату и жить в убогих условиях, в трущобах. Да и в американской иммигрантской литературе XXI века не редко представление об Америке как безопасной гавани, где можно укрыться от насилия и террора охваченных войной стран; однако иммигранты быстро узнают, что в этой безопасной гавани расизм и предрассудки являются своего рода культурной валютой[5]. Суть в том, что в самих рассказах об иммиграции и эмиграции мало нового. Однако если в большинстве романов такого рода рассматривается преодоление трудностей, связанных с претворением мечты в жизнь уже после того, как герои прибывают в новую страну, то в «Докторе Левитине» с анатомической точностью рассказано совсем не о том, какова цена приближения к реализации мечты о новой стране. В нем говорится о том, какую цену может заплатить человек, всего лишь решившийся об этом мечтать, только лишь позволивший себе подумать, что это достижимо. В романе обнажена темная сторона процесса создания в собственном воображении самой возможности лучшей жизни, а также совершения шагов к тому, чтобы мечты превратились в состоявшуюся реальность. И речь не только о том, как мучителен «разрыв, отделение плаценты» — отчуждение от родины [Шраер-Петров 2014: 90]. Цена, как видно из романа, невыносимо высока, потери бессчетны. Герберт Анатольевич — врач, доктор наук, профессор — теряет научную должность и в итоге вынужден зарабатывать частными вызовами к тем, кто еще согласен пользоваться его врачебными услугами. Его жена Татьяна, родом из

---

[5] Подробнее на эту тему, а также отрывки из популярных американских иммигрантских романов см. в [Levitsky et al. 2016].

русской деревни, тоже платит высокую цену за то, что вышла замуж за еврея и выразила запретное желание променять родину на жизнь со своей семьей в Израиле. Можно даже утверждать, что именно она и заплатила самую дорогую цену. Ее сына Анатолия, рожденного в смешанном браке, власти теперь рассматривают исключительно как еврея, семья которого вынашивает планы покинуть Россию. Сначала Анатолию не дают поступить на дневное отделение медицинского института, потом его вообще исключают; после этого возникает опасность, что его призовут в армию и отправят в Афганистан: это еще один страх, который терзает всю семью на протяжении романа. Печальной оказывается и судьба Василия Матвеевича (отца Татьяны), хотя он, чистокровный русский, бывший партизан, виновен только в том, что породнился с Левитиным — тем более что в глубине души он не доверяет евреям, да и к зятю-еврею всегда относился неодобрительно. По мере того как мечты рушатся одна за другой, семья все глубже погружается в пучину отчаяния.

Возникает ощущение, что принадлежности к еврейству в СССР боятся, как заразной болезни. Но разве так было не всегда? Коллеги доктора Левитина дистанцируются от него. Татьяна замечает, что даже почтальонша общается с ней куда холоднее прежнего — что для Татьяны, безусловно, особенно тяжело, учитывая, что она сберегла свое русское и православное наследие, чтобы сохранить свое отличие от чуждого мужа-еврея. Деда, Василия Матвеевича, представители власти попрекнут тем, что он позволил дочери выйти за еврея, даже несмотря на то, что еврей этот — врач, который лечит русских крестьян. Притом что читать об этих невзгодах мучительно тяжело, разве мы не наблюдали подобного и раньше? Встроенные в роман отсылки к Шоа — это тонкие напоминания о том, что мрак имеет давнюю природу. Щупальца его тянутся в глубь истории, простираются в будущее. Для семьи Левитиных это напоминание постоянно присутствует в повседневной жизни. В прологе Шраер-Петров пишет, что на протяжении тех двух лет, о которых говорится в романе, даже воздух «оцарапывал душу проволочным концлагерным словом: безысходность» [Шраер-Петров 2014: 8]. И далее про жизнь семьи Левитиных в течение года говорится, что она «терзалась и ранилась, как будто ее протаскивали между колючей лагерной проволокой» [Шраер-Петров 2014: 221]. Как и в любом подлинном повествовании о травме, счастливой развязки не будет. К концу романа мы узнаем, что «все делится на выездное и невыездное. Сама жизнь разделена пополам: до выезда и после выезда» [Шраер-Петров 2014: 197]. Здесь тоже слышен отзвук того, как многие выжившие в Шоа говорят о двух разных жизнях, сосуществующих в результате протяженной травмы: до и после. В обоих сравнениях нет понятия «на протяжении», только до и после переживания травмы[6].

Основное действие романа, конечно же, происходит не во время Шоа, однако то, что приходится вынести Левитиным, можно назвать травмой разрушительных масштабов. Да и в конце романа, когда мы расстаемся с семьей, которую хорошо узнали, травма не изживается. Те, кто выжил, продолжают ждать, и у нас складывается впечатление, что ожидание будет вечным. Они, как персонажи множества классических драм — вспомним, к примеру, «Трех сестер» Чехова или «В ожидании Годо» Беккета, — надеются на что-то, что никогда не произойдет. В этом смысле перед нами — типично еврейская история упования на то, что, скорее всего, недостижимо; история, выходящая за пределы времени и места. Это напоминает кафкианский пересказ старой еврейской притчи о человеке, который спрашивает у раввина, когда придет Мессия, на что рабби отвечает: тогда, когда в нем уже не будет нужды. В этой притче ожидание продуктивно: оно воодушевляет на то, чтобы трудиться ради создания мира, достойного Мессии, прихода которого все ждут. Однако в «Докторе Левитине» ожидание токсично и разрушительно: никакого Мессии не предвидится.

В 1987 году Давиду Шраеру-Петрову и его семье все же удалось эмигрировать по маршруту Австрия — Италия — США. Часть этой истории рассказана его сыном Максимом Д. Шраером

---

[6] Подробнее вопрос о том, в чем заключаются этические подходы к травме и ее репрезентация в литературном контексте, рассмотрен мною в [Osborne 2017].

в документальном романе «В ожидании Америки» (а также в третьей части трилогии Шраера-Петрова об отказниках). Но «Доктор Левитин» — это, разумеется, первый роман трилогии, в которой рассказывается о попытке эмиграции, об исходе оставшихся членов семьи Левитиных. Первый роман трилогии заканчивается на не слишком обнадеживающей ноте. В финале книги Наташа, бывшая возлюбленная сына Левитиных Анатолия, садится в самолет, вылетающий из Москвы в США. Она познакомилась со Стэнли Фишером, евреем, американским гражданином, и вышла за него замуж. (О замужестве и эмиграции Наташи см. также статью Брайана Горовица в этом сборнике.) В этом отъезде звучит пронзительная ирония, поскольку как раз Наташа даже и не помышляла об эмиграции, тогда как семья Левитиных лишилась всего в попытках осуществить именно эту мечту. Вместо того чтобы расстаться с Левитиным в суете радостного исхода, читатель в последний раз видит его объятым гневом, в состоянии психологического срыва. Очень красноречива цитата из 21-го псалма на предпоследней странице романа — одной из самых поэтичных и катастрофических во всей книге:

> Я пролился, как вода; все кости мои рассыпались; сердце мое сделалось, как воск, растаяло посреди внутренности моей! Сила моя иссохла, как черепок; язык мой прильнул к гортани моей, и Ты свел меня к персти смерти, ибо псы окружили меня; скопище злых обступило меня; пронзили руки мои и ноги мои [Шраер-Петров 2014: 295–296].

Именно эта цитата предшествует короткому последнему абзацу романа, где рассказано об отъезде Наташи. Один персонаж уезжает, другой остается умирать медленной смертью.

Хотя роман Шраера-Петрова написан более сорока лет назад, сейчас он звучит особенно актуально. После войн и возмущений, прокатившихся по всему миру за последнее десятилетие, бесчисленное множество людей самой разной этнической и национальной принадлежности покидает родные страны, мечтая о жизни, в которой не будет страданий и боли. А в связи со всплеском антисемитизма и страшными нападениями на синагоги в Европе все больше евреев вновь задаются вопросом, не придется ли им сняться с места и эмигрировать — прежде всего в Израиль и Америку. Более того, многие источники сообщают, что ситуация все усугубляется[7]. Это, безусловно, напоминает положение европейских евреев в 1930-е и 1940-е годы, но, к счастью, с одним важным отличием. Сейчас европейские политические лидеры и сами озабочены ростом антисемитизма, и многие из них делают все возможное, чтобы заклеймить антиеврейские предрассудки и искоренить антисемитизм. Будет ли он крепнуть и дальше? Найдет ли он в очередной раз дорогу в широкие массы? Прошедшие недавно в Испании и Бельгии карнавалы и парады, где открыто демонстрировалась антисемитская символика, заставляют думать, что последнее возможно, — и служат суровым напоминанием о том, что евреи никогда не смогут полностью чувствовать себя как дома ни в одной стране, кроме своего собственного государства. В Америке, несмотря на рост числа антисемитских инцидентов, евреи все еще по большей части ощущают себя в безопасности, и вопрос об эмиграции возникает далеко не столь часто, как в современной Европе. Однако Америка обречена сражаться с собственными демонами. В эпоху, когда на американцев потоками обрушиваются настоящие и сфабрикованные новости об иммигрантах, пересекающих «их» границы, может возникнуть ощущение, что эмиграция — дело несложное, что родную страну можно покинуть буквально в любой момент, по желанию, и двинуться в место более привлекательное, за лучшей жизнью. Возникает соблазн поверить в то, что самая сложная часть процесса — пересечь границу новой страны, попасть на ее территорию. Роман Давида Шраера-Петрова «Доктор Левитин» напоминает нам о том, что покинуть свой дом, вырваться за пределы своих собственных национальных и культурных границ — это поступок, связанный с великой и неутихающей болью, и совершить его дано только храбрым.

Перевела с английского Александра Глебовская

---

[7] См., напр., [Moulson 2020; Schwartz 2019].

Источники

Шраер-Петров 2014 — Шраер-Петров Д. Герберт и Нэлли. М.: Книжники, 2014.

Библиография

Levitsky et al. 2016 — Literature of Exile and Displacement: American Identity in the Time of Crisis / ed. by H. Levitsky, M. Osborne, S. Setka. San Diego: Cognella Academic Publishing, 2016.

Moulson 2020 — Moulson G. Germany Urged to Fight Anti-Semitism to Avoid Jewish Exodus // ABC News. 2020. January 26. URL: https://abcnews.go.com/Politics/wireStory/germany-urged-fight-anti-semitism-avoid-jewish-exodus-68541020 (дата обращения: 15.04.2021).

Osborne 2017 — Osborne M. The Midrashic Impulse and the Contemporary Literary Response to Trauma. Lanham, MD: Lexington Books, 2017.

Osborne 2019 — Osborne M. Little More Than Pariahs: On David Shrayer-Petrov's Doctor Levitin // Los Angeles Review of Books. 2019. February 8. URL: https://lareviewofbooks.org/article/little-more-than-pariahs-on-david-shrayer-petrovs-doctor-levitin (дата обращения: 15.04.2021).

Schwartz 2019 — Schwartz Y. «Things have Only Gotten Worse»: French Jews are Fleeing Their Country // National Geographic. 2019. November 20. URL: https://www.nationalgeographic.com/history/2019/11/french-jews-fleeing-country/ (дата обращения: 15.04.2021).

Shrayer-Petrov 2018 — Shrayer-Petrov D. Doctor Levitin / ed. and with notes by M. D. Shrayer; transl. by A. B. Bronstein, A. I. Fleszar, M. D. Shrayer. Detroit: Wayne State University Press, 2018.

Shrayer 2018 — Voices of Jewish-Russian Literature. An Anthology / ed. by M. D. Shrayer. Boston: Academic Studies Press, 2018.

Smola 2015 — Smola K. The Reinvention of the Promised Land: Utopian Space and Time in Soviet Jewish Exodus Literature // East European Jewish Affairs. 2015. Vol. 45, № 1. P. 79–108.

Tolts 2003 — Tolts M. Demography of the Jews in the Former Soviet Union: Yesterday and Today // Jewish Life After the USSR / ed. by Z. Gitelman, M. Glants, M. Goldman. Bloomington: Indiana University Press, 2003. P. 173–206.

Tolts 2016 — Tolts M. Demography of the Contemporary Russian-Speaking Jewish Diaspora // The New Jewish Diaspora: Russian-Speaking Immigrants in the United States, Israel, and Germany / ed. by Z. Gitelman. New Brunswick, NJ: Rutgers University Press, 2016. P. 23–40.

Часть четвертая

ПОДХОДЫ К ПРОЗЕ

Кто такой Грифанов?
Давид Шраер-Петров в диалоге с Юрием Трифоновым*

Марат Гринберг

За редкими исключениями герои-евреи в советской официальной литературе либо отсутствуют, либо играют незаметную роль. Учитывая важность литературы в формировании социальных и экзистенциальных типов — того, что Лидия Гинзбург называла «мощны[м] заряд[ом] всеобщего, социального и исторически характерного» [Гинзбург 1977: 18], — отсутствие еврейских типажей неимоверно усложняет анализ и реконструкцию советской еврейской субъективности и психики. Чтобы обнаружить еврейский след, необходимо обратиться к произведениям, которые писались «в стол» — неопубликованным и потаенным, являвшимся, согласно Клавдии Смоле, частью «еврейского культурного андеграунда... результатом интенсивного частного обмена, ограниченных знаний и коллективно обретенных источников» [Smola 2018: 5].

Центральное место в этом неофициальном еврейском социокультурном контексте занимают произведения Давида Шраера-Петрова — писателя, которого уже с середины 1950-х годов тянуло к еврейским аллюзиям и темам. Его проза и стихи высвечивают экзистенциальные и исторические пути советского еврейства и в особенности мучительного опыта отказников. Ряд других писателей, принадлежащих как к официальным, так и к андеграундным кругам, например Фридрих Горенштейн, также уделяли еврейству особое внимание. Однако Шраера-Пет-

---

* Copyright © 2021 by Marat Grinberg.

рова отличает то, что в его произведениях трагизм еврейского вопроса всегда сочетается с глубоко позитивным пониманием еврейской идентичности. Эта черта, однако, не убавляет двусмысленности и сложности его героев, вечно колеблющихся между приверженностью к русским и еврейским взглядам и убеждениям. Точка зрения Шраера-Петрова позволяет ему сформулировать суть и состояние еврейства, с одной стороны, как сильный биологический фактор, передающийся через культурное и семейное наследие, а с другой — как живой исторический опыт, одним из источников которого является еврейская коллективная память. В этом он, вероятно, идет по стопам Лиона Фейхтвангера, что неудивительно, учитывая ту громадную роль, которую романы немецко-еврейского классика сыграли в поддержании и укреплении советской еврейской идентичности[1].

Подход Шраера-Петрова к еврейству находит наиболее полное выражение в его самом значительном произведении — трилогии об отказниках, первые две части которой известны под названием «Герберт и Нэлли». Главный герой трилогии — доктор Герберт Левитин, советско-еврейский и русско-еврейский персонаж, воплотивший в себе главные приметы времени (первые две части трилогии были написаны в 1979–1984 годах в СССР и впервые опубликованы в России в 1992 году; третья часть была написана уже в США и опубликована в ранней редакции в 2010 году[2]). Тесно связанный с Россией, с ее языком и в особенности со своей родной Москвой, Левитин также ощущает свою принадлежность к еврейству. Он все больше и больше чувствует себя чужаком, наделенным отдельной историей и судьбой и потому отгороженным от России. В третьей части трилогии доктор Левитин наконец оказывается в США. За годы личных трагедий и борьбы за право эмиграции из СССР еврейское самоощущение Левитина лишь усиливается и находит выражение в его романтизированной тяге к Земле Израиля и возвращению к еврейским

---

[1] О Фейхтвангере в советском контексте см. [Grinberg 2019].
[2] Окончательный вариант третьей части трилогии об отказниках Д. Шраера-Петрова готовится к изданию в Москве. — *Примеч. ред.*

религиозным традициям. Ему становится предельно ясно, кем он является — «частицей целого народа, народа, страдавшего и гонимого тысячелетиями, получившего надежду после Октября и постепенно утрачивавшего надежду» [Шраер-Петров 2014: 22]. Шраер-Петров с самого начала представляет Левитина выражением всего советского еврейского опыта.

В первой части трилогии голос и история Левитина мастерски переплетаются с голосом и историей самого автора; в этом заключаются ее лиризм и стилистическая сложность. Если опять воспользоваться терминологией Лидии Гинзбург, то Левитина можно назвать *авто-психологическим двойником* Шраера-Петрова. Вместе со своим героем писатель всматривается в лицо своему неизгладимому еврейскому «я». Он вспоминает, как встреча с еврейским мальчиком в глухой уральской деревне, куда их семьи были эвакуированы во время войны, заставила его прийти к неожиданному осознанию, что он «такой же, как этот мальчик, чужой среди них» [Шраер-Петров 2014: 27]. Это еврейское самосознание не только не гнетет его, но становится предметом гордости, источником исторической и моральной ответственности.

Парадоксально то, что именно еврейский фактор на самом глубинном уровне роднит автора с великой традицией русской литературы. Один из наиболее сильных эпизодов в первой части трилогии — поиск автором того, что осталось в Литве от караимов и караимской культуры. Он узнает, как эта в прошлом иудейская секта последовательно и тщательно скрывала там свои еврейские корни. От этого открытия ему «хотелось плакать от стыда и отчаяния» [Шраер-Петров 2014: 186–187]. Автора и влечет, и мучает опыт караимов, чьи усилия, направленные на стирание своего еврейства, противоречат его собственному выбору. Он находит родственную душу в Пушкине, которого нарекает «гордым евреем»:

> Над могилой Пушкина в Святогорском монастыре — памятник. На черном мраморе крест и под крестом — звезда Давида. Пушкин был масоном. Звезда Давида была знаком

масонской ложи. Но Пушкин был потомком эфиопских царей из [Соломоновой династии — «Львы Иуды»], произошедшей от царицы Савской и царя Соломона. <…> Пушкин был первым и едва ли не единственным в русской литературе XIX века (после него Гоголь в «Тарасе Бульбе»), кто осмелился писать и думать вслух о еврействе, его великой истории и жалком существовании во времена поэта. <…> Если принять за аксиому, что гены бессмертны, то Пушкин получил свои поэтические гены от Давида и его сына Соломона, поскольку род Ганнибалов восходит к династии эфиопских царей через Соломона и царицу Савскую. <…> Пушкин испытывал отвращение к трусости тех евреев, которые скрывали свое происхождение или измывались над памятью о своем происхождении. <…> Так вот пушкинским взглядом смотреть на жизнь, видеть караимов, которые заставили себя забыть еврейство, видеть все по-пушкински (исторически и современно), думать о том, что нынешние шестнадцатилетние тянутся к правде жизни и правде истории, тянутся к родным истокам [Шраер-Петров 2014: 188–191].

Предлагая эту необычную *еврейскую* версию Пушкина и его происхождения, Шраер-Петров тем самым создает русско-еврейскую поэтику, эксплицитную и нонконформистскую, идущую наперекор как главенствующей (советской) идеологии, так и общепризнанным понятиям и стереотипам. Роман Кацман пишет:

> В произведениях Давида Шраера-Петрова бесстрашные проявления нонконформизма представляются переходом к антижертвенной парадигме. Вектор преодоления ощущения себя жертвой появляется почти одновременно (в начале 1970-х) с усилением парадигмы, в которой советские евреи предстают жертвами. Следовательно, этот вектор преодоления жертвенности увеличивается с появлением отказнической литературы 1980-х годов, особенно в романах Шраера-Петрова, написанных в те годы [Katsman 2018: 44][3].

---

[3] См. также статью Р. Кацмана в этом сборнике.

Мой основной тезис заключается в том, что Шраер-Петров приходит к преодолению комплекса еврейской жертвенности и стыда за свое еврейство двояким путем. С одной стороны, это происходит через радикально новое прочтение классической русской литературы, в частности Пушкина, а с другой — через тонко завуалированный диалог с культовым писателем 1970-х годов — создателем «городской прозы» Юрием Трифоновым (1925–1981). Связь, которую я устанавливаю между Шраером-Петровым и Трифоновым, позиционирует их как две модели советского и, в особенности, советско-еврейского нонконформизма — эксплицитного и подспудного.

* * *

К концу 1970-х годов, когда Шраер-Петров принялся за написание первых двух частей своего будущего эпоса об отказниках, Юрий Трифонов находился на самом пике славы и популярности. Для многих советских интеллигентов с их глубоко скептическим (пусть и потаенным) отношением к властям его книги были глотком свежего воздуха. Его неприкаянные городские герои стали вторым «я» советских интеллигентов. Несмотря на постоянные трения с советской цензурой, повести и рассказы Трифонова выходили в основном без радикальных изменений[4]. Читать Трифонова неизбежно означало «читать между строк». В своем знаменитом эссе «Преследование и искусство письма», впервые опубликованном в 1941 году, немецкий еврейский философ Лео Штраус, эмигрировавший из гитлеровской Германии в Америку, вывел формулу «чтения между строк»:

> …для литературы результат преследования таков: под его влиянием писатели-бунтари развивают определенную технику письма — технику завуалированного изложения

---

[4] О поправках, вносимых цензорами в произведения Трифонова, см. [Ермолаев 2005].

> собственных идей. <...> Мы видим, таким образом, как преследование способствует развитию специфической техники письма, а вследствие этого — особого рода литературы, где позиция автора по всем ключевым вопросам преподносится исключительно завуалированно. Обычно подобные тексты адресованы не ко всем читателям — лишь к достойным доверия и образованным. Такая литература имеет все преимущества личного общения, но не имеет его основного недостатка — ведь личное общение было бы ограничено только кругом знакомых автора. В то же время она обладает всеми преимуществами публичной коммуникации, избегая главного минуса — смертной казни для ее выразителя [Штраус 2012: 12].

Как Штраус поясняет далее, элемент писания (и чтения) «между строк» может таиться во фразе, цитате, одном или двух предложениях или даже в намеке на несогласие с официальной догмой или на ее расшатывание. Это означает, что

> ...чтение между строк строго запрещено во всех случаях, когда применение этого метода будет менее правильным, чем его неприменение. Прежде чтения между строк должен быть произведен подробный анализ недвусмысленных высказываний автора. До того как интерпретация текста сможет обоснованно притязать на адекватность и даже правильность, должны быть детально рассмотрены контекст, в котором встречается то или иное суждение, литературные особенности всей работы, ее план [Штраус 2012: 18].

Это условие приводит к появлению двух типов читателей: большинству, способному вникнуть исключительно в *экзотерический* смысл текста, и меньшинству, способному распознать его *эзотерический* (или философский) уровень. Концепция Штрауса представляется мне квинтэссенцией советских и особенно советско-еврейских условий и механизмов выживания, в то время как сама авторская позиция Шраера-Петрова становится смелой альтернативой модели чтения, которую предлагают лучшие тексты Трифонова.

Насыщенная намеками и неотделимая от своего сиюминутного контекста позднесоветской действительности, проза Трифонова напрашивается на «прочтение между строк» и подробное раскодирование. Нюансы и недосказанность, сам трифоновский стиль отсылают прежде всего к поэтике Чехова. По свидетельству вдовы писателя Ольги Трифоновой (Мирошниченко), тома из собрания сочинений Чехова были наиболее зачитанными в его книжном шкафу и распадались на страницы[5]. (О Шраере-Петрове и Чехове см. статьи Клавдии Смолы и Максима Д. Шраера в этом сборнике.) Таким образом, литературная родословная Трифонова и его исконная художественная предрасположенность к художественной многозначности и нюансировке соответствовали тому, что сам он прозорливо назвал в своем последнем романе ощущением «времени и места», требовавшим как от самого Трифонова, так и от его читателей «чтения между строк». Задача писателя, как Трифонов отметил в дневнике в 1973 году, заключается в том, чтобы «рассказать еще и том, что *вне* книги» [Катаева 2015: 368]. Трифонов ожидал от своих читателей, что они прибегнут к тайным и субверсивным стратегиям чтения и оценят «не только то, о чем рассказывает книга, но и то, что она *хочет* высказать» [Катаева 2015: 368].

Были, однако, и такие читатели, которые воспринимали искусство Трифонова не как скрытую, глубинную форму нонконформизма, а как нечто обратное — как компромисс талантливого советского конформиста. Некоторые из коллег по литературному цеху, чей антагонизм по отношению к властям был более заметен, упрекали и даже высмеивали Трифонова. Например, Андрей Битов с издевкой отзывался о повестях Трифонова как о «социалистическом экзистенциализме» и только позднее дал ему более высокую оценку [Катаева 2015: 153]. Такого рода скептическое отношение усугублялось тем, что Трифонов, никогда не воспринимавший эмиграцию как реальную для себя опцию, имел возможность выезжать за границу, а начал литературную карьеру

---

[5] Из моего интервью с Ольгой Трифоновой в музее Дома на Набережной в Москве 13 июля 2019 года. — *М. Г.*

с получения Сталинской премии за свою первую повесть «Студенты» (1950). Эти факторы заставляли некоторых сомневаться в серьезности позднейших попыток Трифонова достичь глубокого понимания ужасов сталинизма и эпохи Гражданской войны.

Учитывая ключевое место Трифонова и его текстов в дебатах советской интеллигенции 1970-х годов, не случайно, что он занимал Шраера-Петрова, запрещенного писателя, в целом ориентировавшегося на эксплицитность выражения в ущерб подтекстам и недосказанностям. Аллюзии к Трифонову присутствуют главным образом во второй части трилогии, «Будь ты проклят! Не умирай...» — в образе писателя Грифанова (он упоминается несколько раз и в третьей части трилогии), друга доктора Левитина. Грифанов водит последнего пообедать в знаменитый ресторан в Центральном доме литераторов, где сам Шраер-Петров встречался с Трифоновым[6], и пытается помочь ему и главной героине, Нэлли Шамовой, которая станет впоследствии второй женой Левитина. Статус и суждения Грифанова напоминают положение и взгляды Трифонова. Например, как и сам Трифонов, он увлекается Генрихом Бёллем (Бёлль, которого Трифонов знал лично, был одним из его любимых писателей); кроме того, как и его прототип Трифонов, Грифанов посещал США и встречался во Франции с Марком Шагалом [Шраер-Петров 2014: 402]. И визит в Америку, и посещение Шагала описаны в последнем сборнике рассказов Трифонова «Опрокинутый дом».

Внутриромáнная связь писателя Грифанова с Нэлли Шамовой представляется более сложной и проливает свет на металитературную игру Шраера-Петрова, из которой вытекает структура его *roman à clef*. В трилогии Нэлли — дочь писателя Варлама Денисовича Шамова, пережившего ГУЛАГ и очевидно отсылающего как к Варламу Шаламову, так и к рассказу А. И. Солжени-

---

[6] Шраер-Петров не уделяет Трифонову отдельной главы в своих мемуарах «Москва златоглавая» о писателях, которых он знал в Москве [Шраер-Петров 1994], но упоминает о нем в других воспоминаниях, «Охота на рыжего дьявола: Роман с микробиологами» [Шраер-Петров 2010], и в романе «История моей возлюбленной, или Винтовая лестница» [Шраер-Петров 2013], написанных после эмиграции из СССР.

цына «Один день из жизни Ивана Денисовича». Мать Нэлли, Лия Шамир, была актрисой в Московском государственном еврейском театре (ГОСЕТ) Соломона Михоэлса. Таким образом, как и Трифонов, чей отец был русским, а мать еврейкой (далее я вернусь к этой теме), Нэлли — русско-еврейский гибрид. Трифонов отчетливо ощущал в себе эти две половинки и, вероятно, пытался понять дилемму невозможного выбора сквозь призму стихотворения «Полукровки» своего близкого друга, еврея Бориса Слуцкого [Гринберг 2021]. У Слуцкого дефисность, сдвоенность русско-еврейских кровей представлена именно как экзистенциально и онтологически трагический знак:

> Вот вы и дрожите. Словно листики.
> В мире обоюдных нареканий,
> Полукровки — тоненькие мостики
> Через море — меж материками.
>
> Что ж вам делать в этом мире гнева?
> Как вам быть в жестокой перекройке?
> Взвешенные меж земли и неба,
> Смешанные крови. Полукровки
>   [Слуцкий 1991: 166].

Аура Слуцкого важна еще и потому, что, в отличие от самого Трифонова, Грифанов — ветеран Великой Отечественной войны, самый молодой среди писателей той когорты, в которой главенствовал Слуцкий.

Шраер-Петров недаром представляет Грифанова покровителем и защитником Шамова после возвращения того из лагерей. Хотя в жизни Трифонов и Шаламов никогда, судя по всему, не встречались, каждый из них был по-своему поглощен изображением травмы сталинского прошлого в литературе, которая станет доступна широкому советскому читателю. В этом смысле показателен эпизод, описанный критиком Бенедиктом Сарновым, вспоминавшим, как Слуцкий читал ему и Трифонову свое стихотворение «Лопаты», в котором описывается утро заключенных в колымском лагере:

> На рассвете с утра пораньше
> По сигналу пустеют нары.
> Потолкавшись возле параши,
> На работу идут коммунары.
>
> Основатели этой державы,
> Революции слава и совесть —
> На работу!
> С лопатою ржавой.
> Ничего! Им лопата не новость,
> Землекопами некогда были.
> А потом — комиссарами стали.
> А потом их сюда посадили
> И лопаты корявые дали.
>
> Преобразовавшие землю,
> Снова
> Тычут
> Лопатой
> В планету
> И довольны, что вылезла зелень,
> Знаменуя полярное лето
>   [Слуцкий 1988: 58].

После того как Слуцкий остановился, «вдруг большой, грузный Юра как-то странно всхлипнул, встал и вышел из комнаты. <…> Слышно было, как где-то (в кухне? в ванной?) льется вода. Потом Юра вернулся. Сел на свое место. Глаза у него были красные» [Горелик 2005: 246]. Можно с большой степенью уверенности предположить, что и на «Колымские рассказы» Шаламова Трифонов отреагировал бы столь же эмоционально и органично.

Как и в случае аллитерационного созвучия фамилий Шаламов / Шамов, фамилии Трифонов и Грифанов также созвучны, но что еще скрывается под именем Грифанова? Возможно, это грифон, мифологический зверь с телом льва и головой орла, что, опять-таки, символизирует русско-еврейскую гибридность. Возможно, его имя — это ссылка на грифа, превращающая Трифонова-Грифанова в пожирателя книг умерших авторов и культур: царской, сталинской и периода Гражданской войны. Наконец, Грифанов заставляет вспомнить грифель и «Грифельную оду» Мандельштама, в которой поэт нарекает себя «двурушником»:

> Кто я? Не каменщик прямой,
> Не кровельщик, не корабельщик, —
> Двурушник я, с двойной душой,
> Я ночи друг, я дня застрельщик
> [Мандельштам 1990: 150].

Образ «двурушника... с двойной душой», возможно, намекает на конфликт между русским и еврейским в жизни Трифонова (да и самого Мандельштама). Является оно и отражением весьма осторожной позиции Трифонова по отношению к советской цензуре и властям, а также к той цене, которую он, «ночи друг» и «дня застрельщик», должен платить за эту осторожность, скрывая или тщательно кодируя свои наиболее сокровенные мысли. Случайно ли, что в романе Шраера-Петрова об отказниках Мандельштам упоминается именно как «русско-еврейский гений» [Шраер-Петров 2014: 168].

Сходство между Грифановым и Трифоновым отмечено и в разговоре между доктором Левитиным и отказником Мишей Габерманом, в ходе которого Габерман проводит параллель между Грифановым и Василием Аксеновым «как совершенно несхожи[ми] между собой писател[ями]» [Шраер-Петров 2014: 366]. Габерман объясняет Левитину:

> Мы поклонялись им. Это были наши любимцы. Они выражали взгляды русской интеллигенции, скажем, разных ее слоев. А теперь кого мы читаем с вами — Зингера, Жаботинского, Бялика, Давида Маркиша, Маламуда, Леона Юриса, Натана Альтермана, Игала Алона и многих других, опубликованных в «Библиотеке алии» [Шраер-Петров 2014: 367].

Шраер-Петров таким образом описывает перемены в том, что я определяю как «книжную полку советского еврея» [Grinberg 2019], источник еврейского наследия советских евреев. Изданные в Израиле русскоязычные книги, которые упоминает Габерман, включающие в себя переводы с идиша, иврита и английского, произведения современных русскоязычных писателей-эмигрантов и более ранних русско-еврейских авторов, таких как Жаботинский, тайно провозились в Советский Союз и дополняли, во всяком случае в больших советских городах, знания по этой теме, которые черпались из самиздата и официально публиковавшейся в СССР литературы. Вкупе с изменениями во вкусах читателей произошли и фундаментальные изменения в самосознании советских евреев, питавшихся «ограниченны[ми] знани[ями] и коллективно обнаруженны[ми] источник[ами]» [Smola 2018: 5].

Почему, как утверждает Габерман, Грифанов и Аксенов настолько различны? Если Грифанов (и его прототип Трифонов) представляет модель «чтения между строк» и продолжающихся компромиссов писателей с властями, то путь Аксенова (и самого Шраера-Петрова, который хорошо знал Аксенова со времен их учебы в Медицинском институте им. Павлова в Ленинграде) символизирует собой окончательный крах этих компромиссов, приводящий к эмиграции как единственно возможному варианту.

Сопоставление Грифанова и Аксенова прозорливо, учитывая, что к одной из главных размолвок между Трифоновым и Аксеновым привел отказ Трифонова от участия в альманахе «Метрополь», куда его пригласил Аксенов [Катаева 2015: 164–174][7]. «Метрополь», собравший многих наиболее интересных писателей того времени, как диссидентских, так и официальных, вышел в самиздате в 1978 году и через год в Соединенных Штатах. Важно, что, в то время как отказник Габерман хочет полностью отделиться от России и от всего связанного с нею, отказник доктор Левитин, говорящий в этом случае за автора, неспособен пойти на это. Даже в мечтах об эмиграции он сохраняет привязанность к Грифанову и русской литературе. Впоследствии он объясняет Нэлли:

---

[7] Следует также добавить, что некоторые из писателей, приглашенных Аксеновым, в том числе и сам Шраер-Петров, не были готовы подвергнуть риску свои советские карьеры участием в альманахе. В отказе же Шраера-Петрова от участия в «Метрополе» присутствует и доля иронии: менее чем через два года его исключат из Союза писателей за решение эмигрировать из СССР.

> Мы, евреи, — древесные грибы. Нас можно перевить на другое дерево — приживить в Израиле, Америке, в Австралии, наконец. Но совсем отломить и бросить наземь нельзя. Мы погибнем без древесины, питающей нас. И конечно же, эта почва, этот русский ствол, который нас вспоил и позволил развиться... [Шраер-Петров 2014: 503].

* * *

Шраер-Петров вступает в диалог с Трифоновым и его произведениями на нескольких уровнях. Важность образа Москвы в первых двух частях трилогии приближает прозу Шраера-Петрова к традиции послевоенной городской прозы, олицетворяемой Трифоновым. Шраер-Петров превращает и Москву, и Ленинград в еврейское пространство, фокусируя внимание на Московской хоральной синагоге — месте встреч отказников — и описывая впечатления от мавританской архитектуры ленинградской синагоги на молодого доктора Левитина. Переходы наррации от авторской линии к линии Левитина и обратно роднят повествовательные приемы Шраера-Петрова с приемами Трифонова в московских повестях и романах, в особенности в «Доме на набережной» и опубликованном посмертно «Времени и месте». Именно укорененность в истории и памяти объединяет двух писателей. Оба ищут — воспользуемся образом Трифонова из «Времени и места» — «некий глагол, которому названия нет», означающий, что «вспоминать и жить — это цельно, слитно, не уничтожаемо одно без другого» [Трифонов 2000: 334]. Не менее важно и то, что Шраер-Петров проводит параллель между влиянием Трифонова и настроениями советских евреев. Своей еврейской эксплицитностью и недвусмысленностью текст Шраера-Петрова бросает вызов попыткам Трифонова прокомментировать положение и историю евреев через спорадические подсказки и аллегорические замены. Несмотря на большие различия в художественных методах, оба писателя создают героев, стремящихся преодолеть состояние жертвы, позор и страх. (О последнем см. эссе Романа Кацмана в этом сборнике.)

Трифоновский еврейский «фактор» состоит из трех тесно переплетенных частей: биографической, исторической и психологической. В круг его близких друзей входили такие значительные советские еврейские фигуры, как поэт Борис Слуцкий, прозаик и драматург Фридрих Горенштейн и переводчик с немецкого (и обличитель нацистских преступников) Лев Гинзбург; не приходится сомневаться в том, что еврейская тема часто возникала в их разговорах и занимала Трифонова. Хотя он, безусловно, считал себя русским писателем, «зов еврейской крови» был ему далеко не безразличен. Примером тому служат постоянные упоминания о еврейских делах и проблемах в его дневниках[8]. Его еврейское самосознание было, однако, более глубоким благодаря знаниям о дореволюционной и ранней советской модернистской еврейской культуре, к которой принадлежал его тесть, русско-еврейский художник Амшей Нюренберг, друживший в юности с такими еврейскими мастерами, как Марк Шагал и Хаим Сутин, и сам часто обращавшийся к еврейским темам в своих работах. Отношения между Трифоновым и Нюренбергом были непростыми. Нюренберг послужил прототипом, иногда нелицеприятным, для нескольких персонажей Трифонова, что наиболее четко видно в рассказе «Посещение Марка Шагала», описывающем встречу писателя с великим художником [Трифонов 1984: 619–628]. Посещение Шагала Грифановым, упоминающееся в романе Шраера-Петрова, как раз и подразумевает связь между Трифоновым и Шагалом. Не случайно, вероятно, и то, что имя Нэлли и профессия ее матери отсылают к Нинели Нюренберг, дочери Амшея и первой жене Трифонова, оперной певице, выступавшей под именем Нинель Нелина.

Сын русского отца казацкого происхождения и матери-еврейки, Трифонов (как и Аксенов) был поглощен распутыванием наследия своих родителей и через них узла русско-еврейских противоречий. Его отец, Валентин Трифонов, герой Гражданской войны, видный советский деятель и военный судья, был арестован в 1937 году по

---

[8] Это особенно видно из дневника, который он вел при посещении США. См. [Трифонов 2000: 681–743].

обвинению в троцкизме и расстрелян в 1938-м. Мать Трифонова, Евгения Лурье, происходила из семьи убежденных большевиков и также была арестована в 1937-м; она выжила в лагерях и вернулась в 1945 году. Трифонова растила его бабушка по материнской линии, Татьяна Словатинская, оставшаяся фанатично верной делу революции даже перед лицом сталинских преступлений.

Вопрос о еврейском вкладе в революцию и создание СССР не прошел мимо Трифонова. Биографическое и историческое начала переплетаются в отображении им этого вопроса в своих произведениях. В биографии своего отца «Отблеск костра», напечатанной в 1965 году, он представляет фигуру Арона Сольца, видного большевика — «совести Партии», доверенного друга и защитника его отца и впоследствии известного советского юриста. Трифонов создает глубоко позитивный портрет Сольца, причем поражает то, что его еврейство Трифонов подчеркивает как причину, по которой Сольц примкнул к большевикам. В стремлении Трифонова не порывать с революционным проектом, извращенным Сталиным, еврейство приобретает искупительный оттенок. Трифонову хотелось верить — по крайней мере, в этот период его жизни, — что Сталин и его злодеяния не стали бы реальностью, если бы люди, подобные Арону Сольцу, одержали внутри партии победу. Эта идея также сближает Трифонова с воззрениями на революцию Шаламова и в который раз напоминает о Шамове Шраера-Петрова.

В его поздних книгах — романе «Старик» и неоконченном «Исчезновении» (в котором фигурирует персонаж, восходящий к Сольцу) — трифоновское видение революции и Гражданской войны становится более трагическим и неоднозначным, а вместе с ним усложняется и его оценка участия евреев в этих событиях. «Старик», опубликованный в 1978 году, содержит аллюзии к Исааку Бабелю и создает свою собственную трактовку темы комиссаров-евреев. Некоторые читатели обвиняли Трифонова в подыгрывании антисемитским стереотипам, хотя его подход был подчеркнуто тонким и наполненным недосказанностью. Он воспринимал еврейский компонент и как неизгладимую часть своей личной памяти, и как часть коллективной исторической памяти. Он стремился к сохранению этой памяти и осознанию ее значимости перед лицом советского нивелирования всего еврейского, с одной стороны, и русского националистического осуждения еврейского засилья — с другой.

Вместе с тем трифоновское понимание русско-еврейского исторического синтеза переходит границу дебатов о советских истоках и сталинизме. В «Долгом прощании», написанном в 1971 году и входящем в цикл так называемых московских повестей, главный герой Гриша Ребров, неудавшийся драматург, неспособный найти себе места в послевоенной советской атмосфере и напоминающий по взглядам самого Трифонова, полемизирует с драматургом Николаем Смоляниновым, олицетворяющим советского конформиста. Смолянинов, в романе любовник жены Реброва, заявляет, что Ребров — человек без почвы. (Здесь, несомненно, присутствует еще и отсылка к обвинениям в адрес безродных — беспочвенных — космополитов, а сама тема послевоенной борьбы с космополитами занимает важное место в творчестве Трифонова, и не только в «Доме на набережной».) Ребров страстно парирует Смолянинову:

> «Какая почва? О чем речь? Черноземы? Подзолы? Фекалии? Моя почва — это опыт истории, все то, чем Россия перестрадала!» И зачем-то стал говорить о том, что одна его бабушка из ссыльных полячек, что прадед крепостной, а дед был замешан в студенческих беспорядках, сослан в Сибирь, что другая его бабушка преподавала музыку в Петербурге, отец этой бабушки был из кантонистов, а его, Гришин, отец участвовал в первой мировой и в гражданской войнах... и все это вместе... и есть почва, есть опыт истории, и есть — Россия...» [Трифонов 1978: 167].

Каждая деталь в этой цепочке поколений насыщена смыслом, но особенно показательно и смело упоминание кантонистов — еврейских детей, призывавшихся в первой половине XIX века на 25 лет в царскую армию и систематически принуждавшихся к крещению. Кантонизм — один из самых страшных эпизодов в истории русских евреев. Многие среди советских читателей -евреев должны были узнать и оценить эту недвусмысленную еврейскую отсылку. Нет сомнения в том, что Шраер-Петров и его герой доктор Левитин разгадали ее. Кантонисты — показательный элемент «чтения между строк», показывающий, что для Трифонова евреи — во всем диапазоне их исторического опыта, от преследований до аккультурации — это неотъемлемая часть русского исторического опыта и его собственных корней. Как и еще один герой Трифонова, Сергей Троицкий в «Другой жизни», писатель «ищет нити, соединявшие прошлое с еще более далеким прошлым и будущим» [Трифонов 1978: 296].

Как я упомянул выше, карьера Трифонова началась с повести «Студенты», опубликованной в 1950 году и удостоившейся Сталинской премии. Рассказывая об ущербном профессоре-космополите, справедливо (в оценочной шкале повести) осужденном студентом, эта книга идеально соответствовала духу своего времени, отмеченного нападками Сталина на советских евреев. Показательно, что, когда Илью Эренбурга спросили, что он думает о «Студентах», он ответил, что Трифонов, безусловно, талантливый писатель, который, как надеялся Эренбург, будет когда-нибудь сожалеть о написании этой вещи [Шитов 1997: 233]. Именно так и произойдет: зрелый Трифонов не только постарается откреститься от своей первой книги, но и, по сути дела, перепишет ее в своем наиболее известном произведении, «Доме на набережной», опубликованном в 1976 году. Действие «Дома на набережной» происходит во время кампании по борьбе с космополитами и описывает похожий конфликт между студентом Вадимом Глебовым и его профессором Ганчуком, но уже в совершенно другом ракурсе.

Еврейская тема в «Доме на набережной» не проговорена, но является одной из главных, читающейся между строк. Профессор Николай Ганчук — нееврей, который выступает в защиту своего коллеги Бориса Аструга, обвиненного в числе многих других в «безродности». Внимательному читателю, ищущему «эзотерические» смыслы, понятно, кто такой Аструг и на что намекают его обвинители. Трифонов также осуществляет замену: в результате занятой им позиции Ганчук как бы превращается в еврея со всеми вытекающими отсюда символическими и практическими последствиями. Вынуждаемый дать отчет о том, что он видел в квартире у Ганчука,

Глебов припоминает статуэтки философов, стоящие наверху книжного шкафа, среди которых и Спиноза. «Ну, Борух Спиноза!.. Но Спиноза не истинный материалист», — заявляет Ширейко, возглавляющий кампанию против Ганчука [Трифонов 2000: 115].

Он неспроста называет идеологически «нечистого» материалиста Спинозу его еврейским именем, а не общепринятым в философской традиции именем Бенедикт, дабы вывести на чистую воду не только еврейство Спинозы, но символически и самого Ганчука. Предательство Глебовым Ганчука, его ментора-учителя и отца его возлюбленной, основано на страхе — «неуловимейш[ей] и сам[ой] тайн[ой] для человеческого самосознания пружин[е]» [Трифонов 2000: 138]. Для Трифонова этот страх охватывает все советское существование со времен Сталина и далее. Он приобретает для писателя и глубоко личностные оттенки, непременно касающиеся положения евреев в советском контексте[9]. Как преодолеть этот страх — главный вопрос, который будет преследовать Трифонова вплоть до его преждевременной смерти в 1981 году[10].

* * *

Этот биографический, исторический и психологический фон подспудно переносится Шраером-Петровым и на Грифанова. То, что Трифонов-Грифанов передает через подтекст и завуалированные аллюзии, Шраер-Петров высказывает прямо и недву-

---

[9] Фигура Спинозы действительно играла важную роль в период послевоенных антисемитских кампаний. Как рассказывает мой дед, Михаил Бенционович Гольдис, в 1949 году студент юридического факультета Киевского государственного университета, в самый разгар антикосмополитского запала В. С. Покровский, профессор истории права, прочитал лекцию о Спинозе, которого он обозначил как «великого сына еврейского народа», носившего еврейское имя Борух. Весть о лекции быстро разошлась среди евреев Киева, многие из которых обратились в университетскую администрацию с просьбой о разрешении посещать лекции Покровского.

[10] В романе «Время и место» описывается похожая дилемма, которую главный герой Антипов разрешает совсем по-иному, чем Глебов.

смысленно. Страх — это как раз то, что доктор Левитин мечтает похоронить и оставить в прошлом: страх перед судьбой, олицетворяемой фантасмагорической старухой Совой, которая преследует его и других евреев-отказников; страх перед КГБ и советскими властями, разрушающими его семью и препятствующими их эмиграции; страх перед Вовчиком, русско-еврейским гибридом и гением-извращенцем, воплощающим собою всю мерзость и беспринципность советской жизни и ответственным за смерть Нэлли — поздней любви Левитина.

Доктор Левитин, остающийся наедине с самим собой на пороге смерти в конце трилогии, оказывается очищен от страхов и сожалений, становясь воистину эпохальным советским еврейским героем:

> Ему ни в чем не надо оправдываться и нечего объяснять. Своей жизнью он с лихвой заплатил за ошибки и слабости советского еврея-интеллигента, родившегося, выросшего и выучившегося на врача в экспериментальной тоталитарно-социалистической системе, которая нынче, судя по всему, начала проваливаться в черную дыру вечности [Шраер-Петров 2010: 342].

Слова «ему ни в чем не надо оправдываться и нечего объяснять» выражают позицию и самого Шраера-Петрова, автора трилогии об отказниках. В беседе с сыном Максимом Д. Шраером летом 2019 года Шраер-Петров сказал, что ключ к его внутренней свободе был «в том, что ты абсолютно с собой честен. И вот, если ты не оглядываешься ни на кого — а я ни на кого уже не оглядывался в отказе... Я писал, только оглядываясь на себя. <...> Да, мне все равно было» [Shrayer 2020][11].

Русско-еврейский синтез — центральная тема в творчестве Давида Шраера-Петрова; в своей трилогии он выражает ее художественным методом, который наводит на мысль о диалоге с Трифоновым. Во второй части трилогии доктор Левитин встречается с Юрием, молодым русским парнем, воевавшим в Афганистане вместе с Анатолием, единственным сыном Левитина,

---

[11] Текст оригинала предоставлен Максимом Д. Шраером. Текст опубликован в [Шраер 2021]. — *Примеч. ред.*

и ставшим свидетелем его гибели. Левитин пытается разъяснить самому себе, что роднило этих двух юношей, и приходит к выводу о том, что это были их родословные. Шраер-Петров пишет:

> Русский потомственный интеллигент, из дворян, народоволец, декабрист, новиковец по внутренней убежденности, переданной с варяжской вольной кровью, буйствующей в застенках абсолютизма. И еврейский мальчик, глотнувший воздух свободы и любви и заточенный в колодки тоталитарного режима, избравшего его, живущего по другим внутренним законам, отбирать жизнь у полудиких горцев ради возвышения и распространения той силы, которая поработила его самого [Шраер-Петров 2014: 343].

Как Трифонов для Реброва в «Долгом прощании», Шраер-Петров создает для Юрия богатую историей генеалогию, объединяющую его духовно с Анатолием Левитиным в их жажде свободы; вспомним, что одним из наиболее символичных эпизодов в трилогии является сцена пасхального Седера в Москве — с доктором Левитиным во главе стола. Всем своим существом Юрий и Анатолий погружены в века русского и еврейского прошлого, подтверждая афоризм Трифонова, что жить означает помнить: мысль, столь важная для иудаизма и еврейской культурной традиции.

* * *

Трифонова не стало в 1981 году. Через портрет Грифанова, фрагментарный и недосказанный, как сама проза Трифонова, Шраеру-Петрову удалось воздать дань уважения писателю, ставшему знаковым для своего времени, и наградить его, если вспомнить название одной из московских повестей Трифонова, «другой жизнью». Главное то, что Шраер-Петров смог перевоплотить суггестивные намеки Трифонова в открытое «еврейское высказывание», в «протест против еврейской беспомощности, зависимости от других и второстепенности» [Katsman 2018: 51, 47]. Трифонов наверняка оценил бы этот поминальный жест своего коллеги.

Перевел с английского автор

Источники

Мандельштам 1990 — Мандельштам О. Э. Сочинения в двух томах. М.: Художественная литература, 1990.

Слуцкий 1988 — Слуцкий Б. А. Вопросы к себе // Знамя. 1988. № 1. URL: http://vivovoco.astronet.ru/VV/PAPERS/LITRA/SLU4_W.HTM#4_6 (дата обращения: 15.04.2021).

Слуцкий 1991 — Слуцкий Б. А. Из литературного наследия // Наш современник. 1991. № 2. С. 163–168.

Трифонов 1978 — Трифонов Ю. В. Избранные произведения. М.: Художественная литература, 1978.

Трифонов 1984 — Трифонов Ю. В. Вечные темы. М.: Советский писатель, 1984.

Трифонов 1988 — Трифонов Ю. В. Отблеск костра. Исчезновение. М.: Советский писатель, 1988.

Трифонов 2000 — Трифонов Ю. В. Дом на набережной. Время и место. М.: АСТ, 2000.

Шраер-Петров 1994 — Шраер-Петров Д. Москва златоглавая. Балтимор: Вестник, 1994.

Шраер-Петров 2010 — Шраер-Петров Д. Третья жизнь. Луганск: Шико, 2010.

Шраер-Петров 2013 — Шраер-Петров Д. История моей возлюбленной, или Винтовая лестница. М: Вест-Консалтинг, 2013.

Шраер-Петров 2014 — Шраер-Петров Д. Охота на рыжего дьявола: Роман с микробиологами. М.: Аграф, 2010.

Шраер-Петров 2014 — Шраер-Петров Д. Герберт и Нэлли. М.: Книжники, 2014.

Шраер 2021 — «Я ни на кого уже не оглядывался…» Давид Шраер-Петров о литературных соблазнах // Snob.ru. 2021. 28 янв. URL: https://snob.ru/profile/26497/blog/172969/ (дата обращения: 03.06.2021).

Библиография

Гинзбург 1977 — Гинзбург Л. Я. О психологической прозе. Л.: Художественная литература, 1977.

Горелик 2005 — Борис Слуцкий. Воспоминания современников / ред. П. З. Горелик. СПб.: Нева, 2005.

Гофман 2017 — Гофман Е. Л. Варлам Шаламов и Юрий Трифонов: несостоявшийся диалог // Шаламовский сборник. 2017. № 5. С. 334–355. URL: https://shalamov.ru/research/320/ (дата обращения: 10.02.2020).

Гринберг 2021 — Гринберг М. А. «Я читаюсь не слева направо, по-еврейски: справа налево»: поэтика Бориса Слуцкого. Бостон; СПб.: ASP, Библиороссика, 2021.

Ермолаев 2005 — Ермолаев Г. С. «Тихий Дон» и политическая цензура 1928–1991. М.: ИМЛИ РАН, 2005.

Катаева 2015 — Катаева Н. Г. Отблеск личности. М.: Галерия, 2015.

Нюренберг 2010 — Нюренберг А. М. Одесса — Париж — Москва. М.: Мосты культуры, 2010.

Шитов 1997 — Шитов А. П. Юрий Трифонов. Хроника жизни и творчества. Екатеринбург: Уральский государственный университет, 1997.

Штраус 2012 — Штраус Л. Преследование и искусство письма // Социологическое обозрение. 2012. № 3. С. 12–25. URL: https://sociologica.hse.ru/data/2013/01/16/1302893719/11_3_02.pdf (дата обращения: 10.11.2020).

Grinberg 2018 — Grinberg M. Reading Between the Lines: The Soviet Jewish Bookshelf and Post-Holocaust Soviet Jewish Identity // East European Jewish Affairs. 2018. № 3. P. 391–415.

Grinberg 2019 — Grinberg M. The Soviet Jewish Scripture: Lion Feuchtwanger and the Soviet Jewish Bookshelf // Feuchtwanger and Judaism: History, Imagination, Exile / ed. by P. Lerner, F. Stern. Oxford: Peter Lang, 2019. P. 139–165.

Katsman 2018 — Katsman R. Jewish Fearless Speech: Towards a Definition of Soviet Jewish Nonconformism // East European Jewish Affairs. 2018. № 1. P. 41–55.

Smola 2018 — Smola K. Communication and Medial Frontier Crossings in the Jewish Underground Culture // East European Jewish Affairs. 2018. № 1. P. 5–22.

Shrayer 2018 — Shrayer M. D. Voices of Jewish-Russian Literature: An Anthology. Boston: Academic Studies Press, 2018.

Shrayer 2020 — Shrayer M. D. A Russian Typewriter Longs for Her Master // Tablet Magazine. 2020. January 28. URL: https://www.tabletmag.com/jewish-arts-and-culture/297595/maxim-shrayer-david-shrayer (дата обращения: 16.04.2021).

Рождение писателя из духа противоречия: еврейская теологема в романе-фантелле Давида Шраера-Петрова «Искупление Юдина»*

Леонид Кацис

Когда читаешь такой роман, как «Искупление Юдина» Давида Шраера-Петрова, сразу же возникает вопрос о том, что значит для нас книга, задуманная и написанная в начале 1980-х годов в России, заново отредактированная автором в 1990-х, после эмиграции, и впервые опубликованная в середине 2000-х [Шраер-Петров 2005][1]. На что ушли эти годы? Что они изменили в нашем

---

* Copyright © 2021 by Leonid Katsis.

[1] Термин «фантелла», иногда понимаемый как «фантастическая новелла», был придуман самим Шраером-Петровым. В послесловии к окончательной редакции текста романа (2019) автор дает такую хронологию: «После подачи документов на выезд в 1979 году я был исключен из Союза писателей СССР и подвергнут остракизму. Моя семья попала в "отказ". Я оказался в научной и литературной изоляции. В 1981 году, вскоре после того, как я закончил работу над романом "Доктор Левитин" — первой частью трилогии об отказниках ("рефьюзниках"), — я начал писать роман "Искупление Юдина". Закончил я эту работу в 1982 году. Время было чрезвычайно опасное, в особенности для евреев-отказников, которым власти отказывали в разрешении на эмиграцию и которых преследовали» [Шраер-Петров 2021]. Читатель нашей статьи должен принять во внимание эту хронологию. Автор благодарит М. Д. Шраера за предоставленный текст послесловия. — *Примеч. Л. К.* Книжное издание романа «Искупление Юдина» готовится в Москве: Шраер-Петров Д. Искупление Юдина: Роман-фантелла / ред. М. Д. Шраер. М., 2021 (готовится к печати). — *Примеч. ред.*

восприятии судеб ассимилированной русско-еврейской интеллигенции 1950–80-х годов?

Если искать этому сочинению традицию и аналоги, то это «Иосиф и его братья» Томаса Манна, «Иудейская война» и, возможно, «Лже-Нерон» Лиона Фейхтвангера[2], а в наши дни — «Псалом» Фридриха Горенштейна, написанный в 1975 году. И если последний может считаться хронологическим предшественником «Искупления Юдина», то тем более таковым может быть назван роман того же автора «Искупление», который к 1967 году уже был написан. В свою очередь, упомянутый роман Манна наряду с «Иудейской войной» Фейхтвангера был важным чтением для возвращавшихся к своему еврейству советских интеллигентов.

Помимо всего прочего, комментатором романов Л. Фейхтвангера в русском переводе был тогда еще Симон (позднее — Шимон) Маркиш, старший сын убитого идишского поэта Переца Маркиша. Для поколения 1960–70-х годов коричнево-бордовые с черной полосой корешки Фейхтвангера вкупе с серыми корешками Т. Манна и, изредка, с «Еврейской энциклопедией» Брокгауза и Ефрона были знаками возвращения в еврейство и обретения начатков еврейской национальной идентичности в советском социуме. Есть еще две родственные книги: роман Владимира Кормера «Крот истории» (1979) [Кормер 2009] и мемуары Юрия Глазова «В краю отцов» [Глазов 1998]. Таким образом, можно говорить уже о некотором историко-литературном контексте «Искупления Юдина».

В этой работе я займу специфическую позицию, отличную и от анализа диссидентского дискурса как организующего принципа творчества Давида Шраера-Петрова[3], и от литературоведческого его анализа в контекстах русско-еврейской литературы и литера-

---

[2] См. в [Кацис 2012], где я подробно анализирую две составляющие творчества Фейхтвангера, привлекательные для советского интеллигента, особенно в «Лже-Нероне», где антитоталитарный пафос соединяется со сложными подтекстами политической жизни в Германии и СССР, а также в книге «Москва. 1937» автора «Иудейской войны».

[3] Он подробно описан с учетом и интересующего нас романа в [Кацман 2017].

туры «отказа»[4]. Дело в том, что у меня есть и свой собственный опыт жизни в московско-еврейской, при этом не просто и не только отказнической, но иудейско-религиозной, среде, который волею судеб даже обрел печатное выражение в сборнике воспоминаний [Кацис 2015]. Этот опыт может стать экзистенциальным контекстом для восприятия мною «Искупления Юдина» и других сочинений Шраера-Петрова. Кроме всего прочего, знал я и знаю некоторое количество людей, которые в свое время окружали и Шраера-Петрова. Поэтому и выбираю я сейчас не совсем традиционный для анализа литературного произведения подход: мы попробуем рассмотреть роман «Искупление Юдина» как некий Океан Соляриса, как дымящуюся национальной и политической мыслью мозговую поверхность русского еврейства 1950–70-х годов; так, как будто с этого океана сняли при вскрытии свод черепа, обнажив все извилины и пересечения бугристой массы, которые становятся видны при подобной процедуре. При этом мои собственные впечатления будут согласовываться с моими же научными работами на темы, затронутые в романе.

Учитывая связь автора «Искупления Юдина» с миром медицины и микробиологии, подобный подход не кажется слишком «биологизаторским» или «вивисекторским». Понятно, что в таком случае мы получим многочисленные микротомные срезы, которые могут разорвать или скрыть от нас самые глубокие межуровневые связи. Однако будем считать, что сейчас мы работаем не с микротомом, а с современным томографом.

Такой подход сразу же позволит нам не замечать того, что события, которые исторически происходили в Палестине или Риме и которые захватывали историю древних евреев или хурритян, преспокойно перенесены автором на Кавказ или, как кажется в ряде эпизодов, в Крым. Ведь мы же говорим о советских евреях, тех самых, что как раз там, в разного рода Гаграх и Коктебелях, и отдыхали, размышляя с трепетом о своих иудейских заботах. И Крым в таком случае легко монтировался у них с Мандельштамом, которого «не касался» трепет этих самых забот, а стихи его

---

[4] См. [Смола 2017].

«Восьмистиший» давали название раннему еврейскому «лепету», как, например, книге еврейского активиста Александра Воронеля «Трепет забот иудейских» [Воронель 1976]. Это тот самый Воронель, чей журнал «22» был так близок автору книги «200 лет вместе»; Воронель, который считает и сегодня, что формула «и вместе, и врозь» работает, и который в актуальном для нашего контекста ключе закономерно назвал свои мемуары, вышедшие в Харькове в 2013 году, «Нулевая заповедь» [Воронель 2013: 12], ссылаясь при этом на Второзаконие (30: 19). В этой книге Воронель употребляет замечательное выражение, которое помогает многое понять в мировоззрении его круга и поколения: *Мы, русские выходцы* [выделено нами. — *Л. К.*], все надеемся найти и определить в реальном мире "правильную" позицию. Смешно, не правда ли?..» Это был своеобразный круг, где считалось необходимым сначала с максимальной глубиной окунуться во все русское, христианское и «достоевское», а уже затем, пережив его, перейти к еврейскому. Именно здесь оказался возможен выпуск журнала «Евреи в СССР», где отец Александр Мень рассуждал о борьбе с русским церковным антисемитизмом при помощи создания некоей Еврейской православной церкви Иакова во главе с еврейским патриархом. И никого тогда не волновал вопрос о том, что кровь в чистом виде (а как иначе выбирать такого патриарха: по матери, по отцу, по Закону о возвращении, по отказу от зафиксированной принадлежности к иудаизму?..) вообще не является основой авраамических религий. Именно такое исторически обусловленное смятение или такой коллоид понятий и определяет поэтику, географию и идейный мир «Искупления Юдина».

Для осмысления мира романа обратимся сперва к культурной и поэтической игре в именах героев. Конечно, соблазнительно было бы сразу начать с осмысления имени главного героя, явственно содержащего в себе «Юде», тем более что постоянные и вполне ясные аллюзии к гитлеровским политике и геноциду разбросаны по тексту не менее концентрированно, чем намеки на их сталинские аналоги. Однако прежде обратим внимание на имя ослепшего художника Лазаря, которого в какой-то момент коснутся чудеса того, кто отчасти воплощает символический образ Мессии, Христа. Этот образ столь же откровенно отсылает нас к Лазарю (Эль) Лисицкому, художнику вполне еврейскому и немецкому, русскому и, в итоге, советскому. Более того, текст Шраера-Петрова еще хитрее: «Странное дело: когда Евсей и Копл пришли в дом Лазаря-художника, никого не было. На столе ждала их кринка молока и каравай хлеба» [Шраер-Петров 2005, 1: 22]. Здесь не так уж трудно увидеть намек на русский авангард во главе с Велимиром Хлебниковым, очень значимым для поколения Шраера-Петрова:

> Мне мало надо:
> Краюшку хлеба
> И каплю молока.
> Да это небо,
> Да эти облака!
>   [Хлебников 2001: 381].

В продолжении той же сцены в романе мы читаем:

> Прохладой сочился хуррийский сыр, запеленутый в виноградные листья. Лазарь исчез, он скрывался от братьев.
> — Он не захотел, чтобы мы увидели его бессилие, Копл.
> — А картины? Разве они не доказательство его силы. Это ли не чудо? [Шраер-Петров 2005, 1: 22].

Здесь будущее чудо о Лазаре способно было отвлечь читателя от куда более актуальных рассуждений:

> — Ты прав, Копл. Но прав — правотой человека, которая ограничена предначертанным.
> — Потому что я человек. Один из толпы. Я не могу рассуждать иначе. Ты можешь, Евсей?
> — Да, пожалуй, брат. Ко мне приходит иногда *это*.
> — Что *это*, Евсей?
> — Ощущение, что я — Слово, воплощенное в образ человека [Шраер-Петров 2005, 1: 22][5].

---

[5] Не будем здесь вдаваться в игру слов Евсей / Ессей и возрождение интереса к ессейству в связи с находкой в конце 1940-х — начале 1950-х годов Кумранских рукописей, активно исследовавшихся даже в СССР, например И. А. Амусиным.

Вывернутость этой фразы, призванной напомнить о первом стихе Евангелия от Иоанна — «В начале было Слово, и Слово было у Бога, и Слово было Бог», — явно говорит о том, что перед нами некто, напоминающий своими словами и действиями Антихриста. Но Антихрист этот был хорошо знаком тому сообществу, которое являлось отчасти прототипом и аудиторией «Искупления Юдина» — романа, название которого само по себе выворачивает наизнанку «Воскрешение Лазаря». Остается только обратиться к «Краткой повести об Антихристе» (1901) Владимира Соловьева, чтобы понять такие перевертыши. Довольно легкому восприятию в этой среде русской религиозной философии способствовали, в частности, и такие работы Соловьева, как статья «Талмуд» и письмо «Против антисемитического движения в печати», выразившие его мечту об объединении не только церквей, но всех авраамических религий, а также тот факт, что он был поклонником вполне реальной секты иудео-христиан И. Д. Рабиновича[6]. Ведь в «Краткой повести об Антихристе» Соловьева евреи восстали как раз из-за того, что уже успешный объединитель церквей и спаситель евреев оказался необрезанным! Именно разного рода коллизии с брит-мила, то есть обрезанием, и станут важнейшим мотивом повествования у Соловьева. Существенно, что восстали евреи в Иерусалиме — там, где только и был смысл восстанавливать Храм и ждать реального Мессию[7].

---

[6] См. биографию И. Д. Рабиновича: «Иосиф Давидович Рабинович (1837–1899) — еврейский публицист и общественный деятель, протестантский проповедник, основатель первой в России общины т. н. иудео-христиан. В Кишиневе в 1883 году И. Д. Рабинович выпустил на иврите катехизис нового учения "Двенадцать тезисов веры", в котором признавались основные догматы христианства в сочетании с отдельными традиционными еврейскими обрядами. Одновременно занялся образованием первой иудео-христианской общины в Российской империи, чьей целью было создание иудаизма нового типа, сближающего его с ранним христианством. "Некролог Иосифа Давидовича Рабиновича" (1899) написал философ В. С. Соловьев, еще в 1885 году посвятивший ему свою работу "Новозаветный Израиль"» [Рабинович ЕЖЕВИКА]. См. также [Henry 2011].

[7] «Краткая повесть об Антихристе» Соловьева входит в «Три разговора о войне, прогрессе и конце всемирной истории» (1899–1900), написана она была в самые последние годы жизни мыслителя и была связана с мессианскими ожиданиями и сомнениями в связи с Первым сионистским конгрессом 1897 года.

И все-таки, как нам быть с художниками и их именами в романе Шраера-Петрова? Рядом с Эль, то есть Б-гом, Лисицким, который совсем не случайно именно так сократил свое имя от Элиэзер, оказывается фамилия Юдина. К тому же в витебском УНОВИСе был художник именно с такой фамилией — Лев Юдин! А если художник в романе Шраера-Петрова изготовлял еще и неких деревянных кукол, то следует также упомянуть А. Г. Тышлера, не только рисовавшего Михоэлса и Ахматову, но и спасшего от уничтожения «Введение в новый еврейский театр» Марка Шагала.

В итоге из цитат и ассоциаций, вызванных «Юдиным», вырастает достаточно репрезентативный набор интересов тех поколений, которые в ожидании реальной Палестины, а позднее Израиля, возникшего из праха шести миллионов, обсуждали свои проблемы (и свой «иудейский» трепет) на черноморском берегу Кавказа и в Крыму — там, где происходит действие романа. Это подтверждается тем, что в романе появляются и армия бриттов, и комик Аркадий с неслучайным и вовсе не к Райке (и не к райку) восходящим прозвищем *Райкин*. Автор продолжает насыщать фамилию своего героя разного рода атрибутами. Так, чуть позже оказывается, что среди Юдиных в романе — и философ, и Иосиф, и ветеринар, и врач-хирург, и даже профессор музыки.

В этой связи нельзя не упомянуть нескольких хорошо известных Юдиных: П. Ф. Юдин (1899–1968), советский философ, академик, дипломат, один из сталинских столпов марксистской мысли; выдающийся хирург профессор С. С. Юдин (1891–1954); известная пианистка М. В. Юдина (1899–1970). Интереснее для нас двое последних. Хирург С. С. Юдин отличился на интересующем нас поприще, в целом далеком от медицины. Как сообщает «Википедия»,

> ...в период 1948–1953 годов был в заключении: сначала в тюрьме на Лубянке, а затем в одиночной камере в Лефортово, где перенес второй инфаркт. Во время пребывания в тюрьме написал книгу «Размышления хирурга». <...> На допросе 18 августа 1951 года Юдин сообщил следователю

о своем антисемитизме и обвинил профессора В. С. Левита в «еврейском национализме». Впоследствии расстрел «за измену Родине» был заменен ссылкой в город Бердск Новосибирской области сроком на десять лет [Юдин Википедия][8].

История М. В. Юдиной совершенно иная: крещеная еврейка, фанатичная православная, крестница отца Павла Флоренского, к тому же подруга жены О. Э. Мандельштама, православной Н. Я. Мандельштам [Мандельштам 1997; Мандельштам 2002]. Шраер-Петров делает очень необычный для его поколения шаг: конструируя очередные ипостаси своего главного героя, он позволяет себе объединить судьбу выжившего в лагере профессора С. С. Юдина, с его специфическим отношением к национальному вопросу, с образом погибшего в лагере Осипа Мандельштама. Здесь прототип поет частушки уркам, выворачивая известные, но заведомо апокрифические строки из стихотворения Юза Алешковского «Товарищ Сталин, вы большой ученый...», в которых Мандельштам читает зэкам Петрарку у костра [Алешковский 1959]. Самой Н. Я. Мандельштам это нравилось, что в ее кругу было хорошо известно[9].

Предположение о том, что здесь имеется в виду вдова О. Э. Мандельштама, подкрепляется тем фактом, что в следующей части романа обсуждается вопрос о наследовании евреями-сарматами бескомпромиссности древних иудеев. Оставим в стороне предположение о том, что роман построен на теории еврейского этногенеза Артура Кестлера по новой для того времени книге «Тринадцатое колено. Крушение империи хазар и ее насле-

---

[8] Портрет Сергея Юдина (1935) кисти М. В. Нестерова украшает обложку английского перевода романа «Доктор Левитин», составляющего первую часть трилогии об отказниках Шраера-Петрова. См. [Shrayer-Petrov 2018].

[9] «Произошло это в конце 1962 года — по крайней мере в это время новация докатилась до Надежды Яковлевны Мандельштам. Очевидно, что через Александра Гладкова, 22 декабря 1962 года записавшего в дневник: "Получил письмо от Н. Я. Мандельштам. <...> Радуется посланному ей куплету песни про то, как 'Фартовый парень Оська Мандельштам читает зека стихи Петрарки у костра' (из известного 'Письма зека товарищу Сталину', текст которого растет на глазах)"» [Нерлер 2015].

дие» (1976), хотя даты работы над романом позволяют включить в хронологию его генезиса любое издание этой книги [Кестлер 2001]. Понятно, что здесь должны быть упомянуты и размышления Льва Гумилева о Хазарии и еврейской химере в его популярнейшем в интересующие нас годы труде «Этногенез и биосфера Земли» [Гумилев 1990][10]. Н. Я. Мандельштам пыталась понять, осталась ли в ней и в особенности в ее муже хоть капля крови тех самых древних иудеев, гарантирующей стойкость и жестоковыйность.

Однако описание неопрятной матери Осипа Юдина, с сигаретой в руках, управляющей всем в жизни сына, на первый взгляд не имеет отношения к Н. Я. Мандельштам. Более того, оно способно вызвать даже неприятие самого нашего сопоставления одной из великих вдов с героиней «Юдина». Трудно сказать, имеет ли в виду Шраер-Петров какие-то конкретные впечатления или сведения о вдове Мандельштама, либо же подобный образ просто построен из противопоставлений типа еврей — антисемит, мать — жена, русский — еврей. Возможно, за этим стоит и что-то реальное.

Не будем удивляться тому, что нечто подобное предполагаемому восприятию Надежды Мандельштам в романе Шраера-Петрова сохранилось в мемуарах Андрея Вознесенского, чей формальный поиск был в 1960-е годы близок будущему автору «Искупления Юдина». («Из современников наших, как мне кажется, ему близок Андрей Вознесенский», — писал Виктор Шкловский о Шраере-Петрове в рекомендации 1971 года в Союз писателей СССР [Шраер-Петров 2007: 378].) Рискованность этого фрагмента мемуаров заставляет нас дать его не в собственном пересказе, а в оценке биографа автора «Озы» И. Вирабова:

> Вознесенский включил Надежду Мандельштам в число «судьбаб», колдуний поэтического XX века. К Вознесенскому, однако, Надежда Яковлевна была холодна. Не пожелала общаться с ним в последние дни жизни, когда он явился с пышным букетом. Нелюбовь свою объясняла туманно: «барчук».

---

[10] По свидетельству Максима Д. Шраера, его отец живо интересовался этнографией и знал труды Льва Гумилева.

Впрочем, поэту скорее повезло — бывало, про других она выражалась покрепче. Незадолго до смерти прогнала сиделку, которую увидела впервые в жизни: «А ты, собака, уходи и больше не приходи!» (Об этом вспоминает на сайте Поэзия.ру литератор Людмила Колодяжная, когда-то отдежурившая два дня у постели умирающей Надежды Яковлевны.)

Однажды Андрей Андреевич в полном изумлении выслушал душераздирающую историю знакомой итальянки, мечтавшей познакомиться с вдовой Осипа Мандельштама. Итальянка — Мариолина Марцотто, «изысканная юная венецианка, графинюшка, чья бельсер (сестра мужа) Марта Марцотто была королевой светского Рима, подругой Ренато Гуттузо». — не скрывала своего потрясения от визита к вдове Мандельштама. Вознесенский в «Судьбабах» приводит рассказ Мариолины, открывшей тишайшую Надежду Яковлевну с неожиданной стороны:

«Вхожу я в комнату, там атмосфера скандала. С распатланными седыми волосами, как ведьма, оглашает воздух четырехэтажным матом безумная женщина. Это и оказалась Надежда Яковлевна. Она швыряет на пол рукописи молодых поэтов, рвет их, бесновато хихикает. "Ленинградское г..." — самый мягкий эпитет интеллектуалки.

Она замечает меня. Отвлекается от молодых поэтов.

"Так ты красотка, — говорит, — ну-ка, красивая, отдай мне серьги твои". Быстро и ловко вырывает у меня из ушей фамильные мамины серьги. "Мне понравились", — урчит и принимается снимать с моих пальцев бриллиантовые кольца.

Я робею. Не знаю, как себя вести, но кольца не отдаю. Тогда Н. Я. обращается к сидящему бледному молодому поэту и кричит: "Она красивая? Так давай, вы... ее здесь же, быстро, ну, е... е..!"

Я кинулась к двери...»

**

А в сущности, Надежда Яковлевна на свой манер всего лишь повторила давние призывы собственного мужа. «Полухлебом плоти накорми!» — эти стихи когда-то Осип Мандельштам посвящал своей возлюбленной Марии Петровых [Вирабов 2015: 93; Мандельштам 1993–1999, 3: 334].

Я, разумеется, не могу с уверенностью утверждать, что автору «Искупления Юдина» все это должно было прийти в голову, но я выбрал достаточно личный и, как я говорил, экзистенциальный путь анализа-восприятия его романа. Поэтому замечу, что раздраженная интонация в рассказах о Н. Я. Мандельштам была совсем не редкой после выхода «Второй книги», задевшей многих значимых героев поколения шестидесятников, так что видятся возможными если не собственная оценка Шраером-Петровым «великой вдовы», то отражение очень значимого направления мысли тех лет. Что же касается романа, то автор не несет ответственности за те его смыслы, которые могут, как говорил Мандельштам, расти во все стороны.

Чтобы не быть предвзятым и односторонним, приведу противоположное мнение об эскападах Н. Я. Мандельштам, принадлежащее израильскому литературоведу Дмитрию Сегалу:

> Надежда Яковлевна, как я могу свидетельствовать, с одной стороны, стремилась воплотить свою ипостась верной вдовы с максимальной преданностью, но, с другой стороны, прекрасно понимала все, внутренние и внешние, ограничения и «клише» вдовьего положения, к которым она относилась с большой самокритичностью и иронией. Именно потому, что Надежда Яковлевна прекрасно понимала все, весьма тесные границы своего положения как вдовы Мандельштама и издательских перспектив его наследия, она довольно рано пришла к решению о выходе за рамки советских возможностей и необходимости печатать Мандельштама за границей. Тем самым она вышла из статуса «советской вдовы» и стала вдовой «всемирной» или «международной». Я думаю, к этому решению она пришла не без влияния судьбы пастернаковского наследия в «тамиздате» — сначала романа «Доктор Живаго» [что важно и для параллелизма профессий романного еврея Юдина Шраера-Петрова, романного же русского «доктора» Живаго и выкреста — «уходящего», как и Пастернак, Михаила Гордона, сливающихся в не менее знаковом «докторе» — реальном антисемите С. С. Юдине-хирурге! — *Л. К.*], а потом и мичиганского собрания, которое, как мне кажется, послужило довольно существенным стимулом к подготовке американского

Мандельштама. А уж отсюда прямой путь и к другим эмблематическим акциям Надежды Яковлевны, нарушавшим принятый этос поведения советской вдовы, — запрет на собственную письменную деятельность, необходимость «сидеть тихо», «не гнать волны», не выбиваться вперед славы покойного мужа [понятно, что мать Осипа Юдина, фигурирующая в романе, имеет именно такое право! — *Л. К.*], терпеливо относиться ко всем колебаниям политической линии относительно мужа, терпеливо переносить все цензурные запреты и вмешательства («хоть что-то бы напечатали»), терпеливо ждать очереди в издательских и иных инстанциях и вообще — не ссориться ни с кем (кроме, быть может, «альтернативных вдов»). Все эти правила Надежда Яковлевна нарушала, главным образом потому, что они ей казались прямым продолжением тех репрессий, которые в конце концов привели к гибели Мандельштама [Сегал 2006: 809].

Или другой пример, где тоже обсуждается «антиповедение» Н. Я. Мандельштам применительно уже к однофамилице главного героя романа, а возможно, и однофамилице его бабки. Из воспоминаний искусствоведа Елены Муриной:

> Однажды после телефонного разговора, при котором я присутствовала, она мне «пожаловалась» на М. В. Юдину, донимавшую ее требованиями повлиять на Наташу Светлову «отказаться» от Солженицына, которому первая жена не давала развод, хотя у него была уже новая семья. Н. Я. категорически отказывалась поддержать обвинительный пафос М. В. Юдиной, ссылавшейся на христианский догмат о нерасторжимости брака. Ей подобный аргумент казался просто смешным и никак не оправдывал какое бы то ни было вмешательство в сложную семейную ситуацию. Но когда кто-нибудь из ее посетителей и даже друзей оставлял жену ради более молодой партнерши, она твердо вставала на сторону «пострадавшей», решительно отказывая от дома «виноватому», даже ей небезразличному. Так было не однажды на моей памяти. (Конечно, обойдусь без имен.) Здесь срабатывала не только женская солидарность, но и ее убежденность в принципиальном различии между «блудом»

и предательством. Не признавая «мораль», Н. Я. всерьез и строго относилась к вопросам нравственности, в каком-то смысле противопоставляя эти понятия [Мурина 2020].

Теперь, с целью восстановления реального контекста не только событий того времени, но и их рецепции в кругах, близких к Н. Я. Мандельштам, приведу обширный отрывок из одной из статей Д. М. Сегала, который воспроизведен и в пространном исследовании Н. Рудник-Сегал, основанном на архиве Сегала и его работах о Б. Л. Пастернаке и М. В. Юдиной:

> Возможность стать новым великим русским писателем, то самое желание, без которого не было бы романа «Доктор Живаго», означало для Пастернака занять место Горького после его смерти в 1936 году. Для этого было необходимо сломать — внутри самого себя! — рамки самоограничения, побороть известный еврейский страх выделиться, стать заметным в чужеродном окружении, участвовать в русской истории, в событиях политической и литературной жизни, чувствуя на это полное право[11].
>
> Пастернак, как и Мандельштам в «Шуме времени», должен был разрешить для себя эту задачу, поскольку при известном отношении к еврейству у него было определенное чувство еврейского, см., например, историю его встречи с поэтом Авраамом Суцкевером, в том числе и упоминание о языке идиш как о языке дома его родителей[12]. Кризис

---

[11] Проблема «Горький, Пастернак и еврейство» рассмотрена нами в [Кацис 2006а].

[12] Здесь комментариев требует каждое слово — ведь со времени публикации статьи произошло слишком много важного и интересного в науке о поэтах XX века и в архивных публикациях, что сильно меняет картину. Хотя именно тексты того же Сегала дают возможность ощутить аромат эпохи, когда писалось «Искупление Юдина». В нашем случае о Суцкевере и Пастернаке см. [Кацис 2009]. Продолжение темы: [Кацис 2019а]. То, как выглядел русифицированный идиш в семье Пастернака, теперь можно увидеть воочию. См. [Пастернак 2017]. Ср. также [Фрейденберг 2015]. В обоих случаях здесь публикаторам понадобился специалист по языку идиш. А уж о пародиях Пастернака на «одесский» язык бабушки в его ранних письмах мы и не говорим.

Пастернака 1930-х гг., нервное расстройство, быть может, в определенной степени объяснялись этой огромной внутренней работой, которую невозможно назвать иначе, чем вторым рождением[13].

Имеется в виду не только цикл с таким названием, но и сложный внутренний процесс нового становления. Стать писателем в России означало для Пастернака кровное и духовное слияние с русским народом, без которого невозможно было бы писать о народниках и народничестве[14], о народности и государственности, и, конечно же, о новой для себя религии. Официальный акт крещения вполне естественно рассматривался поэтом, таким образом, как завершение внутреннего пути к России, ее народу, его религии. Проблема народности не могла быть разрешена Пастернаком вне воплощения собственного ощущения русскости и реализации своих потенциальных возможностей. Приход к тому, что совершилось с благословения о. Николая Голубцова*, мог произойти не только через религиозные и философские переживания, но прежде всего творческим образом [Рудник 2001: 65–66].

Далее следуют общеизвестные высказывания Пастернака о расчете с еврейством и всеми видами антихристианства из переписки с О. Фрейденберг. Однако в связи с «Искуплением Юдина» меня больше всего волнует примечание к этому месту, которое я обозначил, для отличия от собственных примечаний — «*»:

Речь идет об отце Николае Александровиче Голубцове (1900–1963), сыне профессора Московской духовной академии, биологе по образованию (он закончил Тимирязевскую

---

[13] Сын поэта Е. Б. Пастернак любил повторять, что перед вторым рождением должна была быть первая смерть, в случае Маяковского — настоящая. Представляется, этот сигнал «с другого берега», православного, очень подходит для анализа коллизий «Искупления Юдина». Ведь Пастернак сумел избежать как раз первой смерти, написав сразу «Второе рождение». Не будем забывать, что оно параллельно Второму пришествию, когда могут восстать из мертвых ушедшие. А вот евреям доступно лишь то, что описано пророком Иезекиилем, но это и есть оживление мертвых.

[14] Здесь трудно не вспомнить и о реальных евреях-народниках, которым все это для похода в русский народ не понадобилось.

сельскохозяйственную академию), позднее принявшем сан и с 1949 г. служившем в храме Положения Ризы Господней на Донской улице в Москве. «Человек удивительной духовной красоты и прирожденного пастырского служения» (Е. Б. Пастернак), протоиерей Николай Голубцов стал духовным отцом Марии Вениаминовны Юдиной, под его влиянием изменившей свое отношение к Московской патриархии и вспоминавшей как о великом счастье быть среди его паствы (рукопись дневника М. В. Юдиной, личный архив Д. М. Сегала). О его пастырской роли в судьбе Б. Л. Пастернака известно со слов М. В. Юдиной, говорившей об этом в своих концертах [Рудник 2001: 135].

Неудивительно, что этот же священник сыграл существенную роль в становлении на пастырский путь отца Александра Меня, как и указывает Сегал, автор статьи. Этот ярчайший пример двойственного, если не сказать изломанного, отношения к еврейско-русской и иудео-христианской страте в тогдашней либеральной или христианоориентированной, но не воцерковленной до определенного момента среде показывает то вещество мыслительного русско-еврейского «Соляриса», из которого происходит как стилистика, так и идеология с теологией и телеологией «Искупления Юдина».

С этим же связана и проходящая через весь роман андрогинная, если не гермафродитическая тема. Однажды хирургу Юдину даже приходится иссечь у двуполого героя Евсея женские части тела андрогина. Понятно, что без «Пола и характера» еврея-антисемита О. Вайнингера здесь не обойтись. Ведь женственный еврей и есть суть его сочинения. Равно как нельзя забывать и о «вечно бабьем в русской душе», как откликнулся на книгу В. В. Розанова «Война 1914 года и русское возрождение» (1915) Н. А. Бердяев. В этом случае иссечение женского из мужского тела и есть метафора появления мужественных евреев, о которых размышляла христианка Н. Я. Мандельштам, и одновременно оставление русско-женственного в Сарматии перед уходом евреев в Палестину. Не будем продолжать все эти перечисления мотивов, источников и отсылок. Иначе придется вспомнить, что и отец Павел Флоренский (в письмах под псевдонимом Омега) в «Обонятельном и осязательном отношении евреев к крови» В. В. Розанова предлагал евреев просто кастрировать (такая мистическая «хирургия» уже привлекала к себе наше внимание [Кацис 2006б]).

Впрочем, сейчас я читаю «Искупление Юдина» уже через 15 лет после его выхода в свет и чуть ли не через 40 лет после начала работы над ним автора. Неудивительно, что и читательский опыт в моем случае выявляет то, что было скрыто от современника романа при первом чтении, или выявляет и эксплицирует на языке науки то, что, говоря словами «Грифельной оды» Мандельштама, «там царапалось, боролось» в 1960–80-е годы. Сегодня мы многое из этого можем «понять» не только «с голоса». И дело не в источниках романа, которые можно выявлять с большей или меньшей точностью. Для меня куда важнее понять базовую теологему романа.

В одном из эпизодов романа обсуждается вопрос о том, в будущем или в настоящем (современном) времени происходит его действие. Казалось бы, уже достаточно Пластунких гор (название «Пластунка» анаграмматически намекает на Палестину), Бриттов (то есть англичан-колонизаторов), Службы Безопасности (то ли НКВД–КГБ, то ли SD в названии СБ); заметен и промельк диссидентов. Но дело не только и не столько в этом. Каждый, кто имел дело с протестантскими проповедниками, коих всегда хватало и в позднем СССР, и в постсоветской России, всегда получал двуязычную (русско-древнееврейскую) Библию со словами: так это же ваша — еврейская — книга. И неважно, есть с ней в комплекте Евангелие или нет. Важно, что это путь к «Евреям за Иисуса»! Именно в этом и состоит игра. Достаточно перевести у пророка, например Исайи, фразу «Я сказал, и я приду» как «Я сказал, и я пришел» (в иврите союз «и», обозначаемый буквой «вав», находясь перед глаголом, часто меняет его время), как иудейское «приду» превращается в христианское «пришел». Шраер-Петров выбирает третий вариант: будущее время, а не современность! Точнее, и прошлое, и будущее — как и понимаются пророчества в иудаизме.

И это очень важно. Какой бы ни была современность — иудейской, христианской, иудео-христианской, — будущее может быть и первым, и вторым пришествием Мессии-Машиаха. В любом случае это постхристианское, но иудейское время. Не забудем, что герой третьего из «Трех разговоров» В. С. Соловьева, Антихрист, именно христианскую эру и хотел завершить, начав свою — пост-Новую! И если бы евреи дали ему это сделать, ситуация осталась бы все той же: иудео-христианской с неразрешенным мессианским вопросом. В ортодоксальном иудаизме наиболее крайние его направления не признавали или все еще не признают Израиль из-за немессианского характера еврейского государства. Следовательно, смысл новому Исходу может придать в двойственной иудейско-христианской ситуации, в которой находится сознание советских ассимилированных евреев, лишь Машиах, который (в соответствии с идеологией «Евреев в СССР» или «Трепета забот иудейских») сумеет воскреснуть безо всякого вознесения, а просто окажется «против солнца на земле».

Обратимся теперь к области медицины, фармакологии, какой бы фантастической она ни была в романе, и, разумеется, микробиологии. Шраер-Петров рождается как писатель из духа микробиологии, которой посвящена его мемуарная книга «Охота на рыжего дьявола. Роман с микробиологами» (2010). И это тоже оказывается значимо именно с еврейской точки зрения. Ведь по разного рода антисемитским поверьям, именно евреи отравляли колодцы во время чумы, именно еврейство рассматривалось антисемитами как зараза в обществе. В случае же Шраера-Петрова мы видим, как микробиолог, достаточно ассимилированный еврей, входит в русскую литературу, в ту самую литературу, где десятилетиями боролись с «мускусом иудейства», с его малейшей частицей и те, кто шел и по пути Пастернака, и те, кто проповедовал так называемый асемитизм, как определял это В. Жаботинский. Эти люди любым путем пытались помешать проникновению евреев в русскую литературу, предотвратить то, что воспринималось ими, по аналогии с медициной, как «осеменение», то есть медленное распространение больных клеток по организму.

Раз уж мое понимание «Искупления Юдина» откровенно включает в себя не только читательский, но и исследовательский опыт, не могу не коснуться одного момента воспоминаний Шраера-Петрова, где он рассказывает о воинской службе в маленьком белорусском городе Борисове в 1958–1959 годах. В книге «Охота на рыжего дьявола» Шраер-Петров писал об этом так: «Однако, реальность оказалась сильнее фантазий. Вместо желанной аспирантуры при кафедре микробиологии я был послан служить армейским врачом в танковую дивизию, которая располагалась на окраинах белорусского города Борисова» [Шраер-Петров 2010: 28]. Далее в главе пятой, «Армейский врач», мы читаем:

> Осенью 1959 года поездом я прибыл на место военной службы в Белоруссию. Это был город Борисов. От Борисова до Минска можно было доехать на поезде за несколько часов. Поездов было много: Ленинград — Минск, Москва — Минск, Москва — Минск — Берлин. Поездов было много, и все останавливались в Борисове. По американским масштабам Борисов не так уж мал. Хотя поменьше Провиденса (штат Род-Айлэнд) и Нью-Хэйвена (штат Коннектикут), США. Когда-то Борисов был знаменит своими еврейскими традициями: синагоги, еврейские школы, еврейские магазины. Целые кварталы были заселены евреями — торговцами или ремесленниками. Синагоги сожгла Революция. Еврейские школы закрыла Советская власть. А евреев — более <9> тысяч — уничтожили немцы. Спаслись только те (немногие), кто успел вырваться и уехать в эвакуацию на Урал, в Сибирь или Среднюю Азию, или кто сражался в рядах Красной Армии или ушел в леса, в партизанские отряды. Были и еврейские партизанские отряды. В городе был привокзальный буфет с неизменным разливным пивом «Жигули», ресторан «Березина», в котором весь офицерский корпус напивался каждый месяц в день зарплаты, Дом Культуры, Парк Культуры, школы, медицинское училище, здания городских и партийных властей, два или три кинотеатра, штаб танковой армии, танковые дивизии и отдельный учебный танковый батальон, церковь (костел и синагога не работали), какие-то заводы и фабрики, в том числе пианинная, спичечная и фарфоровая (с огромным количеством молодых девушек бойкого западно-славянского, а проще, польского типа), два гастронома и книжный магазин [Шраер-Петров 2010: 29].

Меня не привлек бы к себе этот факт, если бы уже в самые недавние годы мне не пришлось исследовать один очень забавный момент в биографии и творчестве Жаботинского. Момент этот может немало добавить к исторической картинке приезда молодого ленинградского микробиолога и поэта в самую сердцевину существовавшей в пределах Российской империи виртуальной интеллигентской еврейской Страны, от которой после Катастрофы уже мало что осталось.

Эта «Борисовская» история подробно изложена в моей монографии о Жаботинском [Кацис 2019б]. Отмечу здесь лишь то, что в середине 1900-х годов русские евреи активно участвовали в движении коммунистов-анархистов, активнейшим образом совершали эксы (экспроприации), добывая деньги и другие средства для революционной деятельности. И вдруг в целом ряде газет стали появляться статьи, стихи и письма с мест о том, что в городе Борисове местный градоначальник повелел евреям собраться в синагоге и общиной проклясть евреев-террористов, то есть, по еврейскому обычаю, наложить на них херем.

Городок Борисов был слишком мал для того, чтобы стать предметом всероссийского и общеимперского интереса, ведь бесконечные дела этих коммунистов-анархистов шли от Одессы, где отразились у Бабеля, до Белостока. Частенько статьи и сообщения в прессе подписывались именами Борисов, Борисовский и тому подобными, а в итоге оказалось, что это таким образом Жаботинский высмеивал деятельность минского губернатора, который и вправду потребовал нечто подобное от минских евреев [Кацис 2019б: 509–511]. И все-таки эта история важна не только и не столько совпадением реального Борисова, где оказался Шраер-Петров, с мифическим Борисовым Жаботинского. А важна она тем, что очень часто и в жизни, и, как мы видим, в литературе удачный перевертыш позволяет увидеть в реальной исторической ситуации, попавшей на страницы художественного текста, нечто такое, что скрыто от внешнего наблюдения.

Первоначальная версия «Искупления Юдина» была написана после первой части трилогии об отказниках, романа «Доктор

Левитин». Во второй части трилогии, «Будь ты проклят! Не умирай...», автор упоминает придуманный им белорусский город Глебовск, что заставляет вспомнить пару русских святых — Бориса и Глеба. В «Докторе Левитине» есть и замечательный эпиграф, помогающий немало увидеть в той поэтике Шраера-Петрова, которая занимает нас здесь:

> Мы знаем, что мы русские,
> Вы принимаете нас за евреев.
>
> События и персонажи вымышлены.
> *Автор*

Оказывается, можно связать многие мотивы и образы отказнического романа Шраера-Петрова с некоторыми героями рассматриваемого произведения. И, как ни странно, это опять Андрей Вознесенский, который в стихотворении «Васильки Шагала» написал четко и ясно:

> Это росло у Бориса и Глеба,
> в хохоте нэпа и чебурек.
> Во поле хлеба — чуточку неба.
> Небом единым жив человек
>   [Вознесенский 1996].

А ведь эпиграф к «Доктору Левитину» продолжен уже в первых строчках романа, в первом московском топониме: «На углу Мещанской и какого-то Бог знает в честь кого названного переулка» [Шраер-Петров 2014: 7]. Русско-еврейские или еврейско-русские впечатления Шраера-Петрова интересно коррелируют с восприятием русским поэтом Вознесенским еврейского художника. Подобно тому как в «Искуплении Юдина» Палестина называется то пустыней, то плешью, то плешкой, она ясно отражается в имени одного из героев «Доктора Левитина» — Фатха, если кто-то еще помнит эту организацию. А уж сочетание «доктора» одного романа с «искуплением» другого в их еврейской ипостаси не просто отражает «Доктора Живаго», но противостоит призыву его автора к евреям рассеяться и раствориться среди других народов. Но это уже отдельная и трудная тема, выходящая за пределы еврейского «Искупления доктора Левитина».

Именно такую скрытую духовную жизнь и духовные мучения русско-советских евреев, стоявших на историческом и религиозном распутье, и показал автор «Искупления Юдина», отправив советских евреев-отказников в эллинский мифологический край Золотого руна, в татарский Коктебель и на другие Проплешины бывшего СССР, откуда и поехали они в итоге в реальную еврейскую Палестину. А те, кто выбрал иной маршрут, в духовном смысле сумели избежать апостатства и стали евреями очередного галута, того самого, который еврейский историк С. М. Дубнов видел в океане, который переплывали эмигранты его времени. Он считал этот океан той пустыней, которая приведет евреев к освобождению, к Геуле[15].

---

[15] Приведу здесь эту яркую цитату из текста Дубнова, чтобы дать ощутить его поэтику: «Наибольшая масса беглецов направляется по старому пути из российского Египта — через пустыню Атлантического океана в "обетованную землю", где можно тотчас получить свободу, а после тяжелой борьбы — и кусок хлеба. Четверть века уже идет это непрерывное движение, четверть века переселенческие пароходы бороздят поверхность океана и в результате более миллиона евреев, пересаженных из страны рабства в великую Американскую республику. И теперь, когда Россия, готовясь стать страной свободы, не престает быть страной погромов, наш вечный странник все идет туда же, за океан. Удержите ли вы его, скажете ли ему, чтобы он подождал, чтобы он остановил свой стремительный исход из Египта, чтобы он ждал падения фараонов, гибели "черных сотен" в волнах *Красного моря*, превращения варварского Египта в цивилизованный? Нет, вы этого не скажете мятущейся массе, преследуемой кровавым призраком погромов, окруженной полчищами хищного Амалека, бегущей под гнетом сознания, что лучше не будет или будет не скоро. Вы сами не можете ей гарантировать скорое избавление, исцеление глубоких ран; вы не можете предсказать светлый безоблачный день после зари, взошедшей в кровавом тумане» [Дубнов 1907: 319]. Здесь достаточно вспомнить, что «красное кровавое море» погромов сочетается с «фараонами», то есть с городовыми, и тогда портрет тогдашней России обретет для евреев типа Дубнова свою завершенность.

Источники

Алешковский 1959 — Алешковский Ю. Песня о Сталине (1959). С не принадлежащими ей куплетами. URL: http://a-pesni.org/bard/alechk/tovstalin.htm (дата обращения: 16.04.2021).

Вознесенский 1996 — Вознесенский А. Васильки Шагала // А. Вознесенский. Не отрекусь. Избранная лирика. Минск: БелАДИ, 1996. URL: https://rupoem.ru/voznesenskij/lik-vash-serebryanyj.aspx (дата обращения: 17.04.2021).

Воронель 1976 — Воронель А. В. Трепет забот иудейских. Иерусалим: Библиотека-Алия, 1976.

Воронель 2013 — Воронель А. В. Нулевая заповедь. Харьков: Права людини, 2013.

Глазов 1998 — Глазов Ю. Я. В краю отцов: Хроника недавнего прошлого. М.: Истина и Жизнь, 1998.

Кормер 2009 — Кормер В. Ф. Крот истории. М.: Время, 2009.

Мандельштам 1993–1999 — Мандельшам О. Э. Собр. соч.: в 4 т. М.: Арт-Бизнес Центр, 1993–1999.

Мандельштам 1997 — Письма Н. Я. Мандельштам к М. В. Юдиной и В. А. Стравинской. Вступительная статья, публикация и комментарии А. М. Кузнецова // Невельский сборник. Вып. 2. К столетию М. В. Юдиной. По материалам Третьих невельских бахтинских чтений (1–4 июля 1996 г.). СПб.: АКРОПОЛЬ, 1997. С. 42–55.

Мандельштам 2002 — Десятое письмо Н. Я. Мандельштам М. В. Юдиной / публ., вступ. статья и примеч. А. М. Кузнецова // Невельский сборник. Вып. 7. По материалам Восьмых невельских бахтинских чтений (1–4 июля 2001 г.). СПб.: АКРОПОЛЬ, 2002. С. 24–27.

Пастернак 2017 — Пастернак Л. Письма к Розе — невесте и жене / сост. Е. В. Пастернак. М.: Азбуковик, 2017.

Фрейденберг 2015 — Из семейной переписки Пастернаков. Письма О. М. и А. О. Фрейденберг к родным в Германии / публ. Н. Костенко и Л. Флейшмана // Новое о Пастернаках. Материалы Пастернаковской конференции 2015 г. в Стэнфорде. М.: Азбуковик, 2015. С. 6–135.

Хлебников 2001 — Хлебников В. Собр. соч.: в 6 т. Т. 2. М.: ИМЛИ; Наследие, 2001.

Шраер-Петров 2005 — Шраер-Петров Д. Искупление Юдина. Исторический роман-фантелла в пяти частях, обозначенных соответственно древнееврейским мерам длины: канэ «тростник», амма «локоть», зерет «пядь», тефах «ладонь», эцба «палец» // Мосты (Мюнхен). 2005. № 5. С. 5–61 (ч. 1); № 6. С. 21–116 (ч. 2); № 7. С. 11–88 (ч. 3).

Шраер-Петров 2007 — Шраер-Петров Д. Водка с пирожными. Роман с писателями. СПб.: Академический проект, 2007.

Шраер-Петров 2010 — Шраер-Петров Д. Охота на рыжего дьявола. Роман с микробиологами. М.: Аграф, 2010.

Шраер-Петров 2014 — Шраер-Петров Д. Герберт и Нэлли. М.: Книжники, 2014.

Шраер-Петров 2021 — Шраер-Петров Д. Послесловие к роману «Искупление Юдина» // Шраер-Петров Д. Искупление Юдина. Роман-фантелла в пяти частях, обозначенных соответственно древнееврейским мерам длины: кане «тростник», амма «локоть», зерет «пядь», тефах «ладонь», эцба «палец» / ред. М. Д. Шраер. М.:, 2021 (готовится к печати)

Shrayer-Petrov 2018 — Shrayer-Petrov D. Doctor Levitin: A Novel / ed. and with notes by M. D. Shrayer; transl. A. B. Bronstein, A. I. Fleszar, M. D. Shrayer. Detroit: Wayne State University Press, 2018.

Библиография

Вирабов 2015 — Вирабов И. Н. Андрей Вознесенский (ЖЗЛ). М.: Молодая гвардия, 2015.

Гумилев 1990 — Гумилев Л. Н. Этногенез и биосфера Земли. Л.: Гидрометеоиздат, 1990.

Дубнов 1907 — Дубнов С. М. Письма о старом и новом еврействе (1897–1907). СПб.: Общественная польза, 1907.

Кацис 2006а — Кацис Л. Еврейские эпизоды в «Апеллесовой черте» и эпистолярии Б. Пастернака // Вестник Еврейского университета. 2006. № 11(29). С. 151-194.

Кацис 2006б — Кацис Л. Отец Павел Флоренский в «Обонятельном и осязательном отношении евреев к крови» В. В. Розанова // Кровавый навет и русская мысль. Историко-теологическое исследование дела Бейлиса. М.: Гешарим — Мосты культуры, 2006. С. 353–388.

Кацис 2009 — Кацис Л. Перец Маркиш, Авром Суцкевер и Борис Пастернак (к предыстории и истории перевода стихов Переца Маркиша «Михоэлсу — неугасимый источник») // Идиш: язык и культура в Советском Союзе. М., 2009. С. 174–201.

Кацис 2012 — Кацис Л. Прагматика и поэтика обращений к советским вождям в 1930-е гг. О. Мандельштам, Б. Пастернак, И. Сельвинский, Л. Фейхтвангер, Д. Бедный // Л. Кацис. Смена парадигм и смена Парадигмы. Очерки русской литературы, искусства, науки XX века. М.: РГГУ, 2012. С. 158–165.

Кацис 2015 — Кацис Л. Для меня русское и еврейское сосуществуют в едином потоке // Г. Зеленина. Иудаика два. Ренессанс в лицах. М.: Книжники, 2015. С. 392–418.

Кацис 2019а — Кацис Л. Заметки читателя историко-философской литературы. XI. Чего не уловил «локатор» П. Манкозу в деле О. Ивинской. Рец. на кн. Paolo Mancosu. Moscow Has Ears Everywhere: New Investigations on Pasternak and Ivinskaya. Hoover Institution Press, 2019 // История. Научное обозрение OSTKRAFT. 2019. № 4 (10). С. 182–191.

Кацис 2019б — Кацис Л. «Русская весна» Владимира Жаботинского. М.: РГГУ, 2019.

Кацман 2017 — Кацман Р. Параллельные вселенные Давида Шраера-Петрова // Wiener Slawistischer Almanach. 2017. Bd. 79. S. 255–279.

Кестлер 2001 — Кестлер А. Тринадцатое колено. Крушение империи хазар и ее наследие. СПб.: Евразия, 2001.

Мурина 2020 — Мурина Е. О том, что помню про Н. Я. Мандельштам. Часть 3. URL: https://philologist.livejournal.com/9023859.html (дата обращения: 17.04.2021).

Нерлер 2015 — Нерлер П. Петрарка, Мандельштам и Юз Алешковский. Об одном красивом мифе и горькой правде ГУЛАГа // Новая газета. 2015. 24 июля. URL: https://novayagazeta.ru/articles/2015/07/24/65008-petrarka-mandelshtam-i-yuz-aleshkovskiy (дата обращения: 16.04.2021).

Рабинович ЕЖЕВИКА — Иосиф Давидович Рабинович // ЕЖЕВИКА — Академическая Вики-энциклопедия по еврейским и израильским темам. URL: http://www.ejwiki.org/wiki/Рабинович,_Иосиф_Давидович (дата обращения: 17.04.2021).

Рудник 2001 — Рудник Н. Будущее в прошедшем // Studi Slavi e Balti. Dipartimento di Linguistica Universita degli Studi di Pisa. Nuova Serie. 2001. № 3. P. 65–66.

Сегал 2006 — Сегал Д. «Смиренная, одетая убого, Но видом величавая жена»: русские вдовы в двадцатом веке // Д. Сегал. Литература как охранная грамота. М.: Водолей Publishers, 2006.

Смола 2017 — Смола К. О. О прозе русско-еврейского писателя Давида Шраера-Петрова // Русские евреи в Америке. Кн. 15. М.: Гиперион, 2017. С. 135–150.

Юдин Википедия — Сергей Юдин // Википедия. URL: https://en.wikipedia.org/wiki/Sergei_Yudin_(surgeon) (дата обращения: 16.04.2021).

Henry 2011 — Henry B. Rewriting Russia. Jacob Gordin's Yiddish Drama. Seattle; London: University of Washington Press, 2011.

Koestler 1976 — Koestler A. The Thirteenth Tribe: The Khazar Empire and Its Heritage. New York: Random House, 1976.

Убить Сталина: морфология новеллы Давида Шраера-Петрова «Обед с вождем»*

Борис Ланин

Новелла Давида Шраера-Петрова «Обед с вождем» была написана в 2008 году в Бостоне[1]. Она является приметным образцом, отвечающим классическим нарратологическим представлениям о форме новеллы. В новелле Шраера-Петрова ограниченное количество персонажей — это участники застолья с приезжим грузинским актером, двойником Сталина. Действие сводится к одной встрече, одному застольному разговору в американском городке на Восточном побережье, в компании иммигрантов — выходцев из СССР. Реплики персонажей являются важнейшим средством введения исторического контекста.

В самом начале новеллы содержится подсказка: многослойность исторических и литературных ассоциаций. Рассказчик, наделенный биографическими чертами самого автора, рассказывает основанные на двойничестве и двойниках исторические анекдоты. В первом анекдоте уже постаревший сын Пушкина воспринимается как его воскресший отец, во втором брат-близнец Сергея Михалкова неожиданно появляется на публичном чтении стихов и, удовлетворенный произведенным эффектом, удаляется. М. М. Бахтин писал о двойниках:

---

* Copyright © 2021 by Boris Lanin.
[1] См. [Шраер-Петров 2016]. См. также примечания М. Д. Шраера [Shrayer 2014: 241–244].

> ...перенесение слов из одних уст в другие, где они, оставаясь содержательно теми же, меняют свой тон и свой последний смысл, — основной прием Достоевского. Он заставляет своих героев узнавать себя, свою идею, свое собственное слово, свою установку, свой жест в другом человеке, в котором все эти проявления меняют свой тотальный смысл, звучат иначе, как пародия или издевка [Бахтин 1994: 118].

Обратим внимание на это принуждение «своих героев узнавать себя» и перейдем к анализу новеллы Шраера-Петрова.

Заявленная автором многослойность предотвращает поверхностное восприятие персонажей и события. Она показывают, как двойники влияют на тех, кто волею случая встретился с ними.

Очевидно, что структура новеллы связана с композицией и манерой повествования. Повествование от первого лица призвано придать рассказываемому бо́льшую достоверность, убедить не просто в правдоподобии, но в истинной правдивости изложения.

Много занимавшийся морфологией новеллического жанра М. А. Петровский (1887–1937) выделял два обрамляющих элемента сюжетного ядра новеллы — *Vorgeschichte* и *Nachgeschichte*, которые сам же переводил соответственно как «сюжетный пролог» и «сюжетный эпилог». *Vorgeschichte* «Обеда с вождем» — это настраивающие читателя анекдоты о сыне Пушкина и брате-близнеце Михалкова.

Петровский писал, что в новелле

> ...всё должно быть направлено к тому, чтобы внимание слушателя (resp. читателя) было все поглощено ходом повествования, чтобы впечатление от новеллы было единым и бесперерывным [именно так! — *Б. Л.*]. Внимание должно быть захвачено и напряжено, как тетива натянутого лука. Но должна быть рука, которая натягивает тетиву, и должна быть цель, в которую попадает стрела. Только тогда акт напряжения получает свой смысл и оправдание.
>
> Рука — рассказчик. От него зависит степень напряжения тетивы-внимания и «меткость» рассказа [Петровский 1927: 76].

Рассказчик в «Обеде с вождем» самоироничен. Он разоблачает в себе завороженность появившимся «Сталиным»: то захочет набить ему трубку, то засмотрится настолько, что забудет ухаживать за столом за собственной женой. Рассказчик лишь кратко отвлекается на характеристики гостей. Он строго выдерживает основную линию повествования. Линия эта заключается в том, чтобы показать, как приход «Сталина» провоцирует собравшихся гостей и раскрывает их подсознательные фобии. Согласно наблюдению Петровского,

> ...сама по себе напряженная ситуация для посторонних созерцателей ее должна быть менее напряжена, чем для участвующих в ней лиц. Чем больше созерцатель осведомлен обо всех обстоятельствах дела, тем, очевидно, спокойнее и беспристрастнее он должен его рассматривать. [Петровский 1927: 88].

Именно так и ведется рассказ. Рассказчик строго выдерживает тон на протяжении всего повествования. По представлениям Петровского, «единство аспекта обусловливает, таким образом, повышение динамики рассказа. Тем самым оно является существеннейшим моментом в динамической структуре новеллы и помимо своей естественной функции как момента вообще объединяющего» [Петровский 1927: 90].

В новелле «Обед с вождем» Сталин выступает в качестве провокатора реакций. Собственно, самого Сталина, разумеется, на вечеринке эмигрантов в Америке быть не может, он давно умер. Однако появляется его двойник. Ситуация нарочито усложняется. Гости ждут актера, который удачно воплощает Сталина. За гостем в аэропорт едет хозяин дома. Когда они возвращаются из аэропорта, гостем оказывается именно Сталин: «...в комнату, где мы пировали, торопливым шагом вошел Сталин» [Шраер-Петров 2016: 202]. Нигде не говорится, что он актер, играющий Сталина, фактически двойник. Примечательно раболепие и подобострастие, с которым гости и хозяева подыгрывают Сталину. Когда он входит — заведомый двойник! — гигантского роста хозяин съеживается и семенит за ним: «Гриша как бы сократился в росте, съежился. Шажки стали мелкими и голова внаклонку» [Шраер-Петров 2016: 203]. Двойник напивается, не особенно налегая на закуску, плебейски смешивая «Алазанскую долину» с водкой «Серый гусь», а ведь еще совсем недавно в коллективном воображении собравшихся он плавал «где-то вне реальности прекрасного застолья» [Шраер-Петров 2016: 203]. Ему неохота знакомиться с собравшимися, незачем запоминать их имена: все станет на свои места «по ходу» застолья.

Но застолье для двойника — возможность задавать вопросы, по сути допрашивать. Разрыв дистанции между ним и другими участниками застолья позволяет задать любой вопрос. Эти вопросы являются проверкой мифологического мышления автора.

В актера вселяется настоящий Сталин: он помнит фамилии давно умерших людей, помнит детали и подробности. Весьма скоро становится ясно: заезжий грузинский актер из театра Марджанишвили превратил двойничество в свою главную профессию. Быть двойником Сталина для него радость и прелесть. Актер помнит антисталинскую поэму, написанную рассказчиком в 1956 году, вспоминает встречу с молодыми художниками из эмигрантской застольной компании, на которой они присутствовали полвека назад, потом вспоминает встречу с физиком-ядерщиком, отцом Жоры. Он не просто изучил биографию Сталина, его ближний и дальний круг: актер стал нестареющим портретом Дориана Грея, причем оригинал, увы, не отличается красотой уайлдовского героя:

> Лицо у него было нечисто выбрито, или так казалось из-за неровной рябоватой кожи — следствия перенесенного фурункулеза или даже оспы. Но усы! Классические усы Вождя. У детей сталинской эпохи остался в памяти портрет Сталина во френче или шинели, маршальской фуражке, с трубкой, на горловину которой упирались усы. Усы любимого Сталина [Шраер-Петров 2016: 206].

Усы в новелле воспеваются как главный атрибут вождя. Они становятся деталью-мотивом, которой отведено место в конце новеллы.

Только два гостя задают Сталину вопросы, и эти вопросы говорят прежде всего о самих вопрошающих. Пара из Еревана, Влад и Ася, любят задавать вопросы «с психологической подкладкой», но, как пишет рассказчик, их самих «советская подкладка не отпускала» [Шраер-Петров 2016: 207]. Их проблема — как решить карабахскую проблему «психологически». Та же проблема волнует и хозяев, смешанную армяно-азербайджанскую чету. Психология, впрочем, не сталинское дело, его рецепт — расстрелять зачинщиков с обеих сторон. Однако зачинщиками национальных конфликтов дело не ограничится: теперь Сталин-актер разъяренно атакует молодых художников: «Враги и предатели уничтожили мои портреты и мои скульптуры, чтобы унизить достоинство нашей социалистической Родины! А вы и не попытались защитить и сохранить произведение искусства. Разве я не прав?» [Шраер-Петров 2016: 209].

Сталин — это воплощенное подсознание участников застолья, их тайный идол. Хозяин застолья Гриша чувствует себя подлинным бенефициаром, хотя он всего лишь распорядитель («дворецкий») на сталинском бенефисе.

И тут же наступает время лирическое: после его объявления тбилисский гость читает переведенное на русский язык стихотворение Сталина «Утро», затем — то же стихотворение в оригинале на грузинском.

Подобострастие развивается и взвивается под потолок, когда одна из гостей, Эля, приносит свой аккордеон и все подхватывают «Марш артиллеристов» с его знаменитым припевом: «Артиллеристы, Сталин дал приказ! / Артиллеристы, зовет Отчизна нас!»

И вот — кульминация: тост актера «за Родину, за Сталина». Более того, обнаглевший и уже нетрезвый актер обращается к Мире и к Алеше: «А вам что, особое приглашение?» [Шраер-Петров 2016: 209].

Этот наглый высокомерный вопрос оказывается роковым для застолья. Мира, жена рассказчика, задает вопросы за всех сразу, и ее вопросы оказываются разоблачающими:

> Хватит нам этого маскарада!.. почему для мира на земле и прогресса человечества понадобилось фабриковать дело кремлевских врачей-убийц? Зачем было ломать суставы рук и ног моему дяде, знаменитому хирургу, прошедшему всю войну? Ради какой высокой идеи надо было готовить массовое выселение евреев, как это было сделано с немцами Поволжья, крымскими татарами и чеченцами? Зачем, если не для того, чтобы завершить геноцид, начатый Гитлером? [Шраер-Петров 2016: 213].

Мира закрывает лицо салфеткой и рыдает. Для двойника Сталина наступил момент расплаты — за браваду, за примерку на себя личины вождя, за выбор своего кумира, наконец. Оказывается, что ему ответить нечем, кроме затасканных пропагандистских формул из советских и антисемитских перестроечных газет.

Петровский говорил о том, что «стрела» повествования может вообще не попасть в цель, а ударить по цели «только плашмя» [Петровский 1927: 75]. Тогда нельзя будет говорить о полноценном воплощении жанра, лишь о подходах к нему. Как модель мира жанр требует соответствия определенным критериям. Если такого соответствия не находится, то перед читателем — иной мир, живущий по иным законам. Разбирая некоторые новеллы Боккаччо, Петровский говорит, что полноценными новеллами их назвать нельзя, они так и остались анекдотами, в лучшем случае — «новеллами-анекдотами». Этим «новеллам-анекдотам» не хватило *pointe*, которая «может вонзиться острием, и в этом искусство рассказчика. Острота заключительного эффекта новеллы есть ее *pointe* — (острие) технический термин новелльной композиции» [Петровский 1927: 75–76].

Жалкий тбилисский актер исчерпал свой риторический арсенал. Цитировать вождя — не значит быть вождем, но значит — отвечать за декларируемые цитаты. Приговор Сталину выносит Алеша: «Да вы, к сожалению, и сейчас живы! Явились с того света и продолжаете смердить!» [Шраер-Петров 2016: 215]. Вслед за этими словами Алеша срывает со стены охотничье ружье.

С опозданием гость отрывает свои наклеенные усы, пытается остановить Алешу, но поздно: раздается выстрел.

Продырявленная картечью картина за спиной Сталина несет символический смысл. Актер играет Сталина на фоне картины по сюжету «Руслана и Людмилы», только эта «волшебная сказка» — расстрелянное детство многих поколений. Актер грузинского театра с удовольствием, с наслаждением играл и заигрался в Сталина. И остается еще один вопрос: а не заигрался ли когда-то в Сталина сам Сталин?

Петровский подчеркивал, что оба структурных элемента *Vorgeschichte* и *Nachgeschichte* «потенциально» [сейчас бы сказали «имплицитно». — *Б. Л.*] присутствуют в тексте. «В одном только случае — совпадение сюжетного ядра со смертью героя — сюжетный эпилог (*Nachgeschichte*) может поглощаться серединной частью, самой "*Geschichte*" сюжета» [Петровский 1927: 73]. Так произошло и в этой новелле: выстрел в Сталина, кульминация «самой "*Geschichte*"», поглощает *Nachgeschichte*. Но что же происходит в новелле? Актер смертельно напуган или убит? Смертельно напуган или убит актер или Сталин? Это остается недосказанным. Петровский пишет:

> Эффект *неполной развязки* — в том, что смысловой центр тяжести рассказа ретроспективно переносится с *фактов* на *отношение* к ним. Фактически (сюжетно) узел не развязан, но *архитектонически* (формально) все компоненты налицо, только место развязки заполнено особым (не фактическим) смысловым содержанием [Петровский 1927: 87].

Так убит ли актер? Убит ли Сталин?

Петровский делает важное замечание относительно цельности и завершенности новеллы: «*Недоговоренность* развязки не есть *незаконченность* рассказа, ибо законченность рассказа определяется его изложением и композицией, а не законченностью жизненного какого-то содержания, всегда фиктивного в художественном произведении» [Петровский 1927: 87]. В этом смысле «Обед с вождем» — новелла безусловно законченная.

Когда Сталин канул в бездну анекдотов и стал чем-то вроде Чапаева, он тем самым обрел подлинное бессмертие. И сегодня в России десятки тысяч людей по-прежнему почитают тирана и тоскуют по его своеволию и авторитарности. Его «обаяние» выросло из подлой радости ночного стука к соседям, а не к тебе. Прежде чем обрести кавычки, это умение манипулировать эмоциями людей было замечено городским фольклором.

После первого прочтения этой новеллы озадачивает ее название. Почему «Обед с вождем», а не «Обед со Сталиным»? (В английском переводе, давшем название книге рассказов Шраера-Петрова, этот вопрос разрешается в пользу большей исторической ясности: «Dinner with Stalin».) Ведь Гриша возвращается из аэропорта со Сталиным, а не с актером, чьего имени мы так никогда и не узнаем. Именно присутствие Сталина делает Гришу — крупного, «с бычьей шеей» мужчину — таким жалким, поникшим, семенящим. Роль заглавия — служить камертоном к повествованию, но не только. Заглавие — это еще и синекдоха самой новеллы. Согласие на обед с вождем заранее провоцирует всех присутствующих на обеде, требует их соучастия в этической легитимации вождя. Разделить с ним стол — значит в какой-то мере простить и понять сотрапезника.

«На что указывает *заглавие* новеллы?» — задается вопросом Петровский. И продолжает:

> Оно естественно должно выделять существенный момент рассказа. Всякий рассказ, в конце концов, есть рассказ о том, чтó гласит заглавие. <...> Но заглавие стоит вне временной последовательности изложения. Оно не столько *в начале*, сколько *над*, *поверх* всей новеллы. Его значение — не значение начала новеллы, но соотносительно новелле в ее целом. Между новеллой и ее заглавием отношение *синекдохическое*: заглавие со-подразумевает содержание новеллы [Петровский 1927: 92].

Вспомним, что осмысление Сталина в литературе началось после его смерти. В числе первых к его фигуре обратился Василий Гроссман. Сталин относился к Гроссману с недоверием, но не посадил, не наказал, хотя самолично вычеркивал каждый год из списков кандидатов в лауреаты Сталинской премии. А некоторых дописывал. Гроссмана вычеркивал. Но не посадил, не уничтожил, не обделил, а позволил писать, как и всем. Единственная поправка была внесена в роман — очень уж хотел Гроссман назвать роман «Сталинград». Но тут выступил Михаил Шолохов, который сказал: «Нашли, кому доверить писать о Сталинграде!» У Сталина была своя иерархия, слово Шолохова до него долетело. По рассказам Семена Липкина, Гроссману передали, что роман не может так называться.

Сталин для Гроссмана — это совершенно магическая фигура. Художественное открытие Гроссмана заключалось в том, что образ Сталина у него был лишен психологии. Гроссман не изучает психологию Сталина так, как позже пытался ее исследовать, обильно черпая из разных источников, Анатолий Рыбаков в романе «Дети Арбата». Психология проявлялась лишь в поступках, а психологического анализа образа Сталина в прозе Гроссмана нет принципиально. Сталин был «чем-то», что не поддается психологическому анализу. Поступки Сталина имели *роковые* последствия, а рок — это судьба. Они могли приносить счастье, могли приносить невероятное, непереживаемое горе. Гроссман показывает поступки. Сталин запел песенку — и холод пробирает от ужаса последствий. Сталин расписался на бумаге — и целые народы переселяются в те места, где никогда не жили люди. Сталин сделал звонок Пастернаку, и об этом звонке запомнили навсегда, попросту навсегда. Для Гроссмана Сталин — это символ порабощения человека. Это один человек, сковавший цепями миллион.

Две главки романа «Жизнь и судьба» посвящены только Сталину. Прежде чем появиться в них, Сталин отражается в образах-«зеркалах» и проявляется в судьбах различных героев романа. Сталин показан глазами людей, наблюдающих его, следящих за ним. Образ тирана соткан из страха и преклонения, ненависти и любви, преданности и провокации. Страшная жизнь была устроена им самим и поддерживалась устойчивым режимом многие десятилетия после его смерти.

В последнем произведении Гроссмана «Добро вам!», опубликованном после смерти писателя, уже на первых страницах появляется колоссальный памятник Сталину. Никто не встретил писателя, приехавшего в Ереван, чтобы перевести на русский язык роман армянского прозаика. Его встречал огромный Сталин, нависший над городом. Даже космонавт, прилетевший с далекой планеты, сразу же увидел бы и узнал Сталина, возвышающегося над столицей Армении, замечает Гроссман. Вместе с постаментом высота памятника составляла 78 метров. Казалось, что облака касаются бронзовой фуражки на его голове:

> Он высится над Ереваном, над Арменией, он высится над Россией, над Украиной, над Черным и Каспийским морями, над Ледовитым океаном, над восточносибирской тайгой, над песками Казахстана. Сталин — государство. <...> Все головы склонились перед хозяином, вождем, строителем Советского государства. Государство Сталина выразило характер Сталина. В характере Сталина выразился характер построенного им государства [Гроссман 1998: 151].

Книга Ильи Суслова (в свое время, до эмиграции, основавшего популярный «Клуб 12 стульев» в «Литературной газете»), изданная в 1981 году в США, называется «Рассказы о товарище Сталине и других товарищах» [Суслов 1981]. Ее основой стал беллетризованный фольклор о Сталине. Рецензент «Континента» замечает, что

> ...сам стиль этих рассказов (хотя есть среди них и общеизвестные анекдоты), сам стиль их пародирует стиль назидательных «житийных» слюняво-дидактических рассказов о Ленине или о Дзержинском. Короче, стиль этих рассказов, точно спародированный Сусловым, — не просто розовая водичка: сам факт появления такого «житийного» стиля выдает с головой идеологию, показывая, что она — попытка создания религии без Бога, что она сама есть пародия на религию. Таким образом, рассказы И. Суслова — пародия на пародию [Рец. на Суслов 1982: 412].

Вот пример, подходящий для анализируемой новеллы:

Двойник

К товарищу Сталину прибежал товарищ Берия и сказал:
— Товарищ Сталин, по Москве ходит ваш двойник. Рост такой же, и возраст, и голос, и усы. Что будем делать, товарищ Сталин?
— Расстрелять! — коротко сказал товарищ Сталин.
— А может быть, сбреем усы? — *задумчиво* спросил товарищ Берия.
— Можно и так, — согласился товарищ Сталин [Суслов 1975: 212].

Так что усы — устойчивая примета восприятия Сталина. Заезжий актер в новелле Шраера-Петрова отказывается от «Сталина в себе», когда, завидев направленное на него ружье, срывает с себя наклеенные усы — символ двойничества.

Рассказы Суслова о Сталине разошлись по сборникам городского (или «интеллигентского») фольклора. Их можно увидеть в сборнике «Советский Союз в зеркале политического анекдота» (1985, расширенное издание 1987) под редакцией Доры Штурман и Сергея Тиктина, в двухтомнике Юрия Борева «Сталиниада» (1990) и «Фарисея» (1992). На самого Суслова, конечно, ссылки там нет. Но и Суслов, публикуя свои рассказы, заимствовал их из услышанных преданий и анекдотов. Писал о Сталине, а получался Чапаев популярных анекдотов советского времени.

Рассказ Анатолия Гладилина «Репетиция в пятницу», написанный в 1974 году, но опубликованный уже в эмиграции [Гладилин 1978: 3–21] (в России впервые опубликован в 1991 году), напомнил о возможности сталинистской реставрации. Рассказ основан на фантастических обстоятельствах: Сталин вынесен из мавзолея, но не похоронен, а сохранен для возвращения в лучшие времена. На глазах у изумленного охранника Иосиф Виссарионович поднимается из комфортабельного, модифицированного и приспособленного для многолетнего хранения гроба и выходит из своего убежища. Появление Сталина на областном партхозактиве повергает всех в трепет, но только поначалу. Сразу же находятся люди, которые организуют массовое поклонение вернувшемуся в строй вождю. Румяные комсомольцы прямо в фойе организуют «стихийно складывающиеся» научно-теоретические семинары, посвященные сталинскому наследию.

Однако все уже не так в некогда могучей и отлаженной сталинской империи. Невозможно даже собрать на городской площади митинг: рабочий день окончился, кто не напился — пошел домой смотреть телевизор, а даже по местному телевидению Сталину не дают возможности выступить. В самом деле, транслируется грандиозный футбольный матч, и тот, кто прервет эту трансляцию даже ради политического мероприятия, навсегда окажется врагом трудового советского народа.

Но и это еще не все. Проблема гораздо глубже: у власти теперь неосталинисты, которые, прикрываясь хорошо известной фразеологией, утвердили новый стиль номенклатурной жизни. Для людей попроще все осталось по-старому, вот только контроль ослаб: можно прямо во время работы отправиться в магазин или по другим своим делам. Развинтился постепенно сталинский механизм, некому теперь расстреливать за колоски или арестовывать за пятиминутные опоздания на работу. Партийная верхушка уже сама не заинтересована в реанимации вождя и учителя. Сложившийся статус-кво устраивает всех, поэтому и Сталина в рассказе Гладилина, не допустив до телевизионного выступления, отправляют доживать свой век на абсолютно закрытую секретную базу.

В перестроечные времена невероятной популярностью у московской интеллигенции пользовался спектакль студенческого театра МГУ по пьесе Виктора Коркия «Черный человек, или Я, бедный Сосо Джугашвили». Сочинения Сталина после XX съезда КПСС уже не переиздавали, и драматург объединил темы сталинской эпохи с пунктирной сюжетной линией, оснащенной цитатами из классических произведений: «Гамлета», «Бориса Годунова», «Маленьких трагедий» и др.

Таким образом, постсталинское осмысление эпохи продолжалось, обрастало новыми произведениями. Однако социально-политическим фоном было (и продолжает оставаться) отсутствие окончательной и категорической десталинизации. До сих пор это служит основой для появления школьных пособий по истории с утверждением якобы «менеджерских способностей» Сталина. Отсюда занижение количества жертв сталинского режима, призывы «не демонизировать» его, восхваление сталинского альянса с Русской православной церковью и проч. Сама традиция ежегодного возложения цветов на его могилу лидерами коммунистической партии, составляющими фракцию в Государственной Думе Российской Федерации, является постыдным попранием гуманистических основ российского общества. Фотография одного из лидеров сегодняшних красно-коричневых Александра Проханова, на коленях молящегося на бюст Сталина на его могиле, стала иконой для нового поколения сталинистов.

Новелла «Обед с вождем» мне видится завершающим аккордом в традиции русскоязычной прозы о мифологизации Сталина. Давиду Шраеру-Петрову удалось этим выстрелом поставить точку в осмыслении рецидивов сталинщины. С ними нужно покончить. Не дискутировать, не ёрничать и не рассказывать анекдоты, не проводить совместных застолий, не играть в вопросы-ответы. Не будет их, честных ответов, потому что не было допросов: никто Сталина так и не допросил.

Ружье, выстрел и точка.

Источники

Гладилин 1978 — Гладилин А. П. Репетиция в пятницу: повесть и рассказы. Париж: Третья волна, 1978.

Гладилин 1991 — Гладилин А. П. Репетиция в пятницу // Юность. 1991. № 2. С. 4–25.

Гроссман 1998 — Гроссман В. С. Собр. соч.: в 4 т. / под. ред. С. И. Липкина. Т. 2. М.: Вагриус, 1998.

Петровский 1927 — Петровский М. А. Морфология новеллы. Ars Poetica. М.: Гос. изд-во художественной литературы, 1927. Poetica. Т. 1. М. С. 69–100.

Суслов 1975 — Суслов И. П. Юмор товарища Сталина // Время и мы. 1975. № 1. С. 209–214.

Суслов 1981 — Суслов И. П. Рассказы о товарище Сталине и других товарищах. Анн Арбор: Hermitage, 1981.

Шраер-Петров 2016 — Шраер-Петров Д. Обед с вождем // Кругосветное счастье. Избранные рассказы / сост. М. Д. Шраер, Д. Шраер-Петров. М.: Книжники, 2016. С. 196–215.

Библиография

Бахтин 1994 — Бахтин М. М. Проблемы творчества Достоевского. Изд. 5-е, доп. Киев: NEXT, 1994.

Рец. на Суслов 1982 — [Рец. на:] Суслов И. П. Рассказы о товарище Сталине и других товарищах // Континент. 1982. № 33. С. 411–412.

Shrayer 2014 — Shrayer M. D. [Notes to «Dinner with Stalin»] // D. Shrayer-Petrov. Dinner with Stalin and Other Stories / ed. by M. D. Shrayer. Syracuse: Syracuse University Press, 2014. P. 241–244.

ПОСТСКРИПТУМ

У каждого писателя свой еврейский секрет...*
Беседа в трех частях по поводу публикации сборника «Dinner with Stalin and Other Stories» (2004)[1]

Давид Шраер-Петров и Максим Д. Шраер

Часть первая: Художественная модель бывшего СССР

Максим Д. Шраер: Начнем с простого вопроса: о чем рассказы, собранные в книге «Dinner with Stalin» («Обед с вождем»)?

Давид Шраер-Петров: Прежде всего о жизни русских евреев, оказавшихся за границей, в условиях эмиграции, а потом в условиях прирождения, приживления на американской земле. Действие некоторых рассказов происходит на тропических островах, в Израиле, но герои уже граждане Соединенных Штатов и ощущают себя — особенно за границей — *американцами*, хотя здесь, в Америке, они ощущают себя русскими. Но если ты спросишь по существу: «Что русские? Какие русские?», они ответят: «Да,

---

* Copyright © 2021 by David Shrayer-Petrov and Maxim D. Shrayer. Полный вариант текста. Беседа была проведена по приглашению Jewish Book Council и опубликована с некоторыми сокращениями по-английски: Dinner with Stalin: A 3-Part Conversation with David Shrayer-Petrov // Jewish Book Council. 2014. 8–10 July. По-русски частично опубликована: Еврейский секрет. Давид Шраер-Петров о драгоценном камне рассказа, вибрации чувства и упорной любви к родине // Независимая газета Ex Libris. 2014. 11 сент.; «Меня всегда тянуло к жанру сказки...» // Лехаим. 2014. № 10. С. 83–84.

[1] Shrayer-Petrov D. Dinner with Stalin and Other Stories / ed., with notes, and commentary by M. D. Shrayer. Series: Library of Modern Jewish Literature. Syracuse: Syracuse University Press, 2014.

мы русские евреи». Очень сложная ситуация, потому что приходится ткать из одной и той же пряжи, из нескольких клубков самые разные сочетания. Сегодня он выступает как американец на работе. Завтра дома он выступает как русский человек. А на самом деле душа у него еврейская. И все это очень сложно переплетается.

М. Д. Ш.: Если взять как символ титульный рассказ «Обед с вождем», как он выражает суть книги?

Д. Ш.-П.: Здесь скорее даже суть книги выражается не только в отношении к еврейскому вопросу. В компанию, в которой происходит действие рассказа, случайно, как бы с того света, попадает Сталин. На самом деле его играет, мастерски, актер ⟨тбилисского театра⟩, и доводит это до абсурда; люди верят — так же, как верят в реальность появления Гитлера в рассказе Брэдбери «Душка Адольф» («Darling Adolf»). Здесь ⟨собрались⟩ представители разных народов бывшего Советского Союза, ⟨азербайджанцы, армяне, украинцы, русские...⟩. Евреи здесь выступают как раз на равных. И именно из-за того, что они выступают на равных (это главный герой, писатель, и его жена Мира), оказывается, что вопросы, которые они задают Сталину, — самые больные для евреев-эмигрантов. Это вопросы⟨-обвинения⟩. Как можно было допустить... практически уже ⟨начинавшийся⟩ Холокост по отношению к своим гражданам, когда готовились бараки, чтобы евреев выселить на верную гибель? И Сталин понимает, что ему ответить совершенно нечем. Евреи оказались самыми прямолинейными, ⟨...⟩ откровенными из всех групп, представленных за столом на этой малой ассамблее...

М. Д. Ш.: ...То есть по сути это модель бывшего Советского Союза в эмиграции.

Д. Ш.-П.: Да, это первое. И второе, это модель ⟨сессии⟩ Организации Объединенных Наций, где выступают представители разных народов и наций...

М. Д. Ш.: ...Но уже в постсоветское время...

Д. Ш.-П.: ...Да, уже в постсоветское время эти представители бывшей советской империи свидетельствуют с трибуны ООН о тех болезненных явлениях, которые были при их жизни там.

М. Д. Ш.: Давай немного отвлечемся от книги и обратимся к твоему пути — пути сочинителя рассказов и еврейского писателя. Ты начинал как поэт и переводчик поэзии. Хотя твои самые ранние опыты сочинения короткой прозы относятся к началу 1960-х годов, ты стал по-настоящему писать рассказы в 1980-е, уже написав к тому времени три романа и две книги эссе. И с тех пор именно рассказы стали одной из твоих излюбленных форм. Как ты думаешь, чем было обусловлено относительно позднее (тебе было сорок лет) обращение к форме и жанру рассказа?

Д. Ш.-П.: Мне кажется, что требовательностью к самому себе. Для меня рассказ, настоящий рассказ, а не просто пересказ какой-то истории, произошедшей с кем-то... это был драгоценный камень, который не каждому удается отшлифовать. Ну, скажем, рассказы Цвейга, Томаса Манна, Бунина, наконец, Набокова, Чехова *прежде всего*, потом великолепных советских писателей — Олеши, Бабеля, Паустовского — это были высокие образцы. И я не решался за эту форму приняться. Дело в том, что можно было, конечно, начать писать — много чего я в жизни повидал — и все это описывать. И я это делал в мемуарной форме. Но рассказ как совершенно независимую единицу литературного жанра я осознал и понял только в состоянии полного отшельничества, когда я оказался в отказе, стал евреем, которому отказано в визе на выезд. (Фактически мы были в государственном рабстве, это ничем не отличалось от рабства в Египте.) И тут ‹в отказе› я вдруг понял, что есть какой-то фокус, и надо этот фокус уловить в каждом случае предполагаемого рассказа и *придумать* рассказ. Настоящий рассказ не просто переписывается из жизни, а придумывается. То есть внести какую-то магическую струнку, которая заведет весь рассказ и настроит на новый лад. Вот то, что есть у Чехова, что-то совершенно неповторимое... какая-то неповторимая вибрация чувства, когда ты читаешь его лучшие рассказы.

М. Д. Ш.: Я хочу вспомнить... у тебя был ранний рассказ «Солнце упало в шахту», правда же, очень ранний, и он уже был на еврейские темы — про шок осознания молодым евреем невозможности своего окончательного встраивания в эту жизнь. То есть я хочу сказать, что ты, конечно, размышлял об этом, но почему-то все-таки ты почти не писал рассказов до отказа. Это очень интересно...

Д. Ш.-П.: Дело в том, что, конечно, еврейская тема меня очень будоражила, и, естественно, я пережил уже десятый класс <1952–1953 годы>, когда мы все зависели буквально над пропастью... Но потом, после медицинского, уже в армии мало приходилось с этой темой сталкиваться... в армии антисемитизм не был больше, чем в других <институтах общества>... я занимался профессиональным делом и так далее. Но тем не менее эта тема уязвила меня. Но надо признаться, что до того, как мы открыто заявили, что хотим уехать, я все-таки себя отстранял от рассказов о евреях, старался не трогать эту тему, искусственно зажимал себе руки, скручивал сам себя. Хотел как бы оставаться в русле официальной литературы... ну, собственно, я действительно очень долго шел... хотелось утвердиться как профессионалу без всяких бунтов. Но, видишь, этого не удалось.

М. Д. Ш.: Вот как раз, продолжая об этом разговор, хочу тебя спросить вот о чем. В твоих рассказах, почти во всех в этой книге, действуют главные и второстепенные еврейские персонажи. Это ли делает писателя-еврея *еврейским* писателем? Или что-то еще?

Д. Ш.-П.: Мне кажется, что, во всяком случае, какая-то количественная сторона нужна... если ты писатель, еврей по происхождению, и никогда не пишешь о евреях... А такие писатели были, очень много. Например, Давид Самойлов. В быту он не скрывал этого, хотя, правда, одновременно крест носил... но тем не менее он никогда на скрывал, что он еврей. Но стихи на еврейские темы он <практически> не писал. А вот Слуцкий, например, в застолье, в обществе не особенно любил рассуждать на эти темы публично, а на самом деле писал много замечательных еврейских стихов. Еврейских не только в том смысле, что там обозначено было, что там действуют евреи, а в том смысле, что он болел за еврейский народ и страдал...

М. Д. Ш.: ...Как раз остановимся на этом и заострим. Дело ведь не только в тематике. А если это так, то можно ли говорить о *еврейской* поэтике? О еврейском рассказе или еврейских рассказах — не только в смысле тематики? Ты сам сказал, есть что-то еще. Но как это «что-то еще» описать — что это такое?

Д. Ш. П.: Мне кажется, что вот это вот именно сделать невозможно. Это как раз тот самый секрет, может быть, который не опишешь никак. Если ты что-то описал научно, значит, ты можешь это что-то вычленить из окружающего пространства и перенести на какое-то другое место — и оно заработает. К счастью, так не получается. У каждого свой еврейский секрет. У Бабеля, например... мы сразу чувствуем, это неповторимый Бабель. Или, например, у Ильфа и Петрова — вот классический пример еврейского романа (двух романов еврейских). Хотя и написано в основном о русских персонажах, но сама ‹еврейская› насмешка, с которой смотрят на мир эти два автора, сама вот эта ироническая подача материала... Или, например, наоборот, у Василия Гроссмана «Жизнь и судьба». Мы сразу видим, что это действительно написано евреем, потому что так плакать о еврейской судьбе на фоне тяжелейшей общенародной судьбы невозможно... так может только еврей.

М. Д. Ш.: Но мне кажется, у Гроссмана еще очень интеллектуальная перспектива, все время проходит еврейский интеллектуальный комментарий. В этой связи у меня такой вопрос: до какой степени еврейский писатель — дитя тысячелетий еврейской цивилизации, а до какой — продукт своей эпохи и языка? То есть это вопрос о том, как еврейская память продолжает жить в еврейских писателях.

Д. Ш.-П.: Я, вообще, честно говоря, не поклонник людей, которые утверждают, что существует какая-то генетическая еврейская память. Я не верю в это. Я знаю, что есть гены общечеловеческие, есть специальные гены, которые большей частью присутствуют в еврейском генотипе. Но мне кажется, что это отношения к литературе не имеет. А имеет просто значение то, что они все-таки росли в еврейской семье. Все-таки разговоры велись очень часто о евреях, о судьбах евреев. Особенно ‹это важно для› поколения ‹выросших› после революции, когда вдруг евреи увидели свободу и сравнивали, конечно, свою жизнь до революции с тем, что произошло потом. Поэтому-то они были настолько патриотичны и не верили, очень часто, в возможность уничтожения здесь. Там, конечно, они видели, что надо бороться за то, чтобы этот фашизм искоренить. Но то, что происходит у себя, — они наивно не верили в это до самого конца. Никто никак не мог предположить, что этот Холокост... параллелен, симметричен, что в Германии, что в Советском Союзе.

М. Д. Ш.: И ты касаешься этого не только в «Обеде с вождем», но и в других рассказах, в рассказе «Лгунья Ивановна в Париже», например.

Д. Ш.-П.: Да, я к этому возвращаюсь, потому что очень часто это всплывает, люди даже не предполагают, что их родители были участниками этого Холокоста. Им даже этого не кажется... Им кажется, что это была нормальная жизнь с выполнением функций, которые любые бы выполнили на их месте, в том числе, наверное, евреи — как ‹этим людям› казалось.

Часть вторая: Еврейско-русский писатель как житель Новой Англии

М. Д. Ш.: Что происходит при эмиграции еврейского писателя из СССР в США? В этой книге из четырнадцати рассказов — тринадцать написаны в эмиграции. Что конкретно изменилось в твоей творческой лаборатории?

Д. Ш.-П.: Во-первых, изменились ближняя среда и дальняя среда. ‹...› Хотя я ‹здесь› написал довольно много рассказов на еврейские темы или с участием евреев, написал на русском языке, но происходят это уже в Америке... то есть в этом смысле я уже американский писатель. Я не мог бы написать такую историю, как, скажем, «Ущелье Геенны» — хотя это происходит в значительной мере в Москве и в Израиле, — не зная, что главные герои живут в Соединенных Штатах.

М. Д. Ш.: И еще один американский вопрос. В ряде рассказов в этой книге действие разворачивается в городах и городках Новой Англии, в штатах Род-Айленд и Массачусетс — в Провиденсе, Литтл-Комптоне, Вустере, городках на Кейп-Коде. По контрасту, здесь есть сцены Москвы, Ленинграда, Парижа, Рима и Иерусалима, написанные по памяти. И это другие, городские европейские рассказы. Как многолетняя жизнь в Новой Англии повлияла на твои рассказы?

Д. Ш.-П.: Ну, мне кажется, что я сроднился с Новой Англией... Она стала второй... теперь уже и первой страной моей жизни. Если ты меня спросишь сейчас, где я живу, я, конечно, скажу, что я живу «в Новой Англии», и даже не задумаюсь о том, что я половину жизни прожил в Ленинграде (в Петербурге) и в Москве. Для меня та жизнь ушла уже, и я, честно говоря, даже удивился, как я смог написать рассказ «Велосипедные гонки». Наверное, только потому, что мне очень хотелось вытащить на божий свет из далекой памяти образ очень сложного человека... Черношварца <в рассказе — Шварц>, еврея-велосипедиста, чемпиона, который как раз не был идеалом <еврея>. Он был идеалом спортивным, идеалом человека, который вдруг возвысился над этой русскоязычной толпой... простонародной, среди которой масса была и бытовых, и врожденных антисемитов. И вдруг он возвысился. Я писатель, я не могу писать неправду. Я не могу писать портрет героя только хвалебными словами, поэтому я должен был рассказать всю историю... А история его любовных отношений с молоденькой девочкой была отнюдь не самой прекрасной иллюстрацией его морали.

М. Д. Ш.: Но если вернуться к вопросу о еврейском писателе в Новой Англии, если к этому аналитически отнестись, получается, что ты пишешь о Новой Англии уже как о родной среде без *остранения* (например, рассказ «Волшебная витрина»), и ты пишешь о молодости («Велогонки» и «Мимозы на могилу бабушки») каким-то более естественным образом. Получается, что ты пишешь с гораздо большей степенью остранения о последних трех декадах жизни в России, особенно о годах отказа.

Д. Ш.-П.: Да, тем более что «Мимозы...» — как раз единственный рассказ из этих четырнадцати, написанный еще в России...

М. Д. Ш.: ...Совершенно верно. Я потому и хотел, чтобы мы его включили в книгу, как некую точку отсчета.

Д. Ш.-П.: Рассказ каким-то образом оказался созвучным не только русским евреям (он печатался много раз на русском языке в Соединенных Штатах и в России), но он оказался даже близок американским евреям, родной язык которых — английский.

М. Д. Ш.: Ну, тут, судя по недавней публикации перевода в журнале «Commentary», их здесь многое затрагивает... миф о расколе еврейства, Израиль, *халуцы*, ностальгия — это ведь и их собственная мифология.

Д. Ш.-П.: Да, и кроме этого, я думаю, что, кроме всего прочего, каждого еврея преследует или, наоборот, сопровождает всю жизнь такая вот деталь... что у каждого из них была когда-то прабабушка или бабушка, именно еврейская настоящая прабабушка, образ которой когда-то был рассказан их матери или бабушке... и перенесен в Соединенные Штаты, но этот образ каким-то путем сохранился в устной молве евреев, куда бы они ни ехали.

М. Д. Ш.: Давай прервемся и выпьем чайку с лимоном. Но сначала я задам тебе вопрос, без которого в наши дни не обходится почти ни один разговор с писателем. Назови пять еврейских книг, которые каждый должен прочитать.

Д. Ш.-П.: Это, конечно, очень приблизительный список, но все-таки я бы посоветовал: «Безобразную герцогиню» Фейхтвангера, «Тяжелый песок» Рыбакова, «Шошу» Башевиса-Зингера, «Равельштейн» Беллоу ‹и, если учесть все еврейские связи Томаса Манна, который был женат на еврейке, то я бы посоветовал великолепный роман «Смерть в Венеции»›, и... два романа Ильфа и Петрова, «Двенадцать стульев» и «Золотой теленок». И не сочти за нескромность, естественно, я бы посоветовал мой роман об отказниках... Это действительно любовная история, очень сложная — и это происходит в еврейской среде на фоне страшнейшего безнадежного отказа — настоящая любовная история со всякими всплесками, провалами, обидами, изменами, в общем, все, что положено настоящей любовной истории, образцом которой, я думаю, является «Анна Каренина».

М. Д. Ш.: Роман об отказниках переведен, мы работаем над редактированием текста и надеемся, что он скоро найдет своего англоязычного читателя[2].

---

[2] Английский перевод романа «Доктор Левитин», первой части трилогии об отказниках, вышел в 2018 году: Shrayer-Petrov D. Doctor Levitin: A Novel / ed. and with notes by Maxim D. Shrayer; transl. by Arna B. Bronstein, Aleksandra I. Fleszar, Maxim D. Shrayer. Detroit: Wayne State University Press, 2018.

Часть третья и последняя: Криптоевреи и автобиографические звери и птицы

М. Д. Ш.: Если проанализировать тематику рассказов в этой книге, почти в каждом так или иначе рассматриваются и обсуждаются вопросы любви и брака между евреями и неевреями. Критики уже не раз отмечали, что для тебя — как еврейского писателя и как сюжетчика — это вопрос ключевой. Почему?

Д. Ш.-П.: Дело в том, что я видел это. В детстве я видел много смешанных браков. Мой родной дядя, ‹Меер Вульфович Брейдо›, был женат на русской женщине, ‹Марии Федоровне Трушиной›, православной, верующей. Существует предание, что она тайком меня — малолетнего, трехмесячного или шестимесячного ребенка — таскала в церковь... Но никто теперь не знает. Дело в том, что сам брак между Россией и еврейством... мне кажется, что это такой символ, который должен был отводить руку антисемитов от евреев. И иногда отводил. А иногда это оказывалось только пустой надеждой. Но, во всяком случае, смешанные браки в России очень были частым явлением, и иногда это было хорошо, а иногда привносило различные сложности в семью.

М. Д. Ш.: Это и здесь очень актуальная тема.

Д. Ш.-П.: Здесь ‹в Америке› это еще построено на религиозной основе; надо думать, какую религию выбрать детям. В России это раньше делалось так... просто выходили замуж, женились... Потом, когда антисемитизм нарастал и дошел до 53-го года, до критического, в этот момент вдруг обнаружилось, что часть неевреев, женщин и мужчин, дошли до того, что они расходились, от страха, со своими еврейскими мужьями и женами. Это было позорное явление... это напоминает Германию после прихода нацистов к власти.

М. Д. Ш.: Теперь вопрос о так называемых криптоевреях. О евреях, которые скрывают свое иудейство, чтобы его сохранить (как внешне омусульманенный горский еврей в рассказе «Белые овцы на зеленом склоне горы»), или же, быть может, о тех, которые прячут свое еврейство, чтобы сохранить себя (как ребенком переживший Шоа польский еврей в рассказе «Мимикрия»).

Почему они населяют твои рассказы и почему в твоих рассказах меньше правоверных, традиционных евреев?

Д. Ш.-П.: Дело в том, что мне кажется, что очень многие евреи страдали этой чертой, ну, по крайней мере, в обществе стараться не подчеркивать свое еврейство, каким-то образом мимикрировать. Я должен сказать, что у меня у самого грех на душе. Я принял псевдоним, добавив к своей фамилии Шраер псевдоним Петров, который происходит от имени моего отца. Есть много благовидных объяснений. Но это была типичная мимикрия. Я не скрывал, что я еврей, но показывал, что я обрусевший еврей. Это тоже мимикрия, что там говорить. Так было <повсеместно… многие из> членов Союза писателей вообще меняли свои фамилии. Скажем, Лев Озеров взял новую фамилию, и так далее. Это была форма выживания в литературе. Я не знаю, можем ли мы их за это осуждать — и вообще можем ли мы кого-нибудь осуждать в такую эпоху.

М. Д. Ш.: Нет, но вопрос еще и в том, что тебя как художника и еврейского писателя эти криптоевреи интересуют больше, чем твои правоверные соплеменники. Ну, скажем, по аналогии, быть может, неполной аналогии, Достоевского гораздо больше занимают патологические персонажи, и они у него самые яркие (Свидригайлов, к примеру), а такие традиционные, прямолинейные герои, как Соня Мармеладова… они у Достоевского довольно плоские.

Д. Ш.-П.: Да, это так, потому что, когда еврей правоверный и никуда не отклоняется от своего общественного <образа> или литературного <стереотипа>, такие евреи мне симпатичны, я их очень уважаю и люблю, но писать мне нечего… они уже тысячу раз описаны и Шолом-Алейхемом, и Башевисом-Зингером… Даже Зингер стал уже… со сдвигом писать эти вещи.

М. Д. Ш.: К вопросу о сдвигах поведения, как еврейских, так и нееврейских. В твоих рассказах, особенно в книге «Dinner with Stalin», много эротики — явной или тайной (одни «Велогонки…», о которых мы уже говорили, чего стоят). Почему-то вспоминается поздняя, быть может, лучшая книга Бунина «Темные аллеи» — его манифест любовного рассказа. Можно ли назвать эту твою книгу — книгой любовных рассказов?

Д. Ш.-П.: Я бы лучше предпочел назвать ее книгой рассказов о любви. Здесь не только любовь к женщине, но и еще, конечно, очень тайная, но очень упорная любовь к своей родине России — к родине своего языка. И эта вот любовь тайная, наверное, даже сильнее, чем любовь эротическая, любовь сексуальная. Для меня лично как для писателя. Я и пишу рассказы, может быть, потому, что мне хочется вот этот голос, который еще сидит во мне и разговаривает, русский голос... мне хочется его еще раз попробовать в какой-то новой опере, в каком-то новом сюжете. Что же касается любовной темы, то да, конечно, для меня любовная тема всегда была очень важна, и я начинал как лирический поэт. Но это скорее... орнамент к той главной теме — любви к русскому языку, русской культуре, русскому искусству.

М. Д. Ш.: А к американскому? У тебя висел портрет Хемингуэя, я это с детства помню, в кабинете... и Фроста. И рядом — портрет Пастернака.

Д. Ш.-П.: Да, конечно, <Хемингуэй и Фрост> меня очень увлекали. Но так задевать, как задевали меня всегда Бунин, Чехов, а потом стал задевать Набоков, даже Хемингуэй уже перестал. Я не знаю... что-то произошло. Да я тебе скажу, что дело еще и в возрасте. Например, как ни странно, в период, когда все увлекались Ахматовой, в поздние 50-е годы, я не понимал, что же в ней такого прекрасного и особенного. А любил, например, Заболоцкого. Мне казалось, что Заболоцкий гораздо полнее и ярче и сильнее выражает вот то брожение, которое в то время было. А на самом деле он написал «Столбцы» еще до войны, в конце 20-х годов. Для меня эти «Столбцы» были проявлением, быть может, самой большой нежности Заболоцкого к России, потому что он смеялся над тем, что было у русских скрыто и чего они недопоказали. Ему хотелось показать открыто вот эту странную, совершенно странную душу... Например, в стихотворении «Вратарь». Можно только удивляться, как Заболоцкий достиг такой глубины...

М. Д. Ш.: ...Но мне кажется, в этой связи, что если воспринимать твои рассказы про еврейских эмигрантов из СССР как целостное полотно, то по методу передачи материала это своего рода русско-американские «Столбцы». Здесь и любовь, и большая ирония, и остраненный взгляд.

Д. Ш.-П.: Да, особенно некоторые рассказы. Ну, например, «Обед с вождем», это точно. Там я собрал весь Советский Союз, бывший, и посадил за стол, и еще добавил их бывшего вождя. Это получился целый настоящий паноптикум.

М. Д. Ш.: Я согласен. И вот как раз в этой связи хочу тебя спросить о недавнем выступлении в прекрасном книжном магазине «Books on the Square» в Провиденсе, где вы с мамой прожили почти 20 лет. В ответ на вопрос местной журналистки — кстати, это была журналистка еврейского советского происхождения — ты сказал, что все, что ты сочиняешь, автобиографично, даже если твои герои — птицы и звери, дикая индейка (как в рассказе «Где ты, Зоя?») или бегемот («За оградой зоопарка»). Как дословно можно воспринимать это заявление, и не может ли оно сбить с толку читателя, особенно доверчивого англо-американского читателя?

Д. Ш.-П.: Я думаю, что нет. Автобиографично в том смысле, что даже каждая нотка в птичьем гомоне, каждый пересвист, каждый вздох бегемота, каждый любовный крик и стон каждого моего героя и героини, всякое движение внутри сюжета — это все вещи, которые я проходил. Сам, своей личной жизнью, или настолько вошел в этот образ, что мне казалось, что я это прожил. Поверь, очень часто мы проживаем в уме, в сознании то, чего мы никогда не сможем сделать за отсутствием времени, или возможностей, или пространства… но мы проживаем это, как настоящую жизнь. Особенно это бывает во снах. Так что я не верю в то, что можно написать вещь, которую ты сам не прожил физически или в своем личном воображении…

М. Д. Ш.: Ты автор четырех дюжин рассказов и восьми романов. Возвращаясь к секретам и тайнам еврейских рассказов, я хотел бы тебя спросить, что же отличает рассказ от романа — и твои рассказы от твоих романов[3].

Д. Ш.-П.: Рассказы как жанр представляются мне более хрупкими, нежными, ранимыми, чем крупные произведения прозы —

---

[3] К январю 2021 года — одиннадцати романов.

романы. Прежде всего, рассказы не переносят фальши, двусмысленности. То есть все это на лице рассказа мгновенно высвечивается. В то же время рассказу противопоказано множественное и, в особенности, продолжительное, так называемое реалистически-правдоподобное описание людей. В рассказе, хорошем рассказе, каждая строчка приобретает способность восприниматься мифологически. Например, в моем рассказе «За оградой зоопарка» мифологичен бегемот, способный при помощи биотоков вылечить больную девочку.

М. Д. Ш.: Ты говоришь о фантастических качествах, присущих твоим рассказам. Разумеется, фантастичность свойственна еврейской художественной литературе от Шолом-Алейхема и Башевиса-Зингера до Маламуда и Цинтии Озик. Что ты можешь сказать о литературных источниках своих рассказов?

Д. Ш.-П.: Меня всегда тянуло к жанру сказки, мифа, легенды. Еще с деревенских времен моей жизни, <со времени эвакуации в глухую уральскую деревню>. Тянуло, но совсем не в духе весьма популярной научной фантастики, которая глубинными признаками напоминает скорее жанр детектива, нежели глубокую лирическую прозу. Все это пришло ко мне постепенно, прежде всего от стихов, и, конечно же, прежде всего от лирико-мифологической поэзии Пушкина. Да и в современной русской поэзии и прозе нередко рождались произведения, которые одновременно были фантастикой — фантазиями — и социальными сказками. Прежде всего это было у гениальных русско-еврейских социальных фантастов братьев Стругацких.

М. Д. Ш.: Какой смысл ты вкладываешь в изобретенный тобой термин «фантелла»?

Д. Ш.-П.: Из ткани прозы, основанной на реалистических ситуациях, элементы фантеллизма перетекают, выходя за пределы житейской реальности, в сосуды, созданные природой для создания сказки. Жанр этот я назвал «фантеллами». Конечно же, только что упомянутый рассказ «За оградой зоопарка» относится к жанру фантелл. Сюда же можно отнести и рассказы-фантеллы «Мимикрия» (где порой невозможно отделить царство кукол-марионеток от реальной жизни героев-кукловодов) и «Где ты, Зоя?» (с волшебными появлениями-исчезновениями дикой индейки; но вещая птица как часть Природы всегда несет в себе элементы магического и связана здесь с судьбой еврейского поэта, погибшего в сталинских лагерях). К фантеллам можно отнести и рассказ «Альфредик», где главный герой, дирижируемый потусторонними силами тайной полиции, постоянно раздваивается, превращаясь то в одного, то в другого антигероя: из чинов таможни в московском аэропорту во второразрядного сочинителя и, скорее всего, осведомителя КГБ. Впрочем, пересказывать новую книгу — это не только возбуждать, но и гасить читательское воображение.

М. Д. Ш.: И наконец, вопрос перевода, в заключение. Ты авторизовал переводы этих рассказов и, насколько я понимаю, ими удовлетворен. Не возникало ли у тебя искушения стать переводчиком собственных рассказов или даже сочинять рассказы по-английски? В свое время наш общий друг, историк литературы Виктор Террас, советовал тебе писать прямо по-английски и утверждал, что в этом открываются новые горизонты…

Д. Ш.-П.: Да, это правда. Во-первых, ты не зависишь от переводчиков. Во-вторых, ты сам уже доносишь до бумаги то, что ты хочешь… на самом деле и на родном языке, бывает, ты думаешь, что пишешь об ослице Валаамовой, а на самом деле ты пишешь о наезднике. Да, я думал об этом. Я даже начал писать большую вещь и написал 50 страниц <по-английски>. Но потом, когда я написал, я понял, что она очень бедно написана. Написана информативно — то есть вошел куда-то, увидел, обнял, написал, подписал, поехал, пошел в ресторан — но это все были внешние черты…

М. Д. Ш.: …Это чертеж или сценарий…

Д. Ш.-П.: …Да, но это никак не литература. Когда я читаю переводы, которые мне, как правило, нравятся… я прежде всего околдован тем, что мои строчки вдруг становятся и строчками другого языка, и правомерными двойниками оригинала.

Май–июнь 2014 года
Сиван-Таммуз 5774

Давид Шраер-Петров: Визуальная биография*

Составитель Максим Д. Шраер

Пейсах (Петр) Шраер (первый ряд слева), отец Давида Шраера-Петрова, с родителями, братьями и сестрой. Каменец-Подольск, Украина, 1924

---

* Copyright © 2021 by Maxim D. Shrayer. Составлено на базе архива и фотоархива Давида Шраера-Петрова и Эмилии Шраер, фотоархива Максима Д. Шраер и Кэрен Э. Лассер. Дополнительные источники указаны отдельно.

Раввин Хаим-Вульф Бройде (Брейдо), дед Давида Шраера-Петрова по материнской линии. Полоцк, Белоруссия, 1930-е годы. Во время польско-советской войны 1919–1920 годов семья раввина Бройде бежала из Литвы в Белоруссию. Раввин Бройде был убит в своем доме нацистами и местными коллаборантами.

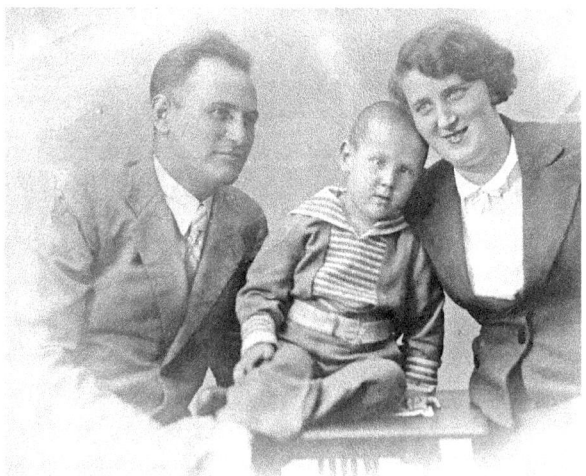

Давид Шраер-Петров и его родители, Белла (Бэлла) Брейдо и Пейсах (Петр) Шраер. Ленинград, ок. 1939–1940

Давид Шраер-Петров: Визуальная биография

Пейсах (Петр) Шраер, капитан в танковых войсках. Ленинградский фронт, 1943

Давид Шраер-Петров и Белла Брейдо. Село Сива, Молотовская (Пермская) область, 1942. После эвакуации из Ленинграда осенью 1941 года Давид и его мать провели три года в далекой уральской деревне и вернулись в Ленинград в 1944 году.

372 | Давид Шраер-Петров: Визуальная биография

Давид Шраер-Петров (второй ряд снизу, пятый слева). Летний пионерский лагерь под Ленинградом, ок. 1946–1947

Проспект Энгельса, д. 7, в Санкт-Петербурге, дом на углу Новороссийской улицы и проспекта Энгельса; вид с Новороссийской улицы. На месте, расположенном за ближним углом дома в глубь двора раньше стоял д. 1 по проспекту Энгельса, где в кв. 10 Давид Шраер-Петров прожил с рождения в 1936 году до 1963 года. *Фото: Екатерина Царапкина, лето 2020 года*

Давид Шраер-Петров: Визуальная биография

Давид Шраер-Петров. Хмельник, Винницкая область, Украина, лето 1949. Доктор Израиль Шраер, двоюродный брат отца Шраера-Петрова, в то время был профессором Винницкого медицинского института и летом приглашал своих племянников, среди которых был будущий литературовед Омри Ронен.

Давид Шраер-Петров (нижний ряд, третий слева), ученик 10-го класса мужской школы № 117 Выборгского района Ленинграда, ок. весны 1953 года

Давид Шраер-Петров, студент второго курса Первого медицинского института им. Павлова. Ленинград, 1954. На обороте надпись: «Мамочке в день ее рождения Дэвик 4 декабря 1954».

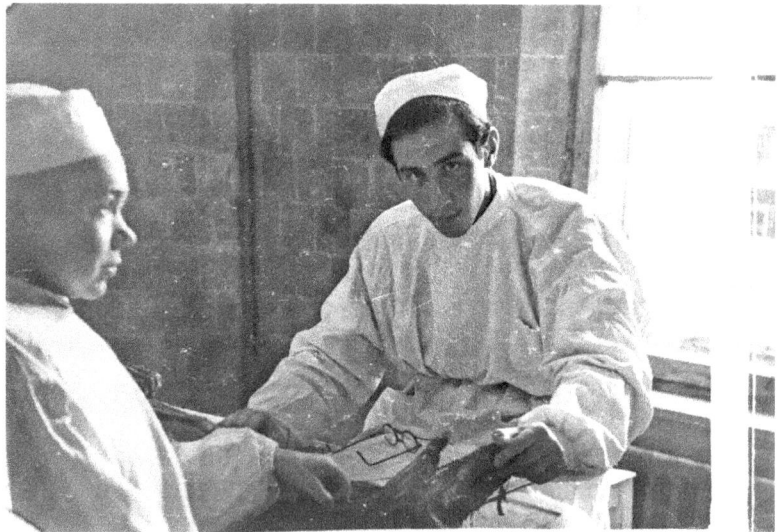

Давид Шраер-Петров (справа) с однокурсником, будущим патологоанатомом Геннадием Худяковым

Давид Шраер-Петров: Визуальная биография | 375

Давид Шраер-Петров (второй справа). Ленинград, 1955. На фотографии сокурсники-медики Геннадий Худяков (второй слева) и Александр Мужецкий (первый справа), а также ближайший друг Шраера-Петрова Борис Сморода («Сморода»; см. эссе Андрея Ранчина в этом сборнике).

Давид Шраер-Петров (третий слева) со студентами-медиками и преподавателями. Боткинская больница, Ленинград, 1958

Давид Шраер-Петров, военно-морская практика. Балтийский флот, лето 1958. Отчасти из-за романтической ауры мореплавания Шраер-Петров добровольно выбрал службу военным врачом на флоте и летом после предпоследнего курса мединститута проходил практику в Кронштадте и в открытом море. Однако по окончании курса обучения он был призван не на флот, а в танковые войска и два года прослужил армейским врачом в Борисове (Белоруссия).

Давид Шраер-Петров (второй ряд, первый слева) с группой практикантов и офицеров Балтийского флота. Кронштадт, июль 1958 года

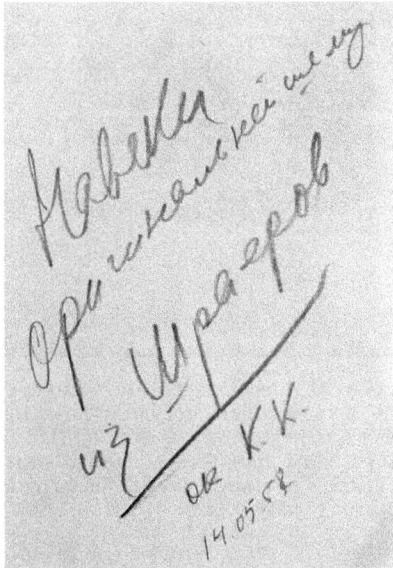

Давид Шраер-Петров. Рисунок К. К. Надпись на обороте: «Навеки оригинальнейшему из Шраеров от К. К. 14 мая 1958».

Давид Шраер-Петров. Черновик известного стихотворения «Дарите девушкам цветы...», в этом списке несущего название «По Ремарку» и посвящение поэту и переводчику Анатолию Найману. На нижней стороне страницы рисунок чернилами, выполненный переводчиком и будущим журналистом русской службы Би-би-си Ефимом Славинским. Ленинград, 1959

Давид Шраер-Петров: Визуальная биография | 379

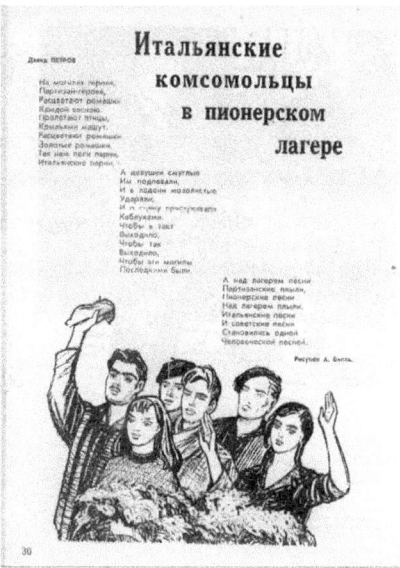

Стихотворение Давида Шраера-Петрова «Итальянские комсомольцы в пионерском лагере», опубликованное в мае 1959 года в журнале «Пионер». Первая публикация в ежемесячном журнале общенационального значения. Стихотворение задало тему обложки всего номера (см. эссе Стефано Гардзонио в этом сборнике).

Давид Шраер-Петров. Площадь Искусств, Ленинград, ок. 1959. Обратите внимание на выпуск газеты «*L'Unità*», органа Коммунистической партии Италии. Газеты коммунистических партий попадали в продажу в СССР, и интеллигенция читала их в поисках менее предвзятого и лживого освещения событий, чем на страницах советской печати.

Давид Шраер-Петров, лейтенант медицинской службы. Борисов, Белоруссия, 1960. По окончании мединститута Шраер-Петров прослужил в армии два года. Он приезжал в Ленинград в декабре 1960 года на похороны матери и вернулся в родной город в 1961-м после увольнения в запас.

Давид Шраер-Петров (слева), Всеволод Азаров (визави слева). Под Ленинградом, 1962. В середине 1950-х Всеволод Азаров, поэт и драматург, был одним из руководителей литературного объединения (ЛИТО) при Дворце культуры Промкооперации (ЛИТО было известно как «промка»), в которое входили И. Авербах, Д. Бобышев, А. Найман, Е. Рейн, Д. Шраер-Петров и другие. Азарова за глаза называли «лысая муза».

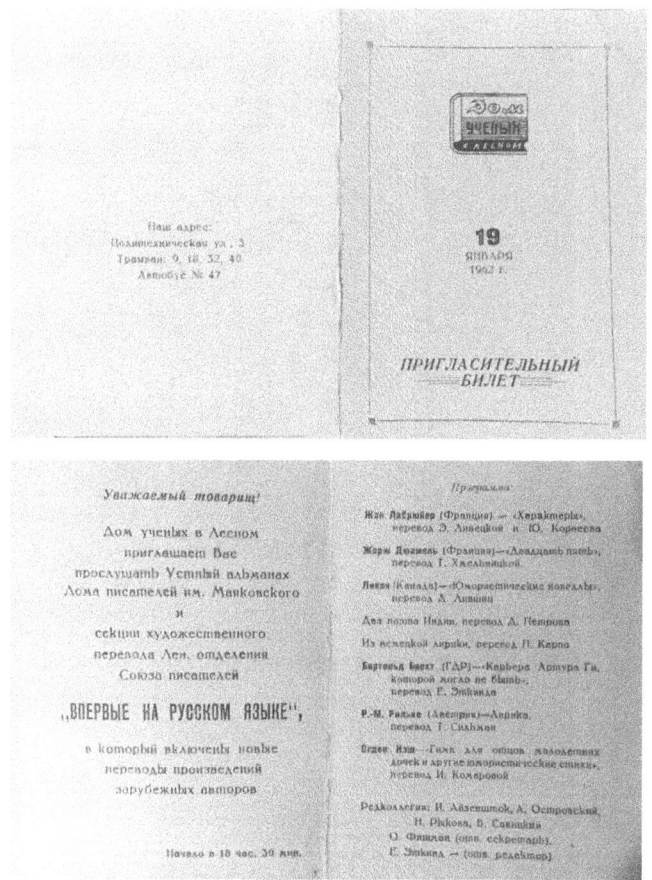

Пригласительный билет на вечер поэтического перевода в рамках устного альманаха «Впервые на русском языке», которым руководил переводчик и литературовед Ефим Эткинд. Ленинград, 19 января 1962 года. В программе «Два поэта Индии» в переводе Шраера-Петрова (псевдоним Д. Петров).

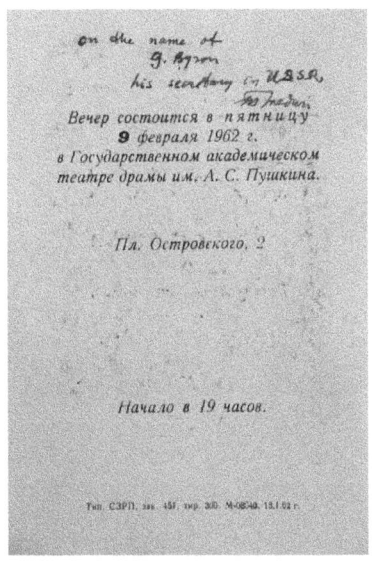

Пригласительный билет на вечер, посвященный 125-летию со дня смерти Пушкина. Государственный драматический театр им. А. С. Пушкина, Ленинград, 9 февраля 1962 года. На билете надпись Татьяны Гнедич, поэта-переводчика, одного из наставников Шраера-Петрова в области искусства перевода. В воспоминаниях о Гнедич, озаглавленных «Отшельница из Царского Села» (см. «Друзья и тени» и «Водка с пирожными»), Шраер-Петров рассказывает о встрече во время антракта, во время которой Гнедич описала арест в конце декабря 1943 года и заточение в одиночной камере. В тюрьме Гнедич по памяти перевела почти семнадцать песен «Дон Жуана» Байрона (17 000 строк пятистопного ямба, около 125 000 слов). Надпись на пригласительном билете, сделанная Гнедич и подаренная Шраеру-Петрову: «In the name of G. Byron his secretary in U.S.S.R. T. Gnedich» («От имени Дж. Байрона его секретарь в СССР Т. Гнедич»).

Давид Шраер-Петров и Эмилия (Мила) Поляк (Шраер) во время медового месяца. Семья Эмилии Поляк с отцовской стороны происходит из Каменец-Подольска, и семьи были знакомы и связаны родственными (брачными) узами. Давид и Мила познакомились в Ленинграде на свадьбе Евы Бекман и Гиллеля (Григория) Бутмана — будущего узника Сиона. Свадьба Давида и Милы состоялась в Москве 9 октября 1962 года. Прожив два года в Ленинграде, они переехали в Москву летом 1964 года.

Давид Шраер-Петров и Эмилия Шраер. Город Бердянск на Азовском море, 1965

Давид Шраер-Петров: Визуальная биография

Поэт и драматург Илья Сельвинский, его дочь художник и поэт Татьяна Сельвинская, Давид Шраер-Петров, поэт Юрий Влодов. Поселок Переделкино под Москвой, 1966

Давид Шраер-Петров. Москва, 1967. Эта фотография была опубликована в его первом сборнике стихов «Холсты» (М., 1967).

Давид Шраер-Петров с сыном Максимом Д. Шраером. Поселок Белоостров под Ленинградом, на даче Пейсаха (Петра) Шраера, лето 1968

Давид Шраер-Петров выступает на заседании Клуба молодых ученых в Научно-исследовательском институте микробиологии и эпидемиологии им. Н. Ф. Гамалеи, где он проработал с 1967 по 1979 год сначала младшим, потом старшим научным сотрудником. Здесь он защитил докторскую диссертацию. Был вынужден уйти из института для подачи документов на эмиграцию.

Дом 43 по улице Маршала Бирюзова, где Шраер-Петров с семьей прожил с 1971 года до эмиграции в 1987 году. *Фото: Максим Д. Шраер, 1998*

Рекомендация Виктора Шкловского в Союз писателей СССР. Москва, 29 января 1971. «Товарищ Давид Петров поэт. Его поэтическая традиция восходит к Владимиру Маяковскому и Николаю Асееву. Из современных поэтов, как мне кажется, ему близок Андрей Вознесенский». (РГАЛИ. Ф. 631. Оп. 41. Д. 404; архив Д. Шраера-Петрова.)

Давид Шраер-Петров: Визуальная биография

Давид Шраер-Петров в лаборатории в Институте им. Гамалеи. Москва, начало 1970-х

Давид Шраер-Петров, Анна Студниц (мать Эмилии Шраер), Эмилия Шраер провожают Максима в первый класс. Перед д. 43 по улице Маршала Бирюзова. Москва, 1 сентября 1974 года

Членский билет Давида Шраера-Петрова, Союз писателей СССР. Москва, 22 января 1976 года. Подписан писателем и функционером Георгием Марковым, председателем правления СП СССР. Шраер-Петров подал документы в СП в 1971 году, но был принят лишь в 1976-м. В деле Шраера-Петрова в СП СССР (теперь в РГАЛИ) хранится стенограмма заседания приемной комиссии Московского отделения СП СССР от 9 октября 1973 года (решение отложить рассмотрение дела) и от 24 ноября 1975 года (решение принять).

Давид Шраер-Петров во время одной из поездок в район строительства Байкало-Амурской магистрали (БАМ), которые он совершил в 1970-е годы. Ангаракан, Бурятия, май 1976 года. На БАМе Шраер-Петров работал над лечением стафилококковых инфекций среди строителей и выступал с чтением стихов.

Дом 26 по улице Таамсааре в эстонском курорте Пярну, где в течение многих летних отпусков Шраер-Петров с семьей снимали кв. 36 у Эвальда Миккуса. Здесь Шраер-Петров работал над первыми двумя томами трилогии об отказниках и многими другими произведениями. *Фото: Максим Д. Шраер, 1990-е*

Слева направо: поэт и переводчик Вячеслав Куприянов, поэт из Риги Борис Куняев, поэт и переводчик Надежда Мальцева, Давид Шраер-Петров. Вильнюс, Литва, апрель 1977 года. В 1970-е годы Шраер-Петров, предки которого по материнской стороне были литовскими евреями (литваками), активно занимался переводами литовской поэзии (см. библиографию в этом сборнике).

Афиша вечера литовской поэзии в Центральном доме литераторов (ЦДЛ), 27 апреля 1977 года

Слева направо: критик Патрас Браженас, Давид Шраер-Петров, поэт и переводчик Лазарь Шерешевский. Вечер литовской поэзии, ЦДЛ, 27 апреля 1977 года. Надпись на обороте — экспромт Лазаря Шерешевского: «Да огласят Давидовы псалмы / Литовские долины и холмы».

Давид Шраер-Петров, Максим Д. Шраер. Тбилиси, Грузия, июнь 1977 года, на фоне памятника царю Иберии (Восточной Грузии) Вахтангу I Горгасали. Шраер-Петров провел месяц в Тбилиси в командировке в Научно-исследовательском институте вакцин и сывороток (теперь Институт бактериофага, микробиологии и вирусологии им. Элиавы), занимаясь совместными научными экспериментами и одновременно собирая материалы к биографии великого микробиолога Феликса д'Эрелля, открывателя бактериофага. Д'Эрелль работал в советской Грузии в 1930-е годы. История пребывания д'Эрелля в Грузии частично описана в романе Шраера-Петрова «Французский коттедж».

Справа налево: Давид Шраер-Петров, пианистка Фрида Бернштейн, искусствовед Борис Бернштейн, художник Урве Роодес Аррак, первая жена художника Юри Аррака. Панга-Рехе, хутор и летняя студия Арраков неподалеку от Тыстамаа. Эстония, лето 1977 года. Семья Шраеров и семья Арраков близко дружили, и каждое лето во время отдыха в Эстонии Давид, Мила и Максим гостили у Арраков на хуторе Панга-Рехе.

Давид Шраер-Петров, Максим Д. Шраер, Эмилия Шраер на хуторе Юри Аррака Панга-Рехе летом 1977 года

Эмилия Шраер и Давид Шраер-Петров, отказники. Кухня в квартире на улице Маршала Бирюзова, 1980

Давид Шраер-Петров: Визуальная биография | 395

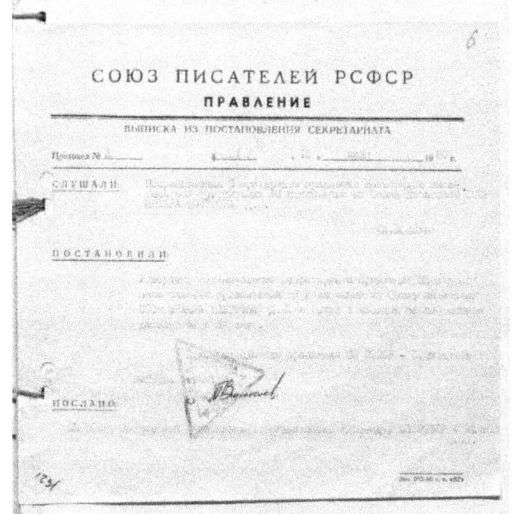

Дело Давида Шраера-Петрова в Союзе писателей СССР. Слово «исключен» вписано сверху от руки. Выписка из постановления Правления СП РСФСР об исключении Шраера-Петрова «в связи с выездом на постоянное жительство в Израиль». 10 июля 1980 года. Подписано Сергеем Михалковым, писателем и функционером, соавтором слов Государственного гимна СССР. *РГАЛИ. Ф. 631. Оп. 41. Д. 404.*

Первая страница рукописного черновика будущей первой части трилогии об отказниках, здесь под первоначальным названием «В отказе». 1979

Юри Аррак (Jüri Arrak). «Полет Давида» («Taaveti Lend»). 1981. Фломастер на бумаге. Собрание Давида Шраера-Петрова и Эмилии Шраер

Юри Аррак, Давид Шраер-Петров, спаниель Арраков Лонни. Панга-Рехе, Эстония, лето 1981 года

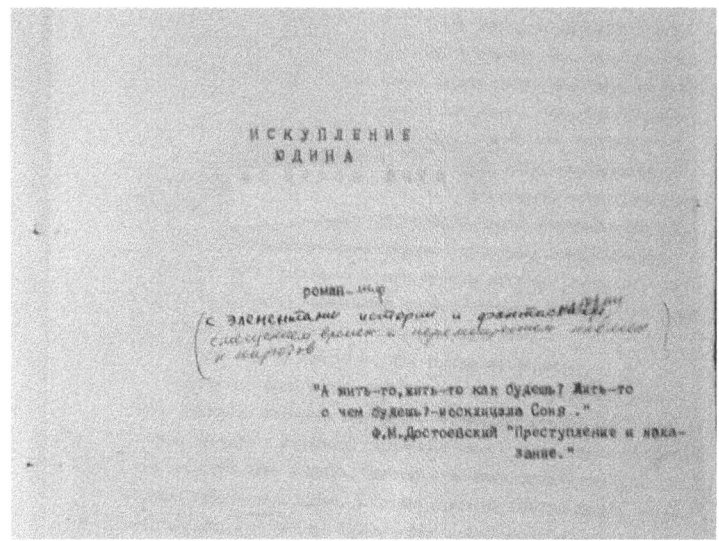

Первая страница черновой машинописи романа «Искупление Юдина» с исправлениями от руки. Ок. 1982–1983

Давид Шраер-Петров, Эмилия Шраер, Максим Д. Шраер. Квартира Шраеров, Москва, зима 1986 года. Этот снимок был сделан через месяц после самого тяжелого периода отказнических лет писателя, когда преследование органами госбезопасности достигло своего апогея в ноябре-декабре 1985 года.

Давид Шраер-Петров на праздновании своего пятидесятилетия. Московская квартира Шраеров, 28 января 1986 года. Слева направо: эстонский художник Юри Аррак, отказник Аркадий Лахман, герой отказа, узник Сиона Владимир Слепак.

Эмилия Шраер (вторая слева) на демонстрации в поддержку героя отказа, узника Сиона Иосифа Бегуна. Слева от Эмилии, с плакатом «Свободу моего отцу Иосифу Бегуну» стоит Борис Бегун. Улица Арбат, Москва, февраль 1987. Этот снимок Эндрю Розенталя (Andrew Rosenthal) был напечатан в журнале «*Newsweek*» 23 февраля 1987 года. Вскоре после освобождения Бегуна из заключения Шраер-Петров написал и прочитал на сходке отказников поэму «Бегун». *Associated Press*.

Дома у Евгения Рейна, поэта, друга ленинградской молодости Шраера-Петрова. Писатели вспоминают что-то очень смешное. Квартира Рейна на улице Куусинена в Москве, 1986

Давид Шраер-Петров (второй слева) с членами труппы несанкционированного еврейского театра, для которого Шраер-Петров сочинил пуримшпиль (сценарий пуримского представления) весной 1987 года. Это последнее представление, данное на квартире у Шраера-Петрова в апреле 1987 года и заснятое на видео американским дипломатом. Режиссер: Роман Спектор (первый справа). В ролях: Надежда Ильина (вторая справа), Лев Щеголев (третий справа), Ирина Щеголева (второй ряд в центре), Геннадий Милин (первый слева). См. полную запись: https://youtu.be/CxW_RNscgTQ (дата обращения: 18.04.2021).

Давид Шраер-Петров: Визуальная биография | 401

Эмилия Шраер, Максим Д. Шраер, Давид Шраер-Петров с выездными визами в руках. Московская квартира Шраеров, май 1987

Максим Д. Шраер, Эмилия Шраер, Давид Шраер-Петров, Анна Студниц в аэропорту Шереметьево-2, 7 июня 1987 года. Кадр из документального телефильма «*Seven Days in May: The Soviet Union*», снятого в Москве весной 1987 года и показанного летом 1987 года. *CBS News Archives, a division of CBS Broadcasting Inc.*

Эмилия Шраер и Давид Шраер-Петров. Сан-Марино, лето 1987 года. Остановка в Сан-Марино во время автобусной экскурсии во Флоренцию, Болонью и Венецию. Большую часть лета 1987 года семья Шраеров провела в Италии в ожидании беженских виз в США.

Максим Д. Шраер, Эмилия Шраер, Давид Шраер-Петров после приземления в аэропорту им. Кеннеди 26 августа 1987 года. Первый час в США.

Эмилия Шраер и Давид Шраер-Петров на крыльце своей первой американской квартиры, 379 Morris Avenue на Ист-Сайде столицы штата Род-Айленд города Провиденс. Ок. сентября 1987 года

Давид Шраер-Петров с журналистом Александром (Аликом) Гинзбургом, бывшим редактором подпольного журнала «Синтаксис», диссидентом и узником советских лагерей. Провиденс, осень 1987. Гинзбург приезжал в Провиденс, чтобы выступить с лекцией в Брауновском университете, где Шраер-Петров работал ученым-медиком, и остановился дома у Шраеров.

Давид Шраер-Петров с художником Вагричем Бахчаняном, писателем Владимиром Соловьевым и издателем Ильей Левковым. Книжная ярмарка, Манхэттен, осень 1989. Бахчанян нарисовал обложку книги Шраера-Петрова «Друзья и тени», выпущенной Левковым (издательство «*Liberty Publishing House*») летом 1989 года.

Слева направо: американский поэт и переводчик Эдвин Хониг (Edwin Honig); Максим Д. Шраер; профессор Брауновского университета, литературовед и переводчик Виктор Террас. Вечер Шраера-Петрова в International House, Провиденс, штат Род-Айленд, ок. осени 1990 — зимы 1991. На этом вечере состоялось первое публичное чтение поэмы Шраера-Петрова «Вилла Боргезе», начатой в Италии и завершенной в Америке.

Давид Шраер-Петров: Визуальная биография | **405**

Давид Шраер-Петров и художник и поэт Олег Прокофьев, младший сын композитора Сергея Прокофьева. Лондон, ок. 1992. В то время Шраер-Петров и О. Прокофьев регулярно печатались в альманахе авангарда «Черновик», издаваемом Александром Очеретянским в США.

Давид Шраер-Петров на Голанских высотах. Израиль, осень 1994 года

Слева направо: Моисей (Муня) Шарир (Шраер), дядя Давида Шраера-Петрова, бывший *халуц*, приехавший в подмандатную Палестину из Каменец-Подольска (через Одессу) в 1924 году; Шраер-Петров; автор книг по теории образования Аяла Ифтах-Вальбе, двоюродная сестра Эмилии Шраер по отцовской линии. Тель-Авив, квартира Муни Шарира, осень 1993

Слева направо: поэт, переводчик, литературовед Ян Пробштейн (см. его эссе в этом сборнике); Давид Шраер-Петров (читает свои новые блюзы); поэт и редактор альманаха «Встречи» Валентина Синкевич. Конференция американских славистов AATSEEL, ежегодное выступление русскоязычных поэтов, ок. 1993–1994 годов

Давид Шраер-Петров и Максим Д. Шраер у входа в дом по адресу 27 Rue de Fleurus в Париже, где жили Гертруда Стайн и Элис Б. Токлас. Париж, май 1995

Слева направо: Давид Шраер-Петров; Эмилия Шраер; Рита Террас, поэт и профессор германистики в Коннектикут-колледже; профессор Брауновского университета, литературовед и переводчик Виктор Террас. Литтл-Комптон, штат Род-Айленд, конец августа 1995

Давид Шраер-Петров ловит рыбу в своем излюбленном месте на Тресковом мысе (Кейп-Коде). Покассет, лето 1996

Давид Шраер-Петров. Первый приезд в Россию после эмиграции, перед вечером в Центральном доме литераторов в Москве. На афише — Генрих Сапгир, который вел вечер, и Евгений Рейн, который не смог принять в нем участие. Москва, 27 января 1999 года

Давид Шраер-Петров и Генрих Сапгир в квартире Сапгиров на Новослободской улице в Москве. Январь 1999 года. (См. эссе Евгения Ермолина в этом сборнике.)

Давид Шраер-Петров и литературовед Самуил Лурье, который вел вечер Шраера-Петрова в Музее Анны Ахматовой в Фонтанном доме в Санкт-Петербурге. Январь 1999 года

Давид Шраер-Петров на могиле матери на Преображенском еврейском кладбище в Санкт-Петербурге. Январь 1999. На могильном камне Беллы Брейдо (1911–1960) высечены слова Шраера-Петрова: «...Ведь земля, где меня растила / По-славянски еврейская Мать, / Это дом наш родной — Россия, / А России вечно стоять!»
Фото: Максим Д. Шраер, 2019

Давид Шраер-Петров: Визуальная биография

Давид Шраер-Петров и Эмилия Шраер на крыльце дома по адресу 110 Overhill Road в Провиденсе, где они жили в 1990–2007 годах. Ок. 1998. Здесь были созданы многие американские произведения писателя, в том числе третья часть трилогии об отказниках, автобиографический роман «Странный Даня Раев» и множество рассказов и стихов.

Слева направо: поэт и прозаик Долорес Стюарт (Риччио; Dolores Stewart [Riccio]); ее муж, поэт и руководитель семинаров по мастерству поэзии и прозы Оттоне «Рикки» Риччио (Ottone «Ricky» Riccio), ветеран Тихоокеанской кампании Второй мировой войны; Эмилия Шраер; многолетние друзья Шраеров Чарльз и Нэтали Плоткин (Charles and Nathalie Plotkin), в чьем летнем доме на Кейп-Коде они гостили много раз в 1990–2000-е годы; американский поэт и переводчик Эдвин Хониг (Edwin Honig); Давид Шраер-Петров. Ок. 1995

Давид Шраер-Петров и теоретик феминизма, профессор Нью-Йоркского университета Кэтарин Р. Стимпсон (Catharine R. Stimpson), у которой учился Максим Д. Шраер. Свадьба Максима и Кэрен Элизабет Лассер, Провиденс, штат Род-Айленд, 26 августа 2000 года

Обложка романа-фантеллы Давида Шраера-Петрова «Замок в Тыстамаа» (Таллинн, 2001). Рисунок и оформление Юри Аррака

Давид Шраер-Петров и Максим Д. Шраер. Провиденс, штат Род-Айленд, май 2003 года. *Фото: Gary Gilbert*

Слева направо: Давид Шраер-Петров, его невестка Кэрен Элизабет Лассер, врач, исследователь, профессор медицины в Бостонском университете, и внучки Мира Изабелла и Татьяна Ребекка Шраер. Честнат-Хилл, штат Массачусетс, дом Максима и Кэрен в ближнем предместье Бостона, ок. поздней осени 2007 — зимы 2008 года

Давид Шраер-Петров: Визуальная биография | 415

Давид Шраер-Петров на фоне Золотой пагоды в Киото. Япония, март 2006. Несколько рассказов Шраера-Петрова, прежде всего «Любовь Акиры Ватанабе», связаны с Японией и японцами.

Иосиф Бегун, Давид Шраер-Петров, Эмилия Шраер после выступления Бегуна в Бостоне в апреле 2010 года.

Давид Шраер-Петров пишет электронное сообщение жене из кафе рядом с Бар-Иланским университетом. Рамат-Ган, Израиль, январь 2012. Шраер-Петров принял участие в выступлении еврейских писателей на международной конференции, организованной соредактором этого сборника профессором Романом Кацманом и его коллегой профессором Бером Котлерманом

Давид Шраер-Петров во время выступления в Иерусалимской русской библиотеке в январе 2012 года

Давид Шраер-Петров: Визуальная биография

Портрет Давида Шраера-Петрова, нарисованный русско-американским художником Анатолием Двериным. Карандаш, бумага, ок. 2014 года. Собрание Д. Шраера-Петрова и Э. Шраер

Слева направо: поэт Леонид Буланов, поэт и переводчик Павел Грушко, прозаик Филипп Исаак Берман, Давид Шраер-Петров. The Michael B. Kreps Memorial Readings in Russian Émigré Literature (Крепсовские чтения). Spring Festival of Russian Literature (Весенний фестиваль русской литературы). Бостонский Колледж, 6 апреля 2014 года

Давид Шраер-Петров и Эмилия Шраер на митинге в поддержку Израиля в центре Бостона, 7 августа 2014 года

Давид Шраер-Петров на совместном выступлении с Максимом Д. Шраером. Магазин «Books & Arts», Бруклайн, штат Массачусетс, весна 2016 года. Шраер-Петров представляет третье полное издание книги «Герберт и Нэлли», первых двух частей трилогии об отказниках.

Давид Шраер-Петров и его внучки Мира Изабелла Шраер и Татьяна Ребекка Шраер держат экземпляры только что изданного английского перевода романа «Доктор Левитин», первой части трилогии об отказниках. Саут-Чэттем, Кейп-Код, лето 2018 года

Афиша-программа симпозиума «Литература отказа» («Refusenik Literature»), который прошел в Бостонском Колледже в честь публикации английского перевода первой части трилогии об отказниках 16 апреля 2019 года.

«Лицом к лицу» («Eye to Eye», 2020), двойной портрет Давида Шраера-Петрова и Максима Д. Шраера руки художника Армандо Веве (Armando Veve). Рисунок был заказан журналом «Tablet Magazine» для эссе Максима Д. Шраера о Давиде Шраере-Петрове, опубликованном 28 января 2020. URL: https://www.tabletmag.com/sections/arts-letters/articles/maxim-shrayer-david-shrayer (дата обращения: 18.04.2021). Собрание М. Шраера и К. Лассер

Давид Шраер-Петров и Эмилия Шраер во время карантина, вызванного пандемией COVID-19. Квартира Шраеров в Бруклайне, штат Массачусетс, 7 апреля 2020 года

Давид Шраер-Петров держит в руках экземпляр журнала «*Stone Soup*» за июль-август 2020 года, в котором целиком опубликована книга стихов его младшей внучки Татьяны Ребекки Шраер (Tatiana Rebecca Shrayer). Рукопись книги заняла второе место на конкурсе 2019 года и была позднее опубликована отдельным изданием. Бруклайн, штат Массачусетс, июль 2020 года

Давид Шраер-Петров: Визуальная биография*

Давид Шраер-Петров держит в руках сигнальный экземпляр изданной в Москве в издательстве «Три квадрата» трагикомедии в стихах «Вакцина. Эд Теннер». Дом Максима Д. Шраера и Кэрен Э. Лассер, 31 декабря 2020 года, Честнат-Хилл, шт. Массачусетс

Давид Шраер-Петров (David Shrayer-Petrov): Библиография*

Составитель Максим Д. Шраер

Часть 1. Книги

1a. Романы и рассказы на русском языке

В отказе: Роман // В отказе. Сборник / ред. В. Лазарис. С. 149–242. Иерусалим: Библиотека-Алия, 1986. [Сокращенный вариант первой части трилогии об отказниках Шраера-Петрова; см. также по-русски: *Герберт и Нэлли*; и по-английски: *Doctor Levitin*.]

Герберт и Нэлли: Роман. М.: ГМП Полиформ, 1992. [Части первая и вторая трилогии об отказниках Шраера-Петрова; см. также по-русски: *В отказе*; *Третья жизнь* и по-английски: *Doctor Levitin*.]

---

* Это рабочий вариант библиографии, в котором остаются лакуны. В каждом разделе публикации перечислены в хронологическом порядке. В настоящей форме эта библиография не отражает публикаций в самиздате, а также не включает всех переводов, опубликованных Д. Шраером-Петровым, всех переводов произведений Шраера-Петрова на иностранные языки, текстов песен и работ для сцены, всех интервью с писателем, публикаций и репринтов на интернет-порталах, а также репринтов постсоветского времени.

Кроме тех научных публикаций, на которые ссылаются авторы статей в этом сборнике, библиография не включает публикаций Шраера-Петрова в медицинских и биологических журналах и сборниках. В тех случаях, когда публикация одновременно выходила в печатном и электронном варианте, ссылка оставлена только на печатное издание.

В советское время Давид Шраер-Петров публиковался под своими именем и фамилией по паспорту (Давид Шраер) и под псевдонимом (Давид Петров). С 1987 года публикуется как Давид Шраер-Петров.

В составлении библиографии принимала участие Дарья Садовниченко.

Составитель благодарит Давида Шраера-Петрова за ценную информацию и доступ к архиву.

Французский коттедж: Роман / ред. Максим Д. Шраер. Провиденс, Род-Айленд: APKA Publishers, 1999.

Замок в Тыстамаа: Роман. Таллинн: Александра, 2001.

Эти странные русские евреи: Романы. М.: Радуга, 2004. [Содержание: «Странный Даня Раев»; «Савелий Ронкин».]

Герберт и Нэлли: Роман. СПб.: Академический проект, 2006. [Части первая и вторая трилогии об отказниках Шраера-Петрова; см. также по-русски: *В отказе*; *Третья жизнь* и по-английски: *Doctor Levitin*.]

Карп для фаршированной рыбы: Рассказы. М.: Радуга, 2010. [Содержание: «За оградой зоопарка»; «В камышах»; «Ураган по имени Боб»; «Цукерман и его дети»; «Рыжуха»; «Расчленители»; «Осень в Ялте»; «Молодые евреи и гимназистки»; «Мимозы на могилу бабушки»; «Мимикрия»; «Карп для фаршированной рыбы»; «Яблочный уксус»; «Иона и Сарра»; «Смерть игуаны»; «Хенде хох!»; «Где ты, Зоя?»; «Старый писатель Форман»; «Давид и Голиаф»; «Любовь Акиры Ватанабе»; «Альфредик»; «Белые овцы на зеленом склоне горы»; «Журналист из "Вечерки"»; «Кругосветное счастье»; «Ущелье Геенны».]

Третья жизнь: Роман. Луганск: Шико, 2010. [Ранний вариант третьей части трилогии об отказниках Шраера-Петрова; см. также по-русски: *Герберт и Нэлли*; и по-английски: *Doctor Levitin*.]

История моей возлюбленной, или Винтовая лестница: Роман. М.: Вест-Консалтинг, 2013.

Герберт и Нэлли: роман. М.: Книжники, 2014. [Части первая и вторая трилогии об отказниках Шраера-Петрова; см. также по-русски: *В отказе*; *Третья жизнь* и по-английски: *Doctor Levitin*.]

Кругосветное счастье: Избранные рассказы / ред. Д. Шраер-Петров и М. Д. Шраер. М.: Книжники, 2016. [Содержание: «Белые овцы на зеленом склоне горы»; «Давид и Голиаф»; «Дом Эдгара По»; «Герман и Лизанька»; «Карп для фаршированной рыбы»; «Кругосветное счастье»; «Лгунья Ивановна в Париже»; «Мимозы на могилу бабушки»; «Обед с вождем»; «Осень в Ялте»; «Трубецкой, Раевский, Маша Малевич и смерть Маяковского»; «Цукерман и его дети»; «Ущелье Геенны»; «В камышах»; «Велогонки»; «Философ, гетера и мальчик».]

Искупление Юдина: Роман-фантелла. Послесловие автора / ред. М. Д. Шраер. М., 2021 (готовится к печати).

1б. Романы и рассказы в переводе на английский язык

Jonah and Sarah: Jewish Stories of Russia and America / ed. and with an afterword by Maxim D. Shrayer; transl. by T. Epstein, M. Fine, D. Riccio,

M. D. Shrayer, D. Senechal, M. Tadevosyan Ordukhanyan. Library of Modern Jewish Literature. Syracuse: Syracuse University Press, 2003 (hardcover); 2016 (ebook). [Contents: «Preface: To Be Ripped Away»; «Apple Cider Vinegar»; «Rusty»; «The Lanskoy Road»; «Young Jews and Two Gymnasium Girls»; «He, She and the Others»; «Jonah and Sarah»; «In the Reeds»; «Tsukerman and His Children»; «Dismemberers»; «David and Goliath»; «Hurricane Bob»; «Hände Hoch!»; «Old Writer Foreman».]

Autumn in Yalta: A Novel and Three Stories / ed. and with an afterword by Maxim D. Shrayer; transl. by A. B. Bronstein, A. Fleszar, M. Tadevosyan Ordukhanyan, E. Shrayer, M. D. Shrayer. Library of Modern Jewish Literature. Syracuse: Syracuse University Press, 2006 (hardcover); 2012 (ebook). [Contents: «Strange Danya Rayev»; «Autumn in Yalta»; «The Love of Akira Watanabe»; «Carp for the Gefilte Fish».]

Dinner with Stalin and Other Stories / ed. by Maxim D. Shrayer; transl. by A. B. Bronstein, A. Fleszar, M. Godwin-Jones, L. Kogan, M. Tadevosyan Ordukhanyan, E. Shrayer, M. D. Shrayer. Library of Modern Jewish Literature. Syracuse: Syracuse University Press, 2014 (hardcover; ebook). [Contents: «Behind the Zoo Fence»; «A Russian Liar in Paris»; «White Sheep on a Green Mountain Slope»; «Round-the-Globe Happiness»; «A Storefront of Memories»; «Mimicry»; «Where Are You, Zoya?»; «Alfredick»; «Dinner with Stalin»; «The Valley of Hinom»; «Momosa Flowers for Grandmother's Grave»; «The House of Edgar Allan Poe»; «Trubetskoy, Raevsky, Masha Malevich, and the Death of Mayakovsky»; «The Bicycle Race».]

Doctor Levitin: A Novel / ed. and with notes by Maxim D. Shrayer; transl. by A. B. Bronstein, A. I. Fleszar, M. D. Shrayer. Detroit: Wayne State University Press, 2018 (hardcover; paperback; ebook). [Части первая и вторая трилогии об отказниках Шраера-Петрова; см. также по-русски: *Герберт и Нэлли*; *Третья жизнь*.]

1в. Мемуаристика

Друзья и тени: роман с участием автора [часть глав опубликована в кн. «Водка с пирожными»]. Нью-Йорк: Liberty, 1989.

Москва златоглавая [часть глав опубликована в кн. «Водка с пирожными»]. Балтимор: Vestnik Information Agency, 1994.

Водка с пирожными: роман с писателями / ред. М. Д. Шраер. СПб.: Академический проект, 2007. [Содержание: Часть первая. *В дельте Невы*: «Ланское шоссе. Фантазия о Пушкине»; «Эмигрант. Александр Вертинский»; «Не хлебом единым. Владимир Дудинцев»; «Романтический конструктивист. Илья Авербах»; «Истопник Требников. Фантазия о Хлебникове»; «Валун в Репино. Дмитрий Бобышев»; «Серебряные усики. Сергей Вольф»; «Белая стая над Финским заливом. Анна Ахматова»; «Кузнечик в башне Вавилона. Александр Кушнер»; «Счетовод из ГУЛАГа. Зелик Штейнман»; «Лысая муза. Всеволод Азаров»; «Комик Аркадий. Фантазия об Аркадии Райкине»; «Сломанный каблучок. Алексей Баталов»; «Ленинградские остзейцы. Николай Браун. Вадим Шефнер»; «Последний из компании классиков. Всеволод Рождественский»; «Водка с пирожными. Михаил Дудин»; «Маленький Мандельштам. Анатолий Найман»; «Наэлектризованный кот. Анатолий Мариенгоф»; «Яхта на привязи. Борис Вахтин»; «Альманах переводчиков. Ефим Эткинд»; «Отшельница из Царского Села. Татьяна Гнедич»; «Иосиф Барбаросса. Иосиф Бродский». Часть вторая. *Москворечье*: «Тигр снегов. Генрих Сапгир»; «Гусар с гитарой. Булат Окуджава»; «Иерусалимский казак. Борис Слуцкий»; «Ночной звонок. Евгений Евтушенко»; «Терзень-верзень-переверзень. Виктор Боков»; «Караимские пирожки. Илья Сельвинский»; «Тезка. Давид Самойлов»; «Витражных дел мастер. Андрей Вознесенский»; «Родившийся солдатом. Константин Симонов»; «В лодке Харона. Антакольский, Озеров, Ахмадулина, Гинзбург, Липкин, Межиров, Мартынов, Л. Смирнов, Искандер, Тарковский, Шерешевский, Левитанский, Мориц, Цыбин, Шостакович»; «Броневик авангарда. Виктор Шкловский»; «Серп и молот. Игорь Шкляревский и Станислав Куняев»; «Ведро на рояле. Евгений Рейн».]

Охота на рыжего дьявола: Роман с микробиологами / ред. и послесловие М. Д. Шраер. М.: Аграф, 2010.

1г. Литературная критика и литературоведение
Поэзия и наука: заметки и размышления. М.: Знание, 1974.

Поэзия о трудовом героизме. М.: Знание, 1977.

Генрих Сапгир: Классик авангарда. Соавтор: М. Д. Шраер. СПб.: Дмитрий Буланин, 2004.

Генрих Сапгир: Классик авангарда. Соавтор: М. Д. Шраер. Изд. 2-е. СПб.: Библиороссика, 2016.

Генрих Сапгир: Классик авангарда. Соавтор: М. Д. Шраер. Изд. 3-е, испр. Екатеринбург: Ридеро, 2017 (мягк. обл.; электр. изд.).

1д. Поэзия
Холсты / Предисловие: Лев Озеров // Перекличка. М.: Молодая гвардия, 1967. С. 116–160.

Песня о голубом слоне: Любовная лирика. Холиок: New England Publishing Company, 1990.

Вилла Боргезе: Стихотворения. Холиок: New England Publishing Company, 1992.

Пропащая душа: Стихотворения и поэмы, 1987–1996 / ред. М. Д. Шраер. Провиденс, Род-Айленд: APKA Publishers, 1997.

Питерский дож: Стихотворения и поэма, 1995–1998. СПб.: Издательство Фонда русской поэзии; Петрополь, 1999.

Барабаны судьбы. М.: Арго-риск; Тверь: Колонна, 2002.

Форма любви: Избранная лирика. М.: Издательский дом «Юность», 2003.

Две книги: Стихи. Филадельфия: Побережье, 2009.

Линии — фигуры — тела: Книга стихотворений. СПб.: Библиотека Aesthetoscope, 2010.

Невские стихи / ред.: М. Д. Шраер. СПб.: Островитянин, 2011.

Деревенский оркестр: Шесть поэм / ред.: М. Д. Шраер. СПб.: Островитянин, 2016.

1е. Драматургия
Вакцина. Эд Теннер: Трагикомедия в двух действиях и шести картинах / ред. М. Д. Шраер. М.: Три квадрата, 2021.

1ж. Под редакцией
Генрих Сапгир. Стихотворения и поэмы / сост., предисловие и примечания М. Д. Шраера и Д. Шраера-Петрова. Новая библиотека поэта. СПб.: Академический проект, 2004.

1з. Научная монография
[David Shrayer]. *Staphylococcal Disease in the Soviet Union. Epidemiology and Response to a National Epidemic.* Bethesda, MD: Delphica Associates, 1989.

Часть 2. Публикации в периодике, антологиях, сборниках, на интернет-порталах и т. д.

2а. Романы, опубликованные в периодике, но не в книжной форме
Модель жизни: Роман // Мосты. 2009. № 23. С. 97–139; № 24. С. 147–175; № 25. С. 130–157.

Игра в бутылочку: Роман // Слово/Word. 2018. № 97. С. 127–148; 2020. № 107–108. С. 6–14; № 109. С. 95–101. Ч. 4 готовится к печати.

2б. Большая и малая проза (в том числе романы, позднее опубликованные в книжной форме)

«В камышах»; «Рыжуха»; «Давид и Голиаф» // Время и мы. 1987. № 98. С. 5–35.

«Японская картинка: Фантелла» // Черновик. 1989. № 2. С. 15–23.

«Булочка и Баржа: Фантелла» // Черновик. 1990. № 4. С. 144–157.

«Он, Она, Другая, Другой и Подруга» // Вестник. 1992 (24 марта). № 3. С. 33–37.

«Расчленители» // Вестник. 1992. Вып. 4, № 4. (25 авг.). С. 45–48.

«Иона и Сарра» // Черновик. 1992. № 7. С. 99–105.

«Молодые евреи и гимназистки» // Вестник. 1992. Вып. 13, № 4. (29 дек.). С. 37–39.

«Осень в Ялте» // Побережье. 1994. № 3. С. 235–259.

Иона-странник: Роман-фантелла [ранняя версия романа «Замок в Тыстамаа»] // Химия и жизнь. 1994. № 1. С. 97–105; № 2. С. 92–100; № 3. С. 97–103.

«Ланское шоссе» // Панорама [Лос-Анджелес]. 1994 (2–8 февр.).

«Медлительная, как Гудзон: Фантелла» // Побережье. 1995. № 4. С. 140–155.

«Яблочный уксус» // Марина. 1995. № 2. С. 10–14.

«Ураган по имени Боб» // Побережье. 1996. № 6. С. 24–38.

«Где ты, Зоя?» // Еврейский мир. 1996. 11 окт.

«Яблочный уксус» // Новое русское слово. 1996. 9–10 нояб.

«Отторжение» // Еврейский мир. 1996. 8 нояб.

«Осень в Ялте» // Нева. 1997. № 2. С. 7–23.

«Мимозы на могилу бабушки» // Еврейский мир. 1997. 21 марта.

«Цукерман и его дети» // Еврейский мир. 1997. 24 марта.

«Отторжение» // Побережье. 1997. № 6. С. 146–150.

«За оградой зоопарка» // Панорама [Лос-Анджелес]. 1997. 18–24 июня; 25 июня — 1 июля.

«Фонтан жизни» // Еврейский мир. 1997. 12 дек.

«Карп для фаршированной рыбы» // Интересная газета. 1998 (июль). № 27/180; 1998. № 28/181; № 29/182.

«За оградой зоопарка» // Побережье. 1998. № 7. С. 86–96.

«Старый писатель Форман» // Интересная газета. 1998. 24–30 янв.

«Старый писатель Форман» // Нева. 1998. № 12. С. 14–21.
«Мимикрия» // Интересная газета. 1998. 11–17 апр.
«Искусство — это политика чувств» (Из романа «Французский коттедж») // Альманах русских писателей. 1999. С. 299.
«Ланское шоссе» // Литературный Род-Айленд. 1999. № 1. С. 25–27.
«Скандал в Доме журналистов» // Еврейский мир. 1999. 16 дек.
Замок в Тыстымаа: Роман-фантелла // Tallinn. 1999. № 13. С. 48–77; № 14. С. 10–55.
«Компаньоны» // Еврейский мир. 1999. 5 авг.
«Рыжуха» // Форвертс. 1999. 27 авг. — 2 сент.
«Иона и Сарра» // Форвертс. 1999. 15–21 окт.
«Любовь Акиры Ватанабе» // Форвертс. 2000. 14–20 апр.
«Старый писатель Форман» // Форвертс. 2000. 22–28 сент.
«Мимикрия» // Форвертс. 2000. 2–8 июня.
«Хенде Хох!» [«Hände Hoch»] // Форвертс. 2000. 14–20 янв.
«Hände Hoch» // Побережье. 2000. № 9. С. 69–74.
«Фонтан жизни»; «Hände Hoch!»; «Любовь Акиры Ватанабе» // Наша улица. 2000. № 9. С. 82–101.
«Любовь Акиро [sic] Ватанабе» // Нева. 2000. № 12. С. 158–163.
«За оградой зоопарка» // Мир Паустовского. 2002. № 19. С. 95–100.
«Голос гор» // Форвертс. 2002. 24–30 мая.
«Смерть игуаны» // Побережье. 2002. № 11. С. 25–30.
«Hände Hoch!» // Еврейская жизнь. 2002. 16 янв.
«За оградой зоопарка» // Русская литература / *Lettres russes*. 2002. № 30. С. 55–61.
«Странный Даня Раев» [отрывок из романа «Странный Даня Раев»] // Лехаим. 2003 (июнь). № 6. С. 77–79.
«Мимозы на могилу бабушки»; «Голос гор» // Русская улица [Нью-Йорк]. 2003. № 4. С. 58–73.
«Смерть игуаны» // Космополит [Бостон] 2003 (нояб.-дек.). № 44. С. 20–25.
«Где ты, Зоя?» [сокращенный вариант] // Космополит [Boston]. 2003 (май-июнь). № 41. С. 33–36.
«Белые овцы на зеленом склоне горы» // Лехаим. 2004 (янв.). № 1. С. 76–78.
Савелий Ронкин: Роман // Крещатик. 2004. № 1 (23). С. 122–204; № 2 (24). С. 50–141.
«Ущелье Геенны» // Лехаим. 2004. № 8 (авг.). С. 66–71.

«Альфредик» // Путь домой. 2004. № 19. С. 27–31.
«Журналист из "Вечерки"» // Побережье. 2004. № 13. С. 129–132.
«Искупление Юдина: Исторический роман-фантелла» // Мосты. 2005. № 5. С. 5–61; № 6. С. 21–116; № 7. С. 11–88.
«Кругосветное счастье» // Побережье. 2005. № 14. № 33–36.
«Сочи» // Еврейский мир. 2005. 24–30 нояб.; 1 дек.
«Hände Hoch!» // Вестник Род-Айленда. 2006. № 5. С. 9–11; № 6. С. 9–11.
«За оградой зоопарка» // Вестник Род-Айленда. 2006. № 5. С. 18–21; № 6. С. 16–19.
«Сочи» // Лидер. Литературное приложение [Бостон] 2006 (весна). С. 5–8.
«Велогонки» // Новый берег [Копенганен]. 2007 (март). № 15. С. 18–23.
«Мимозы на могилу бабушки» // Еврейский мир. 2008. 10 июля.
«Трубецкой, Раевский, Маша Малевич и смерть Маяковского» // Побережье. 2008. № 17. С. 91–96.
«Обед с вождем» // Вестник Род-Айленда. 2009. № 1 (янв.). С. 10–11; 2009. № 2 (февр.). С. 10–13.
«Обед с вождем» // Реклама и жизнь [Филадельфия]. 2009. 18 марта. № 11.
«Обед с вождем» // Мы здесь. 2008. № 181. URL: http://s537668583.onlinehome.us/index.php?go=Pages&in=view&id=715 (дата обращения: 24.04.2021).
«Обед с вождем» // Кругозор. 2008. № 11 (ноябрь). С. 16 [начало, полный текст в онлайн-издании].
«Лгунья Ивановна в Париже» // Еврейский мир. 2009. 12 мая.
«Обед с вождем» // Побережье. 2009. № 18. С. 6–9.
«Альфредик» // Слово/Word. 2009. № 64. С. 79–87.
«Кругосветное счастье» // На побережье. Рассказы писателей русского зарубежья / под ред. И. Михалевича-Каплан. Бостон: M-Graphics, 2009. С. 334–347.
«Обед с вождем» // Aesthetoscope [СПб.]. 2010. С. 42–57.
«Беженцев привозят в Рим» [отрывок из романа «Третья жизнь»] // Независимая газета *Ex Libris*, 2010. 11 февр.
«Лгунья Ивановна в Париже» // *Слово/Word*. 2010. № 68. С. 93–99.
«Особняк над стадионом» // Побережье. 2011. № 20 С. 81–84.
«Была глубокая московская осень». Из романа «Третья жизнь» [отрывок из романа «Третья жизнь»] // Еврейский мир. 2011. 25 янв.
«Ранчо "Мираж"» // Еврейский мир. 2011. 20 окт.

«Любовь Акиры Ватанабе» // Слово/Word. 2011. № 70. С. 144–148.
«Дом Эдгара По» [отрывок] // Aesthetoscope. 2011. *Проза*. С. 47–52.
«Путешествие с Лонни» // Параллели: Русско-еврейский историко-литературный и библиографический альманах. 2012. № 12. С. 258–268.
«Исаак и Бэлла» // Еврейский мир. 2012. 2–9 авг.
«Еврейский камень» // Еврейский мир. 2012. 4–11 окт.; 11–18 окт.
«Дом Эдгара По» // Млечный путь. 2012. № 2. URL: http://milkyway2.com/shraer.html (дата обращения: 22.04.2021).
«Волшебная витрина» // Слово/Word. 2012. № 73. С. 160–166.
«История моей возлюбленной, или Винтовая лестница». Роман // Крещатик. 2012. № 2. С. 85–151; № 3. С. 10–83; № 4. С. 11–85.
«Ловля рыбы на покассетском молу» // Еврейский мир. 2013. 15–22 авг.
«Как отказники выиграли выездные визы». Рассказ-фантелла // Окна. Еженедельное приложение к газете «Вести». 2013. 24 сент.
«Как отказники выиграли выездные визы». Юмористический рассказ // Еврейский мир. 2013. 16 окт.
«Кимоно» // Слово/Word. 2014. № 74. С. 148–157.
«Обед с вождем» // Лехаим. 2016. № 3. С. 123–127.
«Модель жизни» [отрывок из романа «Модель жизни»] // Сто лет русской зарубежной прозы. Антология / под ред. Г. Киприсчи; сост. В. Батшев. Т. 4: Третья волна эмиграции. Франкфурт: Литературный европеец, 2020. С. 734–750.
«Зоопарк искусственных зверей». Подготовка текста: Максим Д. Шраер // Времена [Нью-Йорк]. 2021. № 4 (готовится к печати).

2в. Мемуаристика, публицистика, эссе

«Изменчивость возбудителя холеры» // Природа. 1971. № 6. С. 43–50.
«Антибиотики прежде и теперь» // Здоровье 1973. № 8. С. 4–5.
«Ловушка для стафилококка» // Знание — сила. 1977. № 10. С. 62–64.
«Испытание метода». Очерк // Северный Байкал. 1977. 16 апр.
«Гусар с гитарой» // Время и мы. 1989. № 105. С. 61–80.
«Караимские пирожки» (Сельвинский) // The New Review / Новый журнал. 1991. № 183. С. 107–118.
«Иерусалимский казак. Борис Слуцкий» // The New Review / Новый журнал. 1991. № 184–185. С. 316–323.
«Витражных дел мастер (Вознесенский)» // The New Review / Новый журнал. 1992 (март). № 186. С. 145–157.
«Родившийся солдатом. Константин Симонов» // Вестник. 1993. № 24 (30 нояб.). С. 37–42; 1993. 14 дек. № 25. С. 33–35.

«Памяти Ю. Д. Кашкарова» // The New Review / Новый журнал. 1994. № 195. С. 7–10.

«Прощание с Бродским» // Альманах Клуба русских писателей. 1997. С. 29–30.

«Возбуждение снов. Воспоминания о Генрихе Сапгире» // Tallinn. 2001. № 21–22. С. 3–36.

«Кукла Анечка» (Встречи с Анной Ахматовой) // Побережье. 2003. № 12. С. 241–243.

«Кукла Анечка» // Панорама. 2003. 21–27 мая.

«From Russia, with Love of Literature» with Maxim D. Shrayer // The Providence Journal. 2004. April 21.

«Иерусалимский казак» [сокращенный вариант] // Борис Слуцкий: Воспоминания современников / под ред. П. Горелика. СПб.: Журнал «Нева», 2005. С. 456–460.

«Иосиф Барбаросса» // Лехаим. 2006. № 1. С. 38–41.

«Бродский в Нью-Йорке» // Независимая газета Ex Libris. 2006. 2 февр.

«Бродский в Питере и Нью-Йорке» // Панорама. 2006. 8–14 марта.

«Стафилококк против меланомы» [отрывок из романа «Охота на рыжего дьявола»] // Химия и жизнь. 2008. № 10. С. 23–27.

«Охота на рыжего дьявола» [отрывок из романа «Охота на рыжего дьявола»] // Наука и жизнь. 2009. № 5. С. 98–105.

«Вагонетка в Лесотехническом парке» // Независимая газета Ex Libris. 2016. 28 янв.

2г. Литературная критика, литературоведение и рецензии

«Опрокинутая обыденность» // Московский комсомолец. 1966. 29 июля.

«Классическое народное» // Черноморская здравница. 1973. 16 сент.

«Люди играют словами» // Панорама. 1993. 21–27 июля.

«В поисках пятого измерения» // Новое русское слово. 1993. 31 апр.

«Защита Штейна» // Новое русское слово. 1993. 6–7 нояб.

«Поэзия русских американцев» // Новое русское слово. 1993. 5 марта.

«Ноев ковчег профессора Смита» // Панорама. 1993. 22–28 сент.

«Белой ночью на белом коне» // Новое русское слово. 1994. 10 авг.

«Плевать на золото (молодой Лев Халиф)» // Панорама. 1994. 5–11 янв.

«Воздушных слов окаянство» // Панорама. 1994. 16–22 марта.

«Поэт натуры и коллекционер зауми» // Панорама. 1994. 20–26 апр.

«Писатель, который всегда с тобой» // Панорама. 1994. 27 авг. — 2 сент.

«Искусство как излом» // The New Review / Новый журнал. (1994 [1995]). № 196. С. 245–256.

«О поэзии Ильи Авербаха» // Побережье. 1995. № 4. С. 207–208.

«Брак с психопатом, или Развод по-эмигрантски» // Панорама. 1996. 14–20 дек.

«О пользе и бесполезности русского Пен-Клуба» // Новое русское слово. 1996. 4 окт.

«Открытое письмо г-же Наталье Солженицыной» // Еврейский мир. 1997. 21 нояб.

«Эмиграции нужны свои поэты-песенники» [рецензия на книгу Бориса Ветрова «Любви волшебные напевы»] // Панорама. 1997. 19–25 марта.

«Трагическое на фоне комического» // Еврейский мир. 1997. 14 февр.

«Премию им. Булата Окуджавы — на берега Гудзона!» // Новое русское слово. 1998. 15 мая.

«Просыпаюсь: здрасьте, нет советской власти» // Панорама. 1998. 23–29 сент.

«И с неба смотрит желтая звезда…» [рецензия на книгу Александра Алейника «Апология»] // Еврейский мир. 1998. 25 июня.

«И с неба смотрит желтая звезда…» [рецензия на книгу Александра Алейника «Апология»] // Побережье. 1998. № 7. С. 218–220.

«Что же нам делать с русской литературой?» // Интересная газета. 1998. 7–13 февр.

«…И ничего, что этот стих — печальный…» // Панорама. 1998. 5–11 авг.

«Памяти Генриха Сапгира» // Новое русское слово. 1999. 16–17 окт.

«Памяти Генриха Сапгира» // Форвертс. 1999. 22 окт.

«Красно-коричневая чума» // Панорама. 1999. 7–13 июля.

«Огурец на вырез» // Панорама. 1999. 10–16 марта.

«Мемуары узниц ГУЛАГа» // Панорама. 2000. 29 нояб. — 4 дек.

«Антология, изданная "на арапа"» // Новое русское слово. 2000. 5 мая.

«Отцы, дети и альманах "Метрополь"» // Панорама. 2000. 27 сент. — 3 окт.

«Анна Андреевна, Лев Николаевич…» // Побережье. 2000. № 9. С. 242–243.

«Эвридика становится Эвридеем и влюбляется в Орфику» [рецензия на книгу Полины Барсковой «Эвридей и Орфика»] // Побережье. 2001. № 10. С. 208–209.

«Стихи-письма русских поэтов к женщинам» // Побережье. 2002. № 11. С. 206–209.

«Я вас любил...» Стихи русских поэтов, обращенные к женщинам // Панорама. 2003. 5–11 марта.

«Генрих Сапгир (1928–1999). Краткий обзор жизни и творчества». В соавторстве с М. Д. Шраером // Wiener Slawistischer Almanach. 2004. № 53. S. 199–258.

«Наследник импрессионистов. К публикации альбома Анатолия Дверина» // Панорама. 2006. 29 нояб. — 5 дек.

2д. Поэзия

«Февральская весна» // Пульс [Первый ленинградский медицинский институт им. академика И. П. Павлова]. 1957. 19 марта.

«Итальянские комсомольцы в пионерском лагере» // Пионер. 1959. № 5. С. 30.

«Стихи о верности» // Молодой Ленинград. 1961. С. 122.

«Танкисты в колхозе» // Неман. 1961. (нояб.-дек.) № 6. С. 10.

«Итальянские комсомольцы в пионерском лагере» // «И снова зовет вдохновение». Сборник стихов. Л.: Лениздат, 1962. С. 79–80.

«На сенокос» // Неман. 1962. № 5. С. 109.

«С. Н. Коненкову» // Молодой Ленинград. 1962. С. 158.

«Сосны»; «Осень» // Дружба. Литературно-художественный альманах. 1962. № 8. С. 99.

«Покорителю высот» // Огонек. 1962. 19 авг. № 34 (1835). С. 4.

«Рождение жеребенка на полигоне» // День поэзии. 1966. С. 147.

«Не приходи во снах и наяву...» // Песнь любви. Лирика русских поэтов / под ред. С. Магидсон, Л. Озерова. М.: Молодая гвардия, 1967. С. 602.

«Море»; «Материнское сердце» / предисл. Л. Озерова // Московский комсомолец. 1967. 11 янв.

«Дозвонись в мои леса!»; «Танец стройбатовцев» // День поэзии. 1970. С. 161.

«Сыроежки» // Веселые картинки. 1970. № 10. С. 5.

«Микос Теодоракис в Крыму. Август 1970» // Московский комсомолец. 1970. 20 нояб.

«Б. Пирогову — фронтовику, поэту, рыбаку» // Комсомольская правда. 1971. 8 янв.

«Не приходи во снах и наяву...» // Песнь любви. Лирика русских поэтов XIX–XX вв. / под ред. С. Магидсон, Л. Озерова. Изд. 2-е. Т. 1. М.: Молодая гвардия, 1971. С. 701.

«В карантине» // День поэзии. 1972. С. 115.

«Тревога» // Медицинская газета. 1973. 23 февр.

«Бильярд в Михайловском»; «Стихи о сверчке» // Памир. 1974. № 6. С. 52.

«Горы и палатки»; «Красная площадь»; «Дневная соль» // Труд. 1975. 12 окт.

«Бамский бог» // Магистраль. Сборник стихотворений / под ред. В. Павлинова. М.: Молодая гвардия, 1977. С. 96.

«Все тобою, тобою...»; «Зеленые голоса в Паланге»; «Какие у тебя глаза?»; «Литовский соловей»; «Над Неманом» // Комсомольская правда [Вильнюс]. 1978. 2 июня.

«И куда я ни гляну...» [текст песни] // Товарищ песня. Т. 15 / под ред. В. Семернина. М.: Советский композитор, 1980. С. 33–34.

«На острове Кихну» // Таллин [sic]. 1980. № 4. С. 84–85.

«Монолог Лота» // 22 [Двадцать два]. 1987 (июнь-июль). № 54. С. 72–73.

«Осенние стихи»; «Последняя музыка»; «Больничный сад»; «Летняя ночь»; «Откровенный разговор на Брайтон Биче»; «Ярд-Сейл» // Новое русское слово. 1990 (дек.). С. 24–30.

Из цикла «Путешествия»: «Вишенье; «Гадание при лучине»; «Моисей: статуя Эрьзи в Саранске»; «Собачьи свадьбы в Тынде»; «Ночью в Сочи»; «Пушкинский праздник на БАМе в 1979 году» // Черновик. 1990. № 3. С. 66–67.

Кузнечик: Поэма // Черновик. 1991. № 5. С. 32–25.

Из книги «Пропащая душа»: «В черной шали по Владимирскому»; «Мы танцевали танго в клубе»; «Над Борисовым ночь, над Россией зима»; «Кто там бродит вкруг квартала?»; «Бандероль со стихами» // Новое русское слово. 1991. 7 дек.

«Девочка-мальчик»; «Уроки фехтования»; *Вилла Боргезе*; «Откровенный разговор на Брайтон Биче»; «Лесная сказка» // Вестник. 1992. 30 июня. Вып. 3, № 13. С. 26–27.

«Твои голубые слезы»; «Я устал, я сошел с дистанции»; «В пыльном скверике возле вокзала...»; «Домик Чехова в Гурзуфе»; «В метро»; «Гармонические стихи» // Встречи. 1992. № 16. С. 101–103.

Стена плача: Поэма // Черновик. 1992. № 6. С. 72–74.

«Надгробие Пушкина»; «Варьете в Таллине» [sic]; «Уроки фехтования» // Альманах Клуба русских писателей. 1991. С. 95–96.

Вилла Боргезе // Побережье. 1992. № 1. С. 54–55.

«Эпидрама. Казанские сироты» // Альманах Клуба русских писателей. 1993. С. 105.

«Старый врач»; «Игры на тротуаре перед бродвейским театром»; «Прощальная поэма»; «Гармонические стихи»; «Композиция на Old Silver Beach»; «Воспоминание»; «Коробка из-под папирос» // Черновик. 1993. № 8. С. 125–127.

Летающие тарелки: Поэма // Побережье. 1993. № 2. С. 98–104.

«Блюз январского снегопада на бульваре черного камня»; «Блюз черной реки в Провиденсе»; «Идиопатический блюз»; «Блюз желтой реки в Нью-Орлеане»; «Блюз еврейского музыканта в церкви Гарлема» // Черновик. 1993. № 9. С. 70–74.

Бегун: Поэма // Клуб поэтов [Нью-Йорк]. Альманах. 1994. С. 23–26.

«Белый город»; «Дорогая моя, дорогая»; «В роще пальмовой...»; «Отболела душа» // Встречи. 1995. № 19. С. 108–110.

Желтая звезда: Поэма // Побережье. 1996. № 5. С. 352–354.

«Каждое утро я просыпаюсь поэтом» // Клуб поэтов [Нью-Йорк]. Альманах. 1996. С. 21–24.

«Ты говорила: я тебя люблю...»; «Мираж»; «Набережная реки в Провиденсе»; «Осенний сад»; «Сломанная стена»; «Поездом Amtrak из Провиденса в Нью-Йорк» // *The New Review* / Новый журнал. 1996. № 203–204. С. 46–49.

«Зимняя песня»; «Пейзаж без героя»; «Об одном рассказе»; «На пределе» // Встречи. 1996. № 20. С. 142–144.

«Анна Ахматова в Комарово»; «Жена флотского врача»; «Петропавловская крепость»; «Надгробие Пушкина»; «Возвращение эвенков с охоты»; «Осень в Новой Англии»; «Последняя музыка»; «Поэт и народ» // Интересная газета. 1996 (окт.). № 93. С. 6.

«Новые стихи»: «Мираж»; «Приятелю-пессимисту»; «Опасная ясность»; «Если пересчитать» // Новое русское слово. 1996. 2 янв.

«Перед синагогой в праздник Симхат-Тора»; «Цыганский табор в Озерках»; *Вилла Боргезе* // Свет двуединый. Евреи и Россия в современной поэзии / сост. М. Грозовский; под ред. Е. Витковского. М.: Х. Г. С., 1996. С. 442–445.

«В Ленинграде после блокады»; «Потомок декабриста» // Самиздат века / под ред. А. Стреляного, Г. Сапгира и др. М.: Полифакт, 1997. С. 468.

«Не говори, мой друг, что ты ее любил» // Побережье. 1997. № 6. С. 339.

Желтая звезда: Поэма // Бостонская независимая газета. 1997. 8 февр.

«Моя славянская душа в еврейской упаковке...»: «Больничный сад»; «Стихи из романа "Иона-Странник"»; «Последняя музыка»; «Поэт и народ»; «Осень в Новой Англии»; «Словарь Даля»; «Мой город»; «Прощальная поэма»; «Отчужденность»; «Армения»; «Сорок четвертая улица»; «Старому эмигранту»; «Весна в Новой Англии»; «Судьба-американка»; «Заброшенная железнодорожная станция на Кейп-Код»; «Ностальгия»; «Поездом Amtrak из Провиденса в Нью-Йорк»; «Осенний сад»; «Смерть Бродского»; «Годы и гады» / введение Д. Гая // Еврейский мир. 1997. 25 июля.

«Ты записывал палиндромы...»; «Конец XX-го века»; «Дмитрию Бобышеву и Галине Рубинштейн»; «На коленях деда» // Встречи. 1997. № 21. С. 107–108.

«Смерть Бродского»; «Из поэмы "Желтая звезда"» // Альманах Клуба русских писателей. 1997. С. 30–31.

«Опасная ясность»; «Отболела душа»; «Старому эмигранту»; «Над Борисовым ночь, над Россией зима»; «Мы танцевали танго в клубе»; «Осень в Новой Англии»; «Откровенный разговор на Брайтон Биче» // Интересная газета. 1997 (авг.-сент.).

«Пробуждение в Бостоне»; «Моим читателям»; «Ранний снег»; «Живое время» // The New Review / Новый журнал. 1998. № 210. С. 114–117.

«Пустыня»; «Вдоль океана по шоссе»; «На выставке Пикассо»; «Предзимний день» // Встречи. 1998. № 22. С. 171–173.

Теницы: Поэма // Побережье. 1999. № 8. С. 351–353.

«Апрель»; «Серебряная пряжка ремня»; «Утром по дороге на работу» // The New Review / Новый журнал. 1999. № 214. С. 76–78.

«Фантелки»: «Живая игрушка»; «Бульварный роман»; «После смерти»; «Шел по лесу Ванечка»; «Бухарики» // Новое русское слово. 1999. 29–30 апр.

Теницы: Поэма // Вышгород [Таллинн]. 1999. № 3. С. 154–159.

Ухо земли: Поэма // Вестник. 1999. № 16. С. 50–51.

«Стихи 1998–1999»: «Весна»; «Не варяги мы, а славяне»; «Живая игрушка»; «В Марьиной роще»; «На захоронение Романовых»; «После смерти»; «Летние дни на полуострове Кейп-Код»; «Атлантика»; «Шел по лесу Ванечка»; «Бухарики»; «Бульварный роман»; «Мой английский» // Побережье. 2000. № 9. С. 310–311.

«Дмитрию Бобышеву и Галине Рубинштейн»; «Конец XX-го века» // Наш Скопус. 2000. № 18. С. 18–19.

«Собачьи свадьбы в Тынде»; «Пушкинский праздник на БАМе в 1979 году» // Очень короткие тексты: в сторону антологии / под ред. Д. Кузьмина. М.: Новое литературное обозрение, 2000. С. 224–225.

«Форель»; «Сирень»; «Коростель» // The New Review / Новый журнал. 2000. № 221 С. 70–72.

Ранние неопубликованные стихи: «Надоело»; «Поединок»; «Натюрморт»; «Илья Авербах страдает от любви» // Клуб поэтов [Нью-Йорк]. Альманах. 2001. С. 183–185.

Ранние неопубликованные стихи: «Надоело»; «Поединок»; «Натюрморт»; «Однажды»; «Написать ты можешь горы»; «Весна»; «Я писал о синем небе»; «Языческое»; «Верность» // Альманах Клуба русских писателей. 2001. С. 418–422.

Ухо земли: Поэма // Крещатик. 2001. № 3. С. 314–316.

Стена плача: Поэма // Побережье. 2001. № 10. С. 288–289.

«Колесом колеса в колесе»: «Девочка в соломенной шляпе»; «Вороны в Комарово»; «По темным улицам Кронштадта»; «Белая ночь» «Абрикосовое дерево и чинара в Тбилисском дворике»; «Ослик по имени Жак»; «Московский март» // Арион. 2001. № 3. С. 24–32.

«Гурман ума» // Новое русское слово. 2001. 24–25 марта.

«Зимний корабль (1956–1977)»: «Любимая или любовница»; «Приди»; «Ночные голоса»; «Девочка с виолончелью»; «В Комарово»; «Дарите девушкам цветы»; «Золотые рыбины»; «Картонный клоун» // Побережье. 2002. № 11. С. 276–277.

«Московский март»; «В баре» // Русская улица [Нью-Йорк]. 2002. № 6. С. 91.

«Смерть Бродского», «Не приходи», «Анна Ахматова в Комарово» // Новое русское слово. 2003. 18–19 окт.

«Баллада отражения» // The New Review / Новый журнал. 2003. № 230. С. 90–91.

«Надоело»; «Поединок» // Стетоскоп [Париж]. 2003. № 36. С. 36.

«Стихи 1955–1959»: «Надоело»; «Приди»; «Летняя фантазия в год разоблачения Сталина»; «Языческое»; «Ты придешь»; «Дарите девушкам цветы»; «Скамейки»; «Натюрморт»; «Однажды»; «Верность»; «Весна»; «Щучье озеро»; «Любимая или любовница»; «Ладожский лед движется по Неве»; «Воспоминание»; «Девушку били»; «Глухонемые» // АКТ. Литературный самиздат. 2003 (янв.-февр.). № 8. С. 11–12.

«Любимая или любовница»; «В Комарово»; «Картонный клоун»; «Стареющие женщины»; «Улетают дожди»; «Какая музыка в ребяческой душе»; «Анна Ахматова в Комарово» // Панорама. 2003. 20–26 авг.

Автобус и горы: Поэма // Побережье. 2003. № 12. С. 316–317.

«Баллада отражения» // Альманах Клуба русских писателей. 2004. С. 439–441.

«Горловина реки»; «Идеопатический блюз»; «Блюз ночного даунтауна в Провиденсе»; «Если пересчитать»; «Смит-стрит»; «Приморское шоссе»; «Вороны в Комарово»; «Ослик по имени Жак»; «Прощаться пока не угасла любовь»; «Барабаны судьбы» // Освобожденный Улисс. Современная русская поэзия за пределами России / под ред. Д. Кузьмина. М.: Новое литературное обозрение, 2004. С. 659–663.

«Внутренняя эмиграция»; «Американское кладбище»; «Жены короля Генриха» // АКТ. Литературный самиздат. 2005. № 16. С. 11.

«Красная соломенная шляпа»: «1. Бензоколонка»; «2. Чувашские лапти»; «3. Утро на берегу Мексиканского залива»; «4. Красная соломенная шляпа»; «5. Американский футбол»; «6. Смерть врага»; «7. Московские новости»; «8. Осень»; «9. Целитель»; «10. Бухарики»; «11. Ванечка»; «12. Ночные голоса» // Побережье. 2005. № 14. С. 365–366.

«Американское кладбище»; «Indian Lake»; «Минуя окрестности Нью-Йорка»; «В еврейском магазине "Delikatessen"»; «Гарри Конник (младший) и его блюзы»; «Американский студент» // Заполнение пустоты. Антология русской поэзии Новой Англии / под ред. М. Чульского. Бостон: M-Graphics, 2006. С. 186–191.

«Летние дни на полуострове Кейп-Код»; «Атлантика»; «Любимая или любовница»; «Золотые рыбины» // Побережье. 2006. № 15: Антология 1992–2006. С. 337–338.

«Некоторая степень тоски по Мессии»: «Пляски хасидов»; «Лепет богов»; «Некоторая степень тоски по Мессии»; «Я — твой еврей»; «Закат»; «Если»; «Библейские сюжеты»; «Сестры»; «Вернуться в Сорренто»; «Зеленые поручни моста»; «А может быть?»; «Новогоднее»; «Я уже ничего не хочу»; «В ресторанчике над океаном»; «Путешествие со слоном»; «Колдунья»; «Музыка небес»; «Манерные деревья»; «Уличный гуляка»; «Голос»; «Тварь»; «Норд-Вест»; «Магическая луна»; «Концерт музыки Шенберга»; «Вечно приходящие»; «Закат на берегу Тирренского моря»; «Мертвое море»; «Фиалки под забором»; «Внутренности собаки»; «Любовь к снегу»; «Закат накануне Пасхи»; «Надо ли править тексты?»; «Летний город»; «Весна в Провиденсе»; «Пятнадцатилетняя»; «Мой парикмахер»; «Трио Шостаковича»; «Пустынная дорога»; «Перед грозой»; «Женщина весной»; «Раскрытая книга»; «Давно прошла весна»; «Гриша Перельман и Пуанкаре»; «Гриша Перельман решает теорему Пуанкаре…»; «Просить и получать»; «Автомобильный блюз» // Побережье. 2007. № 16. С. 305–314.

«Библейские сюжеты»; «Сестры»; «Надо ли править тексты» // Арион. 2007. № 4. С. 11–13.

Автобус и горы. Поэма // Mromm.com. Журнал стихосложения. 2008. 26 мая. URL: http://mromm.com/p/ShrayerDavid-01.htm (дата обращения: 23.04.2021).

Некоторая степень тоски по Мессии. Сборник стихов. [См. сборник «Две книги».] // Mromm.com. Журнал стихосложения. 2008. 5 окт. URL: http://mromm.com/p/ShrayerDavid-02.htm (дата обращения: 23.04.2021).

«Некоторая степень тоски по Мессии»: «Голос»; «Норд-Вест»; «Если»; «Закат на берегу Тирренского моря» // Кругозор [Бостон]. 2009 (апр.). № 4. С. 34–35.

«Из угла в угол»: «На табурете в баре»; «Из Кавафи»; «А может быть?»; «Новогоднее»; «Я уже ничего не хочу» // Независимая газета *Ex Libris*. 2020. 16 июля.

«Анна Ахматова и молодой поэт» // Aesthetoscope. 2009. С. 7–8.

Из книги «Линии — фигуры — тела»: «Искусство хирурга»; «Случайный трамвай» // Aesthetoscope. Концепция прекрасного / под ред. А. Елеукова. СПб.: Библиотека Aesthetoscope, б. д. С. 33–34.

«Архангельское под Москвой» // Независимая газета *Ex Libris*. 2011. 17 янв.

«После переезда»; «Дирижабль» // Арион. 2012. № 1. С. 49–50.

Пришелец. Антироман // Слово/Word. 2012. № 76. С. 148–155.

«Автобус и горы» // Aesthetoscope: Поэзия. 2013. С. 85–89.

«Гармоническая повесть» // Крещатик. 2015. № 2. С. 290–291.

«Натюрморт»; «Осень у моря»; «Подвиг»; «Домик Чехова в Гурзуфе»; «На войну»; «Возвращение из путешествия» // Наш Крым. Антология / под ред. И. Сида, Г. Кацова, Р. Кацовой. Нью-Йорк: KriK Publishing House, 2014. С. 277–280.

«Не посылай меня на край земли. Стихи о новой и старой жизни»: «Смит-Стрит»; «Сломанная стена»; «Столбцы Покассетской реки»; «Ты говорила, я тебя люблю»; «Ностальгия»; «Зимняя песня»; «Подними меня»; «Если пересчитать»; «Последние розы»; «Осенний сад» // Этажи. 2016. 28 янв. URL: https://etazhi-lit.ru/publishing/poetry/231-ne-posylay-menya-na-kray-zemli.html (дата обращения: 23.04.2021).

Вилла Боргезе; «Больничный сад»; «Стихи из романа "Иона-Странник"»; «Третья волна»; «Последняя музыка» // Сто лет русской зарубежной поэзии. Антология / под ред. Г. Киприсчи; сост. В. Батшев. Т. 3: Третья волна эмиграции. Франкфурт: Литературный европеец, 2017. С. 540–543.

«Я — твой еврей»; «Если»; «Магическая луна»; *Вилла Боргезе* // 70. Международная поэтическая антология, посвященная 70-летию Израиля / под ред. Р. Кацовой, Г. Кацова. Нью-Йорк: KRiK Publishing House, 2018. С. 289–294.

«Попытка выхода из карантина» // Coronaverse: Стихи коронавирусного времени. 2020. 14 апр. URL: https://coronaviruspoetry.com/david-shrayer-petrov (дата обращения: 23.04.2021).

«Теплое тело любви»: «Теплое тело любви»; «Художник Юри Аррак в Таллинне»; «Анна Ахматова и молодой поэт»; «Американский студент»; «Толстой, Достоевский, Чехов» / подготовка текста: Максим Д. Шраер // Крещатик. 2021. № 2. https://magazines.gorky.media/kreschatik/2021/2/teploe-telo-lyubvi.html (дата обращения: 30.04.2021).

2е. Драматургия

Эд Теннер: Трагикомедия в двух действиях и шести картинах [см. также Вакцина. Эд. Теннер — в разделе «Книги»] // *Mromm.com*. Журнал стихосложения. 2009. 23 янв. URL: http://mromm.com/p/ShrayerDavid-03.htm (дата обращения: 23.04.2021).

2ж. Переводы Давида Шраера-Петрова

«Лесная басня», Андрей Александрович. Перевод с белорусского // Зорька [Минск]. 1960. 22 окт.

«Свобода»; «Оптимизм»; «Жемчужина»; «Воспоминание о тебе»; «Пирушка»; «Виночерпий», Дхани Рам Чатрик. Перевод с паджаби // Дхани Рам Чатрик. Цветок шафрана / под ред. Н. Толстой. Л.: Гос. изд-во художественной литературы, 1962. С. 26–27; 36–39.

Песнь кукушки: Поэма, Субраманья Баради. Перевод с тамильского // Субраманья Баради. Стихотворения / под ред. Н. Смирновой. Л.: Гос. изд-во художественно литературы, 1963. С. 117–145.

«Блюз Луизианской тюрьмы», Эрскин Колдуэлл. Перевод с английского совместно с Э. Поляк [Шраер] // Литературная газета. 1966. 13 окт.

«Испания, со мной твои скорбные пейзажи...», Хью МакДиармид. Перевод с английского // Литературная газета. 1967. 9 авг.

«Сон», Фикрет Годжа. Перевод с азербайджанского // Литературная Россия. 1970. 2 окт.

«Мой Азербайджан», Сулейман Рустам. Перевод с азербайджанского // Литературная газета. 1970. 30 окт.

«Ночной разговор Москва — Тбилиси», Карло Каладзе. Перевод с грузинского // Каладзе К. На холмах Грузии. Стихи и поэмы. М.: Советский писатель, 1971. С. 43–45.

«Видел мир я в радости и в горе…», Алексей Пысин. Перевод с белорусского // Литературная газета. 1971. 6 янв.

«Лирика этого года»: «Отцовская кузница»; «Хмель»; «Молча сосредоточиться», Эллен Ниит. Перевод с эстонского // Дружба народов. 1972. № 12. С. 150–151.

«Туркменское солнце», Дондок Улзытуев. Перевод с бурятского // Литературная газета. 1972. 30 сент.

«Я смотрю на руку свою…»; «В августе», Александр Поповский. Перевод с македонского совместно с Д. Толовским // Знамя. 1973. № 7. С. 112–113.

«Слеза счастья»; «Маленький заброшенный маяк», Радован Зогович. Перевод с черногорского совместно с Д. Толовским // Знамя. 1973. № 7. С. 114.

«Ракушка», Драгутин Тадиянович. Перевод с хорватского совместно с Д. Толовским // Знамя. 1973. № 7. С. 115.

«Люблю тебя»; «Похвала газели»; «Слезы», Бобо Ходжи. Перевод с таджикского // Поклон земле родной. Стихи таджикских поэтов / сост. Ш. Ниязи; под ред. С. Липкина. М.: Художественная литература, 1974. С. 283–284.

«Улыбка цветов»; «Ручьи», Ашур Сафар. Перевод с таджикского // Поклон земле родной. Стихи таджикских поэтов / сост. Ш. Ниязи; под ред. С. Липкина. М.: Художественная литература, 1974. С. 283–284.

Белая долина: Роман, Симон Дракул. Перевод с македонского совместно с Д. Толовским // Литературная Грузия. 1975. № 7. С. 30–44; № 8. С. 36–51.

«И день и ночь, свершая трудный путь…», Илья Девин. Перевод с мордовского // Литературная Россия. 1975. 19 дек.

«Слова»; «Гостеприимство»; «Одинокий крест»; «Освобождение Цветы Андрич. 1945»; «Брошенный камень», Десанка Максимович. Перевод с сербского // Десанка Максимович. Избранное / под ред. О. Кутасова. М.: Художественная литература, 1977. С. 64; 79; 83; 113; 119–124.

«Нужна еще мудрость»; «Ветер и гора»; «Я — космос», Мирсаид Миршакар. Перевод с таджикского // Мирсаид Миршакар. Избранное. М.: Художественная литература, 1977. С. 54–57; 58.

«Когда минует этот час», Слободан Ракитич. Перевод с сербского // Литературная учеба. 1978. № 4. С. 6.

«Землю — словно яблоко златое…»; «Памятник лошади»; «Монолог мостовой»; «Ван Гог. "Подсолнухи"»; «Операционная. Белый ангел»;

«Пребывание в гостях»; «Тишина»; «Снегирь»; «Гром», Владас Рудокас. Перевод с литовского // Антология литовской советской поэзии / под ред. Р. Тримониса. Вильнюс: Vaga, 1980. С. 314–321.

«Из чуждой, брошенной планеты...»; «Нет меня на полях...»; «На вокзале»; из поэмы «Жвиргжде», Миколас Карчаускас. Перевод с литовского // Антология литовской советской поэзии / под ред. Р. Тримониса. Вильнюс: Vaga, 1980. С. 493–495.

«Как сердце»; «Прощание с морем»; «Тебе»; «Сохрани нас...», Оне Балюконите. Перевод с литовского // Антология литовской советской поэзии / под ред. Р. Тримониса. Вильнюс: Vaga, 1980. С. 544–546.

«Здешнее небо нависло...»; «Вступление»; «Неясно, что уж там случилось...»; «Возвращение солнца», Юозас Марцинкявичюс. Перевод с литовского // Антология литовской советской поэзии / под ред. Р. Тримониса. Вильнюс: Vaga, 1980. С. 537–540.

«Тебе»; «Прощание с морем», Оне Балюконите. Перевод с литовского // Литва литературная. 1980. № 1. С. 85–86.

«Желтый лист», Хаим Бейдер. Перевод с идиша // Хаим Бейдер. Моя погода. М.: Советский писатель, 1985. С. 80.

«Опасное безвременье», Роберт Фрост. Перевод с английского // Строфы века-2. Антология мировой поэзии в русских переводах XX века / под ред. Е. Витковского. М.: ПОЛИФАКТ, 1998. С. 830.

«Цыган», Матея Матевский. Перевод с македонского // Строфы века-2. Антология мировой поэзии в русских переводах XX века / под ред. Е. Витковского. М.: ПОЛИФАКТ, 1998. С. 830.

«Сонечка», Максим Д. Шраер. Перевод с английского совместно с Эмилией Шраер // Побережье. 2003. № 12 С. 24–27. Перепечатано в: Tallinn. 2004. № 1. С. 34–32; а также: «На побережье. Рассказы писателей русского зарубежья» / под ред. И. Михалевича-Каплана, Бостон: M-Graphics, 2009. С. 327–333; «Сонечка», Максим Д. Шраер. Перевод с английского совместно с Эмилией Шраер. [Исправленный перевод] // Лехаим. 2017. № 3. С. 112–115.

«Мой Бабель», Максим Д. Шраер. Перевод с английского совместно с Эмилией Шраер // Побережье. 2004. № 13. С. 56–65; Мосты. 2004. № 4. С. 204–222. Перепечатано в: Побережье: Антология, 1992–2006. Филадельфия: The Coast, 2006. С. 166–173.

«Рим, открытый город», Максим Д. Шраер. Перевод с английского совместно с Эмилией Шраер // Максим Д. Шраер. В ожидании Америки. М.: Альпина нон-фикшн, 2013. С. 72–99. Перепечатано в: Максим Д. Шраер. В ожидании Америки. Изд. 2-е. М.: Альпина нон-фикшн, 2018. С. 72–99.

«Судный день в Амстердаме», Максим Д. Шраер. Перевод с английского совместно с Эмилией Шраер // Побережье. 2005. № 14. С. 90–96. Исправленный перевод: Лехаим. 2016. № 10. С. 111–118.

«Исчезновение Залмана», Максим Д. Шраер. Перевод с английского совместно с Эмилией Шраер. Лехаим. 2015. № 10. С. 117–124.

«Судный день в Амстердаме»; «Ловля форели в Вирджинии»; «Сонечка»; «Исчезновение Залмана», Максим Д. Шраер. Перевод с английского совместно с Эмилией Шраер // Максим Шраер. Исчезновение Залмана. Рассказы. М.: Книжники, 2017. С. 15–44; 141–191; 221–236; 237–288.

Часть 3. Переводы произведений Давида Шраера-Петрова

3a. На английский (см. также книги)
Рассказы, мемуаристика, эссе
«Rusty». Translated by Maxim D. Shrayer and Thomas Epstein // *Providence Sunday Journal Magazine*. 1989 (October 22). P. 21–23.

«The Towering Stranger Read On and On». Translated by Emilia Shrayer-Polyak // *Brown Alumni Monthly*. 1989. № 12. P. 64.

«David and Goliath». Translated by Maxim D. Shrayer and Thomas Epstein // *Midstream*. 1990 (February-March). P. 38–41.

«Joseph Barbarossa: Joseph Brodsky in Leningrad». Translated by Maxim D. Shrayer // *Midstream*. 1990 (June-July). P. 29–32.

«Edwin Honig as Translator of Russian Verse». Translated by Maxim D. Shrayer // *A Glass of Green Tea — with Honig* / ed. by S. Brown, T. Epstein, H. Gould. Providence, RI: Alephoe Books, 1994. P. 236–238.

«Felix d'Herelle in Russia». Translated by Emilia Shrayer // *Bull. Inst. Pasteur*. 1996. № 94. P. 91–96.

«Apple Cider Vinegar». Translated by Maxim D. Shrayer and Victor Terras // *Marina*. 1995. № 2. P. 14–18.

«In the Reeds». Translated by Maxim D. Shrayer and Victor Terras // *The Massachusetts Review*. 1999 (Summer). P. 175–183.

«Dismemberers». Translated by Maxim D. Shrayer and Victor Terras // *Southwest Review*. 2000. Vol. 85, № 1. P. 68–73.

«Jonah and Sarah». Translated by Maxim D. Shrayer // *Bee Museum*. 2002 (Spring). Vol. 1, № 1. P. 9–20.

«Hände Hoch!» Translated by Maxim D. Shrayer // *An Anthology of Jewish-Russian Literature: Two Centuries of Jewish Identity in Prose and Poetry* / ed.

by M. D. Shrayer. Vol. 2. Armonk, NY: M. E. Sharpe, 2007. P. 1062–1070; reprinted in: *Voices of Jewish-Russian Literature: An Anthology* / ed. by M. D. Shrayer. Boston: Academic Studies Press, 2018. P. 833–842.

«Alfredick». Translated by Emilia Shrayer // Слово/*Word*. 2009. № 64. P. 79–87.

«Ivanovna the Liar in Paris». Translated by Emilia Shrayer // Слово/*Word*. 2010. № 68. P. 93–99.

«The Love of Akira Watanabe». Translated by Emilia Shrayer // Слово/*Word*. 2011. № 70. P. 148–152.

«A Storefront Window of Miracles». Translated by Margaret Godwin-Jones // Слово/*Word*. 2012. № 73. P. 160–166.

«Kimono». Translated by Emilia Shrayer. Слово/*Word*. 2014. № 74. P. 148–157.

«Mimosa Flowers for Grandmother's Grave». Translated by Maxim D. Shrayer // *Commentary*. 2014 (March). Vol. 173, № 3. P. 39–44.

«Emigrant. Alexander Vertinsky». Translated by Maxim D. Shrayer // *The Los Angeles Review of Books*. 2021 (28 January).

Поэзия

«Monologue of Lot to His Wife». Translated by Maxim D. Shrayer [Leaflet: Supplemental Haggadah Readings] // *National Conference on Soviet Jewry / Coalition to Free Soviet Jews*. 1987 (Spring).

«Villa Borghese». Translated by Dolores Stewart and Maxim D. Shrayer // *Salmagundi*. 1994 (Winter/Spring). № 101–102. P. 151–153.

«Lot's Monologue to His Wife»; «Anna Akhmatova in Komarovo»; «Early Morning in Moscow». Translated by Egwin Honig and Maxim D. Shrayer // *A Glass of Green Tea — with Honig* / ed. by S. Brown, T. Epstein, H. Gould. Providence, RI: Alephoe Books, 1994. P. 238–241.

«Winter Morning»; «Fall at the Seashore»; «Early Morning in Moscow». Translated by Maxim D. Shrayer and Edwin Honig // *Enlygnion*. 1995 (Spring). № 1. P. 10–13.

«Five Poems». Translated by Edwin Honig and Maxim D. Shrayer // *Nedge*. 1995 (Spring). № 2. P. 39–43.

«I Can't Take This Torment Any Longer». Translated by Edwin Honig and Maxim D. Shrayer // *Parnassus of World Poetry*. 1997. P. 47.

«My Slavic Soul»; «Fall at the Seashore»; «I Can't Take this Torment Any Longer»; «Winter Morning». Translated by Edwin Honig and Maxim D. Shrayer // *Bee Museum*. 2005. № 3. P. 27–31.

«Chagall's Self-Portrait with Wife»; «My Slavic Soul»; «Early Morning in Moscow»; «Villa Borghese». Translated by Edwin Honig, Maxim D. Shrayer, and Dolores Stewart // *An Anthology of Jewish-Russian Literature: Two Centuries of Jewish Identity in Prose and Poetry* / ed. by M. D. Shrayer. Vol. 2. Armonk, NY: M. E. Sharpe, 2007. P. 1058–1061.

«Birch Fogs (from *Flying Saucers*)»; «Petersburg Doge». Translated by Maxim D. Shrayer // Valentina Polukhina. *Brodsky through the Eyes of His Contemporaries*. Vol. 1. 2nd ed. Boston: Academic Studies Press, 2008. P. 195–197.

«Fall at the Seashore»; «Still Life»; «Winter Morning»; «My Slavic Soul»; «Chagall's Self-Portrait with Wife»; «Early Morning in Moscow»; «Birch Fogs (from *Flying Saucers*)»; «I Can't Take this Torment Any Longer»; «Anna Akhmatova in Komarovo»; «To Shostakovich at His Summer House in Komarovo»; «Lot's Monolog to His Wife»; «Villa Borghese»; «Petersburg Doge». Translated by Edwin Honig, Maxim D. Shrayer, and Dolores Stewart // *Four Centuries: Russian Poetry in Translation*. 2012. № 12. P. 15–26.

«Runner Begoon». Translated by Maxim D. Shrayer // *Four Centuries: Russian Poetry in Translation*. 2014. № 7. P. 54–59.

«Snow on the Ground»: «Wild Turkeys in Boston»; «Blimp in the Clouds»; «Poets of the Past Century»; «Snow on the Ground»; «Off to War». Translated by Maxim D. Shrayer // *Four Centuries: Russian Poetry in Translation*. 2015. № 11. P. 18–22.

«Arkhangelskoe outside Moscow». Translated by Maxim D. Shrayer and Carol V. Davis // *Four Centuries: Russian Poetry in Translation*. 2016. № 15. P. 24–27.

«Chagall's Self-Portrait with Wife»; «My Slavic Soul»; «Villa Borghese». Translated by Edwin Honig, Maxim D. Shrayer, and Dolores Stewart // *Voices of Jewish-Russian Literature: An Anthology* / ed. by M. D. Shrayer. Boston: Academic Studies Press, 2018. P. 830–833.

«Lift Me Up: Nine Poems» («Nostalgia»; «A Broken Wall»; «The Pocasset River Scrolls»; «You Told Me: "I Love You"»; «Winter Song»; «If We Were to Compute»; «Lift Me Up»; «Last Roses»; «The Autumn Garden»). Translated by Maxim D. Shrayer and Tatiana Rebecca Shrayer // *Four Centuries: Russian Poetry in Translation*. 2000. № 25. P. 16–20.

36. На другие языки
Французский
[David Schraer-Petrov] «Derrière la grille du Zoo». Перевод: Ришар Рой (Richard Roy) // Русская литература / *Lettres russes*. 2002. № 30. P. 23–29.

Японский

«Ватанабе Акаранокои» [«Любовь Акиры Ватанабе»]. Перевод: Юри Нагура // Весна в Хонго / *The Spring in Hongo* / ed. by M. Numano, K. Mouri, Y. Nagura. Tokyo: The University of Tokyo, Department of Contemporary Literary Studies / Department of Slavic Languages and Literatures, 2011. P. 22–33.

Хорватский

[David Šrajer-Petrov.] «Smrt Brodskog». Перевод: Ирена Лукшич (Irena Lukšić) // *Poezijom ususret noviom* Tisućljeću [*Международный фестиваль поэзии 2000, Загреб*]. 2000 (November 16–10). P. 1280.

«Mimikrija». Перевод: Ирена Лукшич (Irena Lukšić) // *Forum*. 2002. № 1–3. P. 158–168. Перепечатано в кн.: *Treći val*, ред. Irena Lukšić. Zagreb: Hrvatsko filološko društvo, 2004. P. 309–321.

«Josif Barbarossa». Перевод: Ирена Лукшич (Irena Lukšić) // *Brodski! Život, Djelo (1940–1996)* / под ред. Irena Lukšić. Zagreb: Hrvatsko filološko društvo; Zadar, 2007. P. 43–50.

«Tigar snegova. Genrih Sapgir». Перевод: Ирена Лукшич (Irena Lukšić) // *Književna smotra*. 2009. № 152. P. 149–155.

Литовский

[Davidas Petrovas.] «Kazeivio našlės daina»; «Žali Pajūrio balsai»; «Mano gerumas». Перевод: Антанас Дрилинга (Antanas Drilinga) // *Tiesa*. 1978 (May 20).

«Trys Marikjos». Перевод: Римгаудас Граибус (Rimgaudas Graibus) // *Vienybė* [Akmenė]. 1978 (May 25).

Иврит

«Нафши ха-славит»; «Вила Боргезе». Перевод: Роман Кацман // *Megaphone*. 2013 (November 14). URL: http://megafon-news.co.il/asys/archives/186500 (дата обращения: 24.04.2021).

Часть 4. Избранные интервью

Ташков О. И в будущем году — читайте! // Вечерний Нью-Йорк. 1998–1999 (31 дек. — 2 янв.).

Тух Борис. Легко ли быть русским писателем в Америке? // *Vesti* [Tallinn]. 1999 (January 22).

Lukšić Irena [Ирена Лукшич]. «Razgovor»: David Šrajer-Petrov. Život u tri dimenzije / Transl. by Irena Lukšić // *Vijenac* [Zagreb]. 1999 (May 20).

Reprinted in: *Treći val* / ed. by I. Lukšić. Zagreb: Hrvatsko filološko društvo, 2004. P. 456–458.

Lukšić Irena [Ирена Лукшич]. «Моя славянская душа в еврейской упаковке...» Интервью с Давидом Шраером-Петровым // Вестник Род-Айленда. 2000 (дек.). № 12. С. 10–12.

Полухина Валентина. Интервью. 28 сентября 2003, Лондон // Полухина Валентина. Иосиф Бродский глазами современников. Т. 2: 1996–2005. СПб.: Издательство журнала «Звезда», 2006. С. 151–167.

Polukhina Valentina. «He Was a Universal Poet». An Interview with David Shrayer-Petrov. 28 September 2003, London / transl. by E. Shrayer // Polukhina Valentina. Brodsky through the Eyes of His Contemporaries. Vol. 1. 2nd ed. Boston: Academic Studies Press, 2008. P. 180–195.

Кароян Марина. «Второе дыхание» // Панорама. 2003. 24–30 дек.

Амурский Виталий. Беседа с Давидом Шраером-Петровым // *Radio France Internationale — RFI. Rédaction russe.* 2005. 26 февр.

Народицкая Евгения. Интервью с писателем Давидом Шраером-Петровым // Вестник Род-Айленда. 2005 (нояб.) № 9. С. 3–5.

Белая Мира. «Вселенная — это человек» // Панорама. 2006. 7–13 июня.

Вайс Светлана. К юбилею Давида Шраера-Петрова. «Чувство отказа постепенно отпускает» // *RUNYweb.com.* 2011 (January 28). URL: http://www.runyweb.com/articles/culture/literature/75-years-jubilee-of-david-shrayer-petrov.html (дата обращения: 24.04.2021).

Кацов Геннадий. «Я думаю, что мы все друг друга чему-то научили» // RUNYweb.com. Энциклопедия русской Америки. 2011 (May 17). URL: http://www.runyweb.com/articles/culture/literature/david-shayer-petrov-interview.html (дата обращения: 24.04.2021).

Кацов Геннадий. Давид Шраер-Петров. «Главная линия моего романа — любовь во время тоталитарного социализма» // *RUNYweb.com.* Энциклопедия русской Америки. 2013 (July 19). URL: http://www.runyweb.com/articles/culture/literature/david-shrayer-petrov-interview.html (дата обращения: 24.04.2021).

Shrayer Maxim D. Dinner with Stalin: A 3-Part Conversation with David Shrayer-Petrov // *Jewish Book Council / My Jewish Learning.* 2014 (July 8–10). URL: https://www.jewishbookcouncil.org/pb-daily/crypto-jews-and-autobiographical-animals-part-3-of-a-3-part-conversation (дата обращения: 24.04.2021).

Шраер Максим Д. Еврейский секрет. Давид Шраер-Петров о драгоценном камне рассказа, вибрации чувства и упорной любви к Родине // Независимая газета *Ex Libris.* 2014. 11 сент.

Шраер Максим Д. «Меня всегда тянуло к жанру сказки...» // Лехаим. 2014. № 10. С. 83–84.

Шраер Максим Д. Неповторимая вибрация чувства // *Runyweb.com*. 2016 (January 15). URL http://www.runyweb.com/articles/culture/literature/david-shrayer-petrov-interview-2016.html (дата обращения: 24.04.2021).

Вольтская Татьяна. Мерцание желтой звезды // Радио Свобода. 2016 (January 28). URL http://www.bigbook.ru/articles/detail.php?ID=25001 (дата обращения: 3.07.2020).

Шраер Максим Д. Кругосветное счастье. К юбилею Давида Шраера-Петрова // Реклама и жизнь [Филадельфия]. 2016. 3 февр.

Malykhina Svitlana. Interview with David Shrayer-Petrov // *Russian in Boston*. Boston University, [2019]. URL: http://sites.bu.edu/russianchat/interviews/interview-david-shrayer-petrov (дата обращения: 24.04.2021).

Shrayer Maxim D. A Russian Typewriter Longs for Her Master // *Tablet Magazine*. 2020 (January 28). URL: https://www.tabletmag.com/sections/arts-letters/articles/maxim-shrayer-david-shrayer (дата обращения: 24.04.2021).

Шраер Максим Д. «Я ни на кого уже не оглядывался...» Давид Шраер-Петров о литературных соблазнах // Snob.ru. 2021. 28 янв. URL: https://snob.ru/profile/26497/blog/172969/ (дата обращения: 03.06.2021).

Указатель имен и названий

Абрамович Ш. Я. (Мойхер-Сфорим) 102
Авербах Илья 16, 40, 90, 113, 379, 419
Австрия 81, 84, 285
Азаров Всеволод 114, 379, 420
Айзман Давид 74
Аксенов Василий 16, 40, 41, 58, 76, 113, 123, 204, 230, 301, 302, 304
Алешковский Юз 223, 320
  Карусель 223
Алон Игаль 301
Альтерман Натан 234, 301
Альтшуллер Иссак 88
Алягров Роман (псевдоним Р. О. Якобсона) 206
Америка 6, 7, 13, 14 18, 24 71, 75 83, 92, 95, 97-99, 101, 105, 106, 117, 124, 136, 144, 151, 152. 158, 182, 199, 204, 241, 283, 285, 287, 295, 298, 303, 340, 355, 360, 363, 400; см. Соединенные Штаты Америки
Англия 43, 241, 242
Аргументы и факты (АиФ), газета 18
Аррак (Родес) Урве 390

Аррак Юри 134, 393, 395, 408
Асеев Николай 209, 385
Ассман Ян 221, 222
Аушвиц (Освенцим 133, 238, 239)
Ахмадулина Белла 204, 420
Ахматова Анна 40, 125, 159, 214, 319, 365, 405
Бабель Исаак 305, 331, 357, 359
  Пан Аполек 149
  Конармия 149
Бабий Яр (Киев) 238
Багрицкий Эдуард 224
Байкало-амурская магистраль 387 (БАМ 77, 117, 387)
Баратынский Евгений 188, 198
Батюшков Константин 144
Баух Ефрем (Эфраим) 15, 222, 223, 225-228, 234
  Лестница Якова 234
Башевис-Зингер Исаак 99, 101, 102, 234, 362, 364, 367
  Враги: Любовная история 102
  Избранные рассказы 101
  Шоша 102, 362
Бахтин Михаил 45, 130, 338, 339
Бахчанян Вагрич 400
Бегун Иосиф 17, 43, 135, 395, 410

Беккет Сэмюэль 285
  В ожидании Годо 285
Бекман Ева 382
Беларусь (Белоруссия, БССР) 16, 20, 76, 100, 105, 114, 238, 242, 249, 330, 370, 376, 379
Беллоу Сол 362
  Равельштейн 362
Бёлль Генрих 298
Бен-Гурион Давид 245
Бердяев Николай 327
Берлин 90, 239, 240, 330
Бернштейн Борис 390
Бернштейн Фрида 390
Библиотека Алия 41, 80, 221, 234
Битов Андрей 23, 297
  Пушкинский дом 23
Блок Александр 123, 124, 167, 198, 213
  Двенадцать 123, 124, 198
Бобышев Дмитрий 16, 40, 113, 114, 117, 173, 379
Бокштейн Илья 39
Больяско, Италия 70, 71, 74
Бостон 24, 71, 74, 136, 223, 338, 409, 410, 413
Бостонский Колледж 25, 59, 409, 412, 414
Браженас Пятрас 389
Брауновский университет 77, 119, 399, 400, 403
Брежнев Леонид 271
Брейдо Белла 370, 371, 406
Брехт Бертольд 52
Бродский Иосиф 35, 38, 40, 42, 43, 76, 83, 97, 114, 131, 158, 159, 174, 175, 189, 190
  Декабрь во Флоренции 175
  На смерть друга 159
  На смерть Жукова 159
Бройде (Брейдо) Хаим-Вольф 370
Брэдбери Рэй 356
  Душка Адольф 356
Брюсов Валерий 213
Будапешт 259
Булгаков Михаил 119
Бунин Иван 70, 72, 88, 93, 99, 153, 357, 364, 365
  Темные аллеи 364
  Генрих 72, 93
Бутман Гилель 382
Бялик Хаим Нахман 234, 301
Вайнингер Отто 327
  Пол и характер (1903) 327
Вайфе-Гольдберг Мария 74
  Мой отец, Шолом-Алейхем 74
Вайчюнайте Юдита 389
Васильева Лариса 389
Вахтин Борис 40, 174
Вейдле Владимир 173
Вильнюс, Литва 46, 238, 388
Винокур Леонид 239, 240
Вирабов Игорь 321, 322
Влодов Юрий 383
Вознесенский Андрей 77, 116, 203, 204, 321, 322, 332, 388
  Васильки Шагала 332
Волошин Максимилиан 144
Вольдман Григорий 223
  Шереметьево 223
Вольтская Татьяна 14
Вольф Сергей 16, 113, 123
Воронель Александр 316
  Трепет забот иудейских 316
  Нулевая заповедь 316

Галеви Иегуда 222
  Ширей Цион (сионские песни) 222
Ганс Эрик 33, 38, 39, 49, 60
Гардзонио Стефано 7, 16, 115, 142, 378
Гарин Эраст 84
Гарин-Михайловский Николай 84
  Детство Темы 84
  Гимназисты 84
  Студенты 84
  Инженеры 84
Гаскала (Хаскала) (еврейское просвещение) 14
Гаспаров Михаил 169, 172
Генуя, Италия 70–73
Германия 9, 19, 68, 73, 74, 83, 238, 241, 243, 295, 314, 360, 363
Герцен Александр 234
Гинзбург Александр 46, 399
Гинзбург Лев 304
Гинзбург Лидия 34, 292, 293
Гительман Цви 261
Гитлер Адольф 240, 241, 343, 356
Гладилин Анатолий 348. 349
  Репетиция в пятницу 348
Глазов Юрий 314
  В краю отцов 314
Гнедич Татьяна 40, 76, 116, 381
Гнедов Василиск (Гнедов Василий Иванович) 207
  Поэма конца 207
Гоголь Николай Васильевич 22, 74, 208, 294
Голдберг Пол 244, 246
  Жид 244, 246

Гончаров Иван 26
  Обломов 26
Горенштейн Фридрих 19, 291, 304, 314
  Искупление 314
  Псалом 314
Горовиц Брайан 8, 256, 286
Горький Максим 88, 153, 325
Грекова Ирина (Вентцель Елена Сергеевна) 226
  Свежо предание 226
Гроссман Василий 226, 240, 267–269, 245–247, 359
  Добро вам! 247
  Жизнь и судьба 226, 267, 359
Грузия 59, 116, 144, 390
ГУЛАГ (Главное управление лагерей) 298
Гумилев Лев 321
  Этногенез и биосфера земли 321
Д'Эрелль Феликс 59, 390
Даниэль Юлий 96
Дар Давид 40, 124
Дверин Анатолий 412
Девятый форт (Каунас) 238
Державин Гавриил 159
  Снегирь 159
Джексон Генри и Вэник Чарльз, поправка 260
Домнина Дарья 194
Достоевский Федор 25, 125, 132, 163, 234, 257, 270, 339, 364
  Преступление и наказание 234, 364
  Идиот 125
Дробицкий Яр, Харьков 238
Дружба народов, журнал 116

Дубнов Семен 333
Дудинцев Владимир 42, 58
Евреи в СССР, журнал 316
Европа 14, 28, 30, 68, 147, 228, 238-240, 244, 286, 287
Евтушенко Евгений 204, 226
Ереван, Армения 342, 347
Ерёмин Михаил 16, 40, 113
Ермилов Владимир 203, 204
Ермолин Евгений 8, 114, 179, 184, 209, 405
Есенин Сергей 160
 Черный человек 160
Жаботинский Владимир (Зеэв) 234, 301, 302, 329, 331
Заболоцкий Николай 171, 185, 365
 Столбцы 365
Зайчик Марк 15
Золотусский Игорь 203
Иванова Наталья 35, 36
Иерусалим 221, 222, 318, 360
Израиль 9, 15, 26, 29, 30, 36, 41-44, 53, 56, 57, 79, 90, 97, 222, 225, 226, 228, 232, 233, 237, 244, 245, 249, 258, 260, 275-277, 281, 284, 287, 292, 301, 303, 318, 319, 329, 355, 360, 362, 392, 401, 411, 413
Ильина Надежда 396
Ильф Илья и Петров Евгений 359, 362
 Двенадцать стульев 362
 Золотой теленок 362
Индурски Иехонатан 275
Исаковский Михаил 139
Италия 71, 73, 74. 81, 84, 142-145, 147-154, 204, 285, 378, 398, 400

Ифтах-Вальбе Аяла 402
Кавказ 227, 315, 319
Казакова Римма 389
Канада 19, 43
Кандель Феликс 15, 222, 228
 Врата исхода нашего 1980 222
Карабчиевский Юрий 15, 23, 41
Кассиль Лев 22
 Кондуит и Швамбрания 22
Кафка Франц 90
 Превращение 90
Кацис Леонид 8, 48, 62, 313-315, 325, 328, 331
Кацман Роман 7, 33, 78, 119, 156, 256, 257, 294, 303, 314, 411
Кёстлер Артур 320
 Тринадцатое колено 320
Клюев Николай 112
Книппер-Чехова Ольга 88
Кожинов Вадим 202-204
Континент, журнал 347
Коркия Виктор 349
 Черный человек, или я бедный Сосо Джугашвили 349
Кормер Владимир 314
 Крот истории 314
Красная звезда, газета 240, 242
Кривулин Виктор 38, 184, 187
Крученых Алексей 206
Крым 68, 69, 315, 319
Куба 259
Кузьмин Михаил 120, 124
 Александрийские песни 120, 124
Куняев Борис 388
Куприн Александр 22, 88
Куприянов Вячеслав 388
Кушнер Александр 16, 40

Ланщиков Анатолий 203
Лакан Жак 37, 51
Лахман Аркадий 395
Ланин Борис 8, 105, 338
Лассер Кэрен Элизабет 369, 408, 409, 416
Латур Бруно 60, 61
Левинсон Соломон 245
Левитанский Юрий 389
Левков Илья 400
Ленинград (Санкт-Петербург) 6, 14, 15, 20-22, 40, 43, 44, 69, 75, 76, 83, 85-87, 98, 111, 112, 114, 116, 136, 149, 247, 249, 270, 279, 302, 303, 330, 360, 371-375, 377-382, 384
Лермонтов Михаил 159, 160, 213
  Смерть поэта 159
  И скучно, и грустно… 160, 213
Лернер Александр 43
Липкин Семен 16, 26, 228, 346
  Декада 16, 26
Литва 20, 78, 116, 117, 227, 293, 370, 388
Литературная газета 116, 347
Лотман Юрий 167
Лурье Евгения 305
Лурье Самуил 405
Любимов Юрий 55
Люксембург Эли 15, 222, 227, 228, 231, 234
  Десятый голод 222, 227
  Третий храм 222, 234
Майданек (Люблин) 239, 243
Маламуд Бернард 104, 105, 301, 367
  Помощник 104
Малларме Стефан 199

Мальцева Надежда 388
Мандельштам Надежда 320-325, 327
  Воспоминания
Мандельштам Осип 48, 112, 118, 123, 127, 128, 144, 147-149, 165, 207, 209, 224, 301, 315, 320, 322-325, 328
  За Паганини длиннопалым 128
  Ариост 147
  Я вернулся в мой город, знакомый до слез… (Ленинград) 165
  Рим 147
  Грифельная ода 301, 328
Манн Томас 99, 314, 357, 362
  Смерть в Венеции 362
  Иосиф и его братья 314
Мариенгоф Анатолий 174
Маркиш Давид 15, 21, 26, 222, 227, 228, 233, 234, 301
  Присказка 222, 227, 233
  Пёс 26
Маркиш Перец 314
Маркиш Симон (Шимон) 314
Марков Георгий 287
Марцинкявичус Юстинас 389
Матусовский Михаил 139
Мацевичус Юозас 389
Маяковский Владимир 185, 200, 204, 213, 256, 326, 385
Медведков Юрий 43
Мелихов Александр 15, 23, 226
  Исповедь еврея 226
Мень Александр 316, 327
Метрополь, альманах 41, 302
Меттер Израиль 15
Межиров Александр 213, 214

Михайлов Эдуард 118
Михоэлс Соломон 299, 319
Микута Альгимантас 389
Милин Геннадий 396
Молотов Вячеслав 241
Мопассан Ги де 99
Москва 15, 17, 19, 29, 40, 41, 43, 45, 47, 55, 69, 76, 78, 80–84, 87, 88, 97, 101, 103, 111, 112, 114, 116, 117, 119, 122, 144, 147, 158, 173, 182, 187, 223, 241, 243, 244, 247, 252, 258, 259, 262, 281, 286, 292, 297, 298, 303, 310, 313, 314, 327, 330, 348, 360, 361, 382, 383, 385–387, 394–397, 404, 405, 416
Московский художественный театр 88
Мурина Елена 324, 325
Муссолини Бенито 147, 154
Мужецкий Александр 375
Набоков Владимир 29, 70, 85, 90–92, 94, 96, 98–100, 121, 144, 153, 208, 268, 271, 272, 357, 365
  Весна в Фиальте 90, 91, 94, 96
  Дар 90, 98
  Защита Лужина 271
  Лолита 96–98
  Пнин 98, 271
  Подвиг 144, 145, 272
  Юбилей 121
Найман Анатолий 16, 40, 113, 377, 379
Неман, журнал 114
Нерви, Италия 71–75
Нинов Александр 114
Новая Англия 7, 28, 81, 84, 92, 97, 138, 144, 213, 360, 361
Нюренберг Амшей 304

ОБЭРИУ, обэриут 112, 188, 194
ОВИР (Отдел виз и регистраций) 45, 79, 82, 119, 229, 230, 232, 251–254, 262, 266, 269
Озеров Лев 40, 46, 77, 115, 116, 142, 364
Окуджава Булат 26, 148
Олеша Юрий 357
Орлицкий Юрий 169, 170, 172
Осборн Моника 8, 275
Палестина, см. Израиль 149, 227, 231, 248, 315, 319, 327, 328, 332, 333, 402
Париж 90, 182, 210, 259, 360, 403
Пастернак Борис 40, 42, 120, 123, 159, 162, 167, 187, 210, 267, 323, 325–327, 329, 346, 365
  Доктор Живаго 42, 267, 323, 325, 332
  Весна была просто тобой... 162, 167
Паулюс Фридрих, генерал 239, 240
Перец Ицхок-Лейбуш 102
Песнь песней 123
Пессоа Фернандо 188
Петров Евгений см. Ильф Илья и Петров Евгений
Петровский Михаил 339, 340, 343–345
Пикассо Пабло 206, 207
Пильняк Борис 100
  Рассказ о том, как создаются рассказы 100
Пионер (журнал) 16, 114, 143, 378
Пиранделло Луиджи 188
Плещеев Алексей 69
Польша 102, 239

Плоткин Нэтали 407
Плоткин Чарльз 407
Понары (Вильнюс) 238
Прага 259
Правда, газета 243, 246
Природа, журнал 95
Приставкин Анатолий 20
  Ночевала тучка золотая 20
Пробштейн Ян 7, 43, 111, 157, 201, 402
Провиденс, Род-Айленд 69, 84, 101, 121, 145, 330, 360, 366, 399, 400, 407, 408
Проханов Александр 350
Пульс, газета Первого Медицинского института им. И. П. Павлова 114
Пуримшпиль 45, 246
Пушкин Александр 22, 123, 125, 127, 128, 144, 159, 181, 187, 211, 227, 241, 293–295, 338, 339, 367, 381
  Борис Годунов 349
  Евгений Онегин 123, 128,
  Маленькие трагедии 349
  Руслан и Людмила 344
  Медный всадник 269
Пушкинские Горы 211
Пярну, Эстония 134, 388
Рабинович Иосиф 318
Радио Свобода 14
Ранчин Андрей 7, 48, 118, 156, 181, 210, 375
Рапопорт Алек 35, 39
Реймерис Вацис 389
Рейн Евгений 16, 40, 113, 148, 379, 396, 404
Риччио «Рикки» Оттоне 407

Рим 121, 144, 147, 178, 315, 322, 360
Ронен Омри 373
Розанов Василий 327, 328
  Обонятельное и осязательное отношение евреев к крови 328
  Война 1914 года и русское возрождение 327
Розинер Феликс 16, 26
  Некто Финкельмайер 16, 26
Рубинштейн Джошуа 8, 80, 230, 237, 265
Рузвельт Франклин 68
Румбула, Латвия 238
Россия 7, 13, 14, 18, 19, 24, 26, 28, 30, 35, 36, 41, 52, 53, 69, 73–76, 79–81, 88, 90, 94, 95, 97, 98, 105, 113, 119–121, 133, 136, 146, 148–153, 158, 172, 179, 183, 194, 201–204, 211, 222–224, 226, 229, 234, 238, 242, 244, 246, 252, 258, 259, 262, 266, 269, 272, 277, 280–282, 284, 292, 302, 306, 313, 318, 326, 328, 331, 333, 345, 347, 348, 350, 361, 363, 365, 404, 406
Рыбаков Анатолий 346, 362
  Дети Арбата 346
  Тяжелый песок 362
Ряшенцев Юрий 389
Самойлов (Кауфман) Давид 113, 214, 230, 358
Сапгир Генрих 8, 19, 24, 40, 41, 48, 51, 114, 117, 118, 135, 171, 179–196, 209, 404, 405
  Бабья деревня 190
  Голоса 190

Кузнечикус 193
Предисловие к «Невским стихам» Д. Шраера-Петрова
Самиздат века 117, 135, 181
Терцихи Генриха Буфарева 188, 193
Три жизни 190
Черновики Пушкина 181
Савицкий Станислав 36
Санкт-Петербург см. Ленинград
Сарнов Бенедикт 299
Свирский Григорий 19
Святогорский монастырь 211, 293 — см. Пушкинские Горы
Севела Эфраим 16, 19, 23
Сегал Дмитрий 323–325, 327
Сегал-Рудник Нина 325
Сельвинская Татьяна 383
Сельвинский Илья 228, 383
  Бар Кохба 228
Симонов Константин 26, 240
Синани Исаак 88
Синтаксис, журнал 35, 399
Синявский Андрей 96
Славинский Ефим 377
Слепак Владимир 17, 43, 395
Словатинская Татьяна 305
Слуцкий Борис 76, 113, 214, 299, 300, 304, 358
  Полукровки 299
  Лопаты 299, 300
Смирнова-Сазонова София 90
Смола Клавдия 7, 8, 13, 34, 50, 51, 69, 156, 221, 277, 291, 297, 315
Смола Олег 7, 132, 198, 203
Смородин Борис 158, 159, 161
Советский Союз 13, 15, 17, 43, 56, 77, 143, 144, 226, 228, 229, 233, 260, 302, 347, 348, 356, 360, 366 (СССР 5, 6, 8, 35, 41, 51, 58, 76–81, 84, 86, 87, 94–96, 104, 117, 124, 135, 142, 144, 145, 175, 199, 201, 202, 221, 224, 237, 238, 244, 246, 258–262, 269, 271, 272, 275, 276, 281, 284, 292, 298, 302, 305, 313, 214, 316, 317, 321, 328, 329, 333, 338, 355, 360, 365, 378, 381, 385, 387, 392)
Соединенные Штаты Америки 17, 19, 24, 43, 74, 144, 145, 266, 280, 302, 355, 360–362 (США 6, 9, 18, 19, 29, 30, 43, 45, 69, 74, 77, 80, 81, 84, 95, 99, 126, 150, 175, 222, 241, 244, 246, 266, 271, 285, 286, 292, 298, 304, 330, 347, 360, 398, 401)
Соловьев Владимир 318, 329
  Краткая повесть об Антихристе 318
  Против антисемитического движения в печати 318
  Талмуд 318
  Три разговора 318, 329
Солженицын Александр Исаевич 298, 324
  Двести лет вместе 316
  Один день Ивана Денисовича 299
Соснора Виктор 16, 113
Спектор Роман 45, 396
Спиноза Барух 308
Сталин Иосиф Виссарионович 8, 45, 46, 68, 75, 112, 113, 224, 244–246, 249, 251, 275, 305, 307, 308, 320, 338, 340–350, 356
Сталинград 22, 239, 240

Стимпсон Кэтарин 408
Стругацкие, братья 367
Стюарт (Риччио) Долорес 407
Суслов Илья 347, 348
    Рассказы о товарище Сталине и других товарищах 347
Сутин Хаим 304
Суцкевер Авром 243, 325
Сухарев Дмитрий 389
Талмуд 35, 164, 318
Твардовский Александр 139
Театр на Таганке 55
Тель-Авив 245, 246, 402
Террас Рита 403
Террас Виктор 120, 368, 400, 403
Тиллих Пауль 38
Толстой Алексей Константинович 164
    «Где гнутся над омутом лозы...» 164
Толстой Алексей Николаевич 84
    Гиперболоид инженера Гарина 84
Толстой Лев Николаевич 25, 125, 132, 234, 241, 269,
    Анна Каренина 125, 270, 362
Тракай, Литва 26, 227
Треблинка, Польша 238
Трифонов Юрий 8, 291, 295–310
    Время и место 303, 308
    Долгое прощание 306, 310
    Дом на набережной 303, 306, 307
    Другая жизнь 307
    Исчезновение 305
    Посещение Марка Шагала 304
    Опрокинутый дом 298
    Отблеск костра 305
    Старик 305
    Студенты 298, 307
Трифонова (Мирошниченко) Ольга 297
Тургенев Иван 199
Тынянов Юрий 22
    Кюхля 22
Тышлер Александр 319
Тютчев Федор 198, 211
Уильям Карлос Уильямс 119
Украина 94, 151, 238, 242, 347, 369, 373
Улицкая Людмила 15
УНОВИС, Объединение художников, Витебск 319
Урал 20, 44, 75, 85, 111, 158, 330
Уткин Иосиф 224
Уфлянд Владимир 113
Фейхтвангер Лион 292, 314, 362
    Лже-Нерон 314
    Иудейская война 314
    Безобразная герцогиня Маргарита Маульташ 362
Фет Афанасий 199
Флоренский Павел 320, 327
Флоренция, Италия 149, 175, 398
Фрэнкель Нэвилл 246
    На лезвии серпа 246, 247
Франция 43, 298
Фрейденберг Ольга 325, 326,
Фриден Кен 102
Фрост Роберт 365
Хазанов Борис (Геннадий Файбусович) 15
Хёльшер Люсьен 222
Хемингуэй Эрнест 104, 365
    И восходит солнце (Фиеста) 104

Хлебников Велимир 59, 171, 185, 193, 194, 208, 317
Мне мало надо 317
Холокост — см. Шоа
Хониг Эдвин 104, 400, 407
Худяков Геннадий 374, 375
Цвейг Стефан 357
Цветаева Марина 120, 175, 210, 213
Поэма Конца 213
Центральный дом литераторов (ЦДЛ, Москва) 24, 207, 298, 389
Чайковская Ирина 123
Чапаев Василий 345, 348
Черношварц Эдуард 361
Черчилль Уинстон 68
Чехов Антон Павлович 13, 20, 25, 27, 29, 68–70, 74, 75, 82–85, 87–94, 96, 99, 119, 132, 213, 268, 285, 297, 357, 365
Вишневый сад 87
Враги 29
Гриша 20
Дама с собачкой 87
Дуэль 29
Иванов 29, 88, 89
Ионыч 88
Каштанка 83
Крыжовник 213
Моя жизнь 88
Палата № 6 84
Печенег 29
Попрыгунья 93
Скрипка Ротшильда 27
Степь 89
Тина 89
Три сестры 87, 285

Цветы запоздалые 88
Человек в футляре 29
Чудаков Александр 20
Ложится мгла на старые ступени 20
Чуковский Корней 198
Шагал Марк 298, 304, 319, 332
Шаламов Варлам 298–300, 305,
Колымские рассказы 300
Швейцария 73
Швейцер Альберт 212
Шерешевский Лазарь 389
Шестов Лев 163, 164,
На весах Иова (Странствования по душам) 163
Шкловский Виктор 53, 77, 116, 128, 199, 206, 321, 385
Искусство как прием 53, 128,
Шмуклер Юлия 15
Шолом-Алейхем (Рабинович Шолом) 23, 73, 74, 102 (Шолем) 364, 367
Шоа (Холокост) 98, 154, 268, 277, 284, 285, 363 (18, 34, 39, 47, 226)
Шолохов Михаил 346
Шостакович Дмитрий 132, 173, 174, 206
Барышня и хулиган, балет 132
Шраер Эмилия 17, 19, 45, 76, 83, 115, 120, 135, 281, 368, 382, 386, 391, 393–395, 397–399, 402, 403, 407, 410, 413, 415
Шраер Израиль 373
Шраер Максим Д. 5, 7, 8, 13, 17, 19, 27, 33, 40, 42, 43, 46, 68, 118, 119, 138, 151, 154, 156, 158, 171, 180, 207, 221, 267, 268, 271, 275,

285, 297, 309, 321, 355–369, 384–386, 388, 390, 391, 394, 397, 398, 400, 403, 406, 408, 409, 413, 415, 416, 417
В ожидании Америки. История эмиграции 285
Шраер Мира Изабелла 409, 414
Шраер (Шарир) Моисей (Моше) 42, 402
Шраер Пейсах (Петр) 76, 158, 369–371, 384
Шраер Татьяна Ребекка 409, 414, 416
Шраер-Петров Давид 5, *passim*
  Альфредик 368
  Анна Ахматова в Комарово 173, 174, 198, 206, 209
  Барабаны судьбы 123, 128, 130, 201, 214
  Бегун 16, 119, 135, 395
  Белая ночь 129, 175
  Белые овцы на зеленом склоне горы 50, 235, 363
  Белый город 122
  Библейские сюжеты 145, 149
  Блуждания по Уралу 111
  Блюз еврейского органиста в гарлемской церкви 127
  Блюз желтой реки в Новом Орлеане 125
  Болезнь друга 156–158, 162, 167, 171–173, 176, 210
  Больничный сад 120
  Будь ты проклят! Не умирай… 80, 221, 231, 281, 298, 332
  В баре 129
  В Ленинграде после блокады 162, 173
  В отказе 80, 221, 392
  В садах юга 144
  Вакцина. Эд Тернер 44, 57–59, 61, 85, 95, 416
  Варьете в Таллине 209
  Велогонки 69, 361, 364,
  Вернуться в Сорренто 145, 150, 151
  Вилла Боргезе 16, 120, 121, 144, 145, 149, 152, 153, 157, 202, 204, 400
  Волшебная витрина 361
  Во время наводнения в Ленинграде в конце пятидесятых 112
  Водка с пирожными 6, 116, 381
  Возбуждение снов 192
  Возвращение из путешествия 137
  Воспоминания о Восточной Сибири 137
  Где ты, Зоя? 366, 368
  Генрих Сапгир: классик авангарда 181
  Герберт и Нэлли 41, 50, 81, 221, 281, 292, 413 См. также *Трилогия об отказниках*
  Две книги 145
  Девочка в соломенной шляпе 128
  Деревенский оркестр 145
  Дикие индейки в Бостоне 138
  Доктор Левитин 8, 15, 26, 80, 82, 106, 221, 226, 228, 237, 244, 247–249, 256–258, 260, 266–272, 275, 277, 279, 280, 282, 283, 285–287, 320, 332, 362, 414
  Домик Янки Купалы 115

Друзья и тени 44, 98, 159, 381, 400
Едем служить 115
Желтая звезда 52, 131
За оградой зоопарка 83, 84, 366, 367
Закат на берегу Тирренского моря 145, 151, 152
Зимний корабль 43, 78, 116, 117, 144
Зимняя песня 122
Иван Терехин возвращается с фронта в село Сива Молотовской области 1943 год 111
Идеопатический блюз 124, 132
Иона и Сарра: (Еврейские рассказы России и Америки) (Jonah and Sarah: Jewish Stories of Russia and America) 98, 105, 106
Исаакиевский собор 173, 210,
Искупление Юдина 8, 43, 44, 55–58, 62, 233, 313–316, 318, 321, 323, 325–329, 331–333, 394
Искусство как излом 128, 133, 206, 214
История моей возлюбленной, или Винтовая лестница 56, 58, 298
Итальянские комсомольцы в пионерском лагере 115, 142, 378
Карп для фаршированной рыбы 19, 98, 100, 101, 104, 105
Катание по льду Финского залива в финских санках 118
Когда-то в Питере 128, 129, 136
Концерт музыки Шёнберга 132

Кругосветное счастье 19
Кузнечик 194
Кулидж Корнер 136, 137
Летающие тарелки 16, 134, 175
Любовь Акиры Ватанабе 99, 100, 410
Мимикрия 27–29, 363, 367
Мимозы на могилу бабушки 42, 76, 361
Могила мамы 48, 134, 175
Моей подружке 122, 200
Моисей: статуя Эрьзи в Саранске 206
Московский март 136
Моя славянская душа 16, 46, 47, 78, 102, 117, 278, 279,
Надгробие Пушкина 198, 206–209, 211
Невские стихи 6, 44, 48, 118, 134, 135, 157, 158, 162, 167, 170, 173, 174, 176, 181
Некоторая степень тоски по Мессии 119, 132
Новогоднее 202, 216
Новый свет 144,
Обед с вождем 8, 46, 105, 338–340, 344, 345, 350, 355, 356, 360, 366
Осень в Ялте 27, 68, 76, 86, 87, 89–91, 93–96, 99, 100, 105
Ослик по имени Жак 304
Отболела душа 122, 200, 213,
Охота на рыжего дьявола 15, 43, 59, 77, 119, 298, 329, 330
Перед Синагогой в праздник Симхат Тора 112
Песня о голубом слоне 102, 122, 144, 212

Петровский дуб 49, 173, 175
Подвиг 144, 145, 153
Подними меня 123
Поэзия и наука: заметки и размышления 59, 116
Пропащая душа 120, 122, 129, 201
Прощаться пока не угасла любовь 129
Пуримшпиль 45, 119
Путешествия от берегов Невы 111, 207
Раннее утро зимой 47, 102
Савелий Ронкин (2004) 19, 23, 24, 26
Сдвинутый мир 137
Синагога в Тбилиси 129, 130
Словарь Даля 181
Солнце упало в шахту 77, 357
Старый писатель Форман 26
Стафилококковые заболевания в Советском Союзе 77
Стихи о верности 115
Странный Даня Раев 14, 19, 20, 22, 44, 69, 75, 85, 86, 95, 99, 270, 407
Тбилиси 144
Теницы 158, 202, 212
Тигр снегов 40, 192
Толпа в Бостоне 137
Толстой, Достоевский, Чехов 132
Третья жизнь 81, 222, 281; см. также *Трилогия об отказниках*
Трилогия об отказниках 8, 15, 18, 41, 43, 44, 48, 50, 53, 58, 60, 61, 79, 80, 81, 97, 158, 221–223, 233–235, 237, 244, 256, 277, 281, 286, 292, 293, 298, 303, 309, 310, 313, 320, 331, 332, 362, 391, 396, 411, 417–419; см. также *Герберт и Нэлли*; *Третья жизнь*
Трио Шостаковича 132
Трубочист 133, 134
Ты говорила: я тебя люблю 122
Уроки фехтования 209
Ущелье Геенны 360
Форма души 136
Форма любви 145, 157
Французский коттедж 42, 51, 54, 59, 69, 95–97, 390
Хенде Хох! (Hände Hoch!) 98
Холсты 17, 52, 77, 114, 116, 142, 144, 383
Цукерман и его дети 26, 29, 30,
Цыганский табор в Озерках 48, 175
Шесть американских блюзов на русские темы 120, 123, 128
Шостакович на даче в Комарово 173, 174, 206
Эти странные русские евреи 19
Юрий Долгорукий 133
Яблочный уксус 83
Штейнман Зелик 114
Штраус Лео 295, 296
  Преследование и искусство письма 295
Щеголев Лев 396
Щеголева Ирина 396
Эйхман Адольф 226
эллинизм 123
Элон Ори 275

Эренбург Илья 23, 240–243, 245, 307
  Бурная жизнь Лазика Ройтшванеца 23
Эткинд Ефим 40, 76, 116, 167, 380
Юдин Лев 319
Юдин Павел Федорович 319

Юдин Сергей Сергеевич 319, 320
  Размышления хирурга 319
Юдина Мария Вениаминовна 319, 320, 324, 325, 327
Юрис Леон 234, 301
Юрчак Алексей 34
Юшкевич Семен 74
Ялта 68–70, 77, 87–95, 97

Авторы

Стефано Гардзонио (Stefano Garzonio) — профессор славянских исследований (русский язык и литература) в Пизанском университете (Италия). Окончил Флорентийский университет и стажировался в МГУ. Автор многих книг, статей и других публикаций по истории и теории русского стиха, русской литературе XVIII века, поэзии Серебряного века и истории русской эмиграции в XX веке, в том числе истории русской культуры в Италии. Он составитель-редактор двух фундаментальных антологий, *«Poesia Russa»* (2004) и *«Lirici Russi dell'Ottocento»* (2011). На русском языке изданы книги «Статьи по русской поэзии и культуре XX века» (М.: Водолей, 2006) и «Осколки русской Италии. Исследования и материалы. Книга I» (М.: Русский Путь, 2011; в соавторстве с Бьянкой Сульпассо). Гардзонио также двуязычный поэт и прозаик, автор двух сборников стихов на русском языке («Безделки», 2017, и «Сиюминутности», 2020), опубликованных в России под псевдонимом Степан Фрязин. Стефано Гардзонио — переводчик и комментатор произведений Лермонтова, Тургенева, Фета, Толстого, Достоевского, Маяковского, Георгия Иванова и других русских писателей, в том числе современных писателей русского зарубежья. С его послесловиями на итальянском языке вышли мемуарные романы Максима Д. Шраера *«Aspettando America»* и *«Fuga dalla Russia»*.

Брайан Горовиц (Brian Horowitz) получил докторскую степень (Ph. D.) в Калифорнийском университете в Беркли. Профессор еврейских исследований и русской литературы в Университете Тулейн в Новом Орлеане. Специлист по русской и еврейской интеллектуальной истории, один из зачинателей современных американских исследований истории и литературы евреев из Российской империи и бывшего СССР, автор многочисленных статей и семи книг, среди которых «*Vladimir Jabotinsky's Russian Years*» (2020), «*Russian Idea — Jewish Presence*» (2018), «*Jewish Philanthropy and Enlightenment in Late-Tsarist Russia*» (2009), «*Empire Jews*» (2009) и другие. На русском языке вышли книги Горовица «Еврейская составляющая русской идеи» (2020), «Еврейские интеллектуалы Российской империи: XIX — начало XX вв.» (2017) и «Михаил Гершензон — пушкинист. Пушкинский миф в Серебряном веке русской культуры» (2004). Горовиц — стипендиат Института перспективных исследований при Еврейском университете в Иерусалиме и стипендии Мичиганского университета; обладатель грантов им. Александра фон Гумбольдта, Фулбрайт, IREX и Яд Ханадив. В настоящее время Горовиц работает над книгой о еврейской историографии в Восточной Европе, а также готовит к публикации том трудов Аббы Ахимеира, основателя Брит Ха-Бирьоним («Союза бунтарей») в Палестине.

Марат Гринберг (Marat Grinberg) родился в Каменец-Подольске и иммигрировал в США в 1993 году. Учился в Еврейской теологической семинарии в Нью-Йорке и получил докторскую степень (Ph. D.) в Чикагском университете. Профессор литературы в Рид-колледже (штат Орегон, США), исследователь литературы и кино. Марат Гринберг — автор монографии о поэтике Бориса Слуцкого «*I am to Be Read not from Left to Right, but in Jewish: from Right to Left": The Poetics of Boris Slutsky*» (2011, русский перевод вышел в Санкт-Петербурге в 2021 году), книги о фильме «Комиссар» Александра Аскольдова («*Aleksandr Askoldov: The Commissar*», 2016), а также один из авторов и составителей книги о еврейском в творчестве Вуди Аллена «*Woody on Rye: Jewishness in the Films and Plays of Woody Allen*» (2013). Эссе и рецензии Марата Гринберга публикуются в таких видных американских изданиях, как «*Tablet Magazine*», «*Mosaic*», «*Los Angeles Review of Books*», «*Cineaste*» и «*Commentary*». Он много выступает на темы литературы и кино о Холокосте и еврейско-русской поэзии.

В настоящее время Гринберг заканчивает книгу о «книжной полке советского еврея», «*The Soviet Jewish Bookshelf: Jewish Culture and Identity Between the Lines*».

Евгений Ермолин (Evgeny Ermolin) работал заместителем главного редактора журнала «Континент», в настоящее время редактирует сайт этого журнала (e-continent.de), руководил Институтом истории культур в Москве, заведующий кафедрой журналистики и издательского дела Ярославского государственного педагогического университета имени К. Д. Ушинского. Профессор, доктор педагогических наук, кандидат искусствоведения. Автор книг о русской культуре в русле традиций диалогического персонализма; литературно-критических статей, посвященных тенденциям литературного и культурного процесса и актуальной культуре, ведущим современным писателям; пяти книг о современной литературе, преимущественно русской (Медиумы безвременья. Литература в эпоху постмодерна, или трансавангард. М.: Время, 2015; Последние классики. Русская проза последней трети XX века: вершины, главные тексты и ландшафт. М.: Совпадение, 2016; Мультиверс. Литературный дневник. Опыты и пробы актуальной словесности. М.: Совпадение, 2017; Экзистанс и мультиавторство. Происхождение и сущность литературного блогинга. Б. м.: Издательские решения, 2018; Обнуление очевидностей. Кризис надежных истин в литературе и публицистике XX века. Ярославль: Факел, 2019). Блогер. Лауреат литературной премии «Антибукер — Луч света» (2000) и премий литературных журналов. Получил звание «Станционного смотрителя» (2010) литературной премии имени И. П. Белкина. Член правозащитной организации «Москва-ПЭН» и ассоциации «Свободное слово». Состоит в Союзе российских писателей и российском Союзе театральных деятелей.

Леонид Кацис (Leonid Katsis) — литературовед, историк русского авангарда, литературный критик, один из ведущих российских специалистов по еврейской культуре и иудейско-христианским отношениям в контексте России и Восточной Европы.

Родился в Москве в 1958 году. Доктор филологических наук (2002). Заведующий кафедрой теологии иудаизма, библеистики и иудаики Российского государственного гуманитарного университета. Заведующий учебно-научной лабораторией мандельштамоведения Института филологии и истории РГГУ (Москва, Россия). Член Академического совета Центра научных работников и преподавателей иудаики в вузах «Сэфер» (Москва). В 1996–1997 годах работал по гранту в Еврейском университете в Иерусалиме. Автор более чем 200 исследований, среди которых монографии: «Владимир Маяковский. Поэт в интеллектуальном контексте эпохи» (2000; 2004, 2-е изд., доп.), «Русская эсхатология и русская литература» (2000), «Осип Мандельштам: мускус иудейства» (2002), «Кровавый навет и русская мысль. Историко-теологическое исследование дела Бейлиса» (2006), «Славянская взаимность. Модель и топика. Очерки» (2011, совм. с М. П. Одесским), «Смена парадигм и смена Парадигмы. Очерки русской культуры, искусства и науки XX века» (2011), «Русская весна Владимира Жаботинского. Атрибуция, библиография, автобиография» (2019).

Роман Кацман (Roman Katsman) живет в Израиле с 1990 года. Профессор кафедры еврейской литературы Бар-Иланского университета, руководитель программы по русско-еврейской литературе. Руководитель исследовательской группы по истории русско-израильской литературы при Бар-Иланском университете. Специалист по современной ивритской и русской литературе и культуре, в том числе по русско-израильской литературе. Автор многочисленных статей и книг, среди которых: «*Literature, History, Choice: The Principle of Alternative History in Literature*» (2013), «*At the Other End of Gesture. Anthropological Poetics of Gesture in Modern Hebrew Literature*» (2008), «*The Time of Cruel Miracles: Mythopoesis in Dostoevsky and Agnon*» (2002), «*Nostalgia for a Foreign Land: Studies in Russian-Language Literature in Israel*» (2016). Среди публикаций Романа Кацмана последних лет книги «Смех в небесах: символы смеха в творчестве Ш. Й. Агнона» (2018, на иврите),

«Неуловимая реальность: Сто лет русско-израильской литературы» (2020), «Высшая легкость созидания: Следующие сто лет русско-израильской литературы» (2021).

Борис Ланин (Boris Lanin) родился в Баку в еврейской семье. Литературовед, доктор филологических наук, автор многочисленных научных работ и учебников по литературе. В течение 16 лет (1999–2015) Ланин возглавлял лабораторию литературного образования в головном институте Российской академии образования. Результатом этой работы стали широко известные учебники литературы для 5–11 классов общеобразовательной школы, тираж которых превысил 1 млн экземпляров. С 2018 года Борис Ланин — профессор русской литературы в Государственном институте театрального искусства (ГИТИС) в Москве. Его первая книга о русской антиутопии была опубликована в 1993 году. С тех пор Ланин опубликовал множество работ о русско-еврейской литературе (прежде всего о В. Гроссмане и Ф. Горенштейне), русской эмигрантской, современной русской и еврейско-русской литературе и методике преподавания литературы. В качестве приглашенного профессора Борис Ланин работал в Стэнфордском университете, в Институте Кеннана и Международном центре Вудро Вильсона, в Шведском Коллегиуме, в университетах и научно-исследовательских институтах Нью-Йорка, Токио, Парижа, Варшавы, Будапешта, Хоккайдо, Кобе. В числе его недавних книг — «Проза русской эмиграции (третья волна)»: (М., 2018, 2-е изд.). Работы Б. Ланина опубликованы на девяти языках.

Моника Осборн (Monica Osborne) — американский журналист, культуролог, исследователь еврейской идентичности, получила докторскую степень в области современной еврейской мысли в Университете Пердью (штат Индиана). Осборн — автор книги *«The Midrashic Impulse and the Contemporary Literary Response to Trauma»* и соредактор (совместно с Холли Левитски и Стеллой Сетка) книги *«Literature of Exile and Displacement: American Identity in a Time of Crisis»*. Статьи, колонки и рецензии Моники Осборн печатались в *«The New Republic»*, *«The Chronicle of Higher Education»*,

«The Jewish Journal» (где она занимает пост колумниста), «The Los Angeles Review of Books», «Newsweek», «Religion and Literature», «Multi-Ethnic Literatures of the US», а также в других сборниках, научных журналах и антологиях. В качестве журналиста Осборн писала о таких проблемах, как травма и насилие, иммиграция, движение #MeToo, расизм и антисемитизм, а также этические вопросы комедий на темы Холокоста и террористических актов 9/11. В 2008–2010 годах Моника Осборн была стипендиатом Эндрю У. Меллона в Калифорнийском университете в Лос-Анжелесе. Она преподавала в университетах Пердью, Пеппердайн, Лойола Мэримонт, а также в культурном центре «92nd Street Y» в Нью-Йорке. С 2020 года Моника Осборн с семьей живет в Ванкувере.

Ян Пробштейн (Ian Probstein) родился в 1953 году в Минске и живет в США с 1989 года. Поэт, переводчик поэзии, литературовед, кандидат филологических наук, доктор литературоведения (Ph. D.), профессор кафедры английского языка и литературы (Колледж Туро, Нью-Йорк). Составитель, редактор, автор предисловия, комментариев и один из ведущих переводчиков книги «Стихотворения и избранные Cantos» Эзры Паунда (Т. 1, СПб.: Владимир Даль, 2003), «Стихотворения и поэмы» Томаса Стернза Элиота (М.: АСТ, 2013), «Полное собрание пьес и стихотворений Т. С. Элиота» (СПб.; М.: Азбука-Иностранка, 2019), «Испытание знака: Избранные эссе и стихотворения Чарльза Бернстина» (М.: Русский Гулливер, 2020). Участвовал в издании Собрания стихотворений Дилана Томаса (М.: Рудомино, 2015), автор двенадцати книг стихов и нескольких книг эссе и литературоведческих исследований на русском и английском языках. Стихи, переводы, эссе и статьи печатались также в журналах «Новое литературное обозрение», «Иностранная литература», «Новый мир», «Крещатик», «Новая юность», «Арион», «Плавучий мост», «Квадрига Аполлона», «Гвидеон», «Поэзия», «Континент», «Стрелец», «Время и Мы», «Семь искусств», в электронных изданиях «Лиterraтура», *Textonly*, *Gefter.ru*, *Textura.by*, «Облака», «Сетевая словесность», в альманахах «Новая кожа», «Зарубежная Россия», «Связь времен» и в других изданиях.

Андрей Ранчин (Andrey Ranchin) окончил филологический факультет Московского государственного университета им. М. В. Ломоносова в 1987 году. Кандидатская диссертация — «Княжеские жития в чешской и русской литературе древнейшего периода. Проблемы жанра и поэтики» (1994). Докторская диссертация — «Традиции русской поэзии XVIII–XX вв. в творчестве И. А. Бродского» (2001). Профессор кафедры истории русской литературы филологического факультета МГУ. Лауреат премий имени Юрия Тынянова (1994) и имени Аркадия Белинкова (1995) альманаха «Стрелец». Лауреат премии журнала «Новый мир» (2013). Автор более чем 700 работ по истории древнерусской литературы и русской литературы XVIII–XX веков, публицистических статей, рецензий, комментариев и предисловий к публикациям (древнерусские жития, Д. Л. Мордовцев, Е. П. Ростопчина, Н. С. Лесков, М. Н. Лонгинов, Л. Н. Толстой), работ учебно-методического характера, а также повестей для детей. Среди книг А. Ранчина: «Статьи о древнерусской литературе» (1999); «Иосиф Бродский и русская поэзия XVIII–XX веков» (2001); «Вертоград златословный: Древнерусская книжность в интерпретациях, разборах и комментариях» (2007); «Путеводитель по поэзии А. А. Фета: Учебное пособие» (2010); «Борис и Глеб» (2013); «О Бродском: Размышления и разборы» (2016); «Слово о полку Игореве: Путеводитель» (2019).

Джошуа Рубинштейн (Joshua Rubenstein) — автор биографических книг и независимый исследователь, в 1975–2012 годах проработал директором Северо-Восточного регионального отделения *Amnesty International USA*. Он также много лет состоит аффилированным членом Центра по русским и евразийским исследованиям им. Дэвиса при Гарвардском университете. С 2015 года Рубинштейн работает в области фандрейзинга в школе юриспруденции Гарвардского университета. Джошуа Рубинштейн — один из ведущих американских специалистов по истории и культуре СССР и по Холокосту на территории СССР; автор многих книг, среди которых «*Soviet Dissidents, Their Struggle for*

Human Rights» и «Tangled Loyalties: The Life and Times of Ilya Ehrenburg» (русский перевод книги опубликован в России в 1996 году). Он соредактор книг «Stalin's Secret Pogrom: The Postwar Inquisition of the Jewish Anti-Fascist Committee» (получил Национальную еврейскую премию США), «The KGB File of Andrei Sakharov» и «The Unknown Black Book, the Holocaust in the German-Occupied Soviet Territories». Рубинштейн — автор биографии Троцкого «Lev Trotsky: A Revolutionary's Life», вышедшей в серии «Jewish Lives» в Yale University Press. Его книга «The Last Days of Stalin» (2016) была переведена на девять языков, включая иврит.

Олег Смола (Oleg Smola) родился в городе Георгиевске Ставропольского края 27 декабря 1934 года. Окончил филологический факультет Московского государственного университета (1962) и очную аспирантуру там же (1964–1967). Работал редактором в журнале «Вопросы литературы» (1969) и в Институте мировой литературы АН СССР (1973–1995). Доктор филологических наук. По словам самого Олега Смолы, «в Союз писателей вступил по рекомендациям З. Паперного, А. Межирова, А. Вознесенского, В. Оскоцкого и А. Марченко. Писал и пишу только о стихах. Может быть, потому, что в моем родном городе бывали дважды Пушкин и Лермонтов? Пушкин квартировался в том здании с пристройкой, которое век спустя станет школой № 3, где я учился первые четыре года». Автор многочисленных статей о поэзии, среди которых: «Лирика Андрея Вознесенского» (1977), «Погасло дневное светило...» (1981), «"Всю душу выплещу..." Лирика Сергея Есенина» (1985), «Осип Мандельштам и революция» (1988), «Маяковский и литературный авангард двадцатых годов» (1993), «"Бог есть, но я в него не верю". Портрет Осипа Брика» (1994), «Маяковский играющий» (2002), «Трагедия поэта» (2020). Автор книг: «Владимир Маяковский. Жизнь и творчество» (1977), «Лирика Николая Асеева» (1980), «Черный вечер. Белый снег...», «Творческая история и судьба поэмы Александра Блока "Двенадцать"» (1993), «Если слова болят...» (совместно с Клавдией Смолой, 1998), «Жизнь с пристрастием» (2017) и других.

Клавдия Смола (Klavdia Smola) — профессор, заведующая кафедрой славянских литератур и культур в Дрезденском университете. Была научным сотрудником и приглашенным профессором в университетах Грайфсвальда и Констанца, проходила научные стажировки в Иерусалиме, Москве, Барселоне и Кракове. Автор монографий «*Formen und Funktionen der Intertextualität im Prosawerk von Anton Čechov*» («Типы интертекста в прозе Чехова», 2004, на нем.) и «*Wiedererfindung der Tradition: russisch-jüdische Literatur der Gegenwart*» («Изобретение традиции: современная русско-еврейская литература», 2019, на нем., выйдет на русском языке в 2021 году в издательстве «Новое литературное обозрение»). Редактор научных сборников «Еврейская литература восточной Европы в XX и XXI веках: идентичность и поэтика» (2013, «*Eastern European Jewish Literatures of the 20th and 21st Centuries: Identity and Poetics*»); «Пространства и топографии еврейства: построения в литературе и культуре» (2014, на нем., соредактор Олаф Терпиц); «Постколониальные славянские литературы после коммунизма» (2016, «*Postcolonial Slavic Literatures after Communism*», соредактор Дирк Уффельман); «Россия — культура (нон-)конформизма: от позднесоветского к настоящему времени» (2018, «*Russia — Culture of (Non-) Conformity: From the Late Soviet Era to the Present*», специальный выпуск журнала «*Russian Literature*», соредактор Марк Липовецкий) и «Еврейский андеграунд позднесоветского времени» (2018, «*Jewish Underground Culture in the late Soviet Union*», специальный выпуск журнала «*East European Jewish Affairs*»).

Максим Д. Шраер (Maxim D. Shrayer) родился 1967 году в Москве, в 1987 году иммигрировал в США. В 1995 году получил докторскую степень (Ph. D.) в Йельском университете. Профессор в Бостонском колледже. Двуязычный автор и переводчик, Шраер опубликовал более двадцати книг на английском и русском языках, а также в переводах на другие языки. Удостоен Национальной еврейской премии США в 2008 году и стипендии Фонда Гуггенхайма в 2012 году. В 2007 году на английском языке вышел документальный роман Шраера «В ожидании Америки» («*Wait-

ing for America», русский перевод 2013). Продолжением темы в 2013 году стала книга «Бегство» («*Leaving Russia*», русский перевод 2018). Рассказы и новеллы Шраера собраны в книгах «*Yom Kippur in Amsterdam*» (2009), «*A Russian Immigrant*» (2019) и «Исчезновение Залмана» (2017). На русском языке вышли три сборника стихов Шраера. Список литературоведческих и биографических книг включает «*The World of Nabokov's Stories*», «*Russian Poet / Soviet Jew: The Legacy of Eduard Bagritskii*», «Набоков: Темы и вариации», «Бунин и Набоков. История соперничества», «Антисемитизм и упадок русской деревенской прозы» и др. В соавторстве со своим отцом, Д. Шраером-Петровым, выпустил монографию «Генрих Сапгир: классик авангарда» (2004; переиздана в 2017-м). В 2020-м году вышла книга англоязычных стихов Шраера «Of Politics and Pandemics».

О книге «Параллельные вселенные Давида Шраера-Петрова»

Этот замечательный сборник содержит множество интереснейших находок о творчестве Давида Шраера-Петрова, одного из лучших современных поэтов и прекрасного прозаика, который внес значительный вклад в русскую и еврейскую культуру. В этом многогранном исследовании рассматриваются разнообразные темы — от биографии Шраера-Петрова и тем, жанров и стилей его творчества до интертекстуальных и культурных источников его стихов, рассказов и романов. Библиография, составленная сыном писателя Максимом Д. Шраером, позволяет оценить достижения поэта, прозаика и переводчика. «Параллельные вселенные Давида Шраера-Петрова» — это самое впечатляющее, что до сих пор написано о писателе. Книга будет интересна всем, кому небезразлична литература и культура.

Валентина Полухина, Кильский университет, Великобритания;
автор книг *Joseph Brodsky: A Poet for Our Time*
и «Бродский глазами современников»

В этой книге контекстуализируется, анализируется и оценивается творчество писателя-нонконформиста, который в течение многих десятилетий изучает мысли, чувства и фантазии, основанные на русско-советско-еврейском, еврейско-отказническом и еврейско-иммигрантско-американском опыте. Эссе, собранные в этой книге, прежде всего исследуют процесс сложного и беспристрастного взаимодействия двойной литературной идентичности Давида Шраера-Петрова с разными интеллектуальными сообществами, каждое из которых возлагает на писателя свои ожидания.

Леона Токер, Еврейский университет в Иерусалиме, Израиль; автор книг «*Gulag Literature and the Literature of Nazi Camps: An Intertextual Reading*» и «*Nabokov: The Mystery of Literary Structures*»

Эта книга, посвященная прозе и поэзии прекрасного еврейско-русского писателя Давида Шраера-Петрова — как советского, так и американского периодов, — является гораздо большим, чем собранием статей и эссе. Эта первая книга, посвященная творчеству Шраера-Петрова, — тщательно продуманное и замечательно выполненное литературоведческое исследование текстов Шраера-Петрова с акцентом на его размышлениях о русском и советском еврействе. Нюансированная психологическая рефлексия, острое социо-историческое видение и высокие эстетические достоинства литературных произведений Шраера-Петрова делают его тексты особенно интересными и для тех, кто идентифицируется с мировоззрением отказников, и для тех, кто не разделяет это мировоззрение по политическим или этическим причинам. Это блестящее исследование, объединившее яркую группу ученых и критиков, среди которых ведущие специалисты по русско-еврейской культуре, заслуживает того, чтобы привлечь внимание самых разнообразных читателей с разным личным опытом, взглядами и убеждениями.

Денис Соболев, Хайфский университет, Израиль; автор книг «Иерусалим» и «*The Split World of Gerard Manley Hopkins: An Essay in Semiotic Phenomenology*»

Содержание

Предисловие 5
Роман Кацман, Клавдия Смола, Максим Д. Шраер

Часть первая.
ДАВИД ШРАЕР-ПЕТРОВ: ЖИЗНЬ, ТВОРЧЕСТВО, ИДЕИ

Давид Шраер-Петров: русско-еврейский писатель 13
Клавдия Смола

Нонконформистская поэтика Давида Шраера-Петрова 33
Роман Кацман

Экзилические голоса Давида Шраера-Петрова 68
Максим Д. Шраер

Часть вторая. ПОЭЗИЯ

Барабаны судьбы Давида Шраера-Петрова 111
Ян Пробштейн

Италия в поэзии Давида Шраера-Петрова 142
Стефано Гардзонио

Стихотворение Давида Шраера-Петрова «Болезнь друга»: опыт прочтения 156
Андрей Ранчин

Давид Шраер-Петров и Генрих Сапгир: пиры дружбы 179
Евгений Ермолин

Голос судьбы: заметки на полях прочитанного 198
Олег Смола

Часть третья. РОМАНЫ ОБ ОТКАЗНИКАХ

Романы Давида Шраера-Петрова об исходе и эпистемология еврейского культурного возрождения в СССР 221
Клавдия Смола

«Доктор Левитин» Давида Шраера-Петрова и тема
еврейского отмщения 237
Джошуа Рубинштейн
О литературной традиции и литературном авторитете
в «Докторе Левитине» Давида Шраера-Петрова 256
Брайан Горовиц
Из дома уезжают смелые: прочтение романа Давида
Шраера-Петрова «Доктор Левитин» 275
Моника Осборн

Часть четвертая. ПОДХОДЫ К ПРОЗЕ

Кто такой Грифанов? Диалог Давида Шраера-Петрова
с Юрием Трифоновым 291
Марат Гринберг
Рождение писателя из духа противоречия: еврейская
теологема в романе-фантелле Давида Шраера-Петрова
«Искупление Юдина» 313
Леонид Кацис
Убить Сталина: морфология новеллы
Давида Шраера-Петрова «Обед с вождем» 338
Борис Ланин

ПОСТСКРИПТУМ

«У каждого писателя свой еврейский секрет...»:
Беседа в трех частях по случаю выхода в свет книги
Dinner with Stalin and Other Stories» (2014) 355
Давид Шраер-Петров и Максим Д. Шраер

Давид Шраер-Петров: Визуальная биография 369
Составитель *Максим Д. Шраер*
Давид Шраер-Петров (David Shrayer-Petrov): Библиография 424
Составитель *Максим Д. Шраер*
Указатель имен и названий 452
Авторы 466
О сборнике «Параллельные вселенные
Давида Шраера-Петрова» 476

Научное издание

Роман Кацман, Клавдия Смола, Максим Д. Шраер
(составители)
ПАРАЛЛЕЛЬНЫЕ ВСЕЛЕННЫЕ
ДАВИДА ШРАЕРА-ПЕТРОВА
Сборник статей и материалов к 85-летию писателя

Директор издательства *И. В. Немировский*
Заведующий редакцией *К. Тверьянович*

Ответственный редактор *И. Знаешева*
Дизайн *И. Граве*
Редактор *Р. Рудницкий*
Корректоры *Л. Виноградова, А. Нотик, Ю. Булдакова*
Верстка *Е. Падалки*

Подписано в печать 21.06.2021.
Формат издания 60 × 90 $^1/_{16}$. Усл. печ. л. 30,0.
Тираж 500 экз.

Academic Studies Press
1577 Beacon Street, Brookline, MA 02446 USA
https://www.academicstudiespress.com

ООО «Библиороссика».
190005, Санкт-Петербург, 7-я Красноармейская ул., д. 25а

Эксклюзивные дистрибьюторы:
ООО «Караван»
ООО «КНИЖНЫЙ КЛУБ 36.6»
http://www.club366.ru
Тел./факс: 8(495)9264544
email: club366@club366.ru

Книги издательства можно купить
в интернет-магазине: www.bibliorossicapress.com
e-mail: sales@bibliorossicapress.ru

Знак информационной продукции согласно
Федеральному закону от 29.12.2010 № 436-ФЗ

www.ingramcontent.com/pod-product-compliance
Ingram Content Group UK Ltd.
Pitfield, Milton Keynes, MK11 3LW, UK
UKHW051044220326
4878IPUK00009B/9